Probleme der staatlichen Steuerung und Fehlsteuerung in der Bundesrepublik Deutschland

Schriftenreihe der Hochschule Speyer

Band 101

Probleme der staatlichen Steuerung und Fehlsteuerung in der Bundesrepublik Deutschland

Vorträge und Diskussionsbeiträge
der 54. Staatswissenschaftlichen Fortbildungstagung 1986
der Hochschule für Verwaltungswissenschaften Speyer

herausgegeben von

Hans Herbert von Arnim
Helmut Klages

DUNCKER & HUMBLOT / BERLIN

CIP-Kurztitelaufnahme der Deutschen Bibliothek

Probleme der staatlichen Steuerung und Fehlsteuerung in der Bundesrepublik Deutschland:
Vorträge u. Diskussionsbeitr. d. 54. Staatswiss. Fortbildungstagung 1986 d. Hochsch. für Verwaltungswiss. Speyer / hrsg. von Hans Herbert von Arnim; Helmut Klages. — Berlin: Duncker und Humblot, 1986.
(Schriftenreihe der Hochschule Speyer; Bd. 101)
ISBN 3-428-06159-4
NE: Arnim, Hans Herbert von [Hrsg.]; Staatswissenschaftliche Fortbildungstagung ‹54, 1986, Speyer›; Hochschule für Verwaltungswissenschaften ‹Speyer›: Schriftenreihe der Hochschule ...

Satz: G. Schubert, Berlin 65; Druck: A. Sayffaerth - E. L. Krohn, Berlin 61
Printed in Germany

ISBN 3-428-06159-4

Inhaltsverzeichnis

Fünfter Teil

Steuerungsprobleme in einzelnen Sektoren

Schluß

Zum Thema

Probleme der staatlichen Steuerung und Fehlsteuerung in der Bundesrepublik Deutschland

Wie gut (oder wie schlecht) sind öffentliche Einrichtungen in der Bundesrepublik? Ziel der 54. Staatswissenschaftlichen Fortbildungstagung ist es, die Diskussion um diese Grundfrage zu vertiefen und sie vielleicht sogar ein wenig weiterzubringen. Zur Erläuterung — in holzschnittartiger Grobheit — einige Fragestellungen:

Ist etwa die *„Kostenexplosion"* im öffentlichen *Gesundheitswesen* nur durch Fortschritte in der Medizin und Pharmazie und durch erhöhten Krankheitsstand der Bevölkerung bedingt oder rührt sie nicht auch daher, daß kostenrelevante Entscheidungen unter unangemessenen organisatorischen und verfahrensmäßigen Rahmenbedingungen getroffen werden, so daß eine kostenträchtige Schieflage („bias") entsteht?

Ist die (häufig beklagte) lange Dauer *gerichtlicher Prozesse* etwas Unvermeidbares, sozusagen durch die Natur der Sache Bedingtes? Müssen wir uns damit abfinden, daß es ein Jahrzehnt und länger dauern kann, bis eine Verwaltungs- oder Steuersache rechtskräftig entschieden ist, oder gibt es Möglichkeiten, zu einer durchgreifenden Verbesserung zu gelangen (ohne anderes Unverzichtbares dreinzugeben)?

Ist die vielfach behauptete zunehmende *Parteipolitisierung* der öffentlichen Verwaltung, der Rundfunkanstalten (vielleicht auch der Rechtsprechung und der Wissenschaft) eine notwendige Konzession an die „Regierbarkeit" jener Einrichtungen und vielleicht auch der Gesellschaft insgesamt oder ein schleichendes Gift, das die Institutionen zersetzt und die Basis staatlichen Wirkens mehr und mehr erschüttert?

Ist der vor zwei Jahrzehnten unternommene Versuch, durch *Planung* die Politik „rationaler" zu machen (z. B. durch mittelfristige Finanzplanung, Subventionsabbauplanung etc.), gescheitert? Weshalb? Welche Chancen bestehen dennoch?

Ist die bessere finanzielle Situation der süddeutschen *Gemeinden* im Vergleich zu den norddeutschen nur Ausdruck des allgemeinen ökonomisch-sozialen Nord-Süd-Gefälles, oder beruht sie etwa auch auf der unterschiedlichen rechtlichen Konstruktion der Gemeindeverfassungen? Verführt vielleicht die norddeutsche Ratsverfassung zur „Verschwendung", während die süddeutsche Ratsverfassung eine solide kommunale

Finanzpolitik prämiert und fördert? Gibt es politische Widerstände, die sich einer Reform der norddeutschen Ratsverfassung in den Weg stellen?

Damit sind keineswegs alle Themen dieser Tagung angesprochen. Dies erscheint auch nicht nötig. Ohnehin hätten sich unter das Generalthema der Tagung noch zahlreiche weitere Einzelthemen bringen lassen (die aus Zeitgründen aber entfallen mußten), etwa Rundfunkanstalten, Wissenschaft, Landwirtschaft, Subventionismus, Steuersystem etc. Es konnte jedoch nicht um Vollständigkeit gehen. Es genügt, die Problematik an Beispielen zu illustrieren, solange diese halbwegs typisch sind.

Trotz der Vielfalt und der scheinbaren Heterogenität der Themen treten doch immer wieder strukturell ähnliche übergreifende Probleme und Fragestellungen auf, die erkennen lassen, daß es sinnvoll ist, sie auf *gemeinsame Aspekte* hin zu untersuchen, anstatt sie streng getrennt voneinander abzuhandeln. Wie lassen sich Fehlentwicklungen überhaupt als solche feststellen? Wie lassen sie sich wirksam bekämpfen gegen den scheinbar übermächtigen Widerstand der Betroffenen? Welche Rolle spielen die Interessenverbände und die politischen Parteien? Warum ist die Initiative der Parteien bisweilen schwach und halbherzig, wenn es um die Entwicklung langfristiger Konzepte und um die Bekämpfung unübersehbarer Fehlentwicklungen geht? Warum werden dringende Problemlösungen immer wieder auf die lange Bank geschoben oder im engen Rahmen einzelner Zuständigkeiten und unter möglichster Niedrighaltung des Änderungsaufwands „kleingearbeitet"? Warum wird in Kauf genommen, daß sich in der Bevölkerung die vielfach apostrophierte „Vertrauenslücke" und eine angebliche „Staats- und Parteienverdrossenheit" ausbreiten und daß vielfach der Eindruck entsteht, die öffentlichen Einrichtungen, ihre Organisation und Verfahrensweise seien mit wesentlichen Fehlern behaftet?

Solche Fragestellungen lassen den Schluß zu, daß es sinnvoll — und sicherlich auch an der Zeit — ist, Probleme der staatlichen Steuerung und Fehlsteuerung in der Bundesrepublik Deutschland im Sinne einer kritischen, von den verschiedenen Einzelproblemfeldern her vorstoßenden Bestandsaufnahme anzugehen. Von dort aus legen sich weiterführende Fragen nahe. Lassen sich Änderungen in den *Spielregeln,* nach denen die gemeinschaftliche Willensbildung abläuft, in den Verfassungen denken, welche die Chancen für notwendige Verbesserungen erhöhen (ohne zusätzliche Mißbrauchsgefahren zu schaffen)? Oder müssen sich Bemühungen um durchgreifende Verbesserungen etwa mit dem klassischen Einwand abspeisen lassen: „Das mag in der Theorie richtig sein, taugt aber nicht für die Praxis" — mit einem Einwand also, den jedenfalls Immanuel Kant bekanntlich nicht gelten ließ?

Hans Herbert von Arnim *Helmut Klages*

Begrüßung

durch den Rektor der Hochschule für Verwaltungswissenschaften Speyer, Prof. Dr. Willi Blümel

Herr Staatssekretär Schleyer,
meine sehr verehrten Damen, meine Herren!

Vor knapp einem Monat hat in dieser Hochschule das 22. Cappenberger Gespräch der Freiherr-vom-Stein-Gesellschaft über das Thema „Der Zustand des Rechtsstaats" stattgefunden. Mancher Aspekt dieses Themas, der damals vor einem großen Auditorium erörtert wurde, ist verknüpft mit dem viel weitergreifenden Thema der heute beginnenden 54. Staatswissenschaftlichen Fortbildungstagung, wie Sie schon aus dem Programm und den im Vorspann aufgezeigten Erläuterungen ersehen können. Unser Tagungsthema „Probleme der staatlichen Steuerung und Fehlsteuerung in der Bundesrepublik Deutschland" ist aktuell und attraktiv zugleich. So erkläre ich mir denn auch, daß Sie wiederum unserer Einladung gefolgt sind.

Es ist mir eine besondere Freude, Sie namens der Hochschule für Verwaltungswissenschaften Speyer herzlich willkommen heißen zu dürfen. Offenbar ist es uns — wie bei vorangegangenen Frühjahrstagungen auch — erneut gelungen, besonders sachkundige Persönlichkeiten aus der Politik, der Verwaltung und der Rechtsprechung, aus der Wissenschaft und aus der Wirtschaft in Speyer zusammenzuführen.

Stellvertretend nenne und begrüße ich sehr herzlich Herrn Wabro, Staatssekretär und Bevollmächtigter des Landes Baden-Württemberg beim Bund. Besonders willkommen heiße ich — weil der Hochschule jeweils eng verbunden — den Vizepräsidenten der Deutschen Bundesbank, Herrn Prof. Dr. Schlesinger, und den Vizepräsidenten des Bundesrechnungshofs, Herrn Heuer. Unser Gruß gilt ebenso dem Präsidenten des Bundesamtes für gewerbliche Wirtschaft, Herrn Dr. Rummer. Ich freue mich über die Anwesenheit von Herrn Dr. Strich, dem Regierungspräsidenten aus Düsseldorf, und von Herrn Regierungsvizepräsidenten Dr. Schütz vom Regierungspräsidium Karlsruhe, der kürzlich — und dazu gratulieren wir — zum Landrat des benachbarten Rhein-Neckar-Kreises gewählt worden ist. Als Vertreter der Stadt Speyer — und stellvertretend für die Herren aus dem kommunalen Bereich — begrüße ich Herrn Oberbürgermeister Dr. Roßkopf und Herrn Bürgermeister Schineller, von den ausländischen Gästen Herrn Dr. Buschor, Chef der Kantonalen Finanzverwaltung Zürich.

Viele der hier anwesenden Tagungsteilnehmer sind der Hochschule seit Jahren verbunden; ich heiße sie alle herzlich willkommen. Gleiches gilt von den Referenten, von denen ich den Referenten des heutigen Nachmittags, Herrn Professor Dr. Rürup, begrüße. Dies gibt mir zugleich Gelegenheit, mich bei den wissenschaftlichen Leitern dieser Tagung, den Herren Kollegen von Arnim und Klages, für die Vorbereitung und Durchführung dieser anspruchsvollen Tagung herzlich zu bedanken. Beide Kollegen haben in guter Tradition und mit Gespür für eine zeitnahe Problematik ein interessantes Programm aufgestellt und prominente Referenten gewonnen.

Herr Ministerpräsident Dr. Vogel hat uns schon bei früherer Gelegenheit bestätigt, daß die Hochschule Speyer mit diesen traditionsreichen Staatswissenschaftlichen Fortbildungstagungen und der jeweiligen Themenauswahl auf dem richtigen Wege ist. Leider kann der Herr Ministerpräsident nicht, wie das vorgesehen war, diese Tagung eröffnen. Wegen seiner kurzfristigen Verhinderung hat an seiner Stelle Herr Staatssekretär Schleyer die Eröffnung übernommen. Ich begrüße Sie, sehr verehrter Herr Staatssekretär, sehr herzlich und danke Ihnen zugleich dafür, daß Sie hier zu uns sprechen werden. Als Chef der Staatskanzlei Rheinland-Pfalz sowie als Vorsitzender der Verwaltungsräte der Hochschule und des Forschungsinstituts für öffentliche Verwaltung bei der Hochschule sind Sie in ganz besonderer Weise mit der Hochschule Speyer verbunden.

Ich darf Sie, sehr verehrter Herr Staatssekretär, nunmehr bitten, die 54. Staatswissenschaftliche Fortbildungstagung der Hochschule Speyer zu eröffnen.

Eröffnung

Ansprache des Chefs der Staatskanzlei des Landes Rheinland-Pfalz, Staatssekretär Hanns-Eberhard Schleyer

Magnifizenz,
meine sehr verehrten Damen und Herren!

Der Speyerer Frühjahrstagung ist es erneut gelungen, ein großes Auditorium um die Kernfrage zu versammeln, was eigentlich die regierte Welt „im Innersten zusammenhält".

Das gibt Gelegenheit, zwei Tage lang viele klassische Begriffe auf den Prüfstand zu stellen: Entscheidungsvorbereitung, Entscheidung, Durchsetzung und Kontrolle, horizontale und vertikale Gewaltenteilung oder -verflechtung — dargestellt an Politikfeldern, die uns mit Sicherheit ins nächste Jahrzehnt begleiten werden.

Ich bin auf die Ergebnisse Ihrer Arbeit gespannt, auch wenn ich aufgrund aktueller politischer Steuerungsprobleme darauf angewiesen bin, mir berichten zu lassen und später den Tagungsband durchzusehen. Ich sage dies auch für Herrn Ministerpräsident Dr. Vogel, der sich fest vorgenommen hatte, heute nach Speyer zu kommen.

I.

Nachdem zu den Tiefen und Untiefen staatlicher „Steuerung und Fehlsteuerung" viele bekannte Professoren ausführlich sprechen werden, möchte ich aus meiner Sicht Ihre Aufmerksamkeit auf ein eher unscheinbares Wort des Tagungsthemas lenken: Auf das verbindende „und" zwischen „Steuerung" und „Fehlsteuerung".

Die offensichtlich in kluger Tagungsregie getroffene Wortwahl zugunsten dieses „und" (anstelle eines ebenso denkbaren „oder") entspricht der klassischen Forderung nach „Reduktion von Komplexität" — indem nämlich in einem einzigen Wort angedeutet wird, wie eng im Regierungsalltag Steuerung und Fehlsteuerung beieinanderliegen. Denn tatsächlich sind ja erfolgreiche Steuerung und Fehlsteuerung oftmals gar nicht durch ein analytisch sauberes „oder" abtrennbar.

1. Schon nach der Rollenverteilung im parlamentarischen System ist nämlich innerhalb derselben politischen Entscheidung eine unterschiedliche Beurteilung angelegt: Indem nämlich derselbe Vorgang für die Regierung ein Beispiel kraftvoller Entscheidung, für die Opposition aber Ausweis von Halbherzigkeit, bloßem Verwalten, wenn nicht Schlimmerem ist. Schon von daher ist dieses „und" ein Signal der politischen Ausgewogenheit dieser 54. Frühjahrstagung.

2. Doch auch ohne den Blick auf das traditionelle Rollenverständnis ist es kein Geheimnis, daß zuweilen innerhalb desselben Entscheidungsprozesses neben den beabsichtigten Zielen einzelne Nebenfolgen weniger erwünscht sind, aus Gründen der Güterabwägung und des Entscheidungsdrucks aber toleriert werden — ergiebiger Ansatz für den späteren Nachweis entsprechender Fehlsteuerung. Dabei mag — methodisch gesehen — eine Fehlsteuerung gar nicht vorliegen; hat man doch die Nebenfolge gesehen und in Rechnung gestellt. An der öffentlichen Kritik ändert das in der Regel nichts. Es mag aber den Politiker trösten, daß zwar die Opposition von politischem Unsinn spricht, ihm aber von Seiten der Wissenschaft jedenfalls Methode bescheinigt wird.

3. Ausgezeichnet subsumierbar unter die verbindende Konjunktur des „und" sind Steuerung und Fehlsteuerung auch im Blick auf den verbindenden Oberbegriff staatlicher „Nichtsteuerung". Diese kann durchaus auf sorgfältiger Entscheidung beruhen, insbesondere unter den Gesichtspunkten marktwirtschaftlicher Ordnung. Geht alles gut, dann ist solche Nichtsteuerung durchaus Beweis erfolgreicher Globalsteuerung: Lenkung durch Selbstbeschränkung. Zentrale gesamtwirtschaftliche Eckdaten sprechen derzeit für sich. Geht allerdings die Rechnung an einem wesentlichen Punkt nicht oder nicht schnell genug auf — dann ist jedes Zuwenig an Dirigismus Paradebeispiel vorwerfbarer Nichtsteuerung. So wird sicherlich Ihre Diskussion über das Steuerungsproblem „Arbeitslosigkeit" nicht nur vom Inhalt, sondern auch von der Methode her ein Prüfstein dieser Frühjahrstagung.

4. Beruht derartige staatliche Selbstbeschränkung — so schwer sie im einzelnen auch fällt — auf bewußter ordnungspolitischer Entscheidung, so ist das zunächst ein Thema für die Politik, weniger für die Verwaltungswissenschaft. Diese horcht wieder auf, wenn das Nichteinmischen andere Ursachen hat: Wenn etwa ein Frühwarnsystem nicht vorhanden oder falsch eingestellt ist, wenn Vorwarnungen überhört werden — Sensoren arbeiten nur mit leisen Pieptönen — oder wenn diese Warnungen immer wieder zurückgestellt wurden — im Sinne der Urwahrheit von der „Vordringlichkeit des Befristeten". Sie wäre vielleicht aus der Sicht der politischen Alltagspraxis in eine „Aufdringlichkeit des Befristeten" umzubenennen.

Da sich solche Vordringlichkeit inzwischen herumgesprochen hat, hat innerhalb unseres politischen Steuerungssystems schon derjenige halb gewonnen, dem es gelingt, das eigene Anliegen möglichst dringlich auf die Tagesordnung zu bringen. Dringlich ist immer das, was tatsächlich oder vorgeblich „anbrennt". Daß repariert werden muß, wo offenkundige Mängel erkennbar werden, ist selbstverständlich. Umgekehrt ist es kein Geheimnis, daß man durch gezielte Einstellung eine kritische Lupe auch als Brennglas verwenden kann — und damit einem Thema die gewünschte „Vordringlichkeit" verschafft. Alle „Feuerwehraktionen" binden ihrerseits Kräfte und tragen so dazu bei, an anderer Stelle die gebotene Anpassung an sich verändernde Umstände nicht frühzeitig genug aufzuspüren oder weiterzutreiben: Erneute Quelle wiederum vordringlicher Nachfrage.

5. An dieser Stelle liegt nahe, die besondere Rolle der Medien anzusprechen — zum Stichwort „Vordringlichkeit", aber auch — um der Wahrheit die Ehre zu geben — zum Stichwort „Frühwarnsystem". Vielleicht sollte gerade dieser Aspekt auch ohne ausdrückliches Referat im Laufe der Tagung im Gedächtnis bleiben. Denn auch hier liegen natürlich Ursachen von Fehlsteuerung (etwa im Sinne hastiger Übersteuerung), bis hin zu qualifizierter Steuerungshilfe durch hervorragende Hintergrundbeiträge — insgesamt ein klassisches Feld mehr oder weniger behutsamer Mitsteuerung: Die Medien sozusagen als Mitgesellschafter der Unternehmung „staatliche Steuerung", wenn auch im konkreten Fall (wenn nämlich eine angeratene Sache schiefgeht), eher mit beschränkter Haftung.

Ähnliches gilt — dies nur der Vollständigkeit halber — selbstverständlich für eine Vielzahl anderer Gruppen in unserer Gesellschaft, die lebhaft auf den Prozeß der Entscheidung und Durchführung Einfluß nehmen.

II.

So ist es meiner Erfahrung nach vor allem die Bewältigung der täglichen Informations- und Interessenfülle, die den Alltag politischer Steuerung beherrscht. Wenn das Wort „und" — ganz allgemein gesprochen — das Symbol dieser Fülle ist, dann ist es auch insoweit ausgezeichnet gewählt. Wir brauchen und wir wollen diese Fülle, aber sie muß geordnet werden: Stichwort für einige knappe Bemerkungen zu Organisation und Fehlorganisation staatlicher Steuerung.

1. Zuweilen hat es den Anschein, daß nach dem Höhenflug verwaltungswissenschaftlicher Gesamtplanungssysteme eine Phase methodischer Selbstbeschränkung folgte. Inzwischen dürfte wieder herrschende

Meinung sein, daß es trotz aller Steuerungsprobleme letztlich ohne ein geordnetes Verfahren nicht geht, über das im Rahmen des Möglichen Ziele festgelegt und abgestimmt, über Inhalte und Abläufe entschieden, Nebenfolgen und Wege der Erfolgskontrolle erörtert werden. Ob dieses hohen theoretischen Ansprüchen der Kybernetik oder sonstiger Steuerungswissenschaften genügt, mag offen bleiben. Ich bestätige aber, daß sich auch heute politische Führungsstäbe bemühen, wenn nicht allumfassend, so doch zumindest auf wichtigen Teilbereichen der Politik einiges von dem Methodenwissen einzubringen, das in den letzten Jahren von der Verwaltungswissenschaft — auch hier in Speyer — entwickelt wurde. Für den Bereich der rheinland-pfälzischen Landesregierung will ich den gegenwärtigen methodischen Ansatz anhand eines Teilausschnitts skizzieren.

2. Zu Beginn der jetzt laufenden 10. Wahlperiode fiel die Grundsatzentscheidung, auch in Rheinland-Pfalz den Einsatz und die Fortentwicklung zukunftsorientierter Technologien gezielt voranzubringen. Diese Entscheidung beruhte auf der bewußt übernommenen Prämisse, daß die langfristige Sicherung von Wettbewerbsfähigkeit und Beschäftigung die Herstellung hochentwickelter Produkte und die Anwendung fortschrittlicher Produktionsverfahren voraussetzt. Und daß es zweitens ordnungspolitisch vertretbar ist, innerhalb bestimmter Grenzen sowohl bei der Forschungsförderung als auch beim Technologietransfer öffentliche Mittel einzusetzen.

Auf dieser Grundlage war im Rahmen einer Gesamtprojektion dafür zu sorgen, daß aus der Fülle wissenschaftlicher und politischer Publikationen der typisch rheinland-pfälzische Ansatz herausgearbeitet, landesweit diskutiert und zugleich das Ergebnis der anschließenden Kabinettsentscheidungen noch in den Doppelhaushalt 1986/87 eingebracht werden konnte. In der Regierungserklärung zu Beginn der Wahlperiode wurde entsprechend angekündigt, zur Entscheidungsvorbereitung eine unabhängige Expertenkommission einzusetzen. Zunächst in der Staatskanzlei, dann in einer interministeriellen Arbeitsgruppe wurden Zusammensetzung und Auftrag der Kommission vorbereitet. Es ging darum, eine umfassende, an den besonderen Voraussetzungen und Chancen von Rheinland-Pfalz ausgerichtete Informationsgrundlage zu erarbeiten sowie Handlungsvorschläge für kurz-, mittel- und langfristig wirksame Maßnahmen zur Sicherung von Wettbewerbsfähigkeit und Beschäftigung aufzuzeigen. Dabei sollten die Forschungsstruktur in Rheinland-Pfalz, die Weiterentwicklung des Technologietransfers, die Förderung geeigneter Rahmenbedingungen sowie der Gesamtbeschäftigungseffekt ausdrücklich einbezogen werden.

3. Dieser Auftrag an diese Kommission erscheint mir charakteristisch für die heutige Zusammenarbeit zwischen Politik und Wissenschaft. Deshalb möchte ich einige grundsätzliche Bemerkungen einschieben. Meistens geht es nicht darum, entweder zum ersten Mal oder ein mehrfaches Mal das Rad zu erfinden, sondern es kommt in der Regel darauf an, vielfältig vorhandenes, aber verstreutes Wissen problem- und situationsgerecht aufzubereiten und ohne missionarischen Eifer in fachlich exakte, aber gleichwohl plausible Alternativvorschläge umzusetzen. Insofern gilt meiner Ansicht nach für die Politikberatung in frappierender Weise eben das, was wir in den letzten Jahren in anderem Zusammenhang unter dem Stichwort „Technologietransfer" verlangt und gefördert haben. Wir sollten ebenso darüber nachdenken, wie es möglich ist, auch einen zügigen Transfer wissenschaftlich fundierter Ideen in den Entscheidungsprozeß der Politik zu fördern. Ich weiß, daß dies viel Energie auf beiden Seiten voraussetzt: In Beratungsstäben der Politik müssen die richtigen Fragen formuliert und dann die richtigen Gesprächspartner gefunden werden. Schon dies verlangt einen innerhalb der Bürokratie beinahe unkonventionellen Arbeitsstil: Beispielsweise gezielte Zeit-Investition für Lesen und Zuhören. Aber auch die Wissenschaft sollte mehr als bisher bereit sein, aus ihrer Sicht unkonventionell zu handeln: Nämlich durchaus gezielt über den Transfer ihrer Erkenntnisse nachzudenken und in geeigneten Fällen auch von sich aus Beratungsstäbe oder Grundsatzabteilungen anzusprechen. Beide Seiten müssen aufeinanderzugehen, wenn es gelingen soll, die Schnittstellen der Systeme Politik und Wissenschaft besser kompatibel zu machen.

Die Hochschule für Verwaltungswissenschaften hat hier eine Vorreiterrolle, auch durch die Ausrichtung gemeinsamer Veranstaltungen von Wissenschaft und politischer Praxis. Gleichwohl rege ich an, einmal eine Arbeitstagung ausschließlich zu dem Thema „Ideentransfers" im hier beschriebenen Sinne auszurichten. Auch unsere ausgezeichneten Erfahrungen in der Zusammenarbeit mit der rheinland-pfälzischen Expertenkommission „Wettbewerbsfähigkeit und Beschäftigung" ermutigen mich zu diesem Vorschlag.

4. Lassen Sie mich auf Zusammensetzung und Arbeitsweise der Kommission nicht näher eingehen, auch nicht auf die umfangreichen, anwendungsorientierten und landesbezogenen Vorschläge. Wichtiger erscheint mir unter methodischen Gesichtspunkten der Hinweis, daß der Kommissionsbericht mit einem persönlichen Schreiben des Ministerpräsidenten sehr breit an politische und gesellschaftliche Gruppen im Land verteilt wurde. Ich kann im Rückblick sagen, daß dies eine landesweite, eindrucksvolle Diskussion ausgelöst hat. So viel zum Stichwort „Partizipation".

5. Unter methodischem Aspekt nenne ich drittens die zeitliche Parallelität zwischen politischen Entscheidungsschritten und Haushaltsaufstellung. So hat der Ministerpräsident von Anfang an darauf gedrängt, schon in den ersten Vorberatungen zum Doppelhaushalt 1986/87 einen vom Gesamtvolumen beachtlichen Haushaltsbetrag sozusagen „politisch zu blockieren", um nach Vorlage des Kommissionsberichts und der landesweiten Stellungnahmen im Herbst 1985 finanziellen Spielraum für ein Sonderprogramm „Neue Technologien" zu haben.

Dies entsprach zwar nur im Ansatz dem wissenschaftlichen Traum des „Zero-Base-Budgeting", kam aber im Ergebnis — auch in der konkreten Ausführung — der vielzitierten Vorstellung eines „Programmbudgets" jedenfalls nahe. Denn dieses „Blockieren" eines — zusammen mit dem Umweltprogramm — dreistelligen Millionenbetrages setzte naturgemäß erhebliche Einsparungsbemühungen sämtlicher Ressorts schon in der Frühphase der Haushaltsberatungen voraus — eine, wie Sie sich denken können, nicht leichte Operation, die aber mit tatkräftiger Unterstützung des Finanzministers erfolgreich beendet werden konnte. Das ressortübergreifende Sonderprogramm wurde dann übigens in einer Anlage zum Haushaltsplan ausdrücklich ausgewiesen.

Parallel liefen schließlich Überlegungen zur Technologiefolgenabschätzung, zur Vergabe entsprechender Begleitgutachten und zur Einrichtung zukünftiger Beratungsgremien der Landesregierung. Den vorläufigen Abschluß dieses Projektes bildete eine Regierungserklärung im Februar 1986, in der noch einmal die Gesamtkonzeption und konkrete Projekte im Zusammenhang dargestellt wurden. Noch sind wir nicht in der Phase der Evaluation, aber sie klingt an, wenn es in der Regierungserklärung vom Februar 1986 heißt: „Wir werden die eingeleiteten Maßnahmen einer laufenden Kontrolle unterziehen und ggf. andere Akzente setzen, wenn sich zeigt, daß im Einzelfall der erwartete Erfolg ausbleibt."

III.

Soweit eine kurze Skizze zu methodischen Ansätzen staatlicher Steuerung in der praktischen Landespolitik. Nur beispielhaft erwähne ich die entsprechende Verknüpfung von Planung und Budgetierung beim Umweltprogramm, die Einsetzung der ersten Landeskommission „Bioethik" zur rechtzeitigen Vorbereitung inzwischen anstehender politischer Entscheidungen zur Fortpflanzungsmedizin oder — mit unmittelbarem Tagesbezug — die Aufarbeitung von Entscheidungsgrundlagen für ein Rheinland-Pfalz-Programm für Landwirtschaft und Weinbau, das der Ministerpräsident am kommenden Montag auf einem Agrarkongreß in Mainz vorstellen wird. Das Agrarprogramm ist — wie Sie wissen —

auch Ursache dafür, daß ich anschließend sofort aufbrechen muß. Ich bedauere, nicht bleiben zu können und bitte für dieses Steuerungsproblem um Verständnis.

Nehmen Sie aber meinen Besuch und die von mir skizzierten Beispiele als Zeichen meiner Aufgeschlossenheit, die methodischen und inhaltlichen Anregungen auch dieser Tagung auf ihre Transfer-Möglichkeiten in die politische Praxis sorgfältig durchzusehen.

Ich wünsche der 54. Speyerer Fortbildungstagung einen guten Erfolg!

ERSTER TEIL

Einführungen, Querschnittsbetrachtungen

1. Steuerung des Wohlfahrtsstaates als Aufgabe

Von Helmut Klages

I.

Die Metapher des „Staatsschiffs" ist sehr alt, und sie läßt erkennen, in welchem Maß bereits vor langer Zeit in Steuerungsvorstellungen gedacht wurde.

In der Tat ist es nützlich, sich an das Bild eines Schiffes zu halten, das bei schwieriger See durch Untiefen und Felsklippen hindurchmanövriert werden muß, wenn man sich in erster Annäherung vor Augen führen will, worum es bei der „Steuerung" geht.

Wer ein Schiff „steuert", will in der Regel einen Hafen, d. h. also ein Ziel, erreichen, um dessen willen er die Fahrt unternimmt. Er muß aber auch die Probleme und Herausforderungen, die auf dem Wege lauern, möglichst genau kennen, was in erster Linie bedeutet, über eine gute Seekarte oder, allgemeiner ausgedrückt, über die Ergebnisse einer Analyse der Strukturbeschaffenheit des Handlungsfeldes, verfügen zu können. Es ist darüber hinaus notwendig, sich auf Wind und Wetter einzustellen, d. h., allgemeiner ausgedrückt, der laufenden Dynamik des Umfeldes gewachsen zu sein. Man muß, genereller gesagt, über Prognosen verfügen, um über auftretende „Störungen" möglichst frühzeitig informiert zu sein und um einen ausreichenden zeitlichen Spielraum für die Vorbereitung von Entscheidungen zu besitzen. Zu einer guten Steuerung gehört dann aber auch die Einhaltung des „ökonomischen Prinzips". In der Regel hat weder ein Schiff noch ein Staat Zeit dazu, unnötige Schleifen zu fahren. Man wird vielmehr hier wie dort dem Grundsatz des geringstmöglichen Aufwands folgen, der in der Verwaltung als das Prinzip der „Wirtschaftlichkeit" verankert ist[1].

Vorklärungen solcher Art wirken nun allerdings — trotz aller Bildhaftigkeit — leicht „akademisch", wenn sie nicht angewendet, d. h. auf konkrete Objekte übertragen werden.

Ich will dies im folgenden tun, indem ich die *Frage* stelle, *ob der moderne „Wohlfahrtsstaat" gut oder schlecht gesteuert ist.*

---

[1] Herder-Dorneich 1984.

Es ist dies eine Frage, die uns unmittelbar ins Zentrum des augenblicklichen Themas hineinführt. Die Steuerung des Wohlfahrtsstaates ist nur dann eine „Aufgabe“, über die zu reden sich lohnt, wenn nicht ausreichend — oder nicht gut genug — gesteuert wird. Mit der Antwort auf die Frage, wie gut oder schlecht der moderne Wohlfahrtsstaat gesteuert wird, beantworten wir zumindest die erste Hauptfrage, die in der gesamten Themenstellung steckt. Bei der verbleibenden zweiten Frage wird es darum gehen, wie ein evtl. bestehender Steuerungsbedarf gedeckt werden kann. Mit dieser zweiten Frage werden wir uns aber erst im späteren Verlauf beschäftigen können.

Ich möchte der Behandlung der ersten Hauptfrage *zwei Klärungen* vorausschicken.

Die *erste* Klärung ist terminologischer Natur. Ich unterscheide im folgenden nicht systematisch zwischen dem modernen *„Wohlfahrtsstaat“* und dem *„Sozialstaat“*. Gewiß ist der Ausdruck „Wohlfahrtsstaat“ etwas offener und allgemeiner gemeint als der Ausdruck „Sozialstaat“. Er meint denjenigen Staat, der durch die Konzentration der Staatszielsetzung auf „Daseinsvorsorge“ charakterisiert wird. Andererseits ist mit dem Ausdruck nicht von vornherein eine negative Wertung beabsichtigt. Allenfalls dort, wo der „Wohlfahrtsstaat“ und der „Sozialstaat“ explizit gegeneinandergestellt werden, mag sich die in der Tat schwer unterdrückbare Neigung kundtun, den ersteren als eine überentwickelte Form des letzteren anzusehen.

Die *zweite* Klärung betrifft die aufgeworfene Frage selbst. Wenn ich nach der *Güte (oder Qualität)* der Steuerung des Wohlfahrtsstaates frage, dann beabsichtige ich keine Wiederholung der „Wohlfahrtsstaatsdiskussion“ der zurückliegenden Jahre. Insbesondere strebe ich keine Antwort auf die Frage nach einem Erfolg oder Mißerfolg des Wohlfahrtsstaates im ganzen an, und ich beabsichtige auch nicht, zu der Frage Stellung zu nehmen, ob der Wohlfahrtsstaat als solcher fortbestehen soll oder nicht. Ich will deshalb auch nicht diejenigen grundsätzlichen Alternativen zum Wohlfahrtsstaat diskutieren, die hartnäckig — manchmal meint man sogar feststellen zu müssen: in einem immer noch zunehmenden Maße — von rechts bis links propagiert werden. Ich setze vielmehr die Existenz des Wohlfahrtsstaates als einer zeitgeschichtlichen Erscheinung voraus, und ich gehe davon aus, daß wir mit ihm weiterleben müssen, ob wir dies nun wollen oder nicht, da unser Handlungsspielraum ihm gegenüber — ganz unabhängig von unserer politischen Grundeinstellung — begrenzt ist.

Es handelt sich hierbei um einen Realismus, der ganz unmittelbar mit dem „Steuerungs“-Konzept selbst zusammenhängt. Wer etwas steuern will, kann es nicht gleichzeitig schlechthin verdammen. Die Absicht der

Kritik — oder genauer gesagt: der kritischen Überprüfung und Bewertung — gehört hingegen wesentlich zur Steuerungsperspektive hinzu. Es geht bei der Steuerung um *„Optimierung"*, d. h. um die Frage nach der Frage nach dem Vorhandensein von Leistungsschwächen und überflüssigen Problembelastungen und nach den Möglichkeiten zu ihrer Beseitigung, letztlich also um die Frage nach „Schwachstellen" im System. Man könnte auch sagen, daß der Wohlfahrtsstaat auf den Prüfstand gestellt und einer Betriebsuntersuchung unterzogen wird[2]. Das ist ein sehr nüchternes Konzept, aber es ist, wie ich meine, genau das, was wir gegenwärtig brauchen. Wo die zurückliegende Wohlfahrtsstaatsdiskussion nützlich war, hat sie sich in eben dieser Richtung bewegt. Alles andere war und ist, wie ich meine, Modellplatonismus mit problematischem Realitätsbezug.

Wo fangen wir nun aber an, wenn wir einem derart komplexen Objekt wie „dem Wohlfahrtsstaat" gegenüberstehen? Woher nehmen wir die Energie der Zusammenfassung, die erforderlich ist, um gegenüber diesem ausufernden, einer faktischen Allzuständigkeit entgegenwachsenden Gegenstand nicht von vornherein die Orientierung zu verlieren?

Ich stelle diese Frage nicht, ohne eine Antwort parat zu haben. Sie lautet, daß die *„Krisen"-Diagnose,* genauer gesagt: die oft gehörte Diagnose der Krise des Sozial- oder Wohlfahrtsstaates, diese Zentrierungsfunktion leistet[3].

Natürlich ist diese Krisendiagnose verhältnismäßig unscharf und mehrdeutig und vom vielen Gebrauch abgenutzt, aber sie erleichtert uns den Einstieg in das Thema doch ganz beträchtlich. Die Vermutung, daß es im modernen Wohlfahrtsstaat schwerwiegende Steuerungsmängel und -schwachstellen gibt, rechtfertigt sich, wie ich meine, aufgrund zweier Beobachtungen, die ganz unmittelbar mit der Krisendiagnose zusammenhängen: erstens aufgrund eines sehr weitgehenden, von rechts bis links und von der Soziologie bis zur Staatsrechtswissenschaft hin reichenden Konsenses über das Vorhandensein einer Wohlfahrtsstaatskrise; und zweitens aufgrund einer ebenfalls sehr weitreichenden Übereinstimmung darüber, daß es sich bei dieser Krise zu einem erheblichen Teil um eine endogene oder „hausgemachte" und insoweit auf den Staat selbst zurückgehende, ihm nicht ausschließlich von außen aufgezwungene Krise handelt.

Zusammengenommen läuft ein guter Teil der auffindbaren Diagnosen auf die These hinaus, daß es um eine *„eingebaute" Krise* geht, deren Vorbedingungen mit dem Wachstum des Wohlfahrtsstaates mitgewachsen

---

[2] Vgl. hierzu Molitor 1984.

[3] Vgl. hierzu Klages 1984, S. 103 ff.

sind, die also vom Wohlfahrtsstaat gewissermaßen — im Sinne eines kumulativen, sich aufschaukelnden Prozesses — mitproduziert worden sind.

So formuliert klingt die Diagnose fast schon dramatisch, zumal es offenbar keinen Anlaß für die hoffnungsfrohe Annahme gibt, der aktuelle wirtschaftliche Aufschwung habe die in der Vergangenheit wirkenden Krisenursachen beseitigt. Aus einer solchen Perspektive betrachtet ist die Steuerung des Wohlfahrtsstaates eine *Aufgabe* von außergewöhnlichem Gewicht, die noch vor uns liegt, auch wenn die ganz akuten Krisensymptome zur Zeit ganz unverkennbar abgeklungen sind.

II.

Aus den verschiedensten Gründen ist es nun naheliegend, sich mit einem solchen vorläufigen Ergebnis nicht zufrieden zu geben, sondern die Frage nach der Steuerungsqualität des modernen Wohlfahrtsstaates — gewissermaßen in einem zweiten Durchlauf — auf einer konkreten Betrachtungsebene zu wiederholen, d. h. nach den *Problemen* des modernen Wohlfahrtsstaates zu fragen und hierbei das Interesse an der Aufklärung einer in ihn selbst eingebauten Problem- und Krisenerzeugungstendenz im Auge zu behalten.

Wir stoßen, wenn wir dies tun, naturgemäß zunächst auf die *sozialstaatliche Leistungsdimension* des Wohlfahrtsstaates, die ohne jeden Zweifel als eine historische „Errungenschaft" angesehen werden muß, hat sie doch Antworten auf diejenigen schwerwiegenden Risikoprobleme mit sich gebracht, die sich mit der Zerstörung der traditionalen Sozialordnungen der vorindustriellen Welt durch die Industrialisierung abzeichneten und die Europa zeitweise in das Feuer eines zerstörerischen Klassenkampfes zu stürzen schienen.

Es gilt dies in einem besonderen Maße für den Wohlfahrtsstaat — oder genauer gesagt: für den Sozialstaat — der Bundesrepublik. Zu Recht stellt ein Beobachter fest, daß sich die Sozialpolitik der Bundesrepublik „heute ..., nach Reichweite und Leistung, in der Spitzengruppe der westlichen Wohlfahrtsstaaten" befindet[4]. Daß die Bundesrepublik „eine der höchsten Sozialleistungsquoten in der Welt" hat, darf in diesem Zusammenhang mit der gebührenden Aufmerksamkeit vermerkt werden.

Wendet man sich nun aber den Problemen zu, die es rechtfertigen, von einer in den Wohlfahrtsstaat eingebauten „Krisenerzeugungstendenz" zu sprechen, dann stößt man zunächst auf eine umfangreiche

---

[4] Zapf 1983.

Gruppe von Argumenten, die darauf insistieren, daß der Wohlfahrtsstaat dazu tendiert, seine eigenen *wirtschaftlichen Grundlagen* einzuschränken, zu hemmen und zu schädigen.

In diese Gruppe von Argumenten fällt alles das hinein, was über die Einschränkung der Bewegungsfreiheit der Unternehmen durch eine expansive Arbeitnehmerschutzpolitik wie vor allem auch durch sogenannte „bürokratische Einengungen" gesagt worden ist. Ganz allgemein formuliert läuft die hier ansetzende Kritik auf die schwer bestreitbare Feststellung hinaus, daß das von sozialen Zielsetzungen angetriebene wohlfahrtsstaatliche Handeln *unkalkulierte Nebenwirkungen* negativer Art verursacht. Derselbe Schluß wird auch überall dort gezogen, wo sich die Kritik auf die Belastung wirtschaftlicher Tätigkeiten durch anwachsende Steuern und Sozialabgaben richtet, durch welche Markteinbußen — vor allem im Ausland — und Vermeidungsreaktionen, wie z. B. die Abwanderung von Betrieben in Billiglohnländer, hervorgerufen werden. In den Kreis unbedacht verursachter negativer Nebenwirkungen wohlfahrtsstaatlichen Handelns rückt in diesem Zusammenhang u. a. auch die Arbeitslosigkeit, die — zumindest zum Teil — als eine Folge wohlfahrtsstaatlich verursachter wirtschaftlicher Vermeidungsreaktionen angesehen werden kann.

Es fällt immer noch in denselben Zusammenhang unbeabsichtigter wirtschaftlicher Negativwirkungen wohlfahrtsstaatlichen Handelns, wenn dem Staat auch ein ökonomisches und gesellschaftliches Phänomen wie die Expansion der *Schattenwirtschaft* zur Last gelegt wird, die sich heute bereits auf zweistellige Anteile des Bruttosozialprodukts beläuft und deren weiteres Wachsen unaufhaltsam erscheint. Auch die Schattenwirtschaft kann als eine Vermeidungsreaktion angesehen werden, an der Unternehmen und Handwerksbetriebe, vor allem aber auch Millionen von Bürgern beteiligt sind, die in einer Situation, in welcher die Kosten einer durchschnittlichen Handwerkerstunde die pro Stunde erzielbaren Durchschnittseinkommen längst um ein Mehrfaches übertreffen, schlicht sparen wollen und die deshalb u. a. zunehmend viele Dinge in Eigenarbeit herstellen oder die im Einzelfall an „Schwarzarbeiter" mit oder ohne Firma Aufträge erteilen.

Man kann im Fall der Schattenwirtschaft die vorhin angesprochene kumulative Problemerzeugungswirkung des Wohlfahrtsstaates recht gut demonstrieren. Dies gilt auch für die *Reaktionen* des Wohlfahrtsstaates auf das Anwachsen der Schattenwirtschaft. Diese Reaktionen bestehen einerseits — angesichts der auftretenden Einnahmeausfälle — in der immer weiteren Anhebung von Steuern und sonstigen Abgaben, die jedoch die Tendenz zur Schattenwirtschaft weiterhin verstärkt. Diese Reaktionen bestehen jedoch auch in verschärften Strafandrohungen,

d. h. also in einem Drehen an der Sanktionsschraube, das aber in diesem hochsensiblen Feld leicht zu einer Kriminalisierung sozialer Alltagsverhaltensweisen führt, d. h. also zu negativen Steuerungseffekten, welche letztlich die Einstellung der Bürger zum Staat verschlechtern. Man kann hier von negativen sozialpsychologischen Nebenwirkungen wohlfahrtsstaatlichen Handelns mit problematischer Auswirkung auf die gesellschaftliche Wertsphäre sprechen.

Sozialpsychologische Folgekosten treten nun natürlich auch überall dort auf, wo die Bevölkerung bei der Abschätzung des Nutzenentgangs aufgrund von Steuerzahlungen zu einem negativen Ergebnis gelangt. Wie empirische Untersuchungen in der letzten Zeit gezeigt haben, hat die Mehrheit der Bundesbürger — angesichts der Höhe, die die Steuerbelastung erreicht hat — den Eindruck, dem Staat mehr zu geben als — in Anbetracht der staatlichen Leistungen — angemessen wäre[5]. Angesichts der Undurchsichtigkeit bestehender Belastungen verbindet sich hiermit vielfach der Eindruck, stärker betroffen als andere zu sein. Die Folge ist nicht nur ein problematisches „Steuerbelastungsgefühl“, sondern auch ein weitverbreitetes Gefühl mangelnder Steuergerechtigkeit, das geeignet ist, die sog. „Steuermentalität“, die in der Bundesrepublik nie sonderlich stabil war, weiterhin zu schwächen[6]. Auch dies ist eine Veränderung, die in die gesellschaftliche Wertsphäre eingreift und der somit längerfristige sozialpsychologische Tiefenwirkungen zuzurechnen sind, zu denen die oft beobachteten Labilitäten im Bereich allgemeinerer Staatseinstellungen der Bürger und der in der Bevölkerung vorhandenen Akzeptanz- und Folgebereitschaften hinzugehören.

Welchen aktuellen Stand diese Entwicklung inzwischen erreicht hat, wurde kürzlich deutlich, als die Bundesbürger zu der staatsbürgerlichen Ausnahmeposition des sportlichen Nationalidols Boris Becker befragt wurden. Es stellte sich heraus, daß zwar eine Mehrheit mit der Befreiung Beckers vom Wehrdienst nicht einverstanden war, daß aber nur eine Minderheit dazu bereit war, an Beckers Auslandswohnsitz und der damit verbundenen steuerlichen Entlastung Anstoß zu nehmen.

III.

Es wird nunmehr bereits deutlicher geworden sein, woran ich dachte, als ich vorhin von einer in den Wohlfahrtsstaat eingebauten Problem- und Krisenerzeugungstendenz sprach.

---

[5] Mackscheidt 1984.

[6] Vgl. hierzu die Charakterisierung der „Steuermentalität“ der Bundesrepublik im internationalen Vergleich bei Hansmeyer 1976.

Diejenigen Probleme, die ich bisher angesprochen habe, betrafen aber allesamt nur die eine der beiden Hauptseiten staatlicher Tätigkeit, die Einnahmeseite des Staates nämlich (oder das, was man häufig abkürzend als den „Steuerstaat" anspricht).

Wenden wir uns nunmehr der *Ausgaben- und Leistungsseite* der staatlichen Tätigkeit zu, so können wir ebenfalls unschwer fündig werden.

Probleme werden zunächst überall dort sichtbar, wo es um die *Umverteilungseffizienz* wohlfahrtsstaatlicher Transferzahlungen geht. Es spricht gegen die Qualität der Steuerung des Wohlfahrtsstaates, wenn unwidersprochen behauptet werden kann, es sei „umstritten, ob die riesige Sozialstaatsmaschinerie mit ihren Beamtenlegionen, die ständig Bürgern Geld wegnehmen, um es häufig genug den gleichen (nach Abzug eines Umverteilungs-Disagios) wieder zuzustecken, viel nennenswerten Ausgleich stiftet"[7].

„Hausgemachte" Probleme werden auf dieser zweiten Seite aber z. B. auch dort erkennbar, wo die *Einschätzung wohlfahrtsstaatlicher Leistungen* durch die Bevölkerung zur Erörterung ansteht. Es fallen hier insbesondere die erstaunlichen Neigungen zu einer scheinbaren „Undankbarkeit" ins Auge, die sich in der Bevölkerung finden.

Aus den Ergebnissen empirischer Studien kann abgelesen werden, daß man um so mehr vom Staat fordert, je mehr man ihn für Leistungen bestimmter Art als zuständig erachtet — unabhängig davon, wie hoch man sein aktuelles Leistungsniveau einschätzt[8]. Daß es die vielberufene *„Anspruchsinflation"* im Wohlfahrtsstaat tatsächlich gibt, wird hieran deutlich. Es wird hierin aber gleichzeitig auch die Mitverantwortung des Staates für dieses Phänomen deutlich, denn die Anspruchsinflation erweist sich als die direkte Folge einer über die Grenzen des Sinnvollen hinausgehenden auf den Staat bezogenen Verantwortungszuschreibung, die aber ohne eine auf Universalzuständigkeit und -kompetenz abstellende wohlfahrtsstaatliche Selbstdarstellung gar nicht denkbar wäre.

Grob gesagt erweist sich die Anspruchsinflation — in einem ganz erheblichen Maße — als die logischerweise erwartbare Konsequenz desjenigen universellen Beglückungsversprechens, mit welchem alle gegenwärtigen Wohlfahrtsstaaten auf die öffentliche Bühne getreten sind. Dasselbe Phänomen enthüllt sich — sozusagen von seiner Kehrseite her — darin, daß in der Bundesrepublik im Jahr 1983 — angesichts einer stark verschlechterten Einschätzung der allgemeinen Wirtschaftslage und der damit zusammenhängenden staatlichen Leistungsfähigkeit — die

[7] Merklein 1980, S. 66.

[8] Hondrich 1983.

Bereitschaft der Bürger zur Hinnahme von Einschränkungen staatlicher Leistungen gegenüber 1978 in nahezu allen Leistungsbereichen dermaßen deutlich zugenommen hatte, daß das untersuchende Institut geradezu von einer „Enttabuisierung“ bisheriger Anspruchsselbstverständlichkeiten sprechen konnte[9] (inzwischen ist diese Entwicklung bereits wieder rückläufig geworden).

Ich möchte, um zu einem weiteren einschlägigen Problem zu kommen, das Stichwort der *Subventionen* ins Spiel bringen. Ich möchte mich allerdings auf den Hinweis beschränken, daß das Profil ganzer Bereiche wohlfahrtsstaatlicher Politik — der Industriepolitik und der Landwirtschaftspolitik z. B. — heute von diesem Stichwort her aufzuschlüsseln ist. Aus der Perspektive der Frage nach der Steuerungsfähigkeit wohlfahrtsstaatlicher Politik betrachtet besteht — um es ganz grob und thesenhaft zu sagen — Anlaß dazu, im Zusammenhang dieses Stichworts tiefrote Negativnoten zu verteilen.

Natürlich ließe sich allein über diese eine Thematik eine ganze Frühjahrstagung abhalten. Ich benutze sie im Augenblick aber nur als Anlaufstrecke in der Richtung einer weiteren ausgedehnten Themenlandschaft, die sich durch das Stichwort der *„Kostenexplosionen“* kennzeichnet.

Ich will mich diesem Stichwort von einem Sachbereich her annähern, auf den wir im Laufe dieser Tagung noch zurückkommen werden, nämlich vom Gesundheitswesen her.

Es ist dieser Sachbereich aus der Steuerungsperspektive betrachtet insofern besonders aufschlußreich, als in ihn seit vielen Jahren nicht nur schwindelerregende finanzielle Mittel, sondern auch eine beträchtliche Menge gesetzgeberischer und administrativer Regelungsressourcen investiert wurden, die im wesentlichen darauf abzielten, den überproportionalen Zuwachs des finanziellen Aufwands zu begrenzen.

Man spricht aber wohl kein allzu großes Geheimnis aus, wenn man feststellt, daß — wenigstens bisher — alle Mühe vergebens war: Die Kostenexplosion im Gesundheitswesen dauert — unbeeindruckt von allen Anwendungsbemühungen — weiter an, ohne daß sich merkliche, in Gesundheitsgewinnen ablesbare Effektivitätszuwächse eingestellt hätten. Man muß dementsprechend davon ausgehen, daß sich die Steuerungswirksamkeit in diesem zentralen Bereich wohlfahrtsstaatlicher Tätigkeit proportional zum zunehmenden Mitteleinsatz ständig verringert hat — ein Befund, der aber auf *kumulative, sich aufschaukelnde problemerzeugende Prozesse* und somit auf funktionelle Steuerungsmängel gravierender Natur schließen läßt.

[9] Bielenski u. a. 1983, S. 23.

In der Tat läßt sich bei näherer Analyse feststellen, daß im Gesundheitswesen der geballte Einsatz gesetzgeberischer und administrativer Regelungsressourcen paradoxerweise zu dem äußerst mißlichen Sachverhalt beigetragen hat, daß eine Mehrzahl beteiligter „Akteure" zusammenwirken, die Geldausgaben verursachen, für die sie selbst nicht aufzukommen brauchen, oder für die sie nicht aufzukommen zu brauchen glauben. Dies gilt für die Kassenärzte, die ihre Aufwendungen über Krankenscheine abrechnen können; dies gilt für die Krankenhäuser, die ihre Aufwendungen über kostendeckende Tagessätze wieder hereinbekommen; dies gilt für die Kassen, die notfalls die Beitragssätze erhöhen können; und dies gilt letztlich sogar für die Versicherten, auf deren Rücken sich dies alles abspielt, denn sie merken nicht, daß sie — über die Beitragserhöhungen — später selbst zur Kasse gebeten werden, wenn sie sich zunächst darüber freuen, anscheinend — wie beim Freibier[10] — kräftig zulangen zu können, ohne dafür — aufgrund des Krankenscheinsystems — bezahlen zu müssen, so daß sie sich zum „Mitnahmeverhalten" ermuntert fühlen[11].

Die fortwährende Kostenexplosion ist hier gewissermaßen vorprogrammiert. Hat man diesen mit aller wünschenswerten Klarheit analysierbaren Sachverhalt erst einmal verstanden, dann will es kaum mehr glaubhaft erscheinen, daß er nicht schon längst — durch geeignete Steuerungseingriffe — abgestellt wurde, zumal sich alle Beteiligten — jedenfalls auf offizieller Ebene — darüber einig sind, daß er abstellungsbedürftig ist.

Auch von derjenigen *„Spirale"*, die sich hier dreht, werden Anspruchshaltungen begünstigt; auch von hier gehen somit Einwirkungen auf die tiefer liegenden sozialpsychologischen Schichten der gesellschaftlichen Werte, Einstellungen und Verhaltensgrundlagen aus. Diese können aber mit den vorhin schon erwähnten, in dieselbe Richtung verlaufenden Einwirkungen zusammenfließen, so daß Verstärkungen einzutreten vermögen, die ihrerseits zur Kräftigung der „im System" selbst steckenden Problem- und Krisenerzeugungstendenz beitragen. Es zeichnen sich an dieser Stelle Umrisse einer „großen" problemfeldübergreifenden Aufschaukelungsspirale ab, die ihre Dynamik daraus empfängt, daß sich die Aufschaukelungs- und Selbstverstärkungstendenzen in den einzelnen Problemfeldern vernetzen und überlagern. In der Tat gibt es im heutigen Wohlfahrtsstaat — auch im Wohlfahrtsstaat der Bundesrepublik — bereits eine solche *Superspirale gegenseitiger Problemverstärkungen.* Ist diese Superspirale aber erst einmal vorhanden, dann erhalten gesamtverantwortlich motivierte, wohlinformierte und gut koordinierte Steue-

---

[10] Vgl. hierzu verschiedene Arbeiten von Philipp Herder-Dorneich, so z. B. Herder-Dorneich 1982.

[11] Empirische Daten hierzu z. B. bei Köcher 1983.

rungseinwirkungen eine eminente Dringlichkeit, weil „konventionelle" Einwirkungstechniken dann immer unwirksamer werden und anschwellende „kontra-intuitive" Nebenwirkungen mit sich bringen[12]. Die Steuerung des Wohlfahrtsstaates wächst sich dann, pathetisch ausgedrückt, zu einer Aufgabe von lebensentscheidender Gewichtigkeit aus.

IV.

Ich bin mit diesen letzten Worten fast schon in die an- und abschließenden Abschnitte meines Vortrags hinübergeraten, in welchen es um die Frage gehen soll, worauf die erkennbaren Steuerungsmängel beruhen und wie gegen sie anzugehen ist, wie also die Aufgabe der Steuerung des Wohlfahrtsstaates besser zu meistern ist als bisher.

Bevor ich in die Richtung dieser Frage abschwenke, möchte ich aber doch noch einen Problemsachverhalt ansprechen, der insbesondere im Bereich der Alterssicherung zu Buche schlägt: die *Bevölkerungsentwicklung.*

Das Interessante, ja Provozierende an der Bevölkerungsentwicklung ist, daß sie gewöhnlich als ein äußeres „Rahmendatum" der staatlichen Tätigkeit behandelt wird, das schwerwiegende Probleme aufwirft, das aber scheinbar kaum beeinflußbar ist, da es durch elementare biologische und medizinische Sachverhalte, wie auch z. B. durch Kriegs- und Nachkriegseinwirkungen, bestimmt zu sein scheint.

In Wirklichkeit lassen sich in der Bevölkerungsentwicklung aber sehr deutliche Spuren der Wohlfahrtsstaatsentwicklung selbst nachweisen. Dies gilt zumindest für den Geburtenschwund seit der Mitte der 60er Jahre, der, wie man inzwischen festgestellt hat, durch Tendenzen des *Wertwandels* in der Bevölkerung beeinflußt wird, die der Orientierung an Chancen der eigenen Person mächtigen Auftrieb gegeben haben und die die Geltung herkömmlicher normativer Standards der familienbezogenen Lebensführung abgebaut haben[13].

Wodurch ist aber dieser fundamentale, in allen möglichen Problemzusammenhängen immer wieder auftauchende Wertwandel zu erklären?

Die Antwort kann nicht monokausal sein, da für sein Entstehen sowohl die Prosperität der 50er und 60er Jahre wie auch die Bildungs- und Medienrevolution der 60er Jahre mitursächlich sind. Es ist aber eindeutig, daß auch die Entwicklung des Wohlfahrtsstaates und die durch sie vermittelte Entlastung von der Verpflichtung zur Eigenvorsorge zum Wertwandel beigetragen hat.

---

[12] Forrester 1971.

[13] Klages 1985, S. 68 ff.

Die Mitverantwortlichkeit der Wohlfahrtsstaatsentwicklung für den Geburtenschwund ist jedoch auf eine noch viel direktere Weise dingfest zu machen.

Während einer Konferenz der Deutschen Gesellschaft für Bevölkerungswissenschaft, die erst kürzlich in Bielefeld stattfand, wies Franz X. Kaufmann auf die schwerwiegende materielle Benachteiligung hin, der in der Bundesrepublik — auch nach der Wende! — Familien mit Kindern gegenüber kinderlosen Ehepaaren ausgesetzt sind. Während die Altersversorgung nahezu vollständig aus öffentlichen Kassen bestritten wird, beteiligt sich die Allgemeinheit an den Kinderkosten allenfalls zur Hälfte. Der Staat prämiert damit de facto diejenigen „Trittbrettfahrer", die sich's ohne Kinder wohl sein lassen, um dann später, im Alter — unter Nutzung des sogenannten Generationenvertrages — von den Kindern der anderen zu profitieren. Man trifft den Nagel auf den Kopf, wenn man feststellt, daß hiermit eine *„negative" Bevölkerungspolitik* betrieben wird, mit der sich der Wohlfahrtsstaat der Bundesrepublik aber selbst seine biologischen Wurzeln abgräbt. Anstatt gegenüber der ohnehin vorhandenen Geburtensenkungstendenz gegenzusteuern, wird diese Tendenz mit sozialpolitischen Mitteln ungewollt verstärkt.

Der physische Exitus der Bevölkerung, der an dieser Stelle als Fernperspektive auftaucht, läßt die Vermutung aufkommen, von einem in den gegenwärtigen Wohlfahrtsstaat eingebauten „Selbstzerstörungsmechanismus" sprechen zu können. Gleichzeitig wird aber auch dem Ausblick auf eine problemübergreifende Superspirale zusätzliche Nahrung zugeführt. In einer Arbeit, die in letzter Zeit in einem meiner eigenen Seminare angefertigt wurde, wurden insgesamt 51 Politikbereiche aufgelistet, die durch den Geburtenrückgang betroffen sind. Die Sekundärfolgen von Steuerungsmängeln in diesem elementaren Bereiche sind also beinahe universell. Sie durchdringen das gesamte Lebenssystem und sie führen an einer Unmenge von Stellen zu Problemaufschaukelungen, die ihrerseits in den allgemeinen Systemzusammenhang zurückwirken.

V.

Der vorstehende Problemkatalog, den ich an dieser Stelle abbreche, erhebt keinen Anspruch auf Vollständigkeit. Das Ziel der Darstellung bestand letztlich nur darin, die Frage zu beantworten, ob es gerechtfertigt ist, von einer in den modernen Wohlfahrtsstaat eingebauten Problem- und Krisenerzeugungstendenz zu sprechen. Diese Frage zu beantworten, fällt, wie ich meine, nach alledem, was — bei aller Lückenhaftigkeit — zusammengetragen wurde, nicht allzu schwer. Meine Antwort lautet: Es gibt eine solche Tendenz und sie bedroht die Effizienz, wie auch die Effektivität des Wohlfahrtsstaates — unabhängig von seinen unbezweifelbaren historischen Verdiensten und von seinem sozialstaatlichen Fortschrittscharakter.

Wir sind nun an demjenigen strategischen Punkt angelangt, an welchem die weiterführende Frage zu beantworten ist, wie diese eingebaute Problem- und Krisenerzeugungstendenz beschaffen ist, genauer gesagt: Wo im modernen Wohlfahrtsstaat diejenigen *substanziellen „Schwachstellen"* sitzen, denen die dargestellten Probleme zugerechnet werden können. Ich meine, daß es gut ist, sich zu Beginn der Antwort auf diese Frage vor Augen zu führen, worum es sich — zusammenfassend und fundamental betrachtet — handelt.

Zusammenfassend und fundamental betrachtet geht es darum, daß ganz offenbar im augenblicklichen Wohlfahrtsstaat — und das heißt immer auch: in der Bundesrepublik — dort, wo dies eigentlich erforderlich wäre, in einem allzu geringen Maße Entscheidungen in Anbetracht ihrer längerfristigen Wirkungen und Nebenwirkungen im gesamten staatlichen und gesellschaftlichen Lebenszusammenhang getroffen werden, daß somit der Komplexität des Wirklichen nicht ausreichend Rechnung getragen wird und daß nicht diejenige *„Folgenverantwortung"* praktiziert wird, die für eine „gute Steuerung" charakteristisch wäre[14]. Fragt man, wieso dies der Fall sein kann, so stößt man zunächst auf eine Reihe von *Staats- und Verwaltungskritiken,* die in der Bundesrepublik bereits Tradition haben und die bei dieser Gelegenheit eigentlich nur wiederaufgefrischt zu werden brauchen.

Ich denke hierbei insbesondere an all das, was im Laufe der Zeit über die oftmals festgestellte Schwäche der Ministerialbürokratie bezüglich einer ausgewogenen horizontalen und vertikalen *Koordination* gesagt worden ist. Es ist hierbei ebenso an die von Frido Wagener immer wieder aufs Korn genommenen „vertikalen Fachbruderschaften" zu denken, wie auch an die oft behandelten Probleme des sogenannten „Ressortegoismus", oder auch letztlich — innerhalb der Ressorts — an die Neigung zum Spezialistentum im Rahmen allzu begrenzter Zuständigkeitsbereiche. Man hat — gerade auch für ein Land wie die Bundesrepublik — eine sehr ausgeprägte „Fragmentierung und Zersplitterung" der Regelungskultur festgestellt und in der Tat ist hiermit ein guter Teil dessen auf den Nenner gebracht, was an der in den Diskussionen der letzten Jahre immer wieder angegriffenen *„Regelungsflut"* wirklich kritisch ist[15].

---

[14] Der Begriff der „Folgenverantwortung" geht substanziell zurück auf Max Webers Erörterungen der Wertungschancen „wertfreier" Wissenschaft (vgl. hierzu u. a. Max Weber 1917). Die Wortverwendung selbst wurde angeregt durch einen Vortrag von R. Wassermann am 21. 2. 1986 in Königswinter.

[15] Jann 1983, S. 516 ff.

Einen zweiten ebenso kritischen Aspekt der „Regelungsflut" bekommt man dann in den Blick, wenn man sich die Unkenntnis der Wirkungsweise und der Effektivitätsbedingungen des *Steuerungsinstrumentariums* vergegenwärtigt, die bei sehr vielen Regelungen beobachtbar ist. In einer allzu großen Zahl von Fällen wird bei der Abfassung von Regelungen schlicht davon ausgegangen, Ziele, die man im Auge hat, durch ihre bloße Überführung in rechtsverbindliche Normen (d. h. also in Ge- und Verbote) und durch die Belegung der eventuellen Nichtbefolgung mit Sanktionen verwirklichen zu können. Man vernachlässigt jedoch, wenn man Entscheidungen auf einem solchen schlichten Weg umzusetzen und verbindlich zu machen gedenkt, die Bedingungen erfolgreicher „Steuerung". Bei dieser letzteren wird man in jedem Falle mit Beziehungen zwischen Zielen, Zwecken und einwirkenden Umständen rechnen müssen, die situationsspezifische Formen annehmen können. Man wird aber weiterhin immer auch mit „Akteuren" zu rechnen haben, die man gewinnen — oder zumindest beeinflussen — muß, wenn man sie zu einem bestimmten Verhalten veranlassen will, weil man sie sonst zu Umgehungsaktionen ermuntert. Anders ausgedrückt heißt dies, daß man sich stets nicht nur über den Inhalt, sondern auch über die optimale Form von Regelungen Rechenschaft abzulegen hat[16]. Wie weit wir in der Bundesrepublik noch von einer wirkungsbewußten und somit steuerungsstrategisch reflektierten *Regelungsmethodologie und -technologie* entfernt sind, geht z. B. schon daraus hervor, daß man in manchen Ministerien häufig schon dann um eine Antwort verlegen ist, wenn man sagen soll, warum man im einen Fall ein „Gesetz" und im anderen Fall eine „Rechtsverordnung" gemacht hat.

VI.

Ich möchte nun aber noch einen dritten kritischen Aspekt der Regelungsflut ansprechen, der mir ganz besonderer Aufmerksamkeit wert zu sein scheint und der uns über die bloße Verwaltungskritik hinausführt, die in der Tat als Ansatzpunkt für die Suche nach Steuerungsschwachstellen im System des Wohlfahrtsstaates viel zu eng gegriffen wäre. Ich meine die Tatsache, daß Regelungen — auch und gerade gesetzliche Regelungen — in einem zunehmenden Maße hastig und ad hoc erfolgen, wobei vielfach augenblickliche Situationen und Umstände, oder auch Einzelfälle zugrundegelegt werden, die einer gesonderten Regelung vielleicht gar nicht bedürften. Es fällt hierunter das, was man als „Mißstandsbeseitigungsgesetzgebung" angesprochen hat[17], gleichzeitig aber auch das, was man „symbolische" Gesetzgebung genannt hat, d. h.

[16] Vgl. hierzu u. a. verschiedene Beiträge in Mayntz 1980.

[17] Wagener 1980.

eine Gesetzgebung, die im Grunde genommen gar nicht mit der Zielsetzung der Herbeiführung von Regelungswirkungen erfolgt, sondern vielmehr mit der gänzlich andersartigen Zielsetzung der Demonstration gesetzgeberischer Aktivität und Problemengagiertheit[18].

Wir geraten nun allerdings, wenn wir uns nach der Ursache solcher Erscheinungen fragen, in die unglückliche Rolle des Constablers, der den Herzog von Windsor verhaften soll, denn es kommt nunmehr das „politische Zentrum" selbst ins Blickfeld, d. h. also derjenige politische Kernbereich des Wohlfahrtsstaates, dem Parlament und Regierung als die heute sehr stark miteinander verflochtenen Subjekte der Gesetzgebung und der politischen Programmgestaltung zuzurechnen sind.

Die *These,* von der ich hier ausgehen möchte, lautet, daß mit der Entwicklung des Wohlfahrtsstaates — dem ersten Anschein zuwiderlaufend — eine fortwährende *Schwächung des politischen Zentrums* im Verhältnis zu seinem politischen (oder politisch wirksamen) Umfeld stattgefunden hat und daß dieser Vorgang für einen sehr beträchtlichen Teil der insgesamt feststellbaren Steuerungsschwächen und -mängel verantwortlich zu machen ist.

Einzelne wichtige Aspekte dieser Schwächung sind schon seit geraumer Zeit bekannt und immer wieder angesprochen worden. Dies gilt insbesondere für das Verhältnis des politischen Zentrums zu den *Verbänden.* Es führt eine gerade Linie von der Diagnose einer „Herrschaft der Verbände", die schon vor über einem Vierteljahrhundert von Theodor Eschenburg aufgestellt wurde, bis hin zur Diagnose einer „Entmachtung des Staates" durch die Verbände, wie sie in der FAZ vom 27. März 1986 von Guy Kirsch präsentiert wurde. Die entscheidende, ständig wiederholte, nach wie vor aktuelle Feststellung lautet hier, daß die „organisierten Gruppen", die nicht das „Gemeinwohl", sondern nur begrenzte Interessengesichtspunkte im Auge haben, einen unangemessen großen Einfluß auf den politischen Entscheidungsprozeß ausüben und daß von daher das Zerfallen der Politik in eine Abfolge heterogener, nicht ausreichend miteinander abgestimmter, nicht auf ihre Folgen hin kontrollierter Einzelentscheidungen begünstigt wird.

Es wäre nun allerdings einseitig, wenn man bei einer Diagnose des Verbandseinflusses stehenbleiben würde und nicht gleichzeitig auch nach den Voraussetzungen dieses Einflusses im politischen Raum selbst fragen würde.

Man findet diese Voraussetzungen ohne allzu große Schwierigkeit bei den *politischen Parteien,* die sich als ein zunehmend bedeutsamer Einflußfaktor im Umfeld des „politischen Zentrums" ansprechen lassen[19].

[18] Pawlowski 1981.

[19] Vgl. v. Arnim 1984, S. 316 ff. u. 500 ff.

Man kann zwar davon ausgehen, daß den politischen Parteien laut Verfassung die Aufgabe der Stärkung des politischen Zentrums zugeschrieben ist und daß sie diese Aufgabe in einem sehr beträchtlichen Umfang auch wirklich wahrnehmen. Im Alltag der Politik wirkt sich ihre Tätigkeit aber in einer Vielzahl von Fällen umgekehrt auch schwächend aus — eine Tatsache, die man insbesondere dann in den Blick bekommt, wenn man nach den Problemen der Steuerung und Fehlsteuerung des Wohlfahrtsstaates fragt.

Der Ausblick auf den schwächenden, d. h. also Steuerungschancen vermindernden Einfluß der Tätigkeit der politischen Parteien öffnet sich einerseits, wenn man sich vor Augen führt, daß der oftmals desintegrierende Einfluß der Verbände zu einem guten Teil direkt über die politischen Parteien verläuft, die sich in einer großen Zahl nachweislicher Fälle sehr unmittelbar mit Verbandsinteressen identifizieren und die dabei die von ihnen selbst hochgehaltenen Ideale der „Interessenintegration" vergessen.

Ein zweiter höchst bedeutsamer Aspekt der bei den politischen Parteien auffindbaren Steuerungsschwachstellen verbindet sich nun jedoch mit dem ebenfalls des öfteren erörterten Stichwort des *„Parteienwettbewerbs um die Wählerstimmen"*.

An und für sich gehört natürlich auch dieser Wettbewerb zu den unverzichtbaren Merkmalen des demokratischen Prinzips. Wiederum muß man aber feststellen, daß die Dinge im Alltag der wohlfahrtsstaatlichen Politik in manchen Fällen eine problematische Wendung genommen haben. Diese problematische Wendung liegt immer dann vor, wenn man — insbesondere in den Vorwahlzeiten — in eine Konkurrenz der gegenseitigen Angebotsüberbietung unter Zugrundelegung derjenigen kurzfristigen Meinungs-, Erwartungs- und Anspruchstrends eintritt, die sich bei der anwachsenden Gruppe der *„Wechselwähler"* finden.

Jeder, der sich mit dem Verhalten der Wechselwähler beschäftigt hat, weiß, daß sie in ihren politischen Optionen unfestgelegt sind, daß sie häufig auch keine sehr deutlichen Vorstellungen davon haben, was die Erfordernisse einer abgeklärten, Steuerungsgesichtspunkten folgenden Politik wären und daß sie vielfach dazu neigen, dem Meistbietenden den Zuschlag zu geben, sofern er es versteht, ihnen Vertrauen einzuflößen. Das Wettrennen um den Wechselwähler führt somit notwendigerweise zu einer Politik, die „aktuelle" Problemlösungsstoffe überbetont, dafür aber „perspektivische", unter dem Aspekt des „Gemeinwohls" vordringliche — im Augenblick aber zunächst noch weniger sichtbare — Entscheidungen vernachlässigt[20].

---

[20] Merten (1984) weist zu Recht auf die „Kurzatmigkeit" und auf einen „vordergründigen Aktionismus" des Parteienverhaltens hin.

Das Ganze wird dadurch sehr verschärft, daß es zu den problematischen Spielregeln des Wettrennens um den Wechselwähler zu gehören scheint, sich gegenseitig die Vertrauenswürdigkeit zu entziehen und den politischen Gegner zum unwählbaren „Bösewicht" abzustempeln. An die Stelle des den Verfassungsvätern vorschwebenden konstruktiven tritt insoweit vollends der *destruktive Parteienwettbewerb*. Ein solcher Parteienwettbewerb reduziert aber nicht nur das politische Steuerungspotential, sondern wird, darüber hinaus, geradezu zu einem Problemerzeugungsmotor, indem er z. B. die „hausgemachte Finanzkrise" des Staates mit allen ihren Sekundärfolgen begünstigt und die sozialpsychologischen Grundlagen des Verhältnisses des Bürgers zum Staat beeinträchtigt.

Man würde nun allerdings den schwächenden Einfluß, den das Umfeld des politischen Zentrums auf dessen Steuerungsfähigkeit ausübt, immer noch sehr unvollständig erfassen, wenn man nicht letztlich auch die Einwirkungen der *Massenmedien* einbeziehen würde.

Ebenso wie gerade eben muß ich mich auch bei diesem so wichtigen Punkt auf schlagwortartige Kennzeichnungen beschränken. Was dabei in den Mittelpunkt gerückt werden muß, ist die Dramatisierungstendenz der Massenmedien, insbesondere des Fernsehens, eine Tendenz, die auch und gerade im Bereich der auf die Politik zielenden Berichterstattung feststellbar ist. Es ist mit dieser Dramatisierungstendenz nicht nur die oft karikierte Tatsache angesprochen, daß für die Massenmedien „bad news" mit „good news" gleichbedeutend sind. Vielmehr geht es um den viel allgemeineren Sachverhalt, daß die Massenmedien bevorzugt auf solche aktuellen Vorkommnisse reagieren, denen der Charakter des Auffälligen und des emotional Irritierenden anhaftet[21].

Das *Wirklichkeitsbild*, das sie dem Medienbenutzer vermitteln, erhält hierdurch vielfach eine auffallende Einseitigkeit. Es werden, kurz gesagt, die bei analytischer Betrachtung signifikanten Dinge oft ausgefiltert, während „Oberflächenerscheinungen", die aber Bewegung und Spannung suggerieren, überbetont werden, ohne daß ihre Verursachungshintergründe deutlich würden. Der Medienbenutzer erhält hierdurch den Eindruck vermittelt, in einer Welt zu leben, die von heterogenen Vorkommnissen des Augenblicks, wie auch vom spontanen Reagieren auf solche Vorkommnisse bestimmt wird. Konsequenterweise machen sich die Massenmedien denn auch gern zu Vorkämpfern der an die Politik und Verwaltung gerichteten Forderung nach sofortiger Beseitigung von Problemen und „Mißständen", ohne daß deren wahrer politischer Stellenwert ausreichend gewichtet würde. Die ohnehin in der

---

[21] Vgl. u. a. Schulz 1976.

Einwirkung der Verbände wie auch im Parteienwettbewerb angelegte Kurzatmigkeit und Dekonzentration wird dadurch aber noch verstärkt.

Die Massenmedien schlagen hiermit in eben diejenige Kerbe, die die gerade schon angesprochene Schwäche des politischen Zentrums des Wohlfahrtsstaates gegenüber seinem Umfeld kennzeichnet. Diese Schwäche betrifft, um es nochmals zu wiederholen, den Kernbereich dessen, was wir als „Steuerung" definiert haben, die „Folgenverantwortung" inmitten einer komplexen Systemlandschaft nämlich, in der man gute Radarantennen und verläßliche Wetterprognosen benötigt, um nicht aufzulaufen, oder im Sturm zu havarieren.

VII.

Schwachstellenaufdeckungen können — gerade dann, wenn praxisbezogen gedacht wird — nicht konsequenzenlos bleiben. Wenn „Schwächen" festgestellt werden, wird vielmehr gleichzeitig auch etwas über einen bestehenden *„Steuerungsbedarf"* ausgesagt. Eben diese Feststellung eines Steuerungsbedarfs ist bereits im Titel dieses Vortrags als These enthalten. Was der bisherige Verlauf erbracht hat, ist im Grunde genommen nichts anderes als die Belegung dieser These mit einer Reihe von Fakten und mit analytischen Deutungen. Ich will mich nunmehr noch der unabweisbaren Frage zuwenden, auf welche Weise der bestehende Steuerungsbedarf gedeckt werden kann, wie also die Aufgabe der besseren Steuerung des Wohlfahrtsstaats in Angriff genommen werden kann.

Ich kann und will diese Frage im vorliegenden Rahmen nun allerdings nicht umfassend beantworten, zumal ich mir dessen sicher bin, daß sie in allen nachfolgenden Referaten dieser Tagung wiederaufgegriffen werden wird. Ich beschränke mich somit darauf, der allenthalben auf Hochtouren laufenden und der auch an diesem Orte erwartbaren Diskussion dort, wo mir dies besonders vordringlich zu sein scheint, einige Akzente hinzuzufügen, um meine Position klarwerden zu lassen. Ich mache hierbei von der Möglichkeit Gebrauch, an einigen Punkten im Sinne einer vorgreifenden Erörterung auch auf solche Standpunkte einzugehen, die erst nachfolgend in anschließenden Referaten zu Wort gelangen werden.

Es erscheint mir hierbei zunächst eine *Abgrenzung* wichtig, mit der ich meine Position gewissermaßen negativ definiere.

Ich möchte meinem Unbehagen angesichts einer Merkwürdigkeit unserer „ordnungspolitischen" Diskussion Ausdruck verleihen, auf die ich in der letzten Zeit in einem zunehmenden Maße gestoßen zu sein glaube.

Ich meine hiermit die Tatsache, daß sich diese Diskussion sehr weitgehend an der antagonistischen Selbstdarstellung einander ausschließender *Grundsatzpositionen* vollzieht, die sich bereits in den zurückliegenden Jahrzehnten wiederholt begegnet sind und die einen anscheinend ewigen, die Gemüter immer wieder von neuem entfachenden Wettstreit miteinander auszufechten scheinen, wobei sich die Beteiligten allerdings allesamt auf einer Bühne bewegen, die dem „Leben" mehr oder weniger enthoben ist.

Es gilt dies einerseits für die Gegenüberstellung von „Staat" und „Markt", genauer gesagt für die exklusiv gemeinte Stellungnahme für eines der beiden Prinzipien und für die verabsolutierende Ablehnung der jeweiligen Gegenseite. Es gilt dies andererseits aber z. B. auch für eine Konfrontation von „Ordnungspolitik" und „Interventionismus", die sich mit der vorgenannten Gegenüberstellung teilweise überschneidet, die aber insofern auch eine eigenständige Bedeutung besitzt, als es bei ihr u. a. um die Frage geht, ob mit Hilfe der Setzung relativ feststehender struktureller Prämissen des Handelns gesteuert werden soll, oder aber mit Hilfe einer Politik, die auf eine situationsgerechte und flexible Weise denjenigen „Datenkranz" beeinflußt und verändert, den Akteure, die sich „rational" verhalten, bei der Ausformulierung von „Interessen" und Verhaltensstrategien jeweils berücksichtigen.

Ich möchte um der Klarheit willen betonen, daß ich Unterscheidungen dieser Art für grundsätzlich wichtig halte, sofern sie der *Systematisierung des handlungspraktischen „Bestecks"* einer Steuerungslehre dienen, die sich vorbehält, je nach Bedarf (d. h. also „pragmatisch") von der einen oder der anderen Möglichkeit Gebrauch zu machen, ohne hierbei allerdings die bei solchen Wahlen ins Spiel gelangenden Unterschiede der jeweils zu berücksichtigenden Vorbedingungen und Wirkungsweisen leichtfertig zu übersehen oder auch nur zu unterschätzen. Ich möchte jedoch andererseits ebenso deutlich betonen, daß ich die gegenwärtig beobachtbare Neigung zur exklusiven Entscheidung für die eine oder die andere Seite — aus der Steuerungsperspektive beurteilt — als gänzlich irrational und als eine gravierende Fehlorientierungsgefahr einschätze.

Ich gehe hierbei erstens davon aus, daß eine auf reale Steuerungseffekte abstellende Politik in unserer gegenwärtigen Systemwirklichkeit nur mit einer gegen Null tendierenden Wahrscheinlichkeit jemals dazu in der Lage sein wird, eine Fundamentalentscheidung zugunsten des „Marktes" oder des „Staates" zu fällen, um sie anschließend mit der Tendenz zur Herstellung „reiner" Verhältnisse in alle in Frage kommenden Praxisbereiche umzusetzen. Ich gehe zweitens davon aus, daß wir inzwischen in einem ordnungspolitischen „Mischsystem" multidimensionaler Natur leben, in welchem es bei der Entscheidung zwischen „Markt",

„Staat“, „Ordnungspolitik“ und „Interventionismus“ immer nur um eine Entscheidung im konkreten Einzelfall gehen kann, in die aber möglichst keine „standpunktgebundenen“ Gesinnungsurteile, sondern vielmehr nüchterne Abschätzungen der bei alternativen Vorgehensweisen erwartbaren Entscheidungswirkungen eingehen sollten. Mit anderen Worten halte ich — angesichts der Realität, in der wir leben — eine *„Instrumentalisierung“* dieser einander entgegengestellten und gegeneinander verselbständigten Prinzipien für unabdingbar, wenn „Steuerung“ als eine an „Effektivität“ orientierte Praxis eine Zukunft haben soll. Diese Stellungnahme schließt die Sicht auf eine Politik ein, die sich der gesamten Breite verfügbarer Optionen ohne ideologische Berührungsängste zu bedienen weiß und die diejenigen gesinnungstüchtigen „Streithähne“, die ihr dabei ein schlechtes Gewissen machen wollen, dorthin expediert, wo sie hingehören, nämlich vor die Tür.

Sicherlich wird es eine solche Politik um der Sicherstellung „geordneter“ Verhältnisse willen (d. h. also aus Klugheitsgründen) vermeiden, nun umgekehrt alle Politikbereiche einem Großreinemachen zu unterwerfen, um „in einem Aufwasch“ Verhältnisse einzuführen, die einem rationalen Prüfungsverfahren standhalten. Sie wird sich vielmehr auch einer solchen Versuchung gegenüber an die schon eingangs erwähnte Maxime gebunden fühlen, daß eine gute Steuerung dem *„ökonomischen Prinzip“* zu genügen, d. h. mit einem möglichst günstigen Verhältnis zwischen Aufwand und Ertrag zu operieren hat. Es läßt sich hieraus u. a. auch der Grundsatz ableiten, die „Systemverbesserungskosten“ in Grenzen zu halten und insbesondere mit solchen Änderungen sehr sparsam umzugehen, welche die Grundlagen eines einmal gegebenen und im wesentlichen funktionsfähigen Systemstandards ins Schwanken bringen, oder heftige Steuerungswiderstände hervorrufen können. Auf der anderen Seite wird eine solche Politik ganz gewiß aber nicht zögern, überall dort ein rationales Prüfverfahren zur Anwendung zu bringen, wo Steuerungsentscheidungen von der Natur der Sache her zu treffen sind.

Wenn man sich der Frage nach der besseren Steuerung des Wohlfahrtsstaates mit der nötigen Grundsätzlichkeit zuwendet, so wird man nun allerdings — angesichts des gegenwärtigen Erörterungsstandes — kaum umhin können, dem Prinzip der *„Selbststeuerung“* breiten Raum zu gewähren. Im Anschluß an das Vorstehende wird man hinzufügen können, daß es grundsätzlich erst auf dem Hintergrund einer Abwehr der gekennzeichneten Prinzipienverabsolutierungen möglich sein wird, dem Selbststeuerungsprinzip mit gutem Gewissen die ihm zukommende eigenständige Rolle und Bedeutung zuzuerkennen.

Wenn man davon ausgeht, daß „Selbststeuerung“ von ihrem Effekt her gesehen die „Einsparung“ von Steuerungsaufwand auf zentraleren Systemebenen (d. h. also im Zweifelsfall beim Staat) bedeutet, dann leuchtet unmittelbar ein, daß ihre Bejahung und möglichst weitgehende Förderung im Grunde nichts anderes darstellt als eine weitere Anwendung des gerade eben schon angesprochenen, in seiner Gewichtigkeit immer deutlicher erkennbar werdenden „ökonomischen Prinzips“ der Steuerung[22].

Es braucht dies aber nicht zu bedeuten, daß der gegenwärtigen gesellschaftlichen Hochschätzung und Konjunktur des Selbststeuerungsprinzips gegenüber eine indifferente Haltung eingenommen wird. Im Gegenteil legt es sich nahe, in dieser Hochschätzung und Konjunktur eine „gesunde“ *gesellschaftliche Reaktion* gegenüber einem übermäßig forcierten wohlfahrtsstaatlichen Wachstum zu sehen, dem irrationale Züge anhafteten und das mit seinen Belastungswirkungen gravierend zu eben denjenigen Problem- und Krisenerscheinungen beigetragen hat, die wir vorstehend in den Mittelpunkt gerückt haben. Es kann die Selbststeuerung von daher in die Rolle eines *Korrekturprinzips* gegenüber einer „schlechten“, mit Problem- und Krisenfolgen belasteten wohlfahrtsstaatlichen Steuerung einrücken. Das Abwerfen überflüssigen „Steuerungsballasts“ auf höheren staatlichen Entscheidungsebenen auf dem Wege der Dezentralisierung, der Entbürokratisierung, der Privatisierung, der Verselbständigung von Verwaltungsaufgaben und der Ermöglichung selbstorganisierter sozialer Selbsthilfe kann von daher als eine zentrale Schwerpunktaufgabe einer Reform des Wohlfahrtsstaates angesehen werden, von deren Erfüllung ebenso umfangreiche wie sichere Gewinne an Steuerungsqualität erwartbar sind.

Die Eindeutigkeit dieser Positionsbestimmung (zu der die Konstatierung eines bisherigen „Staatsversagens“ hinzugehört) würde nun jedoch verfälscht werden, wenn sie mit derjenigen undifferenzierten und radikalismusanfälligen Bejahung eines „Staatsabbaus“ verwechselt würde, der man gegenwärtig hin und wieder begegnen kann. Man vermeidet Fehlinterpretationen solcher Art, wenn man die Selbststeuerung nicht als Ausdruck schrankenloser gesellschaftlicher „Autonomie“ versteht,

---

[22] Es werden an dieser Stelle systemtheoretisch-evolutionäre Konzeptbildungen ausgelassen, die in der letzten Zeit — unter Bezeichnungen wie „dissipative Struktur“ und „Autopoiesis“ — Furore machen. Daß solche Hilfskonstruktionen (wie auch das „ökonomische Prinzip“) benutzt werden müssen, um der elementaren Wichtigkeit der „Selbststeuerung“ auf die Spur zu kommen, weist auf gewisse grundlegende Schwierigkeiten hin, welche sich aus den Prinzipien „okzidental-protestantischer Weltbeherrschung“ ableiten, unter dessen dominierendem Einfluß sich unsere Kultur heute noch befindet. Interessante Kontraste hierzu lassen sich aufdecken, wenn man sich z. B. der durch den Taoismus mitbestimmten chinesischen Kulturtradition zuwendet. Vgl. hierzu Ju 1986, S. 120 ff.

sondern vielmehr von dem traditionsreichen Begriff der *„Subsidiarität"* her interpretiert. Man nähert sich, wie ich meine, einer realistischen Steuerungsposition zusätzlich an, wenn man sogleich einen weiteren Schritt tut und von dem Begriff einer „aktiven" Subsidiarität (W. Dettling) her denkt. Es wird dann gänzlich deutlich, daß die Maximierung von Selbststeuerung nicht zu einer Minimierung des Staates führen muß. „Aktive" Subsidiarität setzt vielmehr offensichtlich ein Subjekt mit einer übergeordneten Steuerungsverantwortung und -kompetenz voraus, das aber genügend Überblick und Vernunft besitzt, um die Problematik einer Erstrebung unmittelbarer Allzuständigkeit zu erkennen und in seinem Handeln zu berücksichtigen.

Ich hatte oben an einer Stelle gesagt, daß sich die bestehenden wohlfahrtsstaatlichen Steuerungsmängel letztlich in die Feststellung zusammenfassen lassen, daß zu wenig praktizierte „Folgenverantwortung" vorhanden ist, um den komplexen Bedingungszusammenhängen des Wohlfahrtsstaates gewachsen zu sein.

Die vorstehenden Positionskennzeichnungen münden in letzter Konsequenz in die Frage ein, ob und wie eine Vermehrung eben dieser Folgenverantwortung möglich ist, die sich offenbar als ein Schlüsselerfordernis einer qualitativ hochwertigen Steuerungspolitik und -praxis im modernen Wohlfahrtsstaat verstehen läßt. Ich will bei dieser Gelegenheit definieren, daß ich unter *„Folgenverantwortung"* die Erkennung und Berücksichtigung von Handlungs- und Entscheidungsfolgen im Gesamtbereich des Gemeinwesens unter Einbeziehung des längerfristigen Zeithorizonts verstehe. Ich gehe davon aus, daß wir in demjenigen Augenblick, in welchem es uns gelingt, die so definierbare Mangelqualifikation „Folgenverantwortung" ausreichend zu vermehren, eine stark erhöhte Steuerungsfähigkeit besitzen, die uns in die Lage versetzen wird, die gegenwärtigen und die in Zukunft erwartbaren Probleme des Wohlfahrtsstaates besser zu meistern als heute.

Gehen wir auch hier ins Konkrete, fragen wir also, was die Merkmale und Vorbedingungen der „Folgenverantwortung" sind, so stoßen wir zunächst auf eine *ethische Dimension,* wenn man so will auf den Kantschen „kategorischen Imperativ" („Handle nur nach derjenigen Maxime, von der Du zugleich wollen kannst, daß sie ein allgemeines Gesetz werde").

Ich meine, daß es in der Tat sehr an der Zeit wäre, der Verpflichtung aller verantwortlich Handelnden auf das *Gemeinwohl* eine vergrößerte Bedeutung beizumessen. Ich denke, wenn ich dies sage, daran, daß wir in den vergangenen Jahren den so gewichtigen Begriff des politischen „Pluralismus" oftmals allzu gedankenlos in den Mund genommen haben und daß wir bei der Verteidigung der „Freiheit" als eines Zentralwerts unserer Grundordnung allzu häufig vergessen haben, daß es nicht nur eine Freiheit „von“ etwas, sondern auch eine Freiheit „zu“ etwas gibt und daß der Freiheitsbegriff degeneriert und letztlich verfällt, wenn er nur negativ (nur im Sinn der Freiheit „von“ eben) verstanden wird. Ich möchte eindeutig klarstellen, daß ich bei der Verpflichtung „aller verantwortlich Handelnden“ nicht bloß an die Entscheider im Staat denke, sondern an alle, die im heutigen Lebenszusammenhang „folgenreich“ handeln und die in der Lage sind, „externe“ materielle oder immaterielle „Kosten“ ihres Handelns zu verursachen, d. h. also auch an die Unternehmer, auch an die Gewerkschaftler, auch an die Repräsentanten der großen Selbstverwaltungskörperschaften, letztlich aber auch an die Journalisten, die für meinen Geschmack bisher oft allzu autonomiebesessen und mitverantwortungsabstinent auf „ihren“ Freiheitsartikel gepocht haben.

Ich wäre nun allerdings kein „Speyerianer“, wenn ich die aufgeworfene Frage nach den Bedingungen der Verwirklichung von „Folgenverantwortung“ nur ethisch beantworten würde.

Selbstverständlich hat die Antwort auf diese Frage vielmehr auch eine *organisatorische (oder strukturelle) Dimension.* Ebenso wie ein Organisator ohne Ethik blind ist, so ist ein Ethiker ohne Organisation hilflos. Die organisatorischen Strukturen vermögen, wenn sie ungünstig sind, den in der Ethik begründeten guten Willen zu durchkreuzen. Sie vermögen diesen guten Willen aber auch entscheidend zu unterstützen, wenn sie entsprechend gestaltet sind.

Grundsätzlich verstehe ich den Terminus „Organisation“ in diesem Zusammenhang weit genug, um auch die Verfassung und das Rechtssystem einbeziehen zu können. Da über diese Dinge Herr von Arnim sprechen wird, will ich jedoch etwas spezifischer werden.

Da ich vorhin, bei der Schwachstellenanalyse, mit Problemen der Verwaltung angefangen habe, will ich mit Perspektiven der *Verwaltungsreform* beginnen. Das — im Grunde genommen bekannte — Stichwort lautet in direkter Entgegensetzung zu den heute immer noch beobachtbaren Schwachstellen: Förderung dessen, was der Koordinationsfähigkeit im Bereich der Problemerkennung und der Erarbeitung von Problemlösungen dient.

Ich meine hiermit nicht nur die „subsidiäre Projektorganisation“ in den Ministerien oder Modelle der Organisation von Ministerien nach dem Ziel- oder Programmbudgetprinzip, wenngleich diese Dinge ihre Wichtigkeit haben. Ich meine vielmehr darüber hinaus auch alles, was der Regierungskoordination auf oberster Ebene dient. Ich denke in diesem Zusammenhang ausdrücklich an das Gutachten „Neue Führungsstruktur Baden-Württemberg", das unkonventionelle, gegenwärtig kontrovers diskutierte Vorschläge erbracht hat, an denen m. E. grundsätzlich gesehen viel Richtiges ist. Ich erwähne auch das gegenwärtig in einigen Bundesländern erörterte provokante Stichwort einer „Abschaffung der Ressorts". Es wird sicherlich auch in Zukunft so etwas wie Ressorts geben. Nichtsdestoweniger ist das Stichwort — ungeachtet der Schmerzen, die es hervorrufen muß — sinnvoll, weil es einen Wegweiser in eine Richtung liefert, in die, wie ich meine, in der Tat gedacht werden muß.

Ich wäre kein „Speyerianer", wenn ich an dieser Stelle nicht auch das seit vielen Jahren erörterte Problem der *Ausbildung für den höheren Verwaltungsdienst* ansprechen würde. Grob gesagt gibt es eine derartige Ausbildung bisher immer noch nicht, was — auch unter dem Aspekt der Lösung der Steuerungsprobleme des Wohlfahrtsstaates — einen großen Mangel darstellt. Ich kann mich an dieser Stelle auf das beziehen, was mein Kollege Siedentopf vor einiger Zeit aus Anlaß seiner Rektoratsrede sagte, der ich mich uneingeschränkt anschließe[23].

Wir müssen aber auch an die breiteren Schichten des Verwaltungspersonals denken. Wie wir wissen, gibt es insbesondere hier ein *„Motivationsproblem"*, dem vieles von dem zuzuschreiben ist, was an der vielberedeten „Bürgerferne" Wahrheit ist. Die Verwaltung zu einem System zu machen, in dem auch an der Basis flexibel und problemoffen mitgedacht wird, gehört zu einer Zukunftsmusik, deren Läuten uns zwar nicht unvertraut ist, die uns aber bisher immer noch allzu wenig in Bewegung versetzt hat[24].

Ebenso wie ich bei der Schwachstellenanalyse über den Verwaltungsbereich hinausgegangen bin, so muß ich dies nun allerdings auch an dem inzwischen erreichten Punkt tun. Selbstverständlich kann eine Veränderung der „politischen Kultur" durch die Institutionalisierung einer weiterentwickelten politischen Ethik die Schwäche des politischen Zentrums im Verhältnis zu seinem Umfeld reduzieren, denn wo alle das Gemeinwohl im Sinn haben, hat die Politik leichteres Spiel. Aber auch hier gilt, daß die Ethik der strukturellen Stützung bedarf, zumal man Ethik weder dekretieren noch werbewirksam anpreisen kann.

Wichtige Ansätze zu einer organisatorischen Weiterentwicklung der Politik vollziehen sich gegenwärtig, wie ich meine, überall dort, wo diejenigen Veränderungen stattfinden, die man mit dem eminent häßlichen Wort *„Korporatismus"* belegt hat[25]. Gemeint ist hiermit die Entwicklung von Verhandlungssystemen, die auf Dauer gestellt sind und die staat-

---

[23] Siedentopf 1984.

[24] Vgl. Klages u. Schäfer 1985.

[25] Vgl. u. a. Lehmbruch 1977.

liche und außerstaatliche „Folgenverantwortliche" vor den Augen der Öffentlichkeit in permanente Erörterungszusammenhänge einbinden.

Sicherlich hat die bisherige Praxis der „konzertierten Aktionen" Grenzen der Wirksamkeit dieses Prinzips sichtbar gemacht. Nichtsdestoweniger deuten die Zeichen der Zeit — wie ich meine — auch weiterhin in eben dieselbe Richtung.

Charakteristischerweise haben die in Entwicklung befindlichen Verhandlungssysteme bisher den Bereich der Massenmedien weitgehend ausgespart. Genauer gesagt haben sich insbesondere in den öffentlich-rechtlichen Anstalten des Medienbereichs stationäre Frontlinien ausgebildet, an denen die Journalisten ihre Freiheiten gegen die Leitungen und Aufsichtsgremien verteidigen. Produktive Lösungen, die über das gegenwärtige Patt hinausführen, erscheinen wünschenswert und sollten viel nachdrücklicher als bisher angestrebt werden.

Es bleiben am Ende diejenigen Schwachstellen übrig, die sich im *Bereich der Parteien* finden. Insbesondere angesichts der engen Verflechtungen zwischen den Parteien und dem Gesetzgeber scheint hier guter Rat teuer. Andererseits scheint in den Parteien selbst die Einsicht zuzunehmen, daß Kurskorrekturen unvermeidlich sind. Auch in der Öffentlichkeit wächst das Gefühl, daß die „Parteiendemokratie" noch ungefestigt ist und eines institutionellen Ausbaus bedarf, der Macht- und Konfliktbegrenzungsgesichtspunkten in einem stärkeren Maße als bisher zur Geltung verhilft. Den gegenwärtig erörterten Möglichkeiten der Anwendung des klassischen Prinzips der Gewaltenkontrolle auf die Parteien selbst kommt in diesem Zusammenhang eine große Bedeutung zu. Ein Ausbau oder eine verbindliche Interpretation der Verfassung in diese Richtung erscheint mir unvermeidlich.

VIII.

Ein allerletztes Wort kommt nun aber der *Wissenschaft* zu. Es ist dies gewissermaßen das Wort pro domo, mit dem ich schließen will.

Kurz gesagt ist der Wissenschaft, wie ich meine, im wohlfahrtsstaatlichen System bisher — mit gewissen zeitlich befristeten Ausnahmen — im Verhältnis zu dem, was sie leisten könnte, eine Aschenputtelrolle zugefallen.

Ich denke, wenn ich dies sage, natürlich nicht so sehr an die Naturwissenschaften, als vielmehr an diejenigen Wissenschaften, deren Erkenntnisobjekt der Wohlfahrtsstaat selbst ist, d. h. also — grob gesagt — an Wissenschaften, wie sie an dieser Hochschule vertreten sind.

Ich komme in diesem Augenblick noch einmal auf das anfänglich eingeführte Bild des Schiffes zurück, dessen Chancen, sicher durch Klippen und Untiefen zu steuern, um so größer sind, je besser seine navigatorischen Einrichtungen sind.

Thesenhaft formuliert besitzt der Wohlfahrtsstaat bisher verhältnismäßig unentwickelte navigatorische Einrichtungen.

Sicherlich gibt es einen „Rat der Weisen", wie auch verdienstvolle Beiräte. Alle diese Einrichtungen verkörpern jedoch in der Regel immer nur unzureichende Ausschnitte aus dem eigentlich wichtigen wissenschaftlichen Spektrum, und sie bleiben ganz überwiegend ressortgebunden. Charakteristischerweise haben das Bundeskanzleramt und die Staatskanzleien bisher keine übergreifenden und auf Dauer gestellten Sachverständigengremien. Auch der Wissenschaftliche Dienst des Deutschen Bundestages kann kaum als ein solches übergreifendes Gremium angesprochen werden, da er sich bislang in Dienstleistungsaufträgen heterogener Art erschöpft. Blicken wir endlich auf die Hochschullandschaft, so entdecken wir in ihr einen Trend zu einer immer weiter gehenden Spezialisierung, ohne daß die „Universitas" irgendwo noch greifbare Gestalt annehmen würde. Allenfalls im Bereich des Tagungsbetriebs finden sich Annäherungen, die aber flüchtiger Natur sind und die nur „Denkanstöße" liefern können, welche anderweitig „umgesetzt" werden müssen.

Ich möchte das Ergebnis dieses kurzen Überblicks auf die Formel bringen, daß es in der Bundesrepublik bisher keine wissenschaftlichen Einrichtungen gibt, die in der Lage wären, die komplexe Dynamik des Wohlfahrtsstaates *im ganzen* zu überschauen und mit *prognostisch wirksamer Problemaufdeckungsfähigkeit* analytisch zu durchdringen. Der „Folgenverantwortung", die zu wünschen ist, fehlt damit aber die adäquate informatorische Grundlage. Es fehlt ihr, noch präziser ausgedrückt, diejenige Instanz, die in der Lage wäre, die alltägliche Intransparenz im Verhältnis zwischen Handlungen und Handlungsfolgen, in der wir gegenwärtig existieren, derart aufzuhellen, daß die „folgenreich" Handelnden in die Lage versetzt würden, Entscheidungsalternativen auszuwählen, die aus der Perspektive des Gemeinwohls gesehen vorzuziehen sind[26].

Ich möchte abschließend sagen, daß ich eine gewisse Gefahr nicht übersehe, die sich mit Informationssystemen verbindet, mit denen man die alltägliche Intransparenz wirksam überwinden kann. Diese Gefahr liegt darin, daß diejenigen, die exklusiv über solche Systeme verfügen, wissender und somit auch mächtiger, viel mächtiger sogar, sein können als all die anderen, die dies nicht tun. Die Konsequenz könnte sein,

[26] Vgl. Klages 1986.

solchen Systemen — etwa nach dem Modell der Rundfunk- und Fernsehanstalten — einen *öffentlich-rechtlichen Status* zu geben und ihnen eine Berichtspflicht gegenüber der Öffentlichkeit auf den Weg zu geben. Es kann sicherlich kein erstrangiges Ziel sein, den Inhabern wohlfahrtsstaatlicher Spitzenpositionen Mittel an die Hand zu geben, die sie dazu befähigen würden, in Zukunft noch bessere Wege des geringstmöglichen politischen Widerstands aufzufinden. Wohl aber kann und muß es uns allen, wie ich meine, um die Auffindung derjenigen Wege gehen, die aus dem Treibsand von Problementwicklungen herausführen, die niemand gewollt hat und die nur deshalb vorhanden sind, weil sich niemand in der Lage sah, mit ausreichender Hoffnung auf eine befriedigende Antwort nach den Folgen aktuellen Handelns und Entscheidens zu fragen, und weil somit die „Folgenverantwortung" als eines derjenigen unerfüllbaren Ideale mißverstanden würde, die man von sich weisen muß, wenn man den Realitäten des Lebens ins Auge sehen will.

Literaturverzeichnis

(1) v. Arnim 1984 = Hans Herbert v. Arnim: Staatslehre der Bundesrepublik Deutschland, München 1984. — (2) Bielenski u. a. 1983 = Harald Bielenski, Bernhard v. Rosenbladt u. Walter Ruhland: Herausforderungen der Sozialpolitik (= Infratest Sozialforschung Nr. 92), München, August 1983. — (3) Forrester 1971 = Jay W. Forrester: Counterintuitive Behavior of Social Systems, in Technology Review, Vol. 73, Number 3, January 1971. — (4) Hansmeyer 1973 = Karl-Heinrich Hansmeyer: Finanzpsychologie, in: Neumark (Hrsg.): Handbuch der Finanzwissenschaft, 3. Aufl. (1976), S. 553 ff. — (5) Herder-Dorneich 1982 = Philipp Herder-Dorneich: Der Sozialstaat in der Rationalitätenfalle. Grundfragen der sozialen Steuerung, Stuttgart u. a. 1982. — (6) Herder-Dorneich 1984 = Philipp Herder-Dorneich: Aufgaben und Bausteine einer ökonomischen Systemtheorie, in: H. Albert (Hrsg.): Ökonomisches Denken und soziale Ordnung, Tübingen 1984, S. 63 ff. — (7) Hondrich 1983 = Karl Otto Hondrich: Anspruchsinflation, Wertwandel, Bedürfnismanipulation, in: Karl Otto Hondrich u. Randolph Vollmer (Hrsg.): Bedürfnisse. Stabilität und Wandel, Opladen 1983, S. 75 ff. — (8) Jann 1983 = Werner Jann: Staatliche Programme und „Verwaltungskultur", Opladen 1983. — (9) Ju 1986 = Ed-June Ju: Max Webers Bürokratiekonzeption als Ausgangspunkt für eine vergleichende Studie der chinesischen und deutschen Bürokratie, (unveröffentlichte) Speyerer Dissertation 1986. — (10) Helmut Klages: Gesellschaftliche Probleme des Sozialstaats — Dimensionen und Lösungsperspektiven, in: Herder Dorneich/Klages/Schlotter (Hrsg.): Überwindung der Sozialstaatskrise. Ordnungspolitische Ansätze, Baden-Baden 1984. — (11) Klages 1985 = Helmut Klages: Wertorientierungen im Wandel. Rückblick, Gegenwartsanalyse, Prognosen, Frankfurt a. M./New York 1985[2]. — (12) Klages u. Schäfer 1985 = Helmut Klages u. Peter Schäfer (Hrsg.): Leistungsmotivation und Leistungsanreize im öffentlichen Dienst, Speyer 1985 (= Speyerer Arbeitshefte 65). — (13) Klages 1986 = Reflexions on the Institutionalisation

of Societal Forecasting, Paper to be Presented at the 6. International Symposium on Forecasting, Paris, June 15—18, 1986 (mimeogr.). — (14) Köcher 1983 = Renate Köcher: Zum Anspruchsdenken der Bevölkerung, in: Philipp Herder-Dorneich u. Alexander Schuller (Hrsg.): Die Anspruchsspirale — Schicksal oder Systemdefekt?, Stuttgart u. a. 1983, S. 137 ff. — (15) Lehmbruch 1977 = Gerd Lehmbruch: Liberal Corporation and Party Government, in: Comparative Political Studies, Vol. 10, S. 91 ff. — (16) Mackscheidt 1984 = Klaus Mackscheidt: Konsolidierung durch Erhöhung von Steuern und Abgaben?, in: Hans Herbert v. Arnim u. Konrad Littmann (Hrsg.): Finanzpolitik im Umbruch: Zur Konsolidierung öffentlicher Haushalte, Berlin 1984, S. 145 ff. — (17) Mayntz 1980 = Renate Mayntz (Hrsg.): Implementation politischer Programme. Empirische Forschungsberichte, Königstein/Ts. 1980. — (18) Merklein 1980 = Renate Merklein: Griff in die eigene Tasche. Hintergeht der Bonner Sozialstaat seine Bürger? Spiegel-Buch (1980). — (19) Merten 1984 = Detlef Merten: Parlamentarischer Immobilismus, in: Das parlamentarische Regierungssystem der Bundesrepublik Deutschland auf dem Prüfstand. Seminar zum 70. Geburtstag von Karl August Bettermann, Berlin 1984, S. 11 ff. — (20) Molitor 1984 = Bruno Molitor: Der Sozialstaat auf dem Prüfstand, Baden-Baden 1984. — (21) Pawlowski 1981 = Hans-Martin Pawlowski: Methodenlehre für Juristen, Karlsruhe 1981. — (22) Schulz 1976 = W. Schulz: Die Konstruktion der Realität in den Nachrichtenmedien. Analyse der aktuellen Berichterstattung, Freiburg/München 1976. — (23) Siedentopf 1984 = Heinrich Siedentopf: Vergleichende Anmerkungen zur Ausbildung des Führungsnachwuchses der Verwaltung, in: Die öffentliche Verwaltung, Juli 1984, Heft 13, S. 529 ff. — (24) Wagener 1980 = Frido Wagener: Vom Neubau zur Pflege — Wohin entwickelt sich unser Verwaltungssystem?, in: Frido Wagener (Hrsg.): Zukunftsaspekte der Verwaltung, Berlin 1980, S. 21 ff. — (25) Max Weber 1917 = Max Weber: Der Sinn der „Wertfreiheit" der soziologischen und ökonomischen Wissenschaften, in: Max Weber: Gesammelte Aufsätze zur Wissenschaftslehre (2. Aufl.), Tübingen 1951, S. 475 ff. — (26) Zapf 1983 = Wolfgang Zapf: Die Wohlfahrtsentwicklung in Deutschland seit der Mitte des 19. Jahrhunderts, in: W. Conze und M. Rainer Lepsius (Hrsg.): Sozialgeschichte der Bundesrepublik Deutschland, Stuttgart 1983, S. 46 ff.

2. Steuerung durch Recht

Von Hans Herbert von Arnim

I.

Kann der Staat mit Hilfe des Rechts steuern? Die Antwort auf diese Frage kann nur eine Gegenfrage sein: Womit denn sonst? Der Staat hat zumindest drei Steuerungsinstrumente: Recht, Personal und Geld.

Berücksichtigt man, daß auch die Steuerung durch die Auswahl des Personals und durch das Bereitstellen von Geld der rechtlichen Grundlage bedarf, so wird deutlich: Recht ist *das* Steuerungsmittel des Staates. Wenn der moderne Staat nicht mittels des Rechts steuern könnte, dann könnte er es überhaupt nicht.

Im folgenden möchte ich nicht nur Möglichkeiten und Grenzen der Steuerung durch Recht behandeln, sondern auch die *Notwendigkeit* einer sinnvollen Steuerung. Dabei möchte ich nicht mit rechtssoziologischen und rechtspolitologischen Untersuchungen in Konkurrenz treten, die sich in z. T. fruchtbarer Weise mit der Steuerung durch Recht befassen[1]. Mein Anliegen geht vielmehr dahin, einige Probleme, die den Themen dieser Tagung gemeinsam sind, anzusprechen und so zu versuchen, Schnitte quer durch die Einzelthemen zu legen. Mein Beitrag wird also von der Absicht getragen, einige gemeinsame Aspekte sozusagen vor die Klammer zu ziehen. Die Beispiele sind vornehmlich dem Bereich der öffentlichen Finanzen entnommen. In der Finanzpolitik pflegen sich allgemeine Entwicklungen besonders intensiv zu zeigen, sozusagen wie durch eine Lupe vergrößert und verdeutlicht. Geld ist eben exakt meßbar; hier werden Entwicklungen und Fehlentwicklungen schneller manifest als anderswo.

Probleme der Steuerung durch Recht stellen sich auf unterschiedlichen Stufen: Einmal geht es um die Steuerung des Verhaltens der *Bürger*, zum zweiten um die Steuerung des Verhaltens der *Verwaltung*. Drittens geht es aber auch um die Steuerung des Verhaltens derer, die Recht setzen, also der *politischen „Machthaber“*.

---

[1] Dazu jüngst *Görlitz/Voigt*, Rechtspolitologie, 1985.

Die folgenden Überlegungen befassen sich auch und sogar in erster Linie mit den Steuerungsproblemen der dritten Stufe. Auf der Ebene der Rechtsetzung scheinen mir sogar die strategischen Ansatzpunkte für die Lösung der meisten Steuerungsprobleme zu liegen, mit denen wir es zu tun haben.

Es wird vor allem darum gehen, fünf in meinen Augen wichtige *Erfolgsbedingungen einer Steuerung durch Recht* herauszuarbeiten:

1. Das Recht darf sich nicht darauf beschränken, nur zu befehlen, sondern braucht, sozusagen als Lebenselement, eine Atmosphäre des Vertrauens in die Sinnhaftigkeit der Regelung.

2. Steuerung durch Recht muß die Motivationsstrukturen der Menschen beachten und die Zusammenhänge von Entscheidung und Verantwortung wahren. Anders ausgedrückt: Die vom Recht gesetzten Spielregeln müssen so beschaffen sein, daß sie gemeinschaftsnützliches Verhalten belohnen und nicht umgekehrt bestrafen.

3. Zur Steuerung durch Recht gehört, daß „Recht" nicht nur als bloßes Instrument zur Durchsetzung irgendeines politischen Willens — ohne Rücksicht auf den Inhalt und den Urheber — aufgefaßt wird. Es geht nicht nur um die Verwendung des Rechts als Mittel der politischen Steuerung — Recht als „geronnene Politik" —, sondern auch um die Ziele. „Recht" muß in einem (auch materiell verstandenen) Rechtsstaat auch Ziel der Steuerung sein.

4. Es gilt, in den Kategorien der Systemtheorie zu denken, aber nicht, um die Subsysteme ihrem Eigenleben zu überlassen, sondern um sie im Interesse des Gesamten befriedigend zu koordinieren und zu steuern.

5. Das Recht muß dem sozialen Wandel angepaßt werden, darf sich von der sozialen Entwicklung also nicht allzuweit entfernen, wenn es seine Steuerungsfunktion behalten soll. Dies soll an zwei Bereichen gezeigt werden: an der Bevölkerungsentwicklung, an die unsere Rechtsordnung bislang noch nicht angepaßt ist, und am Erstarken der politischen Parteien und der Interessenverbände. Die dadurch bedingten Strukturwandlungen der politischen Willensbildung hat die staatsrechtliche Ordnung noch nicht verarbeitet.

II.

Lassen Sie mich mit einem aktuellen Beispiel beginnen: den Volkszählungsgesetzen von 1983 und 1987. Darin werden die Bürger unter Androhung von Sanktionen zur korrekten Beantwortung der Fragen verpflichtet. Das Bundesverfassungsgericht hat in seinem Urteil vom 15. 12. 1983, in dem es das Volkszählungsgesetz 1983 teilweise für verfassungswidrig erklärt hat, eine wichtige Erfolgsbedingung für Steuerung durch Recht unterstrichen: das Vertrauen der Bevölkerung in den Staat.

Statistik hat nur Sinn, wenn sie die Wirklichkeit möglichst getreu wiedergibt. Das setzt die Bereitschaft der Bürger voraus, wahrheitsgemäße Angaben zu machen. Solche Bereitschaft kann sich aber nur in einem Klima des Vertrauens entwickeln. Die Bürger müssen darauf vertrauen können, daß die erhobenen Daten nicht mißbraucht werden. Dazu das Bundesverfassungsgericht: „Eine Staatspraxis, die sich nicht um die Bildung eines solchen Vertrauens durch Offenlegung des Datenverarbeitungsprozesses und strikte Abschottung bemühte, würde auf längere Sicht zu schwindender Kooperationsbereitschaft führen, weil Mißbrauch entstünde." Staatlicher Zwang kann nur begrenzt wirksam werden. Das alleinige Abstellen darauf kann „allenfalls kurzfristig vorteilhaft erscheinen; auf Dauer gesehen muß es zu einer Verringerung des Umfangs und der Genauigkeit der Informationen führen"[2].

Hier wird eine Erfolgsbedingung der Steuerung durch Recht deutlich: Erforderlich ist ein Interessiertsein des Bürgers am Ganzen und die Bereitschaft, das Seine zum Wohlfunktionieren des Ganzen beizutragen, kurz: staatsbürgerliches Verhalten[3].

Aristoteles hatte neben der austeilenden und der ausgleichenden Gerechtigkeit noch eine dritte Art unterschieden: die „allgemeine oder gesetzliche Gerechtigkeit", die die Verpflichtung bezeichnet, den Gesetzen des Gemeinwesens Gehorsam zu leisten[4]. Diese „gesetzliche Gerechtigkeit" weist auf die für die Existenz der Rechtsgemeinschaft notwendige *Rechtsgesinnung* hin[5]. Solche Rechtsgesinnung ist jedoch nichts Selbstverständliches, sondern muß gepflegt werden wie eine empfindliche Pflanze. Dieser Erkenntnis hat das Bundesverfassungsgericht im Volkszählungsurteil Ausdruck verliehen.

Man kann m. E. noch einen Schritt weitergehen und die These aufstellen, daß die Rechtsgesinnung der Bürger bei Befolgung des Rechts wesentlich beeinflußt wird durch die Rechtsgesinnung derjenigen, die das Recht setzen. Für den Bereich des Steuerrechts kann man diese Zusammenhänge in der Formel zusammenfassen: Die Steuermoral der Steuerpflichtigen hängt mit ab von der Besteuerungsmoral des Gesetz-

---

[2] BVerfG 65, 1 (50).

[3] Näheres bei *v. Arnim*, Staatslehre der Bundesrepublik Deutschland, 1984, 207 ff. m. w. N.

[4] *Aristoteles*, Nikomachische Ethik, 5. Buch, Kap. 5—7.

[5] Henkel, Rechtsphilosophie, 2. Aufl., 1977, 403.

gebers und der Verwaltung[6]. Es wäre interessant, einmal der Frage nachzugehen, inwieweit die um sich greifende steuerliche Schwarzarbeit mit der Misere der Steuergesetzgebung zusammenhängt.

III.

Um eine zweite Erfolgsbedingung der Steuerung durch Recht in den Blick zu bekommen, sei als Einstieg ein Beispiel aus dem familiären Bereich angeführt, das jedem Familienvater geläufig sein dürfte.

Geht ein Vater mit seinen Kindern auf den Jahrmarkt, so werden diese bei jeder gebotenen Attraktion um das nötige Kleingeld bitten. Als Folge werden die Gesamtausgaben hoch sein. Da die Kinder nicht selbst die Kosten tragen, werden sie praktisch alle Attraktionen mitmachen wollen, ohne Rücksicht darauf, ob diese — in ihren Augen — den geforderten Preis wirklich wert sind. Ihre ökonomische Perspektive ist verzerrt: Sie sind sozusagen auf dem Kostenauge blind. Ein leidgeprüfter Vater könnte nun aber auch ganz anders vorgehen und jedem Kind von vornherein einen festen Betrag geben, den es für beliebige Attraktionen verwenden oder auch sparen dürfte. Ein solches familieninternes Experiment führt regelmäßig zu dem Ergebnis, daß eine Abwägung vorgenommen wird, ob die Ausgabe sich wirklich lohne, eine Abwägung, die manche Ähnlichkeit mit dem hat, was man in der Politik Prioritätensetzung nennt. Zudem wird insgesamt oft ein beträchtlicher Rest des Budgets übrigbleiben (und dem Sparschwein zufließen können).

Dieser simple Fall scheint mir durchaus übertragbar zu sein etwa auf Zweckzuweisungen, die der Bund an die Länder oder diese an die Kommunen leisten. Auch hier besteht die Versuchung, aufgrund des Zuschusses auch solche Projekte in Angriff zu nehmen, die den Gesamtaufwand eigentlich nicht lohnen.

Anhand dieser Beispiele wird auch die Problematik der Steuerungsmechanismen im öffentlichen Gesundheitssystem deutlich. Auch hier sind die Nutznießer der Leistungen auf dem Kostenauge blind; die Entscheidung über die Inanspruchnahme der Leistungen liegt beim Arzt und beim Versicherten, ohne daß diese aber die finanzielle Folgenverantwortung für ihre Entscheidung zu tragen haben[7].

Hier wird deutlich: Gemeinsinn ist zwar unverzichtbar. Der bloße Appell zum Gemeinsinn ist, auch wenn er in einer Rechtsnorm nieder-

---

[6] *Schelle/v. Arnim/Borell/Lau/Meng,* Der Weg zu einem zeitgemäßen Steuersystem, 1971, 30 ff. m. w. N.

[7] Dazu *Herder-Dorneich,* Steuerung und Fehlsteuerung im Gesundheitsbereich, unten S. 265 ff. m. w. N.

gelegt ist, aber nur beschränkt wirksam. Das gilt nicht nur für die Ebene des Bürgers, sondern auch für die Ebene der Verwaltung und der Rechtsetzung. Indes baut unsere Rechtsordnung auf solche Appelle. Die Staatsbediensteten, die Abgeordneten und Minister sollen durch derartige rechtliche Postulate zu gemeinwohlkonformem Verhalten motiviert werden. Ein Beispiel sind die einschlägigen Bestimmungen in den Beamtengesetzen, wonach der Beamte „auf das Wohl der Allgemeinheit Bedacht zu nehmen hat" (§ 35 I 2 BRRG). Dabei wird vorausgesetzt, daß die Betroffenen auf diesem Ohr hinreichend ansprechbar sind.

Inwieweit dies tatsächlich der Fall ist, läßt sich auf der hohen Ebene des Gemeinwohls aber schon deshalb schwer nachprüfen, weil Abweichungen kaum feststellbar sind. Ich möchte deshalb den Abstraktionsgrad senken und einige Beispiele anführen, wo Normen, die etwas an sich Sinnvolles vorschreiben, dennoch wirkungslos geblieben sind.

1. Da ist einmal das verfassungsrechtliche *Verbot der parteipolitischen Ämterpatronage*. Bei der Besetzung von Ämtern darf die Auswahl unter den Bewerbern nach Art. 33 II GG nur nach den Kriterien „Eignung, Befähigung und fachliche Leistung" erfolgen. Jemanden wegen seiner politischen Anschauungen zu benachteiligen oder zu bevorzugen, ist verfassungsrechtlich unzulässig, wie Art. 3 III GG hervorhebt. Das Parteibuch darf bei Stellenbesetzungen im öffentlichen Dienst also grundsätzlich keine Rolle spielen[8]. Inwieweit diese Vorschrift tatsächlich eingehalten wird oder Verfassungsrecht und Verfassungswirklichkeit auseinanderklaffen, können Sie, meine Damen und Herren, als Insider der Verwaltung — jeweils für Ihren Bereich — wohl selbst am besten beurteilen.

2. Ein anderes Beispiel: Mit dem Stabilitätsgesetz von 1967 und der Haushaltsreform wurden Bund, Länder und Gemeinden verpflichtet, ihrer Haushaltswirtschaft eine *mehrjährige Finanzplanung* zugrunde zu legen[9]. Dadurch sollte — als Reaktion auf das Finanzdebakel der Jahre 1965/66, das zum Sturz des Bundeskanzlers Erhard geführt hatte — folgendes erreicht werden:

— Durch Einbettung der Einjahresentscheidungen in mehrjährigem Zusammenhang sollte die bis dahin vorherrschende lediglich kurzfristige Orientierung der haushalts- und finanzpolitischen Willensbildung überwunden werden.

---

[8] Dazu *Wilfried Berg*, Politisierung der Verwaltung: Instrument der Steuerung oder Fehlsteuerung?, unten S. 141 ff. m. w. N.

[9] Dazu *Wille*, Welchen Beitrag kann die Finanz- und Haushaltsplanung zur Haushaltskonsolidierung leisten?, in: *v. Arnim/Littmann* (Hrsg.), Finanzpolitik im Umbruch. Zur Konsolidierung öffentlicher Haushalte, 1984, 283 ff.

— Durch Einbeziehung der längerfristigen Auswirkungen von Haushaltsbeschlüssen sollte die Ausgeglichenheit des Haushalts langfristig gesichert werden.
— Der Anteil der öffentlichen Investitionen an den Staatsausgaben sollte von Jahr zu Jahr zunehmen.

Diese Ziele wurden nicht erreicht. Die staatliche Investitionsquote ist nicht gestiegen, sondern massiv gefallen. Und daß die weiteren Ziele der mittelfristigen Finanzplanung gescheitert waren, zeigte sich spätestens dann, als das finanzpolitische Fiasko, das in den 60er Jahren Anlaß für die Einführung der Planung gewesen war, sich 1975/76 ziemlich genau wiederholte[10].

3. Ein drittes Beispiel: Nach § 12 StabG wurde die Bundesregierung gesetzlich verpflichtet, auf einen *Abbau von Subventionen* hinzuwirken; alle zwei Jahre muß seitdem ein Subventionsbericht veröffentlicht werden, in dem die Steuervergünstigungen und die vom Bund gewährten Finanzhilfen kritisch zu durchleuchten und auf Abbaumöglichkeiten zu untersuchen sind. Sinn dieser Bestimmung war es, zu einer Beherrschung der immer unkontrollierter auswuchtenden Eigendynamik der Subventionen zu kommen, die sich zu einer gewaltigen Belastung der öffentlichen Finanzen entwickelt hatten[11].

Auch daraus ist, wie man weiß, nichts geworden. Das Postulat, die Subventionen abzubauen, ist zwar auf der politischen Tagesordnung geblieben. Dennoch sind die Subventionen ständig gestiegen. In einer neueren Studie des Instituts für Weltwirtschaft in Kiel wird ihr Gesamtvolumen für 1985 mit 121 Mrd. DM angegeben[12].

4. Und ein viertes Beispiel: Bund, Länder und Kommunen sind durch ausdrückliche Rechtsvorschriften zu *„Wirtschaftlichkeit und Sparsamkeit"* verpflichtet (§§ 6 I HGrG, 7 I BHO/LHO und die entsprechenden Bestimmungen in den Kommunalgesetzen). Für geeignete Projekte sind sogar Nutzen-Kosten-Untersuchungen verbindlich vorgeschrieben (§§ 6 II HGrG, 7 II BHO/LHO). Fragt man jedoch den Praktiker nach der Relevanz dieser Vorschriften, muß man sich auf ironische bis zynische Antworten gefaßt machen.

Warum sind diese so gut gemeinten Vorschriften, die mehr Gerechtigkeit und wirtschaftliche Rationalität sichern sollen, wirkungslos ver-

[10] Dazu *v. Arnim*, Strukturschwächen der finanzpolitischen Willensbildung, in: *Schmölders/Wöhe/Buchholz* (Hrsg.), Festschrift für Willy Haubrichs, Der Bürger als Objekt der staatlichen Finanzpolitik, 2. Aufl. 1977, 199 ff.

[11] Näheres bei *v. Arnim*, Gemeinwohl und Gruppeninteressen, 1977, 344 ff. m. w. N.

[12] *Gerken/Jüttemeier/Schatz/Schmidt*, Mehr Arbeitskräfte durch Subventionsabbau, Kiel 1985, 3 ff.

pufft? Die Antwort läßt sich, wie ich meine, auf einen einfachen Nenner bringen: Es scheint sich nicht zu lohnen, die Vorschriften einzuhalten. Die Spielregeln einerseits für das Vorwärtskommen in der Verwaltung, andererseits für den Erwerb der politischen Macht sind vielmehr so ausgestaltet, daß sie eher den Bruch von Vorschriften der genannten Art zu belohnen scheinen als ihre Einhaltung.

Dies sei zuerst am Beispiel der Schwierigkeit, das Wirtschaftlichkeitsgebot einzuhalten, illustriert: Der Status und die Beförderungschancen eines Beamten richten sich häufig auch an der Zahl seiner Untergebenen und dem Volumen der finanziellen Mittel aus, über die er verfügt. In einer solchen Lage — nur um des abstrakten Wirtschaftlichkeitsgebots willen — Nachdruck auf personal- und kostensparende Verwaltung zu legen, verlangt schon eine wahrhaft heroische Pflichtauffassung, die man — um es vorsichtig auszudrücken — offenbar nicht immer voraussetzen kann[13].

Diese Erscheinung ist durchaus nicht auf die Verwaltung im engeren Sinne beschränkt. Auf der Ministerebene ist oft ein ähnlicher Ressortegoismus anzutreffen. Da die Höhe der Ausgaben eines Ressorts oft als Gradmesser für seine Bedeutung gilt, pflegt jeder Fachminister von Jahr zu Jahr auf eine möglichst große Ausweitung seiner finanziellen Verfügungsmasse zu drängen[14].

Man muß m. E. noch einen Schritt weitergehen: Die Ausdehnungstendenzen, die der Verwaltung und den Ressorts immanent sind, spiegeln eine Entwicklung wider, die mehr oder weniger alle Bereiche durchzieht und sich folgendermaßen generalisieren läßt. Jeder spezielle Sachbereich — die Soziologie spricht von den verschiedenen Subsystemen — versucht, sich immer weiterzuentwickeln, seine Funktionen auszudehnen, sich immer mehr zu differenzieren, einen immer höheren Standard zu erreichen — ohne Rücksicht darauf, ob die dabei gewonnenen sozialen Erträge für die Gemeinschaft als Ganzes die sozialen Kosten wirklich noch rechtfertigen[15]. Die isolierten und immer mehr spezialisierten Ausdehnungs- und Verfeinerungstendenzen werden leicht zum Selbstzweck. Motor dieser Entwicklung sind Spezialisten, die mit anderen Spezialisten des gleichen Fachgebiets über die Ebenen des föderalistischen Staats hinweg und in den Verbänden eng kooperieren und sich für ihre jeweiligen Subsysteme und deren Ausdehnung engagieren[16].

---

[13] *v. Arnim,* Staatslehre (oben FN 3), 356 ff. m. w. N.

[14] *v. Arnim,* Staatslehre (oben FN 3), 338.

[15] *Luhmann,* Politische Theorie im Wohlfahrtsstaat, 1981.

[16] *Wagener,* Entwicklungstendenzen des Verwaltungssystems im Industriestaat, in: Bürger und Bürokratie, hrsg. v. Innenminister des Landes Nordrhein-Westfalen, 1981, 9 ff.

Ein Gegengewicht müßten die Generalisten bilden. Das Problem liegt aber darin, daß die relative Stärke und Durchsetzungskraft sich in der Praxis zugunsten der Spezialisten und zu Lasten der Generalisten zu verschieben scheint.

IV.

Das Bild bleibt insgesamt allerdings unvollständig, wenn man nicht auch die Gegebenheiten ins Auge faßt, von denen das Spiel der Kräfte im politischen Raum maßgeblich geprägt wird. Damit sind Parteien und Verbände angesprochen.

1. Der Wettbewerb der *politischen Parteien* um die Macht wird durch die periodisch wiederkehrenden Wahlen entschieden: im Bund, in den Ländern, in den Kommunen und neuerdings auch in der Europäischen Gemeinschaft. Aus dem ursprünglich gedachten Vierjahresrhythmus der Wahlen ist jedoch ein viel kürzerer Rhythmus geworden, seitdem die Landtagswahlen häufig als „kleine Bundestagswahlen" verstanden werden. Dadurch wird die Kurzfristorientierung der Politik weiter gefördert. Politiker, die auf Machterhaltung aus sind, glauben, sich Entscheidungen oft nicht leisten zu können, deren Fruchtbarkeit sich erst nach Jahren zeigt, auf jeden Fall lange nach den nächsten Wahlen[17].

Das führt, um ein für unser Thema besonders relevantes Beispiel zu nennen, dazu, daß die Politik an Untersuchungen über die Wirksamkeit von Gesetzen nur begrenzt interessiert ist. Erfolgskontrollen führen ein Schattendasein. Die Frage, ob die Bürger und sogar die Verwaltung in vielen Bereichen die Masse der einschlägigen Normen gar nicht mehr alle kennen, geschweige denn befolgen kann, wird weitgehend ausgeblendet. In dem von kurzfristiger Aktualität bestimmten politischen Getriebe kann man sich viel eher profilieren mit dem Erlaß neuer Gesetze oder der Bewilligung zusätzlicher Haushaltsmittel. Inwieweit die damit verfolgten Zwecke dann wirklich erreicht werden, ist eine Frage, die leicht in den Schatten der politischen Aufmerksamkeit gerät. Hier bestätigt sich die Grundthese erneut, daß der zentrale Ansatzpunkt für eine Steuerung durch Recht weniger auf der Ebene von Bürger oder Verwaltung liegen muß, sondern auf der Ebene der Recht*setzung*.

Ob insoweit von den „Durchforstungsinitiativen" des Bundes und der Länder eine durchgreifende Änderung zu erwarten ist, wage ich zu bezweifeln.

2. Zentralen Einfluß auf die Politik haben heute auch die *Interessenverbände* gewonnen. Während eine harmonisierende Pluralismusdoktrin

---

[17] *Richard v. Weizsäcker*, Krise und Chance unserer Parteiendemokratie, Aus Politik und Zeitgeschichte, B 42/1982, 3 (6 ff.).

noch behauptete, die Summe der Einflüsse der Verbände gleiche sich insgesamt zu einem ausgewogenen Ganzen aus, bestehen insoweit heute tiefgreifende Zweifel. Das liegt an der unterschiedlichen Organisierbarkeit von Interessen: Wie Analyse und Erfahrung zeigen, lassen sich Sonderinteressen in der Regel schlagkräftiger organisieren als Allgemeininteressen, Gegenwartsinteressen wirksamer als Zukunftsinteressen, wirtschaftliche Interessen leichter als ideelle, Einkommenserwerbsinteressen leichter als Ausgabeninteressen[18]. Was aber nicht organisiert ist, ist ungeschützt[19]. Die unterschiedliche Organisationsfähigkeit von Interessen begründet Pluralismusdefizite: Bestimmte, z. T. besonders wichtige Belange kommen leicht zu kurz, während sich andere ungebührlich in den Vordergrund schieben und die politische Szene beherrschen. Das Parallelogramm der organisierten Kräfte führt tendenziell zu verzerrten Ergebnissen.

Diese Gegebenheiten erklären zusätzlich, warum die zuvor beispielhaft angeführten Rechtsvorschriften nicht eingehalten worden sind: Wenn im Kampf um die Macht kurzfristige Erfolge prämiert werden, ist es klar, daß Vorschriften, die eine langfristige Orientierung vorschreiben, wie etwa die über die mittelfristige Finanzplanung, ignoriert werden, zumal, wenn dies keine Sanktionen nach sich zieht. Wenn im Kampf um die Macht die Befriedigung der in schlagkräftigen Verbänden organisierten Partikularinteressen prämiert wird, muß auch das Gebot, das Allgemeininteresse, etwa durch Subventionsabbau, zu stärken, scheinbar zwangsläufig auf der Strecke bleiben[20]. Man könnte geradezu die These aufstellen, daß die Wirksamkeit der Verbände sich am Volumen der (direkten und indirekten) Subventionen wie auf einem Seismographen ablesen läßt.

Die geschilderten Gegebenheiten bieten auch eine Teilerklärung dafür, warum es bisher zu keiner durchgreifenden Steuerreform und Steuervereinfachung gekommen ist. Der rheinland-pfälzische Finanzminister Gaddum (CDU) hat Mitte 1978 den Vorschlag gemacht, sämtliche Steuervergünstigungen des Einkommensteuerrechts abzubauen und gleichzeitig den Tarif beträchtlich zu senken. Er hat dazu einen detaillierten Plan ausgearbeitet (den er kürzlich erneuert hat[21]). Beinahe gleichzeitig hat der Finanzsenator von Hamburg, Dr. *Seeler* (SPD), einen ähnlichen Plan präsentiert. Die Vorschläge scheiterten bisher vor allem am geharnischten Widerstand der Interessenten.

---

[18] Näheres bei *v. Arnim,* Gemeinwohl (oben FN 11), 148 ff. m. w. N.

[19] *Eschenburg,* Staat und Gesellschaft in Deutschland, 1963, 719.

[20] Näheres bei *v. Arnim,* Subventionen. Von den Schwierigkeiten der Subventionskontrolle, Speyerer Arbeitshefte 70, 1986.

[21] *Gaddum,* Steuerreform: einfach und gerecht, 1986.

Die machtvolle Rolle der Interessenverbände zeigt sich auch an einigen der auf dieser Tagung zu behandelnden Probleme:

Geht es darum, wie die lange Dauer gerichtlicher Prozesse abgekürzt werden kann, etwa durch Straffung des Verfahrens, durch Beschränkung der Rechtsmittel und Verkürzung der Instanzenzüge[22], so erhebt sich der lautstarke Protest der Verbände der rechtsberatenden Berufe und der Richter, die wie ein Mann dagegen frontmachen.

Geht es um eine wirkungsvolle Eindämmung der Kosten der Krankenversorgung[23], etwa durch Senkung der Arzthonorare und durch fühlbare und damit wirksame Selbstbeteiligung der Versicherten, so bleiben schon die ersten Ansätze im Sperrfeuer des massiven Widerstandes der Ärzteverbände und der Gewerkschaften stecken, die „sozialen Kahlschlag" oder sonstiges Schreckliche an die Wand malen.

Das Kernproblem liegt darin, daß die starken Einflußverbände dazu neigen, dringend notwendige Einschränkungen zu blockieren und die Interessen der Allgemeinheit, die von solchen Neuerungen profitieren würde, sich kaum wirkungsvoll organisieren lassen, um ein Gegengewicht darstellen zu können[24].

An sich wären hier die politischen Parteien — sozusagen als „Interessengruppen der Allgemeinheit" — gefordert. Der Zwang zu kurzfristigen Erfolgen hat es den Parteien bisher aber erschwert, diese Rolle zu spielen.

V.

Aus diesem Befund läßt sich die These ableiten: Es besteht häufig ein Widerspruch zwischen rationaler — gemeinwohlorientierter — Politik und der daraus hervorgehenden Rechtsetzung einerseits und dem tatsächlichen machtpolitischen und interessenorientierten Kräftespiel andererseits. Soweit diese These zutrifft, fragt es sich, welche Stellung man dazu einnehmen soll. Dies scheint mir geradezu eine Schlüsselfrage, eine staatspolitische Gretchenfrage, zu sein.

In abstracto sind zwei mögliche Haltungen denkbar: Die *eine* besteht darin, daß man die normativen Anforderungen an die Rechtsetzung senkt und an die derzeitige politische Praxis anpaßt, die *andere* besteht in dem Versuch, die Praxis so zu steuern, daß sie eher mit dem Gemeinwohl vereinbar scheint und Fehlentwicklungen beseitigt werden. Beide Grundeinstellungen werden tatsächlich vertreten.

---

[22] Dazu *Kloepfer*, Steuerung und Fehlsteuerung im Rechtsprechungssystem, unten S. 121 (127 ff.).

[23] Dazu *Herder-Dorneich* (oben FN 7).

[24] Dazu *v. Arnim*, Gemeinwohl (oben FN 11), 169 ff. m. w. N.

Nehmen wir wieder das Beispiel Subventionen. Eine Empfehlung lautet hier, sich mit der politischen Wirklichkeit, so wie sie sich nun einmal darstellt, abzufinden. In diese Richtung haben sich die Finanzwissenschaftler *Ewringmann* und *Hansmeyer* ausgesprochen[25]. Sie akzeptieren das Zukurzkommen allgemeiner Interessen im Gruppenkampf, ja sie wenden es geradezu ins Positive. Durch die Gewährung von Subventionen werde den jeweiligen Empfängern ein Mehr an Interessenerfüllung vorgespiegelt, auch wenn es dazu in Wahrheit gar nicht kommt, weil die Begünstigten auch an den Lasten mitzutragen haben und der Subventionismus dazu führt, daß es letztlich allen schlechter geht. Aber die Illusion sei eben auch eine Art von Realität. Und diese durch die Verwischung der Zusammenhänge ermöglichte Illusion erhöhe die Konsens- und Akzeptationsfähigkeit politischer Entscheidungen in der pluralistischen Demokratie.

Noch weiter geht *Gerd Roellecke*. Statt die Irrationalität der Subventionsgewährung zu bekämpfen, tritt er dafür ein, sie nach Kräften zu kaschieren; was an Subventionen gewährt wird, soll im „warmen Dunkel der Ungewißheit" verborgen bleiben, d. h. die ohnehin mangelhafte Transparenz des Subventionismus soll noch weiter eingeschränkt werden[26]. Und hinsichtlich möglicher Verstöße gegen Art. 33 Abs. 2 GG bei der Rekrutierung öffentlicher Bediensteter empfiehlt Roellecke, die konkrete Verantwortlichkeit dadurch zu verwischen, daß vermehrt „durch geheime Abstimmungen entschieden" werden soll[26a].

Ähnliche Thesen vertreten bestimmte Zweige der Soziologie. Ich möchte das wieder an zwei Beispielen illustrieren. *Horst Bosetzky* sucht Ämterpatronage durch politische Parteien mit dem Hinweis zu rechtfertigen, sie sei angeblich „zum Überleben des gesellschaftlichen (und politischen) Systems notwendig". „Wenn eine herrschende ... Partei ihren Funktionären, die die Arbeit tun, keine ausreichenden materiellen und ideellen Belohnungen zuteil werden" lasse, zerfalle „sie ebenso wie mit ihr das politische und gesellschaftliche System —, und gerade für das Heer dieser systemunentbehrlichen Funktionäre" gebe „es nur eine Organisation, die genügend Belohnungen zu vergeben vermag: den jeweiligen öffentlichen Dienst"[27]. — Eine derartige Auffassung, die Mißstände kurzerhand mit ihrer angeblichen Systemnotwendigkeit recht-

[25] *Ewringmann/Hansmeyer*, Zur Beurteilung von Subventionen, 1975, 56 ff. Kritisch zur Konzeption von Ewringmann/Hansmeyer schon *v. Arnim*, Gemeinwohl (oben FN 11); *Haverkate*, Rechtsfragen des Leistungsstaates, 1983, 181 f.

[26] *Roellecke*, Der Zustand des Rechtsstaates, Cappenberger Gespräche der Freiherr-vom-Stein-Gesellschaft, Bd. 21, 1986, 27 (38).

[26a] *Roellecke* (oben FN 26), 46 f.

[27] *Bosetzky*, „Dunkelfaktoren" bei Beförderungen im öffentlichen Dienst, Die Verwaltung 1974, 428 (435).

fertigt, ist aber höchst problematisch. Daß eine solche Notwendigkeit bestände, bleibt unbewiesene Behauptung. Wer für parteipolitische Ämterpatronage eintritt, muß, wenn er seinen Ansatz konsequent zu Ende denkt, letztlich zur Abschaffung des Lebenszeitbeamten und zum Übergang zum Beutesystem kommen, eine abwegige Konzeption in einem modernen Industriestaat mit seinem Bedarf an gewachsenem Sachverstand.

Das zweite Beispiel betrifft die Selbstwachstumstendenzen der öffentlichen Verwaltung. Es wurde bereits darauf hingewiesen, wie schwer es ist für einen Amtsleiter, der Einfluß, Prestige und Karriere schätzt, zuzugeben, daß er vielleicht auch mit weniger Personal und Haushaltsmitteln auskäme, als ihm bewilligt sind. Der negativen Bewertung dieses Befunds tritt *Niklas Luhmann* entgegen. Er weist darauf hin, derartige verwaltungsimmanente Ausdehnungstendenzen dienten dem Erhalt der Organisation, die Aufrechterhaltung der Organisation sei aber primäre Aufgabe eines jeden Subsystems[28]. Damit wandelt sich — sozusagen per soziologischer Magie — der Mangel unter der Hand in ein Positivum.

Luhmann hat darüber hinaus die einzelnen Subsysteme zum zentralen Ansatz seiner Konzeption entwickelt. Ein die Subsysteme überwölbendes Gesamtinteresse kommt in Luhmanns Konzept nicht vor, sondern wird ausdrücklich in Abrede gestellt[29].

All diese Thesen laufen nun aber Gefahr, ein Gegenhalten gegen die genannten Fehlentwicklungen weiter zu erschweren, ja ihre Identifikation als Fehlentwicklung überhaupt unmöglich zu machen. Wenn aber auch die Wissenschaft vor der scheinbaren Faktizität der Macht kapituliert, wird die Gemeinschaft gegen eine Ausbeutung durch Partikularismen vollends wehrlos. Dies ist um so bedenklicher, je akuter die Gefahr wird, daß die verschiedenen Subsysteme in Verfolg ihrer je eigenen Zwecksetzung immer mehr auswuchten und allmählich drohen, das Gesamtsystem zu zerreißen. Thesen von der Art *Bosetzkys* und *Luhmanns* sind deshalb in meinen Augen von so verheerender Wirkung, weil sie tatsächlich bestehende gefährliche Tendenzen auch noch wissenschaftlich absegnen und damit die Gemeinschaft schutz- und widerstandslos zu machen drohen. Der Bürger wird irre an seinem Rechts- und Richtigkeitsempfinden.

Die Frage, welche Art von Rationalität die richtige ist, die Rationalität der Subsysteme oder die des Gesamtsystems, muß zugunsten der Rationalität des Gesamtsystems beantwortet werden. Alle Subsysteme müssen

[28] So schon *Luhmann*, Kann die Verwaltung wirtschaftlich handeln?, VerwArch 1960, 97 ff.

[29] So schon *Luhmann*, Der Staat 1962, 375 ff.

sich vor der Frage rechtfertigen, inwieweit sie dem Gesamtsystem dienen. Diese Wertung ist m. E. keine beliebige, allenfalls philosophisch oder wissenschaftstheoretisch vorgezeichnete, sondern durch das Grundgesetz zwingend vorgegeben. Das Grundgesetz geht von objektiven Wertentscheidungen aus, deren Kern auch durch Verfassungsänderungen nicht berührt werden darf (Art. 79 III GG). Dazu gehört, daß der Staat den Menschen, und zwar sämtlichen Menschen der Gemeinschaft der Bundesrepublik, zu dienen hat. Alle Akteure, alle staatlichen Funktionen und Tätigkeiten müssen sich vor dieser Grundwertung rechtfertigen. Die Aktivitäten eines jeden Subsystems sind nur dann und insoweit zu rechtfertigen, als sie dem Gesamtsystem dienen, d. h. im Interesse der Bevölkerung insgesamt erfolgen[30]. Das *Bundesverfassungsgericht* hat mit vollem Recht immer wieder hervorgehoben, daß der Staat und alle seine Funktionen dem Gesamtwohl zu dienen hat[31]. Das kann auch die Förderung zurückgebliebener Gruppen implizieren, aber nicht wegen ihrer Macht, sondern wegen ihrer Bedürftigkeit. Dies ist auch durchaus die Auffassung des *common man*, des Staatsbürgers. Und doch ist die normativ unbezweifelbare Verankerung im Grundgesetz als der Grundordnung von Staat und Gesellschaft von erheblicher Bedeutung, weil sie dazu berechtigt, einen Standpunkt wie den *Luhmanns* als mit der objektiven Wertordnung des Grundgesetzes unvereinbar zurückzuweisen.

VI.

Um so wichtiger wird dann aber die Frage, unter welchen Voraussetzungen der Versuch, die Praxis gemeinwohlkonform zu steuern, Erfolg versprechen könnte. Die bloße Normierung dahingehender Verpflichtungen reicht sicher nicht aus. Das haben die genannten Beispiele gezeigt. Die Durchsetzungsbedingungen für rationale Politik (in bezug auf die Gesamtheit) müssen verbessert werden.

Anhand zweier Beispiele sei gezeigt, in welche Richtung solche Verbesserungen gehen könnten.

Das erste Beispiel betrifft die schon erwähnte Ämterpatronage durch politische Parteien. Solche Patronage gibt es in besonderem Maße in den Gemeinden. Es fällt dabei auf, daß sie nach den vorliegenden Untersuchungen im Bereich der Süddeutschen Ratsverfassung seltener ist als in Norddeutschland[32]. Das hängt damit zusammen, daß die Gemeinde-

[30] Dazu *v. Arnim*, Staatslehre (oben FN 3), 128 ff. (130).

[31] Z. B. BVerfGE 42, 312 (332); 49, 89 (132); 50, 50 (51).

[32] *Banner*, Kommunale Steuerung zwischen Gemeindeordnung und Parteipolitik, DÖV 1984, 364 (369); *Wehling*, Der Bürgermeister und „sein" Rat, Politische Studien 1984, 27 (34).

verfassungen in Norddeutschland andere Spielregeln des Machterwerbs und des Machterhalts aufgestellt haben als in Süddeutschland. Der norddeutsche Gemeindedirektor wird durch den Rat gewählt und wiedergewählt. Er ist deshalb sozusagen an seinem Lebensnerv auf die Parteien im Rat, die Fraktionen, angewiesen. Es erleichtert seine Wiederwahl, wenn er ihren Patronagewünschen nachgibt. Genau umgekehrt liegen die Dinge in süddeutschen Gemeinden, wo der Bürgermeister von den Gemeindebürgern direkt gewählt wird. Spräche sich herum, daß Stellen im Gemeindedienst nach Parteibuch vergeben würden, würde dies dem Ansehen des Bürgermeisters in der Bevölkerung schaden und seine Wiederwahl gefährden. Die direkte Volkswahl macht es für den süddeutschen Bürgermeister also lohnend, sich den Patronageansinnen der Parteien zu widersetzen. An diesem Beispiel zeigt sich, worum es geht: die Schaffung von organisatorisch-verfahrensmäßigen Regelungen, die rationale, gemeinwohlorientierte Politik auch machtpolitisch belohnen[33] — und zugleich dem demokratischen Souverän die Personalauswahl als zentrale Steuerungsentscheidung überlassen.

Das zweite Beispiel betrifft die staatliche Finanzierung der Parteien, Fraktionen und Parteistiftungen. Solche Zahlungen sind in der Bundesrepublik stark angestiegen, ja teilweise geradezu explodiert. Die sog. Globalzuschüsse für die politische Bildung an vier Stiftungen der politischen Parteien haben sich seit 1967, als sie eingeführt wurden, verzehnfacht, die Zahlungen an die Bundestagsfraktionen haben sich im gleichen Zeitraum vervierzehnfacht; die Beträge sind also weit schneller gewachsen als alle in Frage kommenden Vergleichszahlen. Dies hängt sicher damit zusammen, daß die Fraktionen hier in eigener Sache entscheiden und es an der nötigen Kontrolle durch Dritte fehlt[34]. — Genau umgekehrt ist die Lage bezeichnenderweise in der Schweiz. Dort gibt es überhaupt keine staatliche Parteienfinanzierung. Der Grund liegt wieder in den rechtlichen Regeln für das Zustandekommen von Recht. In der Schweiz stehen alle Gesetze unter dem Vorbehalt plebiszitärer Zustimmung. Dies entfaltet von vornherein eine Präventivwirkung und verhindert, daß die Frage einer staatlichen Parteienfinanzierung dort überhaupt gestellt wird[35]. Auch das mag nicht unproblematisch sein, ohne daß ich auf die Sache hier näher eingehen könnte. Worauf es ankam, war zu zeigen, daß der Inhalt politischer Entscheidungen weitgehend vom Verfahren der Willensbildung abhängen kann und das Verfahren wesentlich von Rechtsnormen festgelegt wird.

---

[33] *Crozier/Friedberg*, Macht und Organisation. Die Zwänge kollektiven Handelns, 1979, durchgehend.

[34] Näheres bei *v. Arnim*, Verfassungsfragen der Parteienfinanzierung (Teil 2), JA 1985, 207 (208—210 m. w. N.).

[35] *Gerhard Schmid*, VVDStRL 44, 135 (Diskussionsbeitrag).

VII.

Eine letzte hier anzusprechende Erfolgsbedingung für Steuerung durch Recht ist schließlich die Anpassung des Rechts an soziale Wandlungen. Auf zwei Anpassungsnotwendigkeiten sei hier eingegangen.

Der *eine* Wandlungsfaktor ist die Entwicklung der Bevölkerung in der Bundesrepublik. Sie betrifft zumindest drei Themen dieser Tagung: Arbeitslosigkeit, den Gesundheitsbereich und die Alterssicherung.

In den 50er Jahren nahm der Geburtenüberschuß in der Bundesrepublik zunächst zu und erreichte Mitte der 60er Jahre ein Hoch. Seitdem hat die Geburtenrate stark abgenommen. Seit 1969 schrumpft die Bevölkerung absolut. Die sog. Nettoreproduktionsrate ist derzeit in der Bundesrepublik mit 0,6 geringer als in fast jedem anderen Land der Welt. Das bedeutet, eine Frau hat im statistischen Schnitt nur noch 0,6 Töchter.

Die Geburtenhäufigkeit bis Mitte der 60er Jahre hat teilweise den Umfang der heutigen Arbeitslosigkeit mitverursacht. Denn für die in den 70er und 80er Jahren in den Wirtschaftsprozeß einströmenden zwei Millionen zusätzlichen Erwerbswilligen müssen Arbeitsplätze geschaffen werden, wodurch das Problem der Arbeitslosigkeit verschärft wird.

Der seitdem eingetretene starke Rückgang der Nettoreproduktionsrate bewirkt neben dem absoluten Rückgang der Bevölkerungszahl eine zunehmende Verschiebung ihrer Zusammensetzung: Der Anteil der Alten nimmt rasch zu und der der Jungen entsprechend ab.

Das hat einmal Konsequenzen für die Finanzierung des Krankenversorgungssystems, weil der durchschnittliche Krankenstand mit dem Alter zunimmt. Das hat vor allem Konsequenzen für die Finanzierung der Renten — und, da es sich um ein gesamtwirtschaftliches Phänomen handelt — auch für die Finanzierung der Beamtenversorgung. Wenn erst einmal doppelt so viele Alte (im Verhältnis zur Zahl der Aktiven) zu versorgen sein werden wie heute, wird sich die Finanzierung der Altersversorgung nur aufrechterhalten lassen, wenn die Beitragssätze verdoppelt oder das Niveau der Altersversorgung (im Verhältnis zum aktiven Einkommen) halbiert oder das Ruhestandsalter wieder rigoros erhöht wird oder, indem man von allem etwas tut. Darüber, wie die Anpassung der Altersversorgungssysteme an die Bevölkerungsentwicklung sinnvollerweise erfolgen sollte, wird Herr Littmann, selbst Mitglied der Sachverständigenkommission Alterssicherung, die ihren Bericht vor zwei Jahren erstattet hat, referieren[36].

---

[36] *Konrad Littmann,* Steuerung und Fehlsteuerung in den Alterssicherungssystemen, unten S. 277 ff.

Der Umfang der notwendigen Anpassung hängt natürlich davon ab, ob die niedrige Nettoreproduktionsrate in der Bundesrepublik anhält. Hier stellt sich die Frage, ob der Staat etwas unternehmen kann, um gegenzusteuern — und ob er dies überhaupt tun sollte. Diese Frage führt zu den Ursachen, die in einem ganzen Geflecht von sozio-kulturellen Faktoren liegen und, wenn überhaupt, wohl nur in engen Grenzen beeinflußt werden können. Immerhin seien drei Gesichtspunkte erwähnt: der *eine* betrifft die erhebliche Zahl von Abtreibungen in der Bundesrepublik. Berücksichtigt man, daß Abtreibung grundsätzlich verboten und unter Strafe gestellt ist, so zeigt sich hier offenbar ein Beispielsfall für die Grenzen einer Steuerung durch Recht.

Auch die Regelung der Unterhaltslasten im Falle einer Ehescheidung unabhängig vom Verschulden der Ehegatten mit ihren teilweise befremdlichen Auswirkungen hat sicher die Ehe- und Kinderfreudigkeit der Menschen nicht gerade gefördert.

Der dritte Gesichtspunkt betrifft schließlich die Frage, wie die Rechtsordnung Familien mit Kindern behandelt. Und hier zeigt sich, daß das Steuer- und das Sozialrecht den Entschluß eines Ehepaares, Kinder zu bekommen, nicht nur nicht fördert, sondern ökonomisch auch noch bestraft[37]. Eine Familie mit Kindern hat die Unterhaltslasten für die Kinder zu zahlen und muß zusätzlich regelmäßig auf ein zweites Erwerbseinkommen (und im Alter dann auf ein zweites Versorgungseinkommen) verzichten, hat also nur einen Bruchteil des Pro-Kopf-Einkommens eines vergleichbaren kinderlosen Ehepaares. Selbst die für den Unterhalt der Kinder aufzubringenden Mindestmittel werden teilweise noch der Einkommensteuer unterworfen. Kindergeld und steuerliche Freibeträge reichen nicht aus, um die Unterhaltskosten abzudecken.

Es erscheint wirklich paradox, wenn diejenigen, die durch Erziehung und Unterhalt von Kindern zur Finanzierbarkeit der Altersversorgung — gerade auch derjenigen der Kinderlosen — beitragen, finanziell auch noch dadurch bestraft werden, daß sie nicht einmal die Kosten der Kinderunterhaltung voll von der steuerlichen Bemessungsgrundlage absetzen können.

Hier — bei der politischen und rechtlichen Erfassung der Voraussetzungen und der Folgen des Einbruchs in der Bevölkerungspyramide — zeigen sich allerdings die (schon erwähnte) Kurzfristorientierung unseres politischen Systems in der derzeitigen Verfassung und die Schwierigkeiten, die es mit der Bewältigung langfristiger Probleme hat, besonders deutlich.

---

[37] *Zeidler*, Ehe und Familie, in: Benda/Maihofer/Vogel, Handbuch des Verfassungsrechts, Bd. 1, 1983, 555 (597 ff., 601 ff.); *Paul Kirchhof*, Ehe und Familie im staatlichen und kirchlichen Steuerrecht (Essener Gespräche zum Thema Staat und Kirche 21), 1986, 7 (11 ff.).

VIII.

Die zweite zentrale Erscheinung des sozialen Wandels, an die eine Anpassung der Rechtsordnung überfällig ist, ist das Erstarken der Parteien und Verbände. Auf die Rolle, die diese intermediären Kräfte spielen, wenn es um Reformen einzelner Bereiche geht, wurde schon hingewiesen. Hier möchte ich die Thematik noch einmal unter dem Aspekt der *Verfassungspolitik* aufgreifen[38].

Parteien und Verbände sind notwendige Bestandteile des demokratischen, freiheitlichen und sozialen Staates. Diese Feststellung, so wichtig sie ist, ist aber nur *eine* Seite der Medaille, die gleichwohl immer noch ganz im Vordergrund der öffentlichen Aufmerksamkeit steht. In der Gründerzeit der Bundesrepublik war dies verständlich und gerechtfertigt. Damals war man davon ausgegangen, die Kritik an den Parteien und Verbänden in der Weimarer Zeit habe zum Zusammenbruch der Demokratie beigetragen. Dementsprechend stand für die Väter des Grundgesetzes zunächst einmal die Aufgabe im Vordergrund, den Parteien und Interessenverbänden ihr Lebens- und Wirkungsrecht zu bescheinigen. Für die politischen Parteien ist dies in Art. 21 GG geschehen, der — ein Novum in der deutschen Verfassungsgeschichte — die Mitwirkung der Parteien an der politischen Willensbildung ausdrücklich vorsieht.

Heute, nach fast vier Jahrzehnten, ist die Entwicklung jedoch darüber hinausgegangen. Es stellen sich neue Aufgaben für das Recht, insbesondere für das Verfassungsrecht. Es geht nicht mehr darum, die Parteien und Verbände durch Legitimierung ihres Wirkens in der Verfassung zu stärken. Sie sind heute stark genug, ja überstark. Wenn es zutrifft, daß es Aufgabe der Verfassungen ist, die Mächtigen im Staat zu disziplinieren, dann muß es heute vor allem um die rechtliche Ordnung des Wirkens der Parteien und Verbände gehen[39]. Daran fehlt es bislang weitgehend.

Da Parteien und Verbände den Rechtsetzungsprozeß in der Bundesrepublik zu einem guten Teil beherrschen, läuft die Feststellung eines solchen Defizits letztlich auf ein Defizit der rechtlichen Steuerung des Rechtsetzungsprozesses selbst hinaus. Zwar enthalten das Grundgesetz und die Landesverfassungen (und die zugehörigen Gesetze) zahlreiche Regelungen für die Rechtsetzung. Diese entstammen aber praktisch noch einer Zeit, in der das Thema Parteien und Verbände noch nicht proble-

---

[38] Vgl. dazu auch den bemerkenswerten Ansatz von *Fijalkowski*, Bemerkungen zur Eigenkompetenz der Politologie, in: Hartwich (Hrsg.), Policy-Forschung in der Bundesrepublik Deutschland, 1985, 139 ff.

[39] Näheres bei *v. Arnim*, Gemeinwohl (oben FN 11), 128 ff.; *ders.*, Staatslehre (oben FN 3), 103 ff., 123 ff., 192 ff.; *ders.*, Politische Parteien, DÖV 1985, 593 ff. jew. m. w. N.

matisiert wurde und die deshalb nicht darauf zugeschnitten sind, gegen die Gefahren des Parteien- und Verbändestaates Front zu machen.

Hier stellt sich allerdings die Fundamentalfrage, *wer* die erforderliche Anpassung der verfassungsrechtlichen Ordnung vornehmen soll. Wenn diejenigen, die es zu disziplinieren gilt, das Rechtsetzungsverfahren beherrschen, läuft dann das Plädoyer für eine Erneuerung der Verfassung nicht auf die Münchhausen-Empfehlung hinaus, sich am eigenen Schopf aus dem Sumpf zu ziehen?

Welchen Problemen sich eine Gesetzgebung, die gegen die Interessen der Parteien oder Verbände gerichtet ist, gegenübersieht, möchte ich an einigen Beispielen illustrieren:

Ein Beispiel ist die *Parteiengesetzgebung*[40]. Art. 21 III GG enthält den Auftrag, ein Parteiengesetz zu erlassen. Dennoch dauerte es fast 20 Jahre, bis es zum Erlaß des Gesetzes und damit zu der in Art. 21 I 4 GG vorgeschriebenen Offenlegung der Herkunft der Mittel der Parteien kam. Auslöser war ein Urteil des Bundesverfassungsgerichts zur staatlichen Parteienfinanzierung von 1966. Darin hatte das Gericht festgestellt, daß eine Finanzierung der Parteien aus öffentlichen Haushalten nur hinsichtlich der Wahlkampfkosten und nur aufgrund Gesetzes erfolgen durfte. Die Parteien mußten also ein Gesetz machen, wenn sie nicht auf die staatlichen Mittel verzichten wollten, an die sie sich bereits seit 1959 gewöhnt hatten. So kam es endlich zum Erlaß des Parteiengesetzes vom 24. 7. 1967, welches eine pauschalierte Wahlkampfkostenerstattung vorsah.

Bei der Parteiengesetzgebung, insbes. der staatlichen Parteienfinanzierung, ist die Ordnungskraft des Gesetzgebers besonders gering. Hier besteht ja die Versuchung, daß *die* Parteien, die die Gesetzgebung beherrschen, sich aus öffentlichen Mitteln (direkt und indirekt über die steuerliche Begünstigung von Spenden und Beiträgen) allzu ungeniert selbst dotieren und zugleich ihre inner- und außerparlamentarischen Konkurrenten vom staatlichen Geldsegen ausschließen. Beide Mißbrauchsgefahren hat das Bundesverfassungsgericht in mehreren Entscheidungen einzugrenzen versucht. Der Gesetzgeber hat sich allerdings immer wieder neue Wege einfallen lassen, um die Grenzen zu unterlaufen. Das jüngste Produkt solchen Erfindungsreichtums steht derzeit in Karlsruhe bekanntlich zur Entscheidung des Bundesverfassungsgerichts.

Ein anderes Beispiel für besonders geringe Ordnungskraft des Gesetzgebers ist das *Arbeitskampfrecht*. Hier hat sich der Gesetzgeber zu einer Regelung überhaupt nicht in der Lage gesehen. Das Arbeitskampfrecht

---

[40] Dazu *v. Arnim*, Parteienfinanzierung, 1982, 33 ff. m. w. N.

beruht bekanntlich ausschließlich auf Grundsatzentscheidungen des Bundesarbeitsgerichts.

Beide Fallgruppen sind dadurch gekennzeichnet, daß der Gesetzgeber es nicht von sich aus vermocht hat, das Wirken der Parteien und Verbände rechtlich zu ordnen. Die *Gerichte* mußten als Ersatzgesetzgeber in die Bresche springen.

Die Rechtsprechung kann die erforderliche Ordnungsaufgabe aber nicht selbst in vollem Umfang wahrnehmen. Man sollte ihren Beitrag nicht gering achten. Die Wirksamkeit der Rechtsprechung ist jedoch punktuell und begrenzt. Eine grundlegende Neuordnung der Verfassungsgrundlagen kann sie selbstverständlich nicht ersetzen.

Aber gerade darum geht es. Erforderlich ist also nicht nur die Durchsetzung von Neuerungen in einzelnen Politikbereichen, sondern auch und, wie ich meine, in erster Linie, die Erneuerung der verfassungsrechtlichen Grundlagen der Politik insgesamt. Eine solche Neuordnung muß in folgende Richtungen gehen:

1. Sie muß so gestaltet sein, daß eine längerfristige Perspektive der Politik nicht nur ermöglicht, sondern auch prämiert wird, ohne daß dadurch demokratische, rechtsstaatliche und soziale Errungenschaften preisgegeben werden.

2. Sie muß die politischen Machthaber in die Lage setzen, allgemeine Interessen, die sich verbandlich nicht wirksam organisieren lassen, angemessen zu vertreten und zu realisieren.

Die Frage ist allerdings, wer solche Änderungen und Ergänzungen der Verfassungsgrundlagen der Bundesrepublik *durchsetzen* sollte. Direkt-demokratische Wege — wie in der Schweiz und teilweise auch in den USA — bestehen in der Bundesrepublik praktisch nur auf Länderebene und auch dort nicht durchgehend. Die ganze Diskussion mag deshalb auf den ersten Blick etwas weltfremd anmuten. Andererseits hat es paradigmatische Umschwünge, die vorher utopisch Erscheinendes plötzlich durchsetzbar gemacht haben, immer wieder gegeben.

Die skizzierten Pluralismusdefizite haben heute zusätzliche Brisanz durch einige neuere Entwicklungslinien erhalten, von denen nur zwei zu nennen wären: den Einbruch in der Bevölkerungspyramide, auf den schon hingewiesen wurde, und das Ende der 25jährigen Nachkriegsperiode hohen wirtschaftlichen Wachstums. Die Zuspitzung der Problematik erhöht andererseits aber vielleicht auch die Chance für die Durchsetzung verfassungspolitischer Innovationen.

Ein Kerngedanke des Ansatzes muß m. E. in folgendem liegen: Die Richtung, in die Staat und Gesellschaft tendieren, und die Ergebnisse, die sie hervorbringen, hängen wesentlich von den *Spielregeln* ab, denen die Akteure unterworfen sind und die sie einhalten müssen, wenn sie „gewinnen", d. h. Anerkennung, Macht und Einfluß erlangen wollen[41]. Diese Spielregeln werden zu einem guten Teil von der Rechtsordnung gesetzt. Sind dagegen die institutionellen Weichen falsch gestellt, so muß sich aus individueller Rationalität fast notwendig kollektive Irrationalität ergeben. Erforderlich sind deshalb organisatorische und verfahrensmäßige Regelungen, die die Macht und die Entscheidungen so kanalisieren und lenken, daß sie möglichst zum Besten für die Gemeinschaft ausschlagen. Es geht also letztlich um die Essenz des Verfassungsgedankens überhaupt.

Da fast alle Beteiligten (einschließlich der Politiker in Regierungen und Parlamenten) sich als Opfer der Gesamtentwicklung fühlen, also auch Fehlentwicklungen nicht etwa zielstrebig herbeiführen, sondern sie sozusagen erleiden, und da angemessene verfassungsrechtliche Regeln fast alle Mitglieder der Gemeinschaft besserstellen würden als vorher, wird die Chance ihrer Einführung um so größer, je umfassender es gelingt, diesen Effekt auch in der Öffentlichkeit zu verdeutlichen.

Mitte der 70er Jahre gab es in der Bundesrepublik eine Enquête-Kommission Verfassungsreform[42]. Diese hat die Probleme der Parteien und der Interessenverbände, der Kurzfristorientierung der Politik und des Zukurzkommens gerade der allgemeinen Interessen aber noch ausgespart. Es ist heute an der Zeit, eben diese Probleme gezielt zu thematisieren. Das energische Anpacken dieser Aufgabe könnte sich sogar als Überlebensfrage für unsere rechts- und sozialstaatliche Demokratie erweisen. Der jetzige Bundespräsident *Richard von Weizsäcker* hat die Problematik in bezug auf die Parteien in einem grundlegenden Beitrag mit dem Titel „Krise und Chance unserer Parteiendemokratie" (1982) herausgearbeitet[43]. Um hier weiterzukommen, bedarf es in der Tat vor allem der Klarstellung, aus welcher Richtung heute die größten Gefahren drohen. In ihrer Hervorkehrung und in der Notwendigkeit gegenzuhalten, liegt, wie ich meine, heute eine der wichtigsten Aufgaben der Lehre vom Staat.

---

41 *Crozier/Friedberg* (oben FN 33).

42 *Enquête-Kommission Verfassungsreform*, Schlußbericht, 1976, BT-Drucks. 7/5924.

43 *v. Weizsäcker* (oben FN 17).

3. Möglichkeiten und Grenzen der Steuerung durch Planung am Beispiel der Finanzen unter Einbeziehung des Kontrollaspekts: Budgetierungsprozeß, Finanzplanung, Finanzkontrolle

Von Bert Rürup

Unter finanzwirtschaftlicher Steuerung soll im folgenden der zielgerichtete Einsatz staatlicher und damit budgetär geplanter und bewirtschafteter Mittel zur Bewältigung sozio-ökonomischer Probleme, d. h. der Verringerung der Differenzen zwischen einem Ist-Zustand bzw. einer Status-quo-Prognose und einem politisch erwünschten Soll-Zustand bzw. einer Soll-Zukunft verstanden werden.

Um die öffentlichen Finanzen in den Dienst einer derartigen politischen Steuerung stellen zu können, ist eine aufgaben- und/oder problemorientierte Disponibilität bzw. Gestaltbarkeit erforderlich. Ist der Etat hinsichtlich Niveau und Struktur „versteinert", d. h. besteht keine nennenswerte „freie Spitze", sinkt sein Steuerungspotential, da dann keine oder nur geringe staatliche Mittel hinsichtlich einer Realisierung der (geänderten) politischen Prioritätenstruktur instrumentalisiert werden können. Die Qualität des Steuerungsinstrumentes „öffentlicher Finanzen" ist demnach bestimmt durch

— seine stringente Ausrichtung auf ein staatliches Zielsystem und/oder der Möglichkeit

— bei sich ändernden politischen Prioritäten hinsichtlich Struktur und Volumen möglichst schnell entsprechend umgestaltbar zu sein.

Hierbei erscheint es wichtig darauf hinzuweisen, daß die zweite Qualitätsbedingung um so wichtiger ist, je höher die staatliche Abgabenquote ist, da bei hohen Staatsquoten die Möglichkeiten einer weiteren Verbreitung des finanzwirtschaftlichen Korridors abnehmen dürften.

Andererseits gilt aber auch, daß eine hohe Staatsquote in einer marktwirtschaftlichen Ordnung mit einer (zumindest potentiellen) Steigerung der staatlichen Steuerungsmöglichkeiten einhergeht, da bei steigenden Abgaben- und Ausgabenquoten das die privatwirtschaftlichen Entscheidungen dominierende Gewinnkalkül eher als bei niedrigen Staatsquoten in die politisch gewünschte Richtung gelenkt werden kann.

Zum gegenwärtigen Zeitpunkt wird man konstatieren können:

1. In der Praxis hat es zu keiner Zeit in keinem westlichen Industriestaat ein funktionierendes Konzept einer integrierten finanzwirtschaftlichen Steuerung i. S. einer Aufgaben- und Finanzplanung gegeben.

2. Die einschlägigen reformerischen Bemühungen, welche bis in die frühen 70er Jahre von der Idee des PBBS geleitet waren, haben sich im Zuge

— eines ökonomisch-fiskalischen und

— politisch-ideologischen Klimawechsels

in zunehmendem Maße von einer auf eine antizipative, aktive Zukunftsgestaltung ausgerichtete budgetäre Steuerung entfernt.

3. Inhalt der gegenwärtig allenthalben zu beobachtenden „Reformbemühungen ist es weniger, die Aufgaben- und Ressourcenplanung zusammenzuführen, als vielmehr Kürzungs-, Spar- bzw. Konsolidierungstechniken zu entwickeln, die durch eine etwas größere — wie auch immer definierte — Rationalität gekennzeichnet sind als die „bewährte“, da nach Lage der Dinge offensichtlich einzig politisch exekutierbare „Methode Rasenmäher“ (z. B. alle Subventionen um 10 % kürzen).

4. Finanzwirtschaftliche Notwendigkeiten und/oder ordnungspolitische Erwägungen stellen die Haushaltsplanung und damit die staatswirtschaftlichen Steuerungsinstrumente zunehmend in den Dienst einer als erforderlich angesehenen Rückführung der Haushaltsdefizite bzw. Reduzierung der Staatsquote. Dominierendes Interesse der aktuellen intendierten und teilweise durchgeführten „Reformbemühungen“ ist nicht mehr der Versuch einer umfassenden, vorausschauenden, zukunftsgestaltenden politischen Planung und Steuerung, sondern die reaktive Bewältigung fiskalischer Mängellagen via subtiler „Spartechniken“.

5. War es in den sechziger Jahren üblich, die wichtigste Aufgabe des Haushaltes darin zu sehen, die Planungsergebnisse wiederzugeben und damit der dominanten politischen Programmfunktion Rechnung zu tragen, ist derzeit von einem solch hohen Anspruch kaum noch die Rede.

Angesichts dieser stichwortartig vorgetragenen Befunde soll im folgenden die politische Programmfunktion und deren fast wesentlichstes Element, die volkswirtschaftliche Lenkungsfunktion, im Kontext der Entwicklung von Steuerungssystemen untersucht werden, wobei ein Hauptaugenmerk darauf gelegt werden soll, ob und in welcher Form ein Zusammenhang zwischen ökonomischer Entwicklung, politischen Zielen und der Ausgestaltung der Steuerungskonzeptionen besteht. Dieses „Programm“ läßt sich m. E. am ehesten im Zuge eines kurzen historischen Abrisses über die verschiedenen Ansätze und Bemühungen, die Ergebnisse des Budgetierungs- und Steuerungsprozesses zu „verbessern“, abarbeiten.

Aus Zeitgründen erfolgt eine Beschränkung auf die USA und die Bundesrepublik Deutschland.

I. Zu den USA

Der ambitiöse Versuch, staatswirtschaftliche Entscheidungen generell durch ein Planning-Programming-Budgeting-System (PPBS) zu rationalisieren und gezielter steuerbar zu machen (1. Qualitätsbedingung), scheiterte bekanntlich an der Fülle falscher Annahmen hinsichtlich der Determinanten politischer (Entscheidungs-)Prozesse und an einer auch deshalb verfehlten Implementationsstrategie.

Insbesondere die — in den 7 Experimentierjahren (1965—1971) — nicht erfolgte Institutionalisierung systematischer Evaluationen führte dazu, daß hinter der rationalen Fassade des formalisierten und umfassenden Entscheidungssystems häufig bzw. fast regelmäßig weiterhin behördenegoistische Ziele verfolgt wurden. Paul Senf beschreibt dies zutreffend:

„Eine nur auf der ökonomisch-technischen Rationalität beruhende beabsichtigte Normierung von Verhaltensweisen von in Behörden Tätigen muß scheitern, weil es innerhalb der Verwaltung mehr um ein politisch-taktisch rationales Verhalten geht als um ein rationales Verhalten im ökonomischen Sinne."

Die Analyse- besser Theorielastigkeit des Gesamtkonzeptes suggerierte eine wertfreie, allgemeingültige Objektivität von Entscheidungen, für die im Grundsatz de facto aber nach wie vor in erster Linie politische Wertvorstellungen relevant waren. Ferner weckte der Objektivitätsanspruch bei der Legislative den Verdacht, daß die Planungstätigkeit nur benutzt wurde, „... externe Unterstützung zu gewinnen und Macht auszubauen" (*Wildavsky*). Die Folge waren Widerstand und Boykott von PPBS seitens der Legislative. Im Jahre 1971 „verschied" dieses System auf Bundesebene.

Nach einer Phase unschlüssigen Experimentierens unter Präsident *Nixon* wurde unter *Carter* das *Zero-Base-Budgeting* (ZBB) als Budgetierungstechnik eingeführt, mit dem speziellen Ziel der Beseitigung der „Dominanz alter Aufgaben", d. h. der Vergrößerung der politisch disponiblen „freien Spitze" zur Erhöhung bzw. Wiederherstellung eines zur politischen Steuerung erforderlichen Gestaltungsspielraums (2. Qualitätsbedingung).

Im Gegensatz zu den zukunftsgestaltenden und problemantizipierenden Intentionen von PPBS sollten mit Hilfe von ZBB „nur noch" und in erster Linie Handlungsspielräume auf dem Wege der Umstrukturierung des Vorjahresbudgets gewonnen werden (und zwar zu einer Zeit, in der die Wachstumskrise nach dem ersten Erdölschock der Expansion öffentlicher Einnahmen und Ausgaben bereits spürbare Grenzen setzte).

ZBB, welches durch die Aufstellung von „decision packages" allenfalls noch in bescheidenem Maße aufgaben- bzw. zielorientiert ist, ist vom Grundsatz her der Versuch, Grenzkosten- bzw. Grenznutzenbetrachtungen als Entscheidungsalgorithmus zu operationalisieren. Seine Herkunft aus dem industriellen Bereich (Texas Instruments) war und ist unverkennbar.

Da aber vor allem als elastizitätserhöhendes Konzept implementiert, fehlt(e) ZBB die Verknüpfung mit einer steuerungsdominanten Aufgabenplanung, mit der Konsequenz, daß eine an geplanten bzw. explizit vorgegebenen Prioritäten und Posterioritäten ausgerichtete Strukturveränderung des Budgets trotz nachweislich gestiegener Flexibilität der Budgetstrukturen konzeptionell nicht erreicht werden konnte.

Ferner ist zu bemerken, daß der Versuch, die Vielfältigkeit des politisch-administrativen Interessennetzes in ökonomisch orientierten Effizienz-, im Sinne von Grenzkostenkategorien, „managen" zu wollen, fälschlicherweise eine faktisch nicht vorhandene Trennbarkeit von politischen Zielen und deren verwaltungsmäßiger Realisation unterstellt.

Die bei der Aufstellung von decision packages weiterhin bestehende Orientierung am Vorjahresbudgetansatz — diese sollten z. B. jeweils für ein Ausgabenvolumen von 70 %, 90 % und 110 % des alten Ansatzes erstellt werden — und die nicht eliminierte Möglichkeit politisch-taktische Reihungen behinderten die Erfolgschancen der egoistischen Budgetmaximierer, der „kundigen Thebaner" (*Vialon*) kaum. Die unveränderten Strukturen der politischen Willensbildungsprozesse ermöglichten zudem kaum Kürzungen bei Leistungen an konfliktfähige Gruppen. Fazit: eine Wegorientierung des Entscheidungsinteresses der Legislative von den „alten" Programmen wurde nur in vergleichsweise bescheidenem Rahmen erreicht.

Die bisherigen Erfahrungen mit der *Sunset-legislation*, der legislativen Antwort auf ZBB, mit der versucht wird, die Dominanz alter Aufgaben durch Terminierung und explizite Beschlußfassung über die Weiterführung auf der Basis von Evaluationen aufzubrechen, weisen darauf hin, daß der Einstieg über die Kontrollphase einen vergleichsweise stärkeren Druck auf die exekutierenden Behörden auszuüben vermag.

Die „Androhung" von Endterminen und die konstitutiven Erfolgskontrollen hinsichtlich Effektivität und Effizienz der Aktivitäten führten oft zu Verbesserungs- und Rationalisierungsvorschlägen.

Die Wirksamkeit des Konzeptes wird aber derzeit nach Lage der Dinge dadurch beeinträchtigt, daß die intendierte Steigerung des Steuerungspotentials durch den systematischen Einbau temporärer Budgetrestriktionen durch isoliert vom Haushaltsprozeß gefahrenen Evaluationsverfahren erreicht werden soll. Verbesserungsauflagen von Sunset-Beschlüssen werden nämlich bislang kaum in den Rahmen der staatswirtschaftlichen Planung integriert bzw. berücksichtigt, sondern allenfalls „unter dem Strich" — nach der Budgetplanung — zur Kenntnis genommen.

Als Fazit für die Entwicklung insbesondere der zentralinstanzlichen Steuerung durch die öffentlichen Finanzen in den Vereinigten Staaten wird man — vergröbert, gleichwohl zutreffend — festhalten dürfen, daß von einer an einer konsistenten politischen Prioritätenskala orientierten und einer bewußt auf Antizipation und Zukunftsgestaltung ausgerichteten Konzeption keine Rede mehr sein kann. Präsidiale ad hoc Entscheidungen und eine — angesichts des aus dem politischen Ruder gelaufenen Bundesbudgetdefizits und die Selbstentmachtung des Parlaments durch Verabschiedung des mechanistisch-unpolitischen Gramm-Rudman(-Hollings)-Act sind kennzeichnend für das Fehlen einer geschlossenen wirkmächtigen Steuerungskonzeption.

II. Zur Steuerungskonzeption des Bundes in der Bundesrepublik

Die Bundeshaushaltsreform von 1969 als juristischer Regelkanon unserer finanzwirtschaftlichen Steuerung ist untrennbar mit der Verabschiedung des Stabilitäts- und Wachstumsgesetzes im Jahre 1967 verbunden. Veränderungen in wichtigen Teilbereichen des Haushaltsrechts waren Anpassungen an die Erfordernisse einer flexibleren, antizyklischen finanzpolitischen Steuerung und Lenkung.

Trotz der in dieser Zeit auch in Deutschland verbreiteten Planungseuphorie wurde kein umfassendes integriertes Steuerungssystem entwickelt und implementiert.

Vielmehr wurde versucht, die verschiedenen Elemente der finanzwirtschaftlichen Steuerung durch

— die Modernisierung des Haushaltsrechts unter grundsätzlicher Beibehaltung der inkrementalen Budgetierungstechnik,

— die Institutionalisierung der Mittelfristigen Finanzplanung und durch

— den Aufbau eines Frühkoordinierungssystems im Kanzleramt mit dem Ziel eines regierungsweiten Aufgabenplanungssystems

zu verbessern.

Die Integration zwischen kurzfristiger Budgetierung und mittelfristiger Aufgaben- und Finanzplanung sollte durch einen gemeinsamen Planungsprozeß stattfinden und zwar in Form der Ableitung des Haushaltsplans aus der Finanzplanung; während die langfristig orientierte Aufgabenplanung durch das Frühkoordinierungssystem mit eben dieser Finanzplanung verknüpft werden sollte.

Bekanntermaßen scheiterte dieses Konzept. Wichtigste Ursache war auch hier ein falsches, wie Schatz es nennt, „rationalistisches, teilweise technokratisches Weltbild", „das auf einem ausgeprägten Glauben an die prinzipielle Machbarkeit gesellschaftlicher Zustände basierte".

Übersehen wurde nämlich, daß politische Planung und Steuerung, soll sie erfolgreich i. S. einer Verbesserung politischer Entscheidungen wirken, neben ihren „technischen" Funktionen, nämlich

— Information/Dokumentation,

— Koordination/Integration und

— Anreiz/Motivation,

außerdem und gerade eine politische *Konsensbildungsfunktion* erfüllen muß.

Scharpf schreibt hierzu treffend: „Politische Planung kann nur in dem Maße zugunsten einer aktiven Politik wirksam werden, wie es ihr gelingt, effektive politische Konsensbildungsprozesse in Gang zu setzen; wo dies nicht gelingt, da bleibt sie auf Themen und Ergebnisse beschränkt, die zwischen den beteiligten Institutionen und Gruppen unkontrovers sind."

Warum dies auf dem beschrittenen Wege nicht gelingen konnte, wird klar, wenn man sich ansieht, wie im Rahmen unseres Systems der Ministerialorganisation bzw. unseres politischen Systems interne und externe Konflikte und damit Konsensbildungsprobleme gelöst bzw. nicht gelöst werden, nämlich durch Konfliktminimierung.

(1) Auf dem Wege der organisatorischen Segmentierung von Problemkomplexen in unterschiedliche Ressorts werden konfligierende Interessen und Klientelgruppen dauerhaft auseinander gehalten.

(2) Das nach wie vor geltende Prinzip der negativen Koordination — welches durch Aufgabenplanung und Frühkoordinierung nicht „gesprengt" werden konnte — umgeht die Probleme detaillierterer Prioritätensetzung bei nicht explizit zu Konflikten formulierten Problemen bzw. Problemlösungsvorschlägen.

(3) Zahlreiche sich andeutende Konflikte werden auf Kosten der Zielerreichung bzw. Zielveränderung „gelöst" bzw. es werden Widerstände mit der Konsequenz antizipiert, „daß die betreffende Pro-

grammentwicklung gänzlich unterbleibt" *(Mayntz/Scharpf).* (Situationsspezifische Zielanpassung bzw. -auslegung.)

Fehlende Durchgriffsmöglichkeiten des Kanzleramtes und der Widerstand insbesondere eines mächtigen, später zum höchsten Regierungsamt gelangten Fachministers, der das Ressortprinzip mit eigenständiger Verantwortung seines zentralen Geschäftsbereichs gefährdet sah, führten dazu, daß die Bemühungen um ein regierungsweites Aufgabenplanungssystem schon sehr bald eingestellt wurden.

Zum Status darf man feststellen:

Das Frühkoordinierungssystem mit Hilfe des Datenblattverfahrens als steuerungspolitische Basis wurde zur „Projektbuchhaltung" und die Finanzplanung wurde und wird mehr denn je von der kurzfristigen inkrementalen Haushaltsplanung dominiert. Die Finanzplanung ist ebenso wie die kurzfristige Haushaltsplanung inputorientiert, sie stellt lediglich die inkrementale Fortschreibung des letzten bzw. des aktuellen Etats dar und reproduziert damit — wie *Wille* es konstatiert — die „Mängel der kurzfristigen Haushaltsplanung auf die mittelfristige Perspektive mit der Konsequenz, daß auf diese Weise eine konzeptionelle und logisch falsche Umkehrung vorgenommen wird, indem „nicht der Einjahreshaushalt mit Hilfe der Finanzplanung längerfristigen Überlegungen eingebettet, sondern der Finanzplan materiell dem zeitlichen Horizont der Einjahresbudgetierung unterworfen wird".

Punktuelle Versuche, z. B. innerhalb des BML ein Programmbudget zu entwickeln und mögliche Konflikte bei der Implementation durch Anpassung an eine Programmorganisation zu antizipieren, scheiterten ebenfalls. Es gibt zwar heute innerhalb der verschiedenen Ressorts durchaus „gute" Planungen, und es werden hier und dort auch interne Erfolgskontrollen durchgeführt, von einem integrierten Aufgaben- und Finanzplanungssystem und damit echtem Steuerungskonzept kann aber nicht die Rede sein.

Sieht man von spektakulären „Todesfällen" wie im Falle des IPEKS in Rheinland-Pfalz einmal ab, sind die Erfahrungen der Bundesländer mit Entwicklung und Anwendung integrierter Aufgaben- und Finanzplanungssysteme besser als die des Bundes.

Hessen als Vorreiter, Hamburg, Berlin, Niedersachsen u. a. versuchten mit verschiedenen Schwerpunkten Planungs- und Lenkungssysteme zu konzipieren. Im Mittelpunkt dieser Bemühungen der Flächenländer ebenso wie der Stadtstaaten stand (aber) eine Querschnittsaufgabe, nämlich die Landesentwicklungsplanung bzw. die Planung der regionalen Abstimmung.

Hinzu kam und kommt, daß die Länder als „Vollzugsorgane“ des Bundes und durch personalintensive eigene Aufgaben im Kultus- und Gesundheitsbereich zwar politisch relevante Entscheidungen über den Verwaltungsvollzug treffen, in ihrer Freiheit der Ressourcenverwendung aber stärker eingeschränkt sind als der Bund. Gleichwohl ist es seit einiger Zeit aber auch in den Ländern äußerst still um ihre Planungssysteme geworden.

Bedeutungsvoll erscheint aber in diesem Zusammenhang, daß z. B. in dem Bericht der Kommission zur Überprüfung von „Verbesserungsmöglichkeiten in der Hamburger Verwaltung von 1981“ unter dem Kapitel „Probleme der Koordination und Steuerung“ zwar noch von

— „Zielorientierung und Erfolgskontrolle“ und neben
— „Problemen der Haushaltswirtschaft“ von
— „Verwaltungsführung und Ressourcenplanung durch den Senat und seine Assistenzeinheiten“

die Rede ist, von einem integrierten steuerungsorientierten Aufgaben- und Finanzplanungssystem aber nicht mehr gesprochen wird. Es wird dort im Gegenteil beklagt, „daß im Senat in den letzten Jahren die *kollegiale Verantwortung*“ für eine koordinierte Aufgabenerfüllung der Gesamtverwaltung sowie die konzeptionelle Arbeit häufiger durch „Krisenmanagement“ und die Lösung einzelner Probleme überlagert worden sind“.

Vereinzelte und zaghafte Bemühungen einer Dezentralisierung der nach wie vor faszinierenden Idee der Programmplanung in wenigen Staatskanzleien (siehe z. B. in Rheinland-Pfalz) zeigen allerdings, daß stellenweise noch (oder wieder) Glut unter der Asche bzw. den Trümmern der umfassenden Konzeptionen der Landesentwicklungsplanungen der 70er Jahre glimmt. Es wäre zu wünschen, wenn diese bescheidenen Versuche der „kleinen Schritte“ zu Erfolgen und damit zu Argumenten gegen den derzeit zu beobachtenden programmplanerischen Nihilismus führen würden.

III. Ökonomische Entwicklung und Planungsverständnis

Nachdem auch in der Bundesrepublik angesichts der prekären öffentlichen Haushaltslage zu Beginn der achtziger Jahre in Ermangelung von ziel- bzw. effizienz-orientierten Posterioritätenplanungen Kürzungen in den Budgets mit Hilfe von linearen Kürzungsvorschriften (pauschalen Minderausgaben), Einstellungsstopp etc. angestrebt und durchgesetzt werden, drängt sich (zumindest einem Ökonomen) die Frage auf, ob eine und gegebenenfalls welche Beziehung zwischen gesamtwirtschaftlicher Entwicklung, der daraus resultierenden Finanzierungssituation des Staates und Planungsverständnis bzw. Steuerungsproblemen besteht.

In diesem Zusammenhang sind zwei Aspekte von Bedeutung:

1. Ist der Wandel in der Wirtschaftspolitik vom Keynesianismus zur Angebotspolitik Resultat der Abstimmungsprobleme und Konflikte einer aktiven und systematisch geplanten Wirtschaftssteuerung?
2. Welche Bedeutung hat Wirtschaftswachstum für die staatswirtschaftliche Aufgaben- und Finanzplanung?

Ad 1.:

Die „keynesianische Botschaft" in Verbindung mit dem neoliberalen „Freiburger Imperativ" zeigten Möglichkeiten auf, die

— eine Verstetigung des Wachstums,

— eine intensivere Kapitalverwertung und

— einen hohen Beschäftigungsgrad

versprachen, und dies ohne die Autonomie der betrieblichen Produktionsentscheidungen anzutasten. Wichtige (allerdings nur implizite) Grundannahmen des stabilitätspolitischen Konzeptes keynesianischen Musters waren, daß Konjunkturen lediglich Schwankungen um einen Wachstumspfad sind und daß sich eine antizyklische Wirtschaftspolitik über die Steuermehreinnahmen in Aufschwung selbst finanzieren würde (cyclical budgeting).

Diese beiden Grundannahmen sind in den 70er Jahren gefallen:

(1) Der Wachstumstrend des Produktionspotentials wurde schwächer. Die zu einer Verbesserung der Situation erforderlichen Investitionen in den volkswirtschaftlichen Realkapitalstock wurden nur in unzureichendem Maße getätigt und unser volkswirtschaftlicher Kapitalstock veraltete (DIW). Die heutige Arbeitslosigkeit kann zumindest zu einem Teil als Realkapitalmangel-Arbeitslosigkeit klassifiziert werden.

(2) Die Struktur des Konjunkturzyklus des Musters „kurzer Abschwung mit langer Aufschwungphase" bis zum Jahre 1973 wurde abgelöst durch längere bzw. ausgeprägtere Abschwünge bei kurzen Erholungsphasen (sog. „Waschbrettkonjunkturen") oder wie seit 1983 durch einen zwar langanhaltenden Aufschwung, aber mit vergleichsweise niedrigen Wachstumsraten. Die ehedem positive Beziehung zwischen Wirtschaftswachstum und Beschäftigung ist lockerer geworden (Okuns' Law wurde in weiten Teilen außer Kraft gesetzt).

Dieses „neue“ Zyklenmuster „verteuerte“ die Politik der Nachfragesteuerung und führte — nicht als einzige, doch als wichtige Ursache — in den 70er und frühen 80er Jahren zu einer wachsenden Nettoneuverschuldung mit „explodierenden“ Zinsbelastungen der Etats.

Die schon Ende der 60er Jahre einsetzende theoretische Kritik am Keynesianismus, die zusätzliche Belastung des Arbeitsmarktes durch die demographische Entwicklung und die wachsende Frauenerwerbstätigkeit sowie die aus den verschiedenen Gründen stark steigenden Kosten des sozialen Netzes, welches stellenweise, wie sich zeigte, mehr als „Schönwettersystem“ konzipiert war, führten schon Ende der 70er Jahre — noch unter einer SPD-geführten Bundesregierung — zu einer wirtschaftspolitischen Umorientierung in Richtung „supply side policy“ bzw. — wie Charles *Roberts* es überpointiert formuliert — „tastenden Maßnahmen“, die unter dem Schlachtruf „Haushaltskonsolidierung“ zur Verringerung der sozialen Sicherheit ergriffen“ wurden.

Bei diesem Strategiewechsel — was unter Reagan, aber auch unter unserer derzeitigen Regierung sichtbar wurde und wird — geht es aber letztlich gar nicht so sehr — wenngleich immer wieder betont — um die quantitative, geschweige denn qualitative Konsolidierung des Haushalts, sondern in erster Linie um die Etablierung einer neuen Ordnungspolitik zur Revitalisierung der „freien“ Marktkräfte. Dies wird im Rekorddefizit in den USA deutlich, und auch bei uns in der Verlagerung des Bundesdefizites z. B. in den Haushalt der Rentenversicherung und die Etats der Kommunen bzw. in der durch die Bundesbankgewinne weitgehend nur „kosmetisch“ gesenkten Nettoneuverschuldung.

Die wichtigsten Programmpunkte dieser „neuen“ angebotsorientierten Wirtschaftspolitik lassen sich — holzschnittartig — zusammenfassen:

— Steuersenkungen insb. für Besserverdienende (zur Förderung der Investitionslust und Leistungsmotivation), Ausgabenkürzungen insb. im Sozialbereich (auch zum Abbau demotivierender Effekte des Sozialen Netzes),

— restriktive Lohnpolitik und

— Deregulierung.

Auf diesem Weg sollen „dem Wirtschaftswachstum neue Impulse verliehen, die ökonomische Betätigung von administrativen Fesseln befreit und leistungsfeindliche Steuersätze abgebaut werden“ *(Issing).*

Die mit einem solchen wirtschaftspolitischen Programm zumindest teilweise intendierte Ablösung einer aktiv gestaltenden Prozeßpolitik durch einen Rückzug auf ordnungspolitische Maßnahmen ist auch das Resultat der Erkenntnis, daß eine aktive politische Steuerung gesamtwirtschaftlicher Prozesse nur unter den Bedingungen wirtschaftlichen Wachstums möglich ist, d. h. nur dann, wenn Wachstum zusätzliche Verteilungsspielräume schafft, die die „Kosten" einer derartigen Politik einschließlich ihrer Verteilungswirkungen zugunsten ökonomisch schwächerer Gruppen „unmerklich" und damit finanzierbar macht.

Ad 2.:

Karl *Schiller* wies bereits 1964 darauf hin, „daß alle Aufgaben auf dem Gebiet der Volksgesundheit, der Wissenschaftsförderung, des Verkehrswesens, der Raumordnung und des Städtebaus, der Landesverteidigung, um nur einige Gemeinschaftsaufgaben zu nennen, leichter zu erfüllen sind, wenn der volkswirtschaftliche Kuchen von Jahr zu Jahr größer wird, als wenn die Aufwendungen für diese Zwecke vollständig auf Kosten anderer Ansprüche herausgeschnitten werden müssen".

Dieses mehr populärwissenschaftliche Statement stammt aus einer Periode des extensiven Nachkriegswachstums, einer Phase, in der der damalige U.S.-Starökonom Walter *Heller* „Das Zeitalter der Ökonomen" ausrief und bei uns Karl *Schiller* Globalsteuerung und fine tuning propagierte. Dies war die Zeit, in der in fast allen Ländern der westlichen Welt umfassende Planungssysteme entwickelt wurden, um *erstens* aktiv gestaltend die negativen Begleitprobleme des Wirtschaftswachstums zu lösen und *zweitens* und vor allen Dingen endlich finanzierbar erscheinende, bislang defizitäre politische Problembereiche zu konsensfähigen Lösungen zu führen.

Daß in fast allen westlichen Industriestaaten rationalistisch-technokratische finanzwirtschaftliche Planungskonzepte bzw. Steuerungssysteme kybernetischer Prägung konzipiert wurden, weist darauf hin, daß durch das Wachstum Ressourcen bereitgestellt wurden, mit denen man sich von Konflikten glaubte — vermeintlich — „freikaufen" zu können.

Denn alle umfassenden Planungs- und Lenkungssysteme basierten letztlich auf dem a priori eines dauerhaft hohen und fiskalisch ergiebigen Wachstums; mit ihnen konnten auf rationale Weise die Ressourcenzuwächse verplant werden, ohne sich auf die Konfliktträchtigkeit von Programmreduzierungen und Ausgabenkürzungen einzulassen.

Die vom ersten Ölpreisschock eingeleitete Wirtschaftskrise zerbrach diese optimistische reformerische Perspektive.

Diese „Weltwirtschaftskrise" setzte nämlich *einerseits* neue, ganz kurzfristige Handlungserfordernisse, auf die mit „Krisenmanagement", d. h. ad-hoc-Maßnahmen, reagiert wurde und führte *andererseits* zu einer — zunächst zwar noch durch die Staatsverschuldung „zwischenfinanzierten", deutlichen und nachhaltigen Verengung der finanziellen Ressourcenbasis einer geplanten aktiven Steuerung.

IV. Konsequenzen

Aus dem eben skizzierten Zusammenhang zwischen Wirtschaftsentwicklung und politischen Gestaltungsmöglichkeiten zu folgern, daß in der Wachstums- und Beschaffungskrise kein Planungsbedarf bzw. Budgetreformbedarf mehr bestünde, wäre grundlegend verfehlt.

Einerseits besteht nämlich ein großer, weitestgehend akzeptierter staatlicher Handlungsbedarf, z. B. im Umweltschutzbereich, bei der Entwicklung und Einführung neuer Techniken und der Abfederung der Folgen des Strukturwandels, zumal in diesen Bereichen den Möglichkeiten einer Privatisierung der Problemlösung enge Grenzen gesetzt sind (siehe *Rürup/Färber*).

Zum anderen dürfte die bislang — fast exzessiv — praktizierte (konfliktminimierende) Strategie, kurzfristig durchsetzbare Haushaltskürzungen insbesondere im Investitionsbereich vorzunehmen, zu einer zumindest relativen Vernichtung von staatlichem Realkapital bzw. Infrastrukturlücken geführt haben. Ferner dürfte die Außerachtlassung von „Folgekosten" — z. B. in Form von Nachholbedarf bei Ersatzinvestitionen in einiger Zeit zu teueren Reparaturaufwendungen mittelfristig zu einer weiteren Verengung der Handlungsspielräume und damit zu verstärkten budgetären Entscheidungsbedarfen führen.

Aus dem trivialen Tatbestand, daß Planung grundsätzlich und schwergewichtig am „Engpaßfaktor" anzusetzen ist, ergibt sich derzeit notwendigerweise ein Umbau, eine Akzentverschiebung bei der Konzeption von integrierten Steuerungssystemen, wenn sie ihre Funktion, politische Gestaltungsspielräume zu erschließen, erfüllen sollen.

War in den 60er Jahren die *instrumentelle* Steuerungskapazität komplexer gesellschaftlicher Probleme der Engpaßfaktor, so ist es heute die *finanzielle* Ressourcenausstattung.

Die zur Erweiterung des politischen Gestaltungsspielraums benötigten Finanzmittel können vor dem Hintergrund des „Supply Side Credos" investitionsfreundliche Rahmenbedingungen zu schaffen, kaum noch über zusätzliche Staatsverschuldung oder über Steuererhöhungen beschafft werden. Das Gegenteil ist derzeit politisch opportun.

Erforderliche und wünschenswerte haushaltswirtschaftliche Gestaltungsspielräume müssen daher heute zwangsläufig aus Effizienzerhöhungen des Verwaltungssystems, der Effektivitätsverbesserung von Maßnahmen und aus der Rücknahme von Leistungen auch und gerade bei konfliktfähigen Gruppen erfolgen.

Dies kann aber — wie die Erfahrung zeigt — kaum durch ein traditionelles integriertes staatswirtschaftliches Planungssystem erreicht werden, da ein solches Konzept, wie Carl *Böhret* es formuliert, „mächtige politische und ökonomische Interessen tangiert ..., die eine umfassende Planung öffentlicher Aufgaben und langfristig ausgerichtete Koordination öffentlicher Interessen — vorsichtig ausgedrückt — weniger gern sehen als die gelegentliche hilfreiche Intervention des Staates mit nur kurzfristig und allgemein greifenden wirtschaftspolitischen Mitteln".

Wenn dem aber so ist, dann gibt es für eine ressourcenfreisetzende Effizienz- und Effektivitätssteigerung, die zur finanzwirtschaftlichen Steuerung erforderlich ist, derzeit nur die Möglichkeit, derartige „interne Ersparnisse" über rückkoppelnde Kontrollen — d. h., insb. („externe") Erfolgskontrollen, zu erwirtschaften.

Da und wenn es um den Engpaßfaktor Finanzen geht, ist es als erster Schritt zu mehr Planungs- und Steuerungsrationalität derzeit wünschenswert, Umfang und Intensität *der Erfolgskontrollen* zu erweitern, um auf diesem Wege

— administrative Mittelverschwendung,

— obsolet gewordene Leistungen bzw. Programme,

— den Subventionsdschungel sowohl in Form von Transfers als auch in Form von „Steuererleichterungen"

in höherem Maße als bisher über die Berichte der Rechnungshöfe den politischen Entscheidungen von Regierung und Parlament zugänglich und damit gestaltbar zu machen.

Die nächste Entwicklungsphase im Bereich der staatlichen Aufgaben- und Finanzplanung als Steuerungsbasis dürfte und sollte vom Kontroll- und Evaluationsmoment dominiert sein.

Diese Prognose bzw. Hoffnung auf einen Einstieg in ein kontrollorientiertes staatswirtschaftliches Konzept zur Steigerung der finanzwirtschaftlichen Steuerungsmöglichkeiten findet im übrigen auch darin ihre Begründung, daß die derzeitige politische Budget-Kontrolle der Exekutive durch die Legislative auf der Basis der Berichte der Rechnungshöfe recht defizitär ist.

Die gegenwärtige politische Kontrolle im Rahmen der Entlastungsphase des Budgetskreislaufs entspricht m. E. nicht der verfassungsmäßigen Funktion der Parlamente; denn derzeitig besteht die parlamentarische Haushaltskontrolle faktisch im „Wegräumen einer Budgetleiche" über den Weg, daß die Mehrheit des Parlamentes der von ihr getragenen Regierung qua Abstimmungssieg über die oppositionelle Minderheit bestätigt, daß sie — die Regierung — ordnungsgemäß und effizient gearbeitet hat. Diese recht „saloppe" Haushaltskontrolle (F. *Neumark*) hat zumindest einen Grund auch in der unzureichenden informatorischen Basis dieses parlamentarischen Budgetkontrollprozesses.

Wenn dem so ist, schließt sich die Frage nach den Trägern einer die finanzwirtschaftliche Steuerungskapazität erhöhenden und die parlamentarische Kontrolle effektivierenden Evaluation an, eine Frage, die diffizil, und ihre Beantwortung zugunsten der Rechnungshöfe nicht unproblematisch ist.

Bevor die Gründe für eine diesbezügliche Instrumentalisierung der Rechnungshöfe erörtert werden, erscheint es aber zweckmäßig, die Evaluationsinhalte zu klassifizieren.

Inhalt der Kontrolle sollte Überprüfung und Bewertung der Effektivität (Wirksamkeit) und Effizienz (an der Effektivität orientierte Wirtschaftlichkeit) der Finanzmittel beanspruchenden Aktivitäten sein. Hinzu kommt (selbstverständlich) die Ordnungsmäßigkeitskontrolle.

Im einzelnen hätte die budgetäre Erfolgskontrolle *zwei Evaluationstypen* zu umfassen:

— die *impact-Evaluation,* „bei der intendierte und nichtintendierte, i. d. R. unvorhergesehene, positive und negative Auswirkungen (impacts) beschrieben und Soll-Ist-Divergenzen durch das Programm als solches oder externe (Stör-)Faktoren erklärt" *(Derlien)* werden und

— die „*Implementationsuntersuchung* (Strategie-Evaluation), die ihre Fragestellung speziell auf die Bedeutung des Programmvollzugs (Zielverschiebungen, Vollzugsdefizite) für die Wirksamkeit" *(Derlien)* richtet.

Diese Unterscheidung in Wirkungs- und Implementationsanalyse von Programmen berücksichtigt zwei, oft nur analytisch separierbare Ursachenkomplexe für Defizite bei Programmentwicklung und Vollzug.

Zum einen nämlich, ob

— „programmatische Vorgaben von vornherein unzureichend sind, Zielkonflikte ungelöst lassen oder auf fehlerhaften *substantiellen Theorien* beruhen",

und zum anderen, ob

— „der Vollzugsapparat strukturell nicht angepaßt wird, ein *mangelhaftes Design* behält, vielfach intern restringiert ist und letztlich programmatisch wie strukturell überfordert sein kann" *(Derlien).*

Die finanzwirtschaftliche Kontrolle stellt sich in dieser Perspektive als eine Reihe aufeinander beziehbarer Kontrolltätigkeiten dar:

— Die „einfachste" Kontrollform bleibt die *Richtigkeits-,* die *Rechtmäßigkeitsprüfung.*

— Darauf aufbauend setzen Prüfungen an, die die *Kosteneffizienz* des Maßnahmenvollzugs untersuchen, d. h. der Frage nachgehen, ob eine Maßnahme mit dem geringst möglichen Faktoreinsatz realisiert wurde. Diese maßnahmespezifischen Wirtschaftlichkeitsanalysen werden ergänzt durch *Organisationsprüfungen,* die sich auf die Wirtschaftlichkeit von Umfang und Art des Personaleinsatzes oder sächlicher Verwaltungsmittel im Rahmen der Behördenorganisation beziehen.

— Die *Evaluationstätigkeit* setzt diese beiden Prüfungstypen in einen „Verwendungszusammenhang", sie kann im Rahmen der Haushalts- und Finanzkontrolle selten stichprobenweise vorgenommen werden, sondern erfordert i. d. R. eine systematisch aufgebaute, flächendeckende Prüfung und die Einbeziehung von „spill overs" aus anderen Programmen, von Programmbereichen und die verwaltungsorganisationsbedingte Verflechtung verschiedener Programme. Zeitnähe, wie sie bei der derzeitigen Haushaltskontrolle immer regelmäßig gefördert wird, ist für die Evaluation nicht von so entscheidender Bedeutung, da Wirkungsverzögerungen zu berücksichtigen sind, und das Ziel dieser Prüfung eine in regelmäßigen, größeren Abständen vorgenommene integrierende Gesamtschau ist.

Die *instrumentell-technische Ausgestaltung* der Erfolgskontrollen stellt insbesondere unter Beachtung der sattsam bekannten, aber auch gelegentlich überschätzten Meßproblematik öffentlicher Leistungen ein gravierendes Problem dar. Es gibt jedoch mittlerweile eine ganze Reihe wissenschaftlicher Methoden und praktischer Erfahrungen, bei denen diese Probleme zumindest teilweise Lösungen nähergebracht werden konnten. Internationale Erfahrungen zeigen, daß Erfolgskontrollen implementierbar und Techniken entwickelbar sind, sofern genügend Ressourcen bereitgestellt werden und die Neuerungen mit politischem „Fingerspitzengefühl" vorangetrieben werden (s. hierzu z. B. *Reding*).

Die Sinnhaftigkeit einer Ansiedlung von Erfolgskontrollen bei den Rechnungshöfen hängt nun aber stark davon ab, ob die aus dieser „neuen" Aufgabe resultierenden organisatorischen Konsequenzen gezogen werden. Diese bestehen vor allem in der *quantitativen und qualitativen Kapazitätserweiterung der Rechnungshöfe* selbst und der verstärkten *Verankerung der Idee der diesbezüglichen politischen Kontrolle durch die Parlamente.*

Die Rechnungshöfe benötigen zunächst und zu allererst zur Erfüllung dieser neuen Aufgabe nicht nur mehr Personal, sondern auch und gerade höher qualifiziertes, das die erforderlichen ökonomischen, sozialwissenschaftlichen und technisch angelegten Studien erstellen kann.

Ein besonderes Problem kann sich aus der *föderalen Struktur des Vollzugs von „Politik"* ergeben. Da der Bund selbst fast keinen eigenen Verwaltungsunterbau besitzt und die Länder nach Art. 83 GG den größten Teil der Bundesgesetze „als eigene Angelegenheit" ausführen, dürfte in vielen Fällen eine „ebenenübergreifende" Implementationsanalyse erforderlich sein, um bürokratische Ineffizienzen und „Zielverschiebungen auf dem Vollzugswege" aufzudecken. Ein verfassungsrechtliches Problem liegt hier im Grundsatz der Selbständigkeit und Unabhängigkeit der Haushaltswirtschaften von Bund und Ländern nach Art. 109 Abs. 1 GG. In der Praxis ist diese Selbständigkeit zwar durch die Verflechtung der Finanzsysteme beschränkt, und dies nicht nur im Bereich der Bundesauftragsverwaltung, sondern auch und gerade durch die Regelungsdichte im Verordnungs- und Erlaßbereich, mit dem u. a. der Bund Länderhandeln und Länder Gemeindehandeln steuern.

Die regelmäßig gegen die Einführung von Erfolgskontrollen vorgebrachten Einwände beziehen sich neben der Indikator- bzw. Meßproblematik vor allem auf deren politische „Nutzung". Es wird nämlich befürchtet,

— der Opposition werde eine „Abhakliste" an die Hand gegeben,

— das in der Vergangenheit hergestellte „Gleichgewicht" bezüglich der Budgetvolumina zwischen den Ressorts könne gestört werden,

— die Konflikte und die damit notwendigen Konsensbildungsprozesse könnten sich erhöhen.

Diese plausiblen Einwände implizieren, daß Erfolgskontrollen offensichtlich nicht als technokratische, sondern als politische Instrumente angesehen werden. Vorgebracht werden diese Einwände insbesondere von denen, die die Vorteile des Althergebrachten bzw. des Status quo genießen. Evaluierung wird heute „... in Politik und Verwaltung überwiegend als Waffe zur Veränderung von Machtverhältnissen verwendet" ... „Aus Erfolgskontrollen werden Folgerungen nur gezogen, wenn die Nutznießer eines Zustandes vergleichsweise wenig Macht haben *(Banner)*. Diese Aussage ist für einzelne Erfolgskontrollen zweifellos zutreffend.

Für flächendeckende Evaluation hingegen gilt — gerade wenn man die Erfahrungen mit Sunset legislation in den USA heranzieht —, daß prinzipiell eine systematische Schwächung der vergleichsweise starken „alten" Aufgaben und unwirtschaftlichen Verhaltensweisen erwartet werden darf. Spektakuläre Fälle wie der der Indianerbehörden im amerikanischen Bundesstaat Indiana, wo es schon seit Jahren keine Indianer mehr gab, dürfte wohl die ganz seltene Ausnahme sein. Nicht das Aufdecken von „Riesenflops", sondern das Aufdecken von „Nischen" für Nutznießer von Leistungen des politisch-administrativen Systems — z. B. in Form von überalterten oder verdeckten Subventionen und unzweckmäßigen und unwirtschaftlichen Programmen und Verwaltungsformen sind das eigentliche Ziel.

Die Hauptschwierigkeit einer funktionsfähigen Kontrollorientierung der finanzwirtschaftlichen Steuerung besteht in der Tatsache, „daß die Grenzen zwischen den politischen Entscheidungen und ihrem verwaltungsmäßigen Vollzug fließend sind" *(Schreiner)* und weder Haushaltsplanung noch die derzeitige Praxis der Haushaltskontrolle ist politisch so „unschuldig", wie gerne behauptet wird, was manches brisante Prüfergebnis beweist.

Richtig ist allerdings, daß die Funktionsfähigkeit der staatswirtschaftlichen Kontrolle auch und gerade von der Akzeptanz seitens der Parlamente, der Regierungen und in ganz hohem Maße der kontrollierten Behörden bzw. Ministerialorganisation abhängt.

Diese notwendige Akzeptanz — soll die Erfolgskontrolle nicht das gleiche Schicksal wie die technokratisch-stromlinienförmigen ex-ante-Steuerungssysteme erleiden — hängt sehr davon ab, ob sich die Einsicht durchsetzt, daß größere — von *allen* Beteiligten und Betroffenen nutzbare — politische Gestaltungsspielräume derzeit in erster Linie nur auf dem Wege einer ressourcenfreisetzenden Evaluationstätigkeit geschaffen werden können.

Da etablierten egoistischen Interessen in Administration und Gesellschaft auf dem „traditionellen Planungswege" kaum „beizukommen" ist, drängt sich als Ausweg die „Hintertür der Erfolgskontrollen" auf, um die politischen Gestaltungsspielräume zu erweitern und so die staatswirtschaftliche Rationalität zu erhöhen.

Die Rechnungshöfe können und müssen — ohne ihre souveräne Unabhängigkeit aufzugeben — den entscheidenden Teil zur Akzeptanz dieser neuen Aufgabe beitragen. Von elementarer Wichtigkeit sollte hierbei sein, daß die bereits von vielen, auch Präsidenten von Landesrechnungshöfen (so z. B. *Pulch*), geforderte Evaluationstätigkeit nicht als technokratisch-rationalistische Kontrolle, sondern eben als eine politisch sensible Aufgabe aufgefaßt wird, d. h. nicht nur als ex-post-Kontrolle, sondern auch und gerade als eine dialogisch begleitende Auseinandersetzung, nicht *gegen* die Exekutive, sondern als *offener Dialog zwischen „Sachverständigen"*.

Literaturnachweise

Arnim von, H.H.: Grundprobleme der Finanzkontrolle, in: Deutsches Verwaltungsblatt 1983. — *Banner,* E.: Evaluierung im ständigen Lernprozeß und Konflikt, in: *Heldstein,* G.-M. und *Wollmann,* H. (Hrsg.): Handbuch der Evaluierungsforschung, Band 1, Opladen 1984. — Bericht der Kommission zur Überprüfung von Verbesserungsmöglichkeiten in der Hamburger Verwaltung, Hamburg 1981. — *Böhret,* C.: Der Haushalt als Instrument der Koordination und Prioritätensetzung, in: ders., Politik und Verwaltung, Opladen 1983, S. 74. — *Derlien,* H. U.: Erfolgskontrolle I, in: Handbuch der Kommunalpolitik, hrsg. von *Vogt,* R., Opladen 1984. — DIW-Wochenbericht 14/86: Auswirkungen der Konsolidierungspolitik auf die Struktur der Staatsausgaben. — *Eichhorn,* P. und *Kortzfleisch von* G. (Hrsg.): Erfolgskontrolle bei Verausgabung öffentlicher Mittel, Baden-Baden 1986. — *Färber,* G.: Das rationale Budget — Voraussetzungen und Konsequenzen für ein funktionsfähiges Haushaltswesen der öffentlichen Hand, Frankfurt und Bern 1984. — *Grupp,* K.: Steuerung des Verwaltungshandelns durch Wirtschaftlichkeitskontrolle?, in: Die öffentliche Verwaltung, 1983. — *Heldstein,* G.-H. und *Wollmann,* H. (Hrsg.): Handbuch der Evaluierungsforschung, Band 1, Opladen 1984. — *Issing,* O., Angebotsorientierte Wirtschaftspolitik, in: Wirtschaftsstudium 1982 H. 10. — *König,* K.: Evalutation als Kontrolle der Gesetzgebung, Speyerer Forschungsberichte Nr. 34, 1983. — *Langer,* P.: Zero-Base-Budgeting und Sunset legislation — Instrumente und Zurückgewinnung öffentlicher Handlungsspielräume? Baden-Baden 1983. — *Mayntz,* R./*Scharpf,* F. W., Kriterien, Voraussetzungen und Einschränkungen aktiver Politik, in: dies. (Hrsg.), Planungsorganisation, München 1973. — *Permanentier,* H.: Probleme bei der Einführung und Anwendung moderner Planungs- und Entscheidungshilfen auf Bundesebene, in: *Pfohl,* H.-C. und *Rürup,* B. (Hrsg.): Anwendungsprobleme moderner Planungs- und Entscheidungstechniken, Königstein 1979. — Projektgruppe Regierungs- und Verwaltungsreform beim Bundesminister des Innern: Dritter Bericht zur Reform der Struktur von Bundesregierung und Bundesverwaltung, Bonn 1972. — *Pulch,* O. R.: Probleme und Perspektiven der Haushaltskontrolle, vervielfältigtes Manuskript, Darmstadt 1984. — *Reding,* K.: Effizienz staatlicher Aktivitäten — Probleme ihrer Messung und Kontrolle, Baden-Baden 1983. — *Reinermann,* H.: Programmbudgets in Regierung und Verwaltung, Baden-Baden 1975. — *Reinermann,* H.: Messungsprobleme der Rechnungskontrolle, in: Die Verwaltung 1981. — *Roberts,* C. C.: Krise des Keynesianismus — Krise des Kapitalismus, in: WSI-Mitteilungen 6/1982. — *Rürup,* B. und *Seidler,* H.: von der fiskalischen Haushaltskontrolle zur politischen Erfolgskontrolle, in: Die Verwaltung 1981. — *Rürup,* B.: Das rationale Budget, in: Ziel- und ergebnisorientiertes Verwaltungshandeln, Verwaltung und Fortbildung, Sonderheft der Bundesakademie für Politische Bildung Nr. 4, Köln 1979. — *Rürup,* B. und *Färber,* G.: Konzeptioneller Wandel in integrierten Aufgaben- und Finanzplanungssystemen, in: *Derlien,* H.-U. (Hrsg.): Programmforschung unter den Bedingungen einer Konsolidierungspolitik, München 1985. — *Rürup,* B.: Soziale Indikatoren, „Voraussetzung und Gefährdung effizienter Politik", in: *Pfohl,* H. C. und *Rürup,* B. (Hrsg.), Wirtschaftliche Meßprobleme, Köln 1977. — *Rürup,* B. und *Hansmeyer,* K. H.: Staatswirtschaftliche Planungsinstrumente, 3. Aufl., Tübingen und Düsseldorf 1984. — *Rürup,* B. und *Färber,* G.: Kontrollierte Ansätze einer Budgetreform, in: Die Verwaltung 1985. — *Scharpf,* F. W.: Politische Planung zwischen Anspruch und Realität, IMM/dp 79-4, Berlin 1979. — *Schatz,* H.: Das politische Planungssystem des Bundes — Idee, Entwicklung, Stand, in: *Rürup,* B./*Pfohl,* H.-C. (Hrsg.), Anwendungsprobleme moderner

Planungs- und Entscheidungstechniken, Königstein 1978. — *Schiller,* K.: Stetiges Wirtschaftswachstum als ökonomische und politische Aufgabe, in: ders., Der Ökonom und die Gesellschaft, Stuttgart 1964. — *Schreiner,* A.: Finanzkontrolle als Instrument rationaler Haushaltsführung, in: *Arnim von,* H. H. und *Littmann,* K. (Hrsg.): Finanzpolitik im Umbruch, Berlin 1984. — *Senf,* P.: Kurzfristige Haushaltsplanung, in: Handbuch der Finanzwissenschaft, Hrsg.: *Neumark,* F., 3. Aufl., Bd. 1, Tübingen 1977. — *Wildavsky,* A.: Plädoyer für die Trennung von politischer Analyse und PPBS, in: *Naschold,* F./*Väth,* W. (Hrsg.), Politische Planungssysteme, Opladen 1973. — *Wille,* E.: Finanzplanung am Scheideweg: Resignation oder Neubesinnung?, in: Finanzarchiv, Vol. 35 (1967/77). — *Wittrock,* K.: Über Grundprobleme der Haushaltskontrolle, in: Deutsches Verwaltungsblatt 1983. — *Wittrock,* K.: Haushaltsgestaltung durch Finanzkontrollle — Ein Beitrag zu einer notwendigen Diskussion, in: Die Verwaltung 1/1986. — *Zavelberg,* H. G.: Staatliche Rechnungsprüfung und Erfolgskontrolle — Möglichkeiten und Grenzen, in: *Eichhorn,* P. und G. *von* Kortzfleisch (Hrsg.): Erfolgskontrolle bei der Verausgabung öffentlicher Mittel, Baden-Baden 1986.

4. Diskussion

Leitung: Prof. Dr. Rudolf Morsey

Bericht von Wolfgang Heine

Leitender Ministerialrat Dr. *Klaus Gebauer,* Mainz, eröffnete die Aussprache und knüpfte an eine Besonderheit Speyerer Staatswissenschaftlicher Fortbildungstagungen an: der Begegnung zwischen Wissenschaft und Praxis. Dabei äußerte er den Eindruck, daß sich die Praxis meist in der Defensive befinde, insbesondere bei generellen Forderungen einer Wissenschaft, die natürlich nach dem Vollkommenen strebe. Dies sei jedoch zwangsläufig so, weil die Praxis niemals vollkommen sein könne. Dennoch gebe es eine Reihe konstruktiver Ansätze, die bei konsequenter Fortführung dazu geeignet seien, wissenschaftlichen Anforderungen standzuhalten. So gebe es beispielsweise nicht nur das „Krisenmanagement", sondern auch gut vorbereitete und terminierte Kabinettssitzungen mit Erörterungen von Grundsatzfragen. Dabei seien durchaus Ansätze einer mit dem Finanzressort abgestimmten Aufgabenplanung vorhanden. *Gebauer* sprach sich dafür aus, trotz der hohen Maßstäbe der Wissenschaft mit dieser Praxis fortzufahren und die bestehenden Ansätze Schritt für Schritt auszubauen.

Ministerialrat Dr. *Gerd Böckmann,* Hannover, schloß sich den Ausführungen seines Vorredners an und plädierte dafür, die zu informierenden Politiker nicht mit riesigen, komplexen und unüberschaubaren Planungssystemen zu konfrontieren. Vielmehr sei eine mittelfristige und begrenzte Planung der einzig realistische Weg zur Erreichung der von der Wissenschaft geforderten Rationalität. Als ein Beispiel führte *Böckmann* die seit 20 Jahren in Niedersachsen praktizierte integrierte Aufgaben- und Finanzplanung an. Zwar seien zahlreiche Probleme aufgetreten und vereinzelt auch Rückschläge zu verzeichnen, trotzdem funktioniere dieser Ansatz, der seit einem halben Jahr durch eine im Finanzministerium angesiedelte Effizienzkontrolle ergänzt werde. Jedoch seien die „Zähigkeit, in diesen Dingen fortzufahren", eine vorsichtige Vorgehensweise und eine gewisse Bescheidenheit Voraussetzungen für eine funktionierende integrierte Aufgaben- und Finanzplanung.

Ministerialrat Dr. *Gerd Pflaumer,* Bonn, machte einige Anmerkungen zur Erfolgskontrolle aus der Sicht der Bonner Ministerialverwaltung.

Seiner Ansicht nach habe dieses wichtige Instrument in der gegenwärtigen Situation nur sehr geringe Erfolgsaussichten. Dafür gebe es eine ganze Reihe von Ursachen, z. B.:

— die mangelnde Unterstützung durch die politische Leitung,

— den Widerstand der Betroffenen und

— den „Mißbrauch“ der Ergebnisse von Erfolgskontrollen in parteipolitischen Auseinandersetzungen.

Entscheidend sei jedoch die Tatsache, daß es in der Praxis kaum Zielsetzungen und kein politisches Planungssystem gebe. Für Erfolgskontrollen müßten daher zunächst die Ziele mühsam rekonstruiert werden, was ja eigentlich nicht Aufgabe der Erfolgskontrolle sei. Diese sollte vielmehr die Ergebnisse anhand von Zielen evaluieren, die bereits bei Projektbeginn formuliert und festgesetzt wurden.

Leitender Regierungsdirektor Dr. *Joseph Altmann*, Braunschweig, verwies in seinem Beitrag auf die Schwierigkeiten einer Erfolgskontrolle im öffentlichen Bereich und insbesondere in der Forschung. Dabei seien vor allem die lange Dauer der Forschungsvorhaben und die Tatsache problematisch, daß es hier um die Entwicklung von Produkten, Wissen und Fertigkeiten gehe, deren Nutzeffekte sich meist nicht ohne weiteres mit einem Marktwert beziffern ließen.

Bezugnehmend auf die Ausführungen von *Pflaumer* vertrat Ministerialrat Dr. *Heinz-Ulrich Schmidt*, Bonn, die Ansicht, daß Erfolgskontrollen nicht ex post, sondern ex ante ansetzen müßten, wobei er auf positive Erfahrungen in seinem Bereich verwies.

Gegenüber den Ausführungen von *v. Arnim* und *Klages* zu den Steuerungsproblemen der Bevölkerungsentwicklung äußerte sich *Schmidt* skeptisch. So bezweifelte er den von *Klages* aufgestellten Zusammenhang zwischen Familienpolitik und generativem Verhalten. Zwar sehe auch er die Tatsache, daß in der gegenwärtigen Rechtslage die Lasten aufgrund des Vorhandenseins von Kindern privatisiert seien, während deren Nutzen, beispielsweise durch spätere Erwerbstätigkeit, sozialisiert seien. *Schmidt* bezweifelte jedoch, daß eine Änderung dieses Sachverhalts Auswirkungen auf die demographische Entwicklung haben würde. Außerdem würde eine Erhöhung der Kinderzahlen nicht zu einer Senkung der „Altenlast“ führen, sondern vielmehr käme eine „Kinderlast“ hinzu. So plädierte er für eine strikte Trennung zwischen Bevölkerungspolitik und „konfliktvermeidenden Maßnahmen“ im Bereich des Gesundheitswesens und der Alterssicherung. An *v. Arnim* richtete er die Frage, wie denn eine Anpassung des Rechts an die demographische Entwicklung konkret aussehen solle und ob das Recht tatsächlich an die Bevölkerungsentwicklung angepaßt werden müsse oder ob es nicht vielleicht im gewissen Sinne eine Orientierungsmarke für das Verhalten der Bevölkerung sein sollte.

Stadtdirektor Dr. *Bernd Adamaschek,* Herten, knüpfte an die Frage der Realisierbarkeit von Erfolgskontrollen in der öffentlichen Verwaltung an und hob dabei die Probleme der Meßbarkeit von Erfolgen hervor. Er appellierte an die Wissenschaft, es nicht bei dem Ruf nach Erfolgskontrollen zu belassen, sondern verstärkt auch zur Überwindung der genannten Realisierungsprobleme beizutragen. Aus seiner Tätigkeit in einem Arbeitskreis der Schmalenbach-Gesellschaft berichtete *Adamaschek* von den Problemen, die mit der Übertragbarkeit des in der Privatwirtschaft entwickelten Instruments des Controlling in die Kommunalverwaltung verbunden seien. Die anfängliche Euphorie sei der Erkenntnis gewichen, daß Controlling allenfalls vereinzelt und bescheiden in Form von „Controlling-Inseln" realisiert werden könne.

Alle Instrumente für eine Erfolgskontrolle könnten schließlich nur funktionieren, wenn diejenigen, die sie vor Ort anwenden sollten, selbst ein Interesse hätten, rational zu handeln. Ein solches Verhalten werde durch die bestehenden Gemeindeverfassungen jedoch kaum gefördert, und eine Änderung der Gemeindeordnungen in diesem Sinne sei bei den bestehenden Interessenkonstellationen äußerst unrealistisch.

Verwaltungsdirektor Dr. *Hans-Michael v. Heinz,* St. Augustin, richtete die Frage an die Referenten, ob Erfolgskontrollen nicht auch mit einer Haftung der Parlamente als gesetzgebende Körperschaften verbunden sein müßten.

Prof. Dr. *Bert Rürup,* Darmstadt, begann seine Erwiderung mit dem Hinweis, daß der von ihm beschriebene desolate Zustand der politischen Planung auf Bundesebene in den Bundesländern bei weitem nicht so ausgeprägt sei. Er verdeutlichte nochmals, daß seine Ausführungen als ein „Plädoyer für kleine Schritte" zu verstehen seien, denn die Erfahrungen der 60er Jahre hätten gezeigt, daß eine Erhöhung des Planungs- und Steuerungspotentials nicht durch den Entwurf umfassender kybernetischer Steuerungs- und Planungssysteme zu erreichen sei. Ein erster Schritt zur Erhöhung der Flexibilität finanzwirtschaftlicher Steuerung könne, neben Zero-Base-Budgeting und Programmbudgetierung, vor allem die verstärkte Anwendung von Erfolgskontrollen sein. Dabei sprach sich *Rürup* nicht nur für eine ex-post-Erfolgskontrolle aus, sondern auch für eine ex-ante- und begleitende Evaluation. Hierbei könne man von Erfahrungen in den USA lernen, wo bei Erfolgskontrollen bereits im Vorfeld eines Projektes von den beteiligten Akteuren einvernehmlich Erfolgsmaßstäbe formuliert und vereinbart würden. Dieses Vorgehen helfe, die regelmäßig auftretenden Bestimmungs- und Akzeptanzprobleme bei der noch üblichen nachträglichen Indikatorenbildung im Rahmen von ex-post-Evaluationen zu vermeiden.

Die Vielfalt des Verwaltungshandelns indikatormäßig abzubilden, sei zwar ein Problem, dennoch seien die Möglichkeiten, auch nicht-marktliche Leistungen indikatormäßig abzubilden, weitaus größer, als gemeinhin angenommen werde. Bezugnehmend auf die Ausführungen von *Altmann* führte er ein Beispiel aus der Arbeit eines Bewilligungsausschusses der Deutschen Forschungsgemeinschaft an. Hier werde von Seiten der Antragsteller versucht, ihr Forschungsvorhaben durch konkrete zeitliche Determinierungen in Form von Netzplänen einer Erfolgskontrolle zugänglich zu machen.

Abschließend äußerte sich *Rürup* optimistisch über die Realisierungschancen von Erfolgskontrollen in der von ihm dargestellten Form und wandte sich damit gegen einen „finanzpolitischen Nihilismus", wie er im Diskussionsbeitrag von *Adamaschek* zum Ausdruck gekommen sei.

Prof. Dr. *Hans Herbert v. Arnim*, Speyer, äußerte sich in seiner Antwort dahingehend, daß sich aus den ex-post-Erfolgskontrollen der Rechnungshöfe ein Druck auf die ex-ante-Planung ergeben könne, der die politischen Akteure zu der bereits im Vorfeld notwendigen Zielfestlegung und Indikatorenbestimmung veranlasse. Für diese Funktion sei der Rechnungshof deshalb besonders geeignet, weil er im Schutze seiner richterlichen Unabhängigkeit aus dem unmittelbaren, aktualitätsbezogenen Kräftespiel herausgenommen sei. Bezugnehmend auf den Beitrag von *Schmidt* räumte *v. Arnim* zwar ein, daß dem Recht nur eine sehr begrenzte Möglichkeit zur Beeinflussung der demographischen Entwicklung zukomme. Dennoch gebe es aber eine Reihe bevölkerungspolitischer Fehlsteuerungen, insbesondere im Strafrecht (Abtreibungsverbot bei gleichzeitig hoher Dunkelziffer), im Scheidungsrecht sowie im Sozial- und Steuerrecht.

Auf die Frage von *v. Heinz* bestätigte *v. Arnim*, daß es eine Haftung der gesetzgebenden Körperschaften bisher nicht gebe. Allerdings werde in einem gegenwärtig beim Landgericht Bonn anhängigen Musterprozeß zu den Begleitschäden des vom Bundesverfassungsgericht aufgehobenen Investitionshilfegesetzes erstmals die Frage erörtert, ob der Bundesgesetzgeber für von ihm verschuldetes „legislatives Unrecht" haften müsse.

Prof. Dr. *Helmut Klages*, Speyer, wandte sich in seinem Diskussionsbeitrag gegen jede undifferenzierte Anwendung von Komplexitätsreduzierungsregeln. Sicherlich zeichne sich unsere gesellschaftliche Situation durch weitreichende Interdependenzen verschiedenster Handlungsfelder aus, dennoch müsse sich die Sozialwissenschaft mit der Frage beschäftigen, wie diese komplizierten Sachverhalte zu durchdringen und zu strukturieren seien. Vielfach würden Zusammenhänge auch nur deshalb intransparent erscheinen, weil beispielsweise administrative Zuständigkeitsschranken zwischen verschiedenen Sachgebieten lägen. Das Durchschauen von Zusammenhängen müsse schließlich dazu führen, daß man diejenigen Ansatzpunkte des Handelns ausfindig mache, an denen man mit geringem Aufwand größtmögliche Steuerungseffekte erzielen könne. Der Reiz der Dinge liege nicht im Aufbau großer Steuerungssysteme, sondern im Auffinden dieser „Ansatzpunkte äußerst effektiven Handelns", die in den Systemen tatsächlich vorhanden seien.

In Erwiderung auf den Beitrag von *Schmidt* hob *Klages* nochmals hervor, daß die demographische Entwicklung nicht jene externe Größe sei, als die sie häufig betrachtet werde. Vielmehr gebe es eine Fülle von Einwirkungen, die Schwankungen und Umorientierungen zur Folge hätten und zeigten, daß die demographischen Verläufe relativ sensibel seien. Zu diesen Einflüssen gehöre vor allem die konkrete politische und ökonomische Situation. Auch hier gelte aber, daß Gegensteuerungen, wenn man sie wolle, auch ohne den oft befürchteten „Milliarden-Aufwand" möglich seien. Vielmehr könnten Steuerungswirkungen mit viel subtileren Mitteln erzielt werden, wenn man die Handlungsmotive der Menschen kenne, zu denen es ja fundamtal gehöre, im Grunde genommen Kinder zu wollen. Alle Befragungsergebnisse bestätigten dies. Allerdings gebe es eine Fülle von Hemmnissen, die zwischen diesem grundsätzlichen Bekenntnis zur Familie und dessen Realisation stünden. Hier seien beispielsweise Maßnahmen im Bereich der Arbeitszeit- und der Familienpolitik gefordert, die dazu geeignet seien, die Situation von Ehepaaren mit Kindern zu erleichtern.

ZWEITER TEIL

Steuerungsprobleme im Bereich der drei Staatsgewalten

1. Steuerung und Steuerungsversagen im pluralistischen System der Bundesrepublik Deutschland: Volksparteien und Interessenverbände

Von Guy Kirsch

I. Einleitung: Der Pluralismus zwischen der Norm der individuellen Freiheit und der Notwendigkeit des kollektiven Zwangs

Ist vom Pluralismus die Rede, so ist von der Verschiedenartigkeit der Menschen, die in der Gesellschaft miteinander auskommen sollen, die Rede. Es ist davon die Rede, daß diese Menschen unterschiedliche Interessen und Bedürfnisse haben, daß sie an die Wirklichkeit mit unterschiedlichen Analyseentwürfen und Werturteilen herangehen, daß sie die Realität nicht nur auf unterschiedliche Weise interpretieren, sondern sie auch auf unterschiedliche Weise verändern wollen, daß sie sich und die Welt aus unterschiedlichen Blickwinkeln sehen und in unterschiedliche Richtungen entwickeln wollen. Dabei stellt der Pluralismus nicht nur auf die Verschiedenartigkeit der Menschen als Tatsache ab; er bejaht sie auch als Norm; die Menschen sind nicht nur verschieden, sie sollen es auch sein können. In der Optik des Pluralismus gibt es keinen *über*individuellen Grund, das, was ein Individuum will, als unzulässig zurückzuweisen; die Beschneidung des individuellen Wollens ist lediglich über einen *inter*individuellen Konsens legitimierbar.

Das Bemühen um einen solchen interindividuellen Konsens wäre dann überflüssig, wenn die verschiedenartigen Wirklichkeitsinterpretationen und Gestaltungsentwürfe sich nie und nirgends in die Quere kämen; die Welt müßte so groß und reich, so weit und freigiebig sein, daß jeder Mensch — ohne andere zu stören — wollen und tun, denken und meinen könnte, was ihm behagt: Ein Paradies, in dem der Konflikt fehlt. Was der eine nimmt, mindert nicht, was der andere haben kann. Es gibt weder den Streit um mein und dein, noch den Streit um gut und schlecht, richtig und falsch, schön und häßlich.

Unsere Welt entspricht diesem Bilde keineswegs; entsprechend kommen sich die Menschen ins Gehege. Wenn man vermeiden will, daß die so unausweichlichen Konflikte nach dem Gesetz des Stärkeren ausgetragen und entschieden werden, dann sind Regeln nötig, nach denen die

Konflikte ausgetragen werden. Das Gesetz der Stärke muß durch die Stärke des Gesetzes abgelöst werden.

Dies kann dadurch geschehen, daß die Wirklichkeitsbereiche, innerhalb welcher der einzelne schalten und walten kann, wie es ihm behagt, abgesteckt, also individuelle Eigentumsrechte begründet werden und die Modalitäten und Umstände der Übertragung dieser Eigentumsrechte festgesetzt werden: Die Instituierung und die Aufrechterhaltung einer marktwirtschaftlichen Wettbewerbsordnung. Diese stellt ihrer Konstruktionsidee nach den großangelegten Versuch dar, trotz der Knappheit der Ressourcen und der Enge der Welt ein Höchstmaß an Pluralismus zu gewährleisten, also dem einzelnen die Möglichkeit zu geben, ein Höchstmaß an Andersartigkeit auszuleben; dies ohne daß er — falls er stark ist — andere verletzt und vergewaltigt, dies auch ohne daß er — ist er schwach — befürchten muß, von anderen vergewaltigt und verletzt zu werden. Der eine mag sich dafür entscheiden, ganztags als Angestellter zu arbeiten und sein Geld für Segelfliegerei auszugeben; des anderen Lebensentwurf mag vorsehen, daß er halbtags in einem Alternativladen Jutetaschen verkauft und sein Geld teils nach Nicaragua schickt, teils zum Kauf von Müsli verwendet. Der Markt bietet im Prinzip einem jeden die Gelegenheit, den eigenen Vorstellungen entsprechend zu leben, ohne andere zu beeinträchtigen und ohne von ihnen behindert zu werden.

Der Markt ist — so gesehen — das pluralistischste aller Sozialsysteme; er ist es allerdings nur innerhalb der Grenzen seiner Funktionstüchtigkeit und nach Maßgabe seiner Vollkommenheit. Wo er versagt oder gar nicht erst möglich ist, muß das Zusammenleben verschiedenartiger Menschen — wenn es denn nicht gewalttätig sein soll — in einer Welt der knappen Mittel auf andere Art und Weise geregelt werden. Wo die Möglichkeit des Marktes endet, beginnt die Notwendigkeit der Politik; genauer: Wo die verschiedenartigen Einzelentscheidungen der Individuen nicht mehr über den Markt zum Ausgleich gebracht werden können, muß, was die einzelnen wollen, über die Mechanismen der kollektiven Willensbildung zu einem für alle verbindlichen Entscheid verdichtet werden. Dabei soll auch hier ein Höchstmaß an Pluralismus im oben skizzierten Sinn erhalten bleiben. Dies aber ist mit beträchtlichen Schwierigkeiten verbunden; aus folgendem Grund: Im Gegensatz zum Markt, wo der einzelne in unmittelbarem Bezug zu seinen Vorstellungen, Wünschen und Bedürfnissen entscheidet und handelt, sind Kollektiventscheidungen dadurch gekennzeichnet, daß im günstigsten Fall der einzelne seine Wünsche in die Willensbildung einbringen kann, aber der Entscheid in seinem Inhalt nicht nur die Vorstellungen dieses einen wiedergibt, sondern auch die Wünsche aller übrigen. Haben alle die gleichen Vorstellungen, d. h.

sind die Kollektivmitglieder nicht verschiedenartig, haben wir es also nicht mit einem pluralistischen System zu tun, dann macht sich dies für den einzelnen nicht bemerkbar. Anders ist es, wenn die an den Kollektiventscheidungen Beteiligten und von ihnen Betroffenen Unterschiedliches, ja Gegensätzliches wollen; jetzt muß der einzelne davon ausgehen, daß er — ist er nicht ein Diktator —, wenn überhaupt, nur unter Kosten und Mühe, seine Zielvorstellungen zum für alle verbindlichen Kollektiventscheid machen kann; auch muß er gewärtig sein, daß ihm dies nur, wenn überhaupt nur zum Teil gelingt, er also in ihren Folgen Entscheidungen mittragen muß, die seiner Wohlfahrt abträglich sind. Beides — die Schwierigkeiten beim Geltendmachen der eigenen Vorstellungen und die Wahrscheinlichkeit den eigenen Interessen konträrer Entscheide — ist nun aber nichts anderes als ein Ausdruck des mit jeder Kollektiventscheidung verbundenen Zwanges. Es ist mit aller Deutlichkeit zu sagen: Jedes Kollektiv, auch der freiheitlich-demokratische Rechtsstaat ist ein Zwangsinstrument. Dies macht sich für den einzelnen in dem Maße bemerkbar, wie er und die übrigen Mitglieder verschiedenartige Vorstellungen und Wünsche in dem und über den Zusammenschluß verfolgen. Hält man an dem Pluralismus als Norm, also an der Idee, daß die einzelnen ihre jeweilige Eigenartigkeit ausleben können, fest, dann erweist sich der Zwang als Problem erster Ordnung.

Man kann versuchen, dem Verhältnis von individueller Vielfalt und kollektivem Zwang einiges von seiner Dramatik zu nehmen, indem man das Ausmaß des Zwangs durch das Zurückdrängen von Kollektiventscheidungen reduziert. Die Entstaatlichung und die Ausweitung des Marktbereiches haben häufig gerade dies zum Ziel: Die ungehinderte Entfaltung der Verschiedenartigkeit der individuellen Wirklichkeitsdeutungen und Wertentwürfe, der individuellen Freiheit also. Nun ist aus Gründen, die hier nicht eigens aufgeführt werden müssen, dieser Weg nur bis zu einem bestimmten Punkt gangbar. Jenseits dieses Punktes bleibt ein mehr oder weniger großer Rest jenes Problems, das aus der Spannung zwischen dem in Kollektiven unausweichlichen Zwang und dem als Norm verpflichtenden Pluralismus erwächst; es bleibt: Einerseits sollen die Menschen trotz ihrer Verschiedenartigkeit in Freiheit miteinander leben, andererseits kann auf jene Kollektive nicht ganz verzichtet werden, die dem einzelnen das Ausleben seiner Eigenartigkeit erschweren, ihn also dem Zwang unterwerfen.

Dieses Problem läßt sich unter zwei Aspekten sehen:

1. Auch dann, wenn der mit Kollektiven verbundene Zwang die Rückbindung der Kollektiventscheidungen an die Vorstellungen der einzelnen Mitglieder erschwert, bleibt, daß es außerhalb der Vorstel-

lungen dieser Mitglieder, genauer: jedes einzelnen dieser Mitglieder keinen Maßstab gibt, an dem diese Kollektiventscheidungen ausgerichtet und gemessen werden können. Es muß demnach gefragt werden: Wie kann gewährleistet werden, daß die Vorstellungen der einzelnen Mitglieder in den Kollektiventscheidungen ihren Niederschlag finden, also die Steuerung des Kollektivs sich an den Wünschen der Mitglieder, aller Mitglieder, jedes einzelnen Mitgliedes ausrichtet? Anders ausgedrückt: Wie kann sichergestellt werden, daß auch in Kollektiven, also etwa im Staat, der Zwang auf ein Mindestmaß reduziert wird, d. h. die Verschiedenartigkeit des individuellen Wollens möglichst wenig eingeengt wird; wie kann gewährleistet werden, daß auch in Kollektiven der Pluralismus dessen, was von den einzelnen gewollt wird, sich möglichst weitgehend in dem widerspiegelt, was politisch entschieden wird. Es ist ein nicht geringer Vorteil des föderativen Staatsaufbaus, daß er die Repräsentativität des politischen Systems erhöht.

2. Daß der erste Problemaspekt nur beschränkt lösbar ist, ergibt sich aus seiner Natur: In dem Maße, wie die Menschen Unterschiedliches wollen, aber für alle ein und dieselbe Kollektiventscheidung bindend ist, muß notgedrungen die einzelne Entscheidung in ihrem Inhalt an den Vorstellungen eines, mehrerer, oder im Extrem aller Kollektivmitglieder vorbeigehen. Mag es vor der Entscheidung in einem Staatswesen Pazifisten und Militaristen unterschiedlichster Prägung geben, so gibt es nach der Entscheidung im Zweifel den für alle obligatorischen Militärdienst.

Soll in diesem Fall ein Entscheidungsergebnis von dem, dessen Vorstellungen es nicht entspricht, ex post als legitim bejaht, also nicht nur wegen der Repressionsgewalt des Staates widerwillig erduldet werden, dann ist es nötig, daß dieses *Ergebnis* über ein *Verfahren* zustandegekommen ist, das ex ante bejaht worden ist. Legitimation durch Verfahren: Der Pluralismus als Norm verlangt, daß der einzelne, wenn er schon als Ergebnis von Kollektiventscheidungen daran gehindert werden soll, einen mehr oder weniger großen Teil seiner Eigenart auszuleben, er wenigstens dem Verfahren, das zu diesen Kollektiventscheiden führt, seine Zustimmung gegeben hat. Anders ausgedrückt: Der Pluralismus als Norm verlangt, daß jeder einzelne ex ante den Entscheidungsverfahren zugestimmt haben muß, deren Ergebnis ex post die Beschränkung individueller Freiheit, individueller Eigenart ist. Es soll nur auch gegen seinen Wunsch mithängen, wer freiwillig mitgegangen ist. Der Dissens über den Entscheidungsgegenstand darf nur durch jenen Zwang beendet werden, dessen Legitimität im Konsens über das Entscheidungsverfahren begründet ist.

Die Frage ist nun: Wann wird der einzelne, jeder einzelne einem Verfahren zustimmen, das möglicher-, wahrscheinlicherweise zu Ergebnissen führen wird, die für ihn auch dann bindend sein werden, wenn sie seinen Vorstellungen widersprechen und er gegen sie votiert hat. Am Beispiel: Wann wird ein einzelner einem politischen Entscheidungsverfahren zustimmen, das ihn — den überzeugten Pazifisten — im Ergebnis möglicherweise zum Wehrdienst verpflichtet? Wann wird sich jemand der legitimen Möglichkeit, sich dem Wehrdienst zu entziehen, begeben, indem er einem Verfahren zustimmt, das in Zukunft möglicherweise zur Wehrpflicht führt? — Die Antwort: Er wird dies dann tun, wenn er davon ausgehen kann, daß dieses Entscheidungsverfahren ihm auch die Aussicht und die Möglichkeit eröffnet, seine eigenen Vorstellungen zur kollektiv verbindlichen Entscheidung zu machen. So wird der Pazifist dann einem Verfahren zustimmen, welches das Risiko der allgemeinen Wehrpflicht in sich birgt, wenn dieses Verfahren auch die Chance beinhaltet, daß in seinem Sinne und gegen den Willen anderer Gesellschaftsmitglieder — etwa — eine aktive Umweltpolitik betrieben wird. Was aber nichts anderes heißt, als daß der einzelne dann einem Verfahren seine Zustimmung ex ante geben wird, wenn er davon ausgehen kann, daß sich ex post das Risiko, zu den Abstimmungsverlierern zu gehören, als nicht größer als die Chance, zu den Abstimmungsgewinnern zu zählen, erweisen wird. Er wird also jenem Verfahren seine Zustimmung verweigern, das ihn aller Voraussicht nach in die Rolle des konstanten Verlierers drängt.

Sicher: Er wird darüber nur Mutmaßungen und Prognosen anstellen können; doch wird er diese aufgrund jener Erfahrungen anstellen, die er in der Vergangenheit gemacht hat; auch behält er sich vor, seine Zustimmung zu revozieren, wenn sich seine Vermutungen als irrig erweisen sollten. Die Zustimmung zum Entscheidungsverfahren wird wohl für die zukünftigen Entscheidungen gegeben, doch wird sie auf der Grundlage vergangener Entscheidungen gegeben — und zurückgenommen. Diese Zustimmung ist für den, der sie gegeben hat, bindend; sind sie erst einmal getroffen, so nehmen auch ihm unliebsame Entscheidungen den einzelnen in die Pflicht. Sie verpflichtet zum Gehorsam gegenüber einzelnen auch unliebsamen Entscheidungen der Vergangenheit; doch kann und wird sie dann in der Regel und mit gutem Grund und Recht zurückgenommen, wenn die Risiken des Verlierens in der Zukunft die Chancen des Gewinnens zu übersteigen drohen.

Anders ausgedrückt: Der einzelne muß, aufgrund seiner bisherigen Erfahrung, für die Zukunft unterstellen können, daß er — innerhalb des in Frage stehenden Verfahrens — nicht zu den *konstanten* Verlierern gehören wird. Da es auf die Zustimmung eines jeden einzelnen ankommt, also jeder einzelne Grund zu der Annahme, kein konstanter

Verlierer zu sein, haben muß, kann auch niemand davon ausgehen, daß er innerhalb dieses Verfahrens ein konstanter Gewinner sein wird. Mit anderen Worten: Ein Entscheidungsverfahren wird dann von allen ex ante bejaht, wenn jeder davon ausgehen kann, daß die über dieses Verfahren zustandegekommenen politischen Entscheidungen wenigstens gleich häufig seiner Eigenart entsprechen als daß sie ihn zwingen, diese Eigenart nicht auszuleben. Es muß ein jeder davon ausgehen können, daß er das Schicksal der anderen Bürger wenigstens im gleichen Ausmaß nach seinen Vorstellungen (mit-)gestalten kann, wie diese sein Leben nach ihren Ansichten beeinflussen.

II. Den Volksparteien entspricht die Ordnungspolitik

Die vorangegangenen Überlegungen genügen sich nicht selbst; sie verweisen auf das Folgende. Es geht um Parteien, insbesondere Volksparteien und Verbände im pluralistischen System der Bundesrepublik.

Beginnen wir mit den Volksparteien. Im Wettbewerb um die Wählerstimmen wenden sie sich nicht an eine bestimmte Klasse, an eine bestimmte Religionsgemeinschaft, an einen bestimmten Berufsstand, an eine bestimmte Region, an eine bestimmte Rasse, an eine bestimmte Sprachgruppe, usw. Vielmehr umwerben sie die Gesamtheit des Wählervolkes. Sie können also den Erfolg nicht suchen, insbesondere können sie ihn nicht finden, indem sie ein Parteiprogramm anbieten, das eine Klasse, Religionsgemeinschaft, Region, Sprachgruppe, usw. privilegiert, andere aber unterprivilegiert. Das erfolgversprechende Programm einer Volkspartei kann nicht darin bestehen, *eine* Kategorie von Bürgern zu privilegieren, es kann also auch nicht darin bestehen, andere Kategorien zu unterprivilegieren.

Zu spezifizieren ist diese These allerdings dahin, daß auch eine Volkspartei, jene Bevölkerungsgruppe als „quantité négligeable" ansehen, also unterprivilegieren kann, die besonders wenig Wähler ins Feld führen kann und/oder deren Unterprivilegierung derart viele Mittel freisetzt, daß besonders zahlreichen Gruppen attraktive Privilegien zugeschanzt werden können. Darüber hinaus ist zu berücksichtigen, daß die Frustrationstoleranz bei den Mitgliedern der einzelnen Gruppen unterschiedlich hoch sein kann, also den einen mehr als den anderen zugemutet werden kann. Dies alles um zu sagen, daß die Strategen auch von Volksparteien in einem bestimmten Ausmaß die Möglichkeit haben, Kalküle darüber anzustellen, durch welche Verteilung von Privilegien, d. h. aber auch: durch welche Verteilung von Unterprivilegien sie ihren Erfolg anstreben wollen, sie also nicht, indem sie sich an alle Gruppen des Wählervolkes gleichmäßig wenden, jedwede Privilegierung und jedwede Unterprivilegierung peinlichst vermeiden müssen.

Sieht man von diesen — zugegebenermaßen wichtigen — Einschränkungen ab, so läßt sich festhalten: Eine Volkspartei wendet sich an alle Bevölkerungsgruppen; sie vermeidet, einigen in Aussicht zu stellen, zu den konstanten Gewinnern zu zählen, weil andere zu konstanten Verlierern gemacht werden. Damit unterscheiden sich die Volksparteien in einem wesentlichen Punkt von den unter dem Namen der Klassenparteien zusammengefaßten Parteien. Recht eigentlich ist dieser Name irreführend, weil zu eng. Wohl ist möglich, daß sich diese Parteien auf eine unter dem Aspekt der Klasse abgegrenzte gesellschaftliche Gruppe ausrichten; sie mögen ihre Klientel, also ihren Erfolg aber auch über die Mitglieder einer Sprachgruppe, einer Religionsgemeinschaft, über die Bewohner einer bestimmten Gegend, über die in einem bestimmten Wirtschaftssektor Tätigen suchen. Entscheidend ist, daß sie sich nicht an die Gesamtheit der Wählerschaft wenden, sondern an einen unter diesem oder jenem Kriterium ausgegrenzten Teil des Wählervolkes. Entsprechend baut ihre Strategie nicht darauf auf, die Gewinnchancen und die Verlustrisiken so zu verteilen, daß sie auf alle Gesellschaftsmitglieder in etwa gleich verteilt sind. Im Gegensatz zu Volksparteien geht das Streben von Klassenparteien dahin, ihre Klientel nach Möglichkeit zu konstanten Gewinnern zu machen, indem andere möglichst zu konstanten Verlierern gemacht werden.

Dabei dürfte gelten: Je ausgeprägter der „Klassencharakter" einer Partei, d. h. je eindimensionaler die Ausrichtung einer Partei ist, desto radikaler ist sie. Eine Partei, die nur auf die Klasse i. e. S. abstellt, dürfte allemal radikaler sein als eine solche, die auf die Klasse und etwa auf die Religion abstellt; diese wiederum dürfte radikaler sein als eine, die Klassen-, Religions-, Sprachen- und Rassengesichtspunkte in ihr Programm integrieren muß, weil sie nach Klassen- Religions-, Sprachgruppen- und Rassenzugehörigkeit unterschiedliche Individuen als Wähler ansprechen will. Am Ende dieser Skala steht — nach dem Gesagten überrascht es nicht — die Volkspartei; sie muß im Extrem alle in dem politischen Diskurs eine Rolle spielenden Dimensionen in ihrem Programm zum Ausgleich bringen; sie kann also keine zum alleinigen Maßstab ihres Handelns machen, d. h. der Extremismus in jeder Form verbietet sich ihr von selbst.

An diesem Punkt stellt sich die Frage, wie, mit welchen Mitteln und auf welchen Wegen eine Volkspartei dieses ihr Programm der gleichmäßigen Verteilung der Gewinnchancen und der Verlustrisiken erreichen will. Es sind im Grundsatz zwei Varianten denkbar: Zum einen kann das Programm in liberal-demokratischem Geiste à la Jefferson darauf abstellen, daß eine Ordnung geschaffen wird, die jedem einzelnen die gleiche Freiheit des „pursuit of happiness" gibt; die Regeln der gesellschaftlichen Ordnung, d. h. die Regeln, nach welchen die Menschen in der Gesellschaft miteinander umgehen sollen, sollen dergestalt sein, daß der einzelne in etwa so viele Chancen hat, seiner Eigenart entsprechend zu leben als er das Risiko läuft, seine Eigenart nicht ausleben zu können; dies, was auch immer seine Eigenart, d. h. seine Vorstellung von „happiness“ sei. Zum anderen kann das Programm einer Volkspartei in kollektivistischem Geiste allen die gleiche „happiness“ in Aussicht stellen. Die um den Ausgleich von Gewinnern und Verlierern bemühte Volkspartei strebt hier den Erfolg an, indem sie allen von ihr angesprochenen und umworbenen Wählergruppen in etwa gleichem Umfang Wahlgeschenke, Transferleistungen, Subventionen, Unterstützungszahlungen, Förderungsmaßnahmen usw. in Aussicht stellt, und — wenn auch in der Regel weniger lautstark — allen Gruppen in etwa gleiche Steuerlasten zumutet.

Während die erste Variante auf eine niemanden benachteiligende, alle in gleichem Maße fördernde Ordnungspolitik abstellt, besteht die zweite Variante in einer möglichst gleichmäßigen Verteilung der mit dem Interventionismus verbundenen Leistungen und Lasten. Die liberal-ordnungspolitische Variante bietet ein Regelverfahren an, das niemanden zum konstanten Gewinner bzw. zum konstanten Verlierer macht; die kollektivistische Variante stellt Entscheidungsergebnisse in Aussicht, die jedem per saldo gleich viel an Lasten aufbürden.

Auch den Klassenparteien in dem oben erwähnten Wortsinn stehen im Prinzip diese beiden Wege offen. So mag eine Klassenpartei versuchen, im Einzelfall politische Entscheidungsergebnisse herbeizuführen, die für ihre Klintel von Vorteil sind; sie mag aber auch versuchen, Privilegien für ihre Klientel in der Ordnung, in den Regeln des Gemeinwesens festzuschreiben. Tut sie jenes, so versucht sie, die politischen Einzelentscheidungen im Sinne ihrer partikularen Klientel zu Lasten der übrigen Gesellschaftsmitglieder zu gestalten; tut sie dieses, so versucht sie, das Verfahren selbst an den Interessen ihrer Wählerschaft und gegen alle übrigen auszurichten.

Daß dies alles andere als lediglich theoretisch interessante Spekulationen ohne jeden praktischen Bezug und ohne jede praktische Relevanz sind, zeigt sich auch daran, daß die gegenseitigen Anwürfe zwischen Ost und West in genau diesen Kategorien formuliert sind: Die westliche Demokratie und die bürgerlichen Volksparteien nehmen für sich in Anspruch, die gleichmäßige Verteilung der Chancen und Risiken anzustreben und annähernd zu gewährleisten, also keine konstanten Gewinner und keine konstanten Verlierer zu kennen. Vom Osten wird der Vorwurf erhoben, dies sei die pure Scheinheiligkeit; die bürgerliche Demokratie und die bürgerlichen Parteien seien Instrumente zur Absicherung der Privilegien der Kapitalistenklasse; so stehe die Ordnungspolitik im Dienste einer die Kapitalinteressen privilegierenden Ordnung, auch ziele der Interventionismus im Ergebnis auf die Benachteiligung der arbeitenden Klassen; in Tat und Wirklichkeit seien die bürgerlichen Parteien Klassenparteien. Im übrigen sei dies nicht verwunderlich: Da alles politische Geschehen in den Kategorien der Klasse, nur in den Kategorien der Klasse gesehen werden müsse, sei eine Ordnung zu schaffen, die eindeutig und einseitig jene Klasse privilegiert, welche die Trägerin der Geschichte ist: Die Diktatur des Proletariats.

Es ist symptomatisch, daß die SPD, als sie in Bad Godesberg die Wende zur Volkspartei hin vornahm, die Idee des Klassenkampfes aufgab; eine Partei kann sich dann nicht im Namen *einer* Klasse an das *ganze* Volk wenden, wenn sie die Legitimität ihres Herrschaftsanspruchs auf die Zustimmung der Wähler, nicht aber auf ein irgendwie definiertes Gesetz der Geschichte abstützen will. Ist für eine Klassenpartei die Idee des Klassenkampfes typisch, so entspricht der Volkspartei die Idee des politischen Wettbewerbs. Gleichfalls symptomatisch ist, daß die CDU in einer sich entchristlichenden Gesellschaft als Volkspartei zunehmend Schwierigkeiten mit ihrem „C“ hat; damit ja nur nicht der Anschein der Klassenpartei entstehe, wird ostentativ das Christliche als rituelle Dekoration ohne praktische Verbindlichkeit benützt und — so wohl die uneingestandene Hoffnung so manches Parteistrategen — abgenützt.

Wir können unsere bisherigen Überlegungen auf die kurze, wohl auch etwas verkürzte Formel bringen: Volksparteien zielen auf eine Ordnung für das gesamte Gemeinwesen; Klassenparteien hingegen arbeiten auf eine Ordnung gegen bestimmte Teile des Gemeinwesens hin. Volksparteien streben Entscheidungsergebnisse an, die allen etwas bringen, also auch allen etwas nehmen müssen; Klassenparteien streben Entscheidungsergebnisse an, die ihrer mehr oder weniger engen Klientel möglichst viel bringen, aber möglichst wenig nehmen. Volksparteien tragen die mit dem Pluralismus in der Gesellschaft verbundenen Spannungen in sich aus, während Klassenparteien sie als kämpferische Energien nach außen einsetzen. Volksparteien sind in dem Sinne staatserhaltende Parteien, als sie aus schierer Parteiräson zum Zusammenleben aller Gesellschaftsmitglieder beitragen müssen; Klassenparteien sind ihrem innersten Wesen nach Klassenkampf-, also Revolutions- oder Restaurationsparteien, indem sie die Verfahren und/oder die Ergebnisse der politischen Willensbildung einseitig in den Dienst *eines* Teils der Gesellschaft stellen, also einseitig gegen die übrigen Gesellschaftssegmente ausgestalten wollen. Volksparteien müssen parteiintern den Kompromiß zwischen den gesellschaftlichen Kräften auch im Programmatischen suchen und finden. Für die Klassenparteien stellt sich im Extrem die Frage des parteiinternen Kompromisses nicht; im Verkehr mit anderen Parteien stellt sich die Frage des Kompromisses nur solange, wie sie (noch) nicht die Macht haben, den übrigen Gesellschaftsmitgliedern ihren Willen aufzuzwingen. Eine Klassenkampfpartei ist eine Klassenpartei, welche die Hoffnung hat, die Diktatur ihrer Klasse einrichten zu können, und offen zu dieser ihrer Hoffnung steht.

III. Der Interventionismus macht aus Volksparteien Klassenparteien

Volksparteien: Bis vor wenigen Jahren konnte man die großen Parteien der Bundesrepublik ohne weiteres als solche bezeichnen. Dies ist heute, wenn überhaupt, nur noch mit Vorbehalt möglich; jedenfalls werden die Symptome einer Rückentwicklung hin zu Klassenparteien sichtbar.

Ehe auf diesen in seiner Bedeutung nicht zu unterschätzenden Vorgang näher eingegangen wird, ist auf einen Tatbestand aufmerksam zu machen, der für das Verständnis der Situation wichtig ist: Man möchte nach dem oben Gesagten meinen, daß eine Volkspartei bei der Gesamtheit des Wählervolkes den Erfolg gleichermaßen über ein ordnungspolitisches oder aber über ein interventionistisches Programmangebot suchen kann, daß ihr Programm gleichermaßen auf Regelverfahren und auf Entscheidungsergebnisse abstellen kann. Im Prinzip stimmt dies auch; nur legt die Praxis die Vermutung nahe, daß Volksparteien eher den Erfolg über das Angebot einer Ordnungspolitik als über ein interventionistisches Programm suchen. In der Tat: Als in den ersten Nachkriegsjahren die CDU sich entschloß, nicht die Klassenpartei des christlichen Landvolks, sondern die Volkspartei aller Bundesdeutschen zu sein, entschied sie sich auch für ein ordnungspolitisches Konzept, entschied sie sich also gegen eine Fülle interventionistischer Politikvorschläge, die vorher durchaus in den Gründerkreisen der CDU eine Rolle gespielt hatten. Gleichermaßen ist von mehr als symptomatischer Bedeutung, daß die SPD, als sie in Bad Godesberg Abschied von ihrer Tradition als Klassenpartei nahm, ordnungspolitische Angebote zum Kern ihres Programms machte.

Es ist also eine wenigstens für die Bundesrepublik diskussionswerte These, daß der den Volksparteien entsprechende Politikentwurf ein ordnungspolitischer, nicht aber ein interventionistischer ist; es ist die Vermutung nicht von der Hand zu weisen, daß Volksparteien den Erfolg bei den Wählern anstreben durch das Angebot eines für alle attraktiven, zumindest aber annehmbaren Regel- und Verfahrenskodex, weniger aber durch das Angebot von materialen Entscheidungsergebnissen, die möglichst vielen gefallen und möglichst wenigen mißfallen.

Einer der Gründe für diesen Tatbestand dürfte wohl darin bestehen, daß es leichter ist, eine Ordnung, ein gesellschaftliches Regelverfahren anzubieten, das in den Augen der Wähler Risiken und Chancen in etwa gleich verteilt, als eine interventionistische Politik zu entwerfen, die aus der Sicht der Wähler allen und jedem in gleichem Maße gerecht wird. Zum einen haben nämlich die Bürger — wie die Empirie zeigt — die Tendenz, die Lasten, die der Fiskus ihnen aufbürdet, zu überschätzen, die Last der übrigen aber zu unterschätzen; darüber hinaus neigen sie dazu, die Redistributionsleistungen, die sie empfangen, systematisch zu unterschätzen, aber jene, die an andere Gesellschaftsmitglieder gehen, zu überschätzen. Es ist evident, daß dieser „Sehfehler" der Bürger es für jeden Politiker und jede Partei unmöglich machen muß, mittels einer interventionistischen Umverteilungspolitik — und jeder Interventionismus ist redistributiv — auf die Dauer das Bild eines Politikentwurfs aufrechtzuerhalten, der niemanden zum konstanten Gewinner bzw. zum konstanten Verlierer macht.

Die Ordnungspolitik hingegen ist dieser Bedrohung durch eine verzerrende Optik nicht ausgesetzt; im Gegenteil: Sie scheint eher von einer gewissen Unschärfe zu profitieren: Über lange Zeit mag bei den Gesellschaftsmitgliedern, auch jenen, die verlieren, die Vorstellung bestehen bleiben, daß ihr Mißerfolg die Folge ihres eigenen Versagens oder aber die Konsequenz unglücklicher Zufälle ist, nicht aber entsteht und verfestigt sich in der Regel sehr schnell die Überzeugung, daß die Ordnung selbst einen „bias" aufweist, also das Verlieren geradezu vorprogrammiert ist. Die Identitätsprobleme und die Geduld der Arbeitslosen haben wohl auch hier ihre Ursache. Dies bedeutet, daß auch eine Ordnung, welche die Chancen und Risiken für den einzelnen nicht gleich verteilt, bis zu einem bestimmten Punkt und über eine bestimmte Zeit als Gleichgewicht angepriesen werden kann. Daß dies so ist, ist auch darauf zurückzuführen, daß das Ungleichgewicht einer Ordnung sich nur dem analytischen Verstand erschließt, die meisten Menschen ihr Urteil aber auf der Grundlage der unmittelbaren Anschauung treffen; diese aber zeigt im Einzelfall allenfalls im unmittelbaren Erlebnisbereich des einzelnen auszumachende Umstände, Zufälle und Versagen. Geradezu unanzweifelbar wird eine Ordnung dann, wenn sie als „natürlich", notwendig, als die einzig denkbare auch von den Verlierern, auch von den konstanten Verlierern, angesehen wird.

Die Hypothese ist plausibel: Selbst ein gleichgewichtig-fairer Interventionismus wird leicht als einseitig Privilegien schaffend angesehen; und: Selbst eine Privilegien absichernde Ordnung wird bis zu einem bestimmten Punkt leicht als gleichgewichtig-fair akzeptiert. Also: Es besteht eine Entsprechung zwischen Volksparteien einerseits und ordnungspolitischem Programm andererseits. Dem entspricht, daß Klassenparteien eher interventionistische Programme anbieten. So weit, so gut. Nur ist zu fragen, wie es dann kommt, daß sich als Volksparteien verstehende Parteien hier und heute geradezu gezwungen sind, eine interventionistisch-wohlfahrtsstaatliche Politik zu betreiben, daß diese Parteien, selbst wenn sie es — wie die CDU — wollen, kaum, jedenfalls nur unter größten Schwierigkeiten zur Ordnungspolitik zurückfinden können. Im folgenden werden wir dieser Frage nachgehen; dabei wird sich zeigen, daß die Abkehr von der Ordnungspolitik, wie sie sich im Laufe der letzten zwei/drei Jahrzehnte in der Bundesrepublik vollzogen hat, heute dabei ist, die großen Volksparteien wieder in Klassenparteien zurückzuentwickeln; mögen ehedem die Volksparteien ordnungspolitische Programmangebote gemacht haben, so ist jetzt der Interventionismus dabei, aus Volksparteien wieder Klassenparteien mit interventionistischen Programmangeboten zu machen. Die Verbände, von denen bislang noch keine Rede war, spielen, wie sich zeigen wird, hierbei eine nicht unbeträchtliche Rolle.

Dieser auf den ersten Blick überraschende Vorgang erweist sich als geradezu unausweichliche Konsequenz einer Entwicklung, an deren Anfang die Notwendigkeit des Staates steht, nicht nur ordnungspolitisch, sondern auch redistributionspolitisch-interventionistisch tätig zu werden: Selbst wenn es — was nicht zu erwarten ist — gelänge, ordnungspolitisch den vollkommenen Wettbewerb auf dem Markt einzurichten und abzusichern, müßte damit gerechnet werden, daß die zu marktfähigen Leistungen nicht fähigen Gesellschaftsmitglieder unterstützt werden müßten; auch bliebe die Notwendigkeit erhalten, die vom Markt unberücksichtigten Werte ohne Preis zu schützen; dies ist gleichbedeutend mit der Aussage, daß auch die vollkommene Wettbewerbsordnung ein gewisses Mindestmaß an redistributiven Eingriffen der Politik nicht überflüssig macht; neben das ordnungspolitische tritt damit notwendigerweise ein, wenn auch anfangs möglicherweise bescheidenes, interventionistisches Politikangebot.

Dies aber heißt nichts anderes, als daß die Parteien in einem anfangs bescheidenen Umfang den einen nehmen müssen, um anderen geben zu können. Sicher besteht auch hier grundsätzlich die Möglichkeit, die Lasten und Leistungen dieser Redistributionspolitik so auf die einzelnen Wähler zu verteilen, daß jeder einzelne von ihnen dieser Politik auch aus seiner engen individuellen Perspektive seine Zustimmung nicht versagt. Gelingt dies, so bleiben die Parteien in dem Sinne Volksparteien, daß sie sich an die Gesamtheit der Wählerschaft wenden, sie sich also an ein und dieselben Wähler, nicht aber an eine ihnen eigene Klientel wenden. Es ist um so eher mit einem solchen Zustand zu rechnen, desto begrenzter das redistributionspolitisch-interventionistische Element in den Parteiprogrammen ist; dies auch deshalb, weil so nur jene in den Genuß der Umverteilung kommen, deren Hilfsbedürftigkeit für niemanden außer Frage steht; darüber hinaus ist so der Widerstand der zur Finanzierung der Redistributionspolitik Herangezogenen deshalb gering, weil die Belastung nicht groß ist. Beides zusammen bewirkt, daß jene Überschätzung der von einem selbst gezahlten Beiträge und jene Unterschätzung der von einem selbst bezogenen Unterstützung sich nur wenig, vielleicht überhaupt nicht auswirken. Dies mag erklären, warum in den fünfziger bis in die sechziger Jahre der sozialpolitische Konsens zwischen den großen Parteien einigermaßen intakt war; die großen Parteien konnten mit einiger Glaubwürdigkeit behaupten, sie machten Sozialpolitik für alle Bürger, nicht aber warfen sie sich gegenseitig vor, einen Teil der Gesellschaftsmitglieder zugunsten eines anderen Teils auszuplündern. Das hat sich — wie man weiß — inzwischen geändert. Daß dieser Konsens auch damals nicht vollkommen war, mag sich aus der unterschiedlichen Tradition und Geschichte der einzelnen Parteien erklären. Daß er überhaupt existierte, ist angesichts des Gewichts der Vergangenheit für das Leben der Parteien schon überraschend genug und ist — wie mir scheint — ein gewichtiges Beweiselement für die Richtigkeit der hier angebotenen Analyse.

Man mag sich fragen, warum es nicht bei diesem Zustand geblieben ist, warum vielmehr die Entwicklung in eine Richtung gegangen ist, die diesen Konsens brüchig hat werden lassen. Es ist zu fragen — und dies ist nur eine andere Umschreibung desselben Tatbestandes —, warum die Parteien sich mehr und mehr gezwungen sahen, für diesen und gegen jenen Bevölkerungsteil Position zu beziehen, ihren Erfolg also nicht mehr in der gesamten Wählerschaft, sondern mehr und mehr wieder bei einzelnen Klassen i. w. S. zu suchen.

Der Hauptgrund liegt darin, daß — ist erst einmal ein Anfang mit der Redistributionspolitik gemacht — Kräfte freigesetzt werden, die auf ein weitergehendes Engagement des Staates in diese Richtung drängen. Zum einen wird es für die Partikularinteressen dann besonders interessant, sich zu organisierten Verbänden zusammenzuschließen, wenn der Staat auch redistributionspolitisch, also nicht nur ordnungspolitisch tätig ist; und: Je weiter sich der Staat auf die Redistributionspolitik eingelassen hat, um so interessanter und einträglicher werden solche Zusammenschlüsse. Haben aber diese Interessenorganisationen erst ein bestimmtes Gewicht erreicht, so treiben sie den Staat weiter in die Redistributionspolitik, in den Interventionismus hinein, so machen sie es ihm zunehmend unmöglich, Ordnungspolitik zu betreiben. Der Verbändeeinfluß drängt auf eine Ausweitung des redistributionspolitischen Interventionismus, welcher der Stärkung des Verbändeeinflusses förderlich ist, welcher seinerseits ...: Es ist ein Zirkel in Bewegung gesetzt, der seine Energie aus sich selbst bezieht.

Ist aber erst ein bestimmtes Ausmaß an redistributionspolitischer Tätigkeit erreicht, dann macht sich jene oben erwähnte Verzerrung der Optik bemerkbar: Die Beitragszahlungen, die man leistet, werden systematisch überschätzt, die Unterstützungszahlungen, die man erhält, werden systematisch unterschätzt. Dies bewirkt, daß der Antrieb, seine — wie man meint, über Gebühr von der Politik vernachlässigten — Interessen in organisierten Verbänden zusammenzuschließen und zu verteidigen, wächst. Was wiederum zu einer verstärkten wohlfahrtsstaatlichen Ausrichtung der Politik führt; der Zirkel hat einen neuen Energiestoß erhalten.

Für die einzelnen Parteien bedeutet dies, daß sie zur Ordnungspolitik kaum, wenn überhaupt zurückfinden; es bedeutet auch, daß sie zunehmend mit Wählern konfrontiert sind, welche die in wachsendem Umfange auf Redistributionspolitik angelegten Programme der Parteien als für sie ungerecht ansehen und verwerfen. Wegen der schon mehrmals angesprochenen Verzerrung der Optik verbietet sich für die Parteien eine Strategie, durch eine möglichst gleichmäßige Verteilung der Lasten und Leistungen der Umverteilungspolitik möglichst allen, jedenfalls den meisten Wählern zu Gefallen zu sein. Dies wäre — wegen der erwähnten Wahrnehmungsverzerrungen — der sichere Weg, allen das Gefühl zu geben, ungerecht behandelt zu sein. In gewissem Umfange können die Parteien dieser Gefahr dadurch entgehen, daß sie „illusioni finanziarie" im Puvianischen Sinn schaffen, also mit mehr oder weniger Erfolg versuchen, das Belastungsgefühl der Wähler unter das Niveau der tatsächlichen Belastung zu senken und das Gefühl, von der Redistributionspolitik des Staates zu profitieren, über das tatsächliche Maß der Leistungen hinaus zu steigern; mit anderen Worten: Die Parteipolitiker können versuchen, die optischen Verzerrungen umzupolen. Wohl kann beobachtet werden, daß Politiker dies immer wieder versuchen; auch ist nicht jedes diesbezügliche Bemühen völlig erfolglos. Doch kann auch beobachtet werden, daß der Parteienwettbewerb u. a. darin besteht, die von den jeweiligen Konkurrenten bei den Wählern geschaffenen Illusionen wieder zu zerstören und für die eigene Partei günstigere zu schaffen. Der Neid drängt den einzelnen dahin, daß er sich nur zu gern überzeugen läßt, daß er im Vergleich zu anderen ungerecht behandelt wird.

Wenn aber die Schaffung von „illusioni finanziarie" über das eigene Programm für die einzelne Partei nur von begrenztem Nutzen sein kann, dann bleibt nur noch folgende Möglichkeit: Anstatt ein Programm zu entwerfen und anzubieten, das sich möglichst an alle Wähler wendet, wird ein Programm entworfen und angeboten, das sich an einen Teil der Wähler wendet. Sicher wird auch hier versucht, das Programm so zu gestalten, daß dieser Teil möglichst groß, jedenfalls so groß ist, daß er der Partei in die Regierungsverantwortung zu verhelfen vermag. Entscheidend ist, daß es sich eben nur um einen Teil der Wählerschaft handelt. Dieser Teil soll dadurch angesprochen und gewonnen werden, daß sie in den Genuß redistributionspolitischer Leistungen des Staates kommen, die entsprechenden Finanzierungslasten aber jenen aufgehalst werden, die als Wähler ohnehin als nicht ansprechbar, also als brüskierbar angesehen werden. Warum sollte man, wen man ohnehin nicht für sich gewinnen kann, nicht verprellen; man kann es ohne Gefahr tun und verschafft sich auf diese Weise jene Mittel, die man braucht, um jene, die ansprechbar sind, aber noch überzeugt und gewonnen werden müssen, in das eigene Lager zu ziehen und im eigenen Lager zu halten.

Damit aber ist ein Weg eingeschlagen, der von der Volkspartei weg hin zur Klassenpartei führt. Jetzt werden nicht mehr primär Programmentwürfe angeboten, die *für* die gesamte Wählerschaft annehmbar und interessant sein sollen, weil sie alle Interessen in einem Konzept so ausgleichen, daß für alle die Rechnung mit einem Positivsaldo aufgeht; jetzt werden Programmentwürfe angeboten, die auf die Interessen einer Klasse i. w. S. zugeschnitten und gegen die Interessen der übrigen Klassen gerichtet sind. Die Logik dieser Strategie: Da es kaum, wenn überhaupt möglich ist, eine interventionistische Politik, welche die Gewinnchancen und Verlustrisiken für alle Gesellschaftsmitglieder in deren Augen gleichmäßig verteilt, zu betreiben, bleibt nur, eine entschieden einseitige Politik zugunsten jener gesellschaftlichen Gruppen anzubieten, deren Zustimmung für den Wahlsieg am wichtigsten ist.

Allerdings: Solange das wirtschaftliche Wachstum ungebrochen ist, ist es dem Staat möglich, etwas zu nehmen, ohne daß irgendjemandes Wohlfahrt gemindert wird; die Folge: Es ist dem Staat möglich, eine interventionistische Politik zu betreiben, d. h. die Wohlfahrt eines Teils der Bevölkerung zu erhöhen, ohne daß andere Gesellschaftsmitglieder den Gürtel enger schnallen müssen. Die interventionistische Redistributionspolitik wird zwar auch jetzt von einem Teil der Bevölkerung bezahlt, doch geschieht dies nicht notwendigerweise durch Wohlfahrtssenkungen, sondern möglicherweise durch einen langsameren Anstieg der Wohlfahrt. Entsprechend weniger sichtbar ist, daß die interventionistische Politik zugunsten einer Gruppe und zulasten einer anderen geht; entsprechend ist auch zu erwarten, daß die Parteien weniger ausdrücklich dazu tendieren, im Selbst- und im Fremdverständnis zu Klassenparteien zu werden. Dies erklärt wohl die Tatsache, daß die Entwicklung zu Klassenparteien erst während der letzten Wachstumseinbrüche voll eingesetzt hat; und dies, obschon der redistributionspolitische Interventionismus schon länger praktiziert wird[1].

Es kommt folgendes hinzu: Die Abkehr der Politik von Ordnungs- zu Interventionismuskategorien hat zur Stärkung der Interessenorganisationen, Verbände, Gewerkschaften beigetragen; davon war oben die Rede. Diese so erstarkten Organisationen üben auf die Parteien einen doppelten Einfluß aus. Erstens: Sie stehen den Parteien mit der wachen Aufmerksamkeit der auf ein enges Zielbündel fixierten Interessenvertretung gegenüber; auch stehen sie sehr oft als bestens, wenn auch nur bezogen auf ihr Interessengebiet informierte Vertreter den allround-Amateuren der wenigstens vorerst auf das Gemeinwesen ausgerichteten Parteien gegenüber; die Folge ist, daß die Parteien und die Politiker — wenn sie es sich denn nicht (mehr) leisten können, die organisierten Interessen zu ignorieren —, sich von den Interessenorganisationen auf ein Gebiet locken lassen (müssen), das von ihrer anfänglichen Domäne der Ordnung für das Gemeinwesen recht weit entfernt ist: Wo sie einst eine Ordnung für alle suchten, erörtern sie jetzt Vor- und Nachteile, die diese oder jene Einzelentscheidung für diese oder jene Gruppe mit sich bringt. Das Wissen um die Details verdrängt die große Linie. Dies ist um so eher der Fall, je weiter die Ordnungspolitik schon durch den redistributionspolitischen Interventionismus verdrängt worden ist: Es ist auffallend, wie technisch-detailliert politische Diskussionen im Laufe der letzten Jahre geworden sind, wie sehr auch ihr grundsätzlicher Charakter abgenommen hat. Man kann dies als Triumpf des Pragmatismus feiern, als glückliche Abkehr von der Ideologie preisen. Doch: Wie auch immer man den Vorgang werten will, feststellen muß man ihn allemal.

Es ist ergänzend darauf hinzuweisen, daß die Parteien heute nicht nur, vielleicht nicht einmal an erster Stelle, den individuellen Mitgliedern dieser Klassen i. w. S. werbend gegenübertreten, sondern auch und oft wohl auch in der Hauptsache diesen Klassen über deren Interessenorganisationen begegnen. Dies ist insofern von entscheidender Bedeutung, als die einzelnen Individuen auch als Mitglieder einer bestimmten Klasse lebendige Menschen sind, also vielfältige Interessen und Leidenschaften haben können, also für einen reichen, vielgestaltigen Diskurs mit vielen Ebenen zugänglich sind. Gegenüber diesen „individual actors" sind die auf ihren engen Geschäftszweck festgelegten „collective actors", die Verbände und Gewerkschaften, von geradezu monomaner Enge. Die Folge ist, daß die Parteien und die Politiker in eine Fülle von Einzeldiskursen hineingezogen werden, die in der Form hochqualifiziert und hochinformiert, in ihrer Reichweite aber außerordentlich borniert sind.

[1] Ich danke Manfred Groser (Bamberg) für den Hinweis auf diesen Tatbestand.

Alles in allem: Je mehr sich die Parteien auf den Diskurs mit den Vertretern der organisierten Interessen, im Gegensatz zu den einzelnen Bürgern, einlassen müssen, desto stärker färbt die rigorose Einseitigkeit dieser Interessenorganisationen auf sie selbst ab. Sie werden zu Klassenparteien; bestenfalls können sie — vorübergehend — den Anschein erwecken, eine Partei für viele, gar für alle Klassen zu sein; sie wenden sich dann an die Bauern, an die Handwerker, an die Arbeitnehmer, an die Arbeitgeber; sie versprechen eine Politik zu machen, die für viele, gar für alle organisierten Interessen von Vorteil ist; erste und wichtigste Ansprechpartner sind aber auch dann die entsprechenden Interessen- und Standesorganisationen. Nicht oder kaum wird der einzelne Bürger angesprochen. Er war der Ansprechpartner der Volkspartei; mutiert die Partei zur Klassenpartei, so verschwindet er, verkümmert er zum Klassenmitglied, zum Mitglied dieses oder jenes Verbandes. Umgekehrt gilt aber wohl auch, daß dann, wenn der Bürger verschwindet, die Parteien keine Volksparteien mehr sein können; in dem Maße, wie die einzelnen Gesellschaftsmitglieder als Klassenangehörige und Organisationsmitglieder fühlen, denken und agieren, sind die Parteien geradezu gezwungen, als Klassenparteien zu handeln. Eine Ordnung für das Gemeinwesen, Spielregeln für den Umgang der Menschen untereinander in der Gesellschaft kann man mit einiger Aussicht, überhaupt verstanden zu werden, nur dem anbieten, dessen Bedürfnisse und Wünsche der Ausdruck individueller Integrität sind; nicht aber besteht diese Chance gegenüber jemandem, der sich selbst als unstrukturiertes Bündel einer mehr oder weniger großen Anzahl von Ansprüchen sieht, die in dem Geschäftszweck einzelner Verbände kodifiziert sind.

Es mag naheliegen, an dieser Stelle das Gegenargument anzubringen, daß Parteien dann nicht zu Klassenparteien werden können und müssen, wenn ihre Ansprechpartner eine Vielzahl und eine Vielfalt von Interessen- und Standesorganisationen sind, die mit durchaus konkurrierenden und einander widersprechenden Ansprüchen an die Politiker herantreten. Völlig von der Hand zu weisen ist dieses Gegenargument nicht; nur: Es ist wahrscheinlich und von der Erfahrung belegt, daß die Parteien sich vornehmlich an jene Interessengruppen wenden, deren Anliegen untereinander nicht allzu widersprüchlich sind, jene aber, deren Forderungen wenn überhaupt, schwer integrierbar sind, bestenfalls in ihrer Rhetorik berücksichtigen; mit der Folge, daß ihr Programmangebot faktisch der Wohlfahrt eines Teils der Gesellschaft dient und zu Lasten eines anderen Teils gehen soll. Das bedeutet, daß die hier zur Diskussion gestellte These einer Rückentwicklung der Parteien zu Klassenparteien höchstenfalls dahingehend zu modifizieren ist, daß die Parteien zu „Mehrklassenparteien“ werden; diese aber sind nicht mit Volksparteien gleichzusetzen.

IV. Die Interaktion zwischen Klassenparteien und Verbänden drängt beide in die Rolle von Klassenkampforganisationen

Ein zweiter Punkt: Die Verbände üben auf die Parteien auch darin einen Einfluß aus, daß sie gegenüber den Gesellschaftsmitgliedern als Konkurrenten auftreten. Dabei geht es nicht um die Frage, wer der Schönste, wohl aber darum, wer der Wirksamste im ganzen Lande ist. Aus der Sicht des einzelnen Gesellschaftsmitgliedes heißt dies: Er vergleicht, ob die Interessenorganisationen oder die Parteien mit ihren redistributionspolitisch-interventionistischen Versprechen für seine Wohlfahrt den größten Erfolg glaubwürdig in Aussicht stellen. Je weiter die wohlfahrts- und verbändestaatliche Entwicklung fortgeschritten ist, desto mächtiger sind insgesamt die Verbände, desto zweckmäßiger ist es, den Beitrag der Politik zu der eigenen Wohlfahrt über die Verbände und deren Aktivität zu suchen, nicht aber über die Parteien, schon gar nicht wegen der ordnungspolitischen Entwürfe, die diese Parteien vielleicht noch — man möchte sagen: als Merkposten — in ihren Programmen anführen. Wenn schon, dann wird man die Parteien nach dem beurteilen, was sie an partikularen Sonderwünschen zu befriedigen in Aussicht stellen. Dies ist verständlich, wenn man berücksichtigt, daß sich die Segnungen einer funktionierenden Ordnung für den einzelnen nur dem analytischen Diskurs erschließen, die Transferleistungen, Subventionen, Unterstützungen, Steuernachlässe sich aber auch dem simpelsten Geist als Vorteile erschließen; dies oft auch dann, wenn es nur Scheinvorteile sind.

Darüber hinaus: Da jeder einzelne der Ansicht ist, daß eine funktionierende Ordnung durch seine Regelverstöße nicht gefährdet, eine nichtfunktionierende Ordnung durch sein Wohlverhalten aber nicht gerettet werden kann, wendet jeder einzelne sein Interesse von der Ordnung ab und dem diese Ordnung gefährdenden Interventionismus zu. Die Folge ist, daß in den Augen der Wähler die ordnungspolitischen Programmpunkte abstrakt, geradezu unwirklich sind; soweit dies nicht der Fall ist, scheint ihnen als einzelnen die Ordnung entweder nicht gefährdet oder aber wenigstens durch sie nicht zu retten; falls die Gesellschafts- und Wirtschaftsordnung überhaupt als ein Wert für den einzelnen und seine Wohlfahrt erkannt wird, wird sie als ein Wert angesehen, der außerhalb des Verantwortungs- und Entscheidungsbereiches des einzelnen liegt, für den also der einzelne bestenfalls ein platonisch-unverbindliches Interesse aufbringen kann.

Damit aber entsteht eine Situation, in welcher die einzelnen Parteien nicht mehr nur untereinander in Konkurrenz, sondern auch mit den organisierten Interessenverbänden in Wettbewerb stehen. Sie müssen jetzt nicht mehr nur den Wählern dartun, daß sie ein besseres, günstigeres Programm als die Konkurrenzparteien anbieten; sie müssen jetzt auch glaubwürdig zeigen, daß sie wenigstens so nachdrücklich wie die einzelnen Interessenorganisationen Partikularanliegen verteidigen und durchsetzen können. Dies müssen sie nicht nur, weil sie sonst im Wettbewerb mit den anderen Parteien nicht mithalten können; sie müssen es auch, weil nur so erreicht werden kann, daß die Wähler sich nicht überhaupt von den Parteien abwenden und ihre Aufmerksamkeit und ihr Engagement den Verbänden widmen. Daß nicht nur die Bundesrepublik sich in diese Richtung entwickelt hat, scheint zumindest plausibel; die Abkehr vom Parteienstaat und die Hinwendung zum Verbändestaat läßt sich in der Tat kaum wegleugnen. Diese Entwicklung ist dann nicht verwunderlich, wenn man bedenkt, daß aus der Sicht der einzelnen — zu Recht oder zu Unrecht — häufig der Eindruck besteht, daß die dem einzelnen besonders am Herzen liegenden Partikularinteressen bei den Verbänden besser aufgehoben und vertreten sind als bei den Parteien.

In dieser Lage sind die Parteien selbst versucht, sich als die effizienteren Interessenvertretungen zu gebärden; was aber heißt: Sie sind versucht, zu Klassenparteien zu werden, Partei zu ergreifen für einzelne und gegen andere partikularen Interessen. Die Formen, in denen dies geschieht, können vielfältig sein: Im Ergebnis laufen sie auf eine — nicht institutionell-formelle, aber informelle — Annäherung und Verflechtung von einzelnen Parteien und einzelnen Verbänden hinaus, die sich um die Wahrnehmung und Verteidigung der Interessen ein und derselben Klasse i. w. S. bemühen. Dies kann dadurch geschehen, daß die Partei in die Abhängigkeit eines Verbandes, einer Gewerkschaft gerät; es kann aber auch der wohl seltenere Fall beobachtet werden, daß die Interessenorganisation zum außerparlamentarischen Organ der entsprechenden Klassenpartei wird. Im einzelnen mag es schwierig sein, zu diagnostizieren, ob die SPD eine DGB-Partei oder der DGB eine SPD-Organisation ist. Diese Diagnose ist auch deshalb schwierig, weil einerseits die SPD (noch) nicht völlig zur Klassenpartei geworden ist und der DGB (noch) eine Einheitsgewerkschaft ist. Jedenfalls haben es Gewerkschaftsfunktionäre in der SPD-Fraktion leichter als in der CDU-Fraktion.

Es ist richtig: Die großen Parteien wehren sich dagegen, nur als Klassenparteien zu gelten; die CDU will nicht als Arbeitgeberpartei, die SPD nicht als Arbeitnehmerpartei abgestempelt werden. Dies liegt in ihrem Interesse, ist also nicht verwunderlich: Einerseits wollen die Parteien ihrer Klassenklientel klarmachen, daß sie für diese eintreten; andererseits wollen sie bei den übrigen Gesellschaftsmitgliedern den Anschein aufrechterhalten, daß die Parteipolitik, obschon sie unmittelbar und prima vista im Interesse einer Klasse ist, in Tat und Wirklichkeit, mittelbar und genau betrachtet, nicht nur nicht gegen die übrigen, sondern gar in deren Interesse ist. Dabei besteht dann die Politik, soweit sie die eigene Klassenklientel betrifft, in der Regel in der Zuwendung von Transferleistungen und/oder der Minderung von Beitragslasten, während der Diskurs, welcher sich an die übrigen Gesellschaftsmitglieder wendet, häufig ordnungspolitischer Art ist. Man kann sich des Eindrucks schlecht erwehren, daß den Mitgliedern jener Klasse, die eine Partei als eigene Klientel betrachtet und an deren Voten ihr Schicksal gebunden ist, sehr reale Vorteile verschafft werden, während der ordnungspolitische Diskurs dazu dient, die anderen Gesellschaftsmitglieder wenigstens nicht zu verprellen, vielleicht gar den einen oder anderen noch für das eigene Lager zu gewinnen. Es ist jedenfalls interessant zu beobachten, daß und wie gegenwärtig die CDU im Namen der Ordnungspolitik vornehmlich bei jenen Gruppen die Segnungen des wohlfahrtsstaatlichen Interventionismus abbaut, deren Voten schwer zu gewinnen sind bzw. auf deren Voten sie eher verzichten zu können glaubt.

Dabei ist zu beachten und zu beobachten, daß im einzelnen diese Doppelstrategie von einer Partei in der Regel nicht ungestört gefahren werden kann; es ist zu erwarten, daß die konkurrierende Partei — die im Zweifel die gleiche Doppelstrategie versucht — es darauf abstellt, die ordnungspolitische Rede der Gegenpartei als leere Rhetorik, als Vernebelungsversuch hinstellen. Tun dies alle im Wettbewerb stehenden Parteien, so disqualifizieren sie sich gegenseitig als Partner einer ordnungspolitischen Auseinandersetzung und als Träger einer ordnungspolitischen Praxis. Die Folge: Mangels Aktoren verschwindet die Ordnungspolitik selbst von der Bühne der Politik.

Dabei dürfte die Annahme nicht unplausibel sein: Je mehr etwa die SPD schon zur Klassenpartei geworden ist, desto weniger kann sie zulassen, daß die CDU sich als Volkspartei profiliert; je mehr die SPD wohlfahrtsstaatliche Vorteile für ihre Klientel durchzusetzen verspricht, desto weniger kann sie akzeptieren, daß die CDU sich das Image einer Ordnungspolitik treibenden Volkspartei gibt, oder gar daß die CDU tatsächlich Ordnungspolitik betreibt. Umgekehrt: Je ausgeprägter die CDU zu einer Arbeitgeberpartei geworden ist, desto wichtiger ist es für sie, die SPD in die Rolle der Klassenpartei der Arbeitnehmer zu drängen. Die jüngsten Auseinandersetzungen um den Paragraphen 116, die inner- und intraparteiliche Dynamik dieses Konflikts, das Spiel der Beziehungen zwischen den Parteien und den Verbänden und Gewerkschaften haben — wie mir scheint — eine gute Illustration zu dem Gesagten geliefert.

Es ist zuzugeben: Die hier vorgetragene Analyse rückt *einen* Wirklichkeitsaspekt in den Vordergrund, läßt aber andere Teile der Realität außer Betracht; mit anderen Worten: Wenn hier von der Entwicklung der Parteien zu Klassenparteien geredet wird, so ist dies nicht so zu verstehen, als habe diese Entwicklung ihren Endpunkt schon erreicht, als *seien* die Parteien schon zu Klassenparteien geworden; vielmehr soll unterstrichen werden, daß Kräfte am Werke sind, die in diese Richtung wirken und daß schon ein Stück Weges in diese Richtung zurückgelegt worden ist.

In dem Maße wie dies der Fall ist, besteht die Gefahr, daß in unserer Gesellschaft der Konsens über die Regeln des gesellschaftlichen Zusammenlebens zerfällt und der Konflikt über die anzustrebenden Entscheidungsergebnisse als Klassenkampf ungeregelt, d. h. nach dem schieren Gesetz der Stärke ausgetragen wird. In dem Maße, wie die in dieser Analyse beleuchteten Elemente die Realität ausmachen und bestimmen, besteht die Gefahr, daß die Parteien und die Verbände — sich gegenseitig konkurrierend — zu Klassenkampfinstitutionen werden, daß der Staat zunehmend zu jenem Ort verkommt, wo dieser Klassenkampf ausgetragen wird, nicht aber weiter als Ordnungsinstanz den Rahmen setzt, innerhalb dessen der gesellschaftliche Pluralismus konstruktiv-agonistisch genutzt, nicht aber destruktiv ausgelebt wird. Es geht immer weniger um die Frage, wie man in der Republik trotz unterschiedlichster Ansichten miteinander umgeht, sondern um den Wunsch, eine an den eigenen Wünschen ausgerichtete und gegen die übrigen gerichtete „andere Republik" zu begründen; und sei es nur, weil man befürchten muß, diese übrigen strebten eine „andere Republik" an.

V. Zusammenfassung

1. Die Menschen unterscheiden sich auch als Bürger in dem, wie sie die Welt sehen und wie sie die Welt wollen. Der *Pluralismus* erkennt ausdrücklich die Vielfalt und die Vielzahl von Wirklichkeitsdeutungen und Wertengagements als Norm an.

2. Sollen die Konflikte, die sich aus der Existenz unterschiedlicher, ja widerstreitender Analysen und Ansprüche ergeben, nicht nach dem *Gesetz der Stärke* ausgetragen werden, so müssen sie der *Stärke des Gesetzes* unterworfen werden.

3. Dieses Gesetz kann auf die *interventionistische Lösung* der einzelnen Konflikte abstellen oder einen *ordnungspolitischen Rahmen* bereitstellen, innerhalb dessen sie auszutragen sind.

4. Die *Klassenkampfparteien* stellen auf das Gesetz der Stärke ab. Den *Klassenparteien* entspricht eine Politik des Interventionismus, den *Volksparteien* eine liberale Ordnungspolitik.

5. Es konnte eine Entwicklung beobachtet werden, die *von den Klassenkampfparteien über die Klassenparteien zu den Volksparteien* geführt hat. Dieser Entwicklung entsprach eine Abkehr von dem Gesetz der Stärke, eine Hinwendung zu der Stärke des Gesetzes, eine Akzentverschiebung vom Interventionismus zur Ordnungspolitik.

6. In der jüngeren Vergangenheit hingegen drohte sich eine Entwicklung anzubahnen, die wieder von der Ordnungspolitik zum Interventionismus führt. Entsprechend mehren sich die Symptome einer *Rückentwicklung der Volksparteien zu Klassenparteien.*

7. Entscheidend in dieser Entwicklung ist die Rolle der *Verbände,* mit welchen die Parteien als einzelne, aber auch insgesamt in Konkurrenz treten müssen.

8. Nach Maßgabe des Übergangs von der *Parteien- zur Verbändedemokratie* rückt die Gefahr näher, daß die aus dem Pluralismus resultierenden Konflikte in Tat und Wirklichkeit nach dem Gesetz der Stärke ausgetragen werden, auch wenn der Form nach weiter die Stärke des Gesetzes gilt: Die *Verbände als Klassenkampfinstrumente.*

2. Steuerung und Fehlsteuerung im Rechtsprechungssystem*

Von Michael Kloepfer

I. Zur allgemeinen Situation der Rechtsprechung

1. Mißtrauenserklärungen können stachlige Vertrauenserklärungen sein. Dies wurde etwa deutlich, als angesichts der gegen den Bundeskanzler erstatteten Strafanzeigen der Verdacht des politischen Mißbrauchs der Justiz geäußert wurde. Wenn der Bundeskanzler in dieser Lage — fordernd oder prognostizierend? — erklärte, er erwarte ein faires Verfahren durch die Justiz, dann heißt dies doch, daß die Rechtsprechung als Oase der Fairness im politischen System gesehen wird.

Und Mißtrauenserklärungen können Träume verraten. Wer den politischen Mißbrauch der Justiz beklagt, beschwört das Ideal der Justiz als unpolitischer Gewalt (um freilich möglicherweise zugleich die parteipolitischen Einflüsse bei Richterbestellungen zu verstärken oder doch zu legitimieren).

2. Die Rechtsprechung hat die Funktion, rechtlich faßbare Konflikte nach dem Maßstab des geltenden Rechts letztverbindlich und unabhängig zu entscheiden. Ungeachtet der Möglichkeit der richterlichen Rechtsfortbildung bedeutet die bestimmende Abhängigkeit der Rechtsprechung vom geltenden Recht: die Rechtsprechung kann grundsätzlich nicht besser sein als dieses geltende und von den Richtern anzuwendende Recht. Deswegen sind viele angebliche Mängel der Rechtsprechung in Wahrheit häufig Mängel der Gesetzgebung:

Zu diesen häufig geschilderten Mängeln der Gesetzgebung gehört insbesondere die äußere und die innere Übernormierung durch zu viele und zu detailliert geregelte Gesetze. Es werden heute übermäßig viele Konflikte rechtlich faßbar gemacht und nicht selten viel zu minutiös verfeinert geregelt. — Wenn wir doch so viel Recht wie Rechtsnormen hätten! Die übermäßige Verrechtlichung läßt informale gesellschaftliche Steuerungsmechanismen verkümmern (z. B. Standessitten, Moral etc.).

---

* Die nachfolgenden Ausführungen konnten aus Zeitgründen nur ausschnittsweise (insbes. Teile von I, II, III und V) vorgetragen werden. Da mein Vortrag zudem weitestgehend frei erfolgte, handelt es sich im folgenden nicht um eine genaue Dokumentation des gesprochenen Wortes.

Notwendige Folge der übermäßigen Verrechtlichung ist die umfassende Justizialisierung des Lebens, die maßgeblich nicht auf eine Machtanmaßung der Richter, sondern entscheidend wohl auf legislative Unmäßigkeit zurückgeht.

Wo bei der Verrechtlichung die innere Normierungssubstanz hinter der äußeren Übernormierung zurückbleibt, findet nicht selten die bekannte Flucht in Generalklauseln und nur zu häufig in dilatorische Formelkompromisse, in gesetzgeberische Scheinentscheidungen, d. h. in Nichtentscheidungen hinter bloßen Entscheidungsfassaden statt. In diesem Bereich ist die (zu?) weitgehende Freiheit richterlicher Entscheidungsfindung vom Gesetzgeber zu verantworten. Insgesamt handelt es sich hier um Fehlsteuerungen der Rechtsprechung durch die Gesetzgebung, wobei allerdings von vornherein die faktischen, aber u. U. auch verfassungsrechtlichen Grenzen der Steuerungsfähigkeit der Rechtsprechung (vor allem die richterliche Unabhängigkeit) nicht verkannt werden sollten.

3. Bevor aber auf die Mängel im derzeitigen Rechtsprechungssystem eingegangen wird, sind zunächst die Erfolge des Rechtsprechungssystems in der Bundesrepublik Deutschland zu schildern. Die Justiz hat auch Anspruch auf positive Resonanz. Dabei ist hier allerdings ebenfalls zunächst die Verantwortung des Gesetzgebers herauszustellen: Wenn es recht ist, dem Gesetzgeber die normverursachten Fehlsteuerungen weitgehend anzulasten, dürfte es nur billig sein, ihm auch die gelungenen normverursachten Steuerungen im Rechtsprechungssystem zuzurechnen.

Die Erfolge des Rechtsprechungssystems in der Bundesrepublik Deutschland sind jedenfalls insgesamt recht respektabel. Die Rechtsprechung hat die vielfältigen Umwälzungen des deutschen Rechtssystems nach dem Krieg bewältigt, d. h. angewandt, verarbeitet sowie fortentwickelt und dazu beigetragen, daß die wesentlichen politischen, sozialen, ökonomischen und moralischen Veränderungen sich in der Bundesrepublik im Ergebnis doch meistens im Rahmen des geltenden Rechts bewegten. Die Rechtsprechung hat dabei auch kollektive, aggressive Auflehnungen gegen das grundgesetzlich dirigierte politische System mit den Mitteln des Rechts zurückgewiesen. So sehr vielleicht demgegenüber die Rechtswissenschaft Zweifel am Erfolg der Rechtsprechung anmeldet (denen sich bisweilen leise und verhalten interne Selbstzweifel der Rechtsprechung zugesellen), so ist das Vertrauen der juristischen Laien in die Rechtsprechung doch weitgehend ungebrochen. Der Rechtsprechungskonsum der Bevölkerung ist jedenfalls gewaltig. Dies hat nicht nur Gründe im Anwachsen der Rechtsschutzversicherungen, deren unbegrenzte Sozialverträglichkeit zunehmend fraglich erscheint, und vielleicht auch im deutschen Hang zum Recht-Haben, der etwa manche

Verwaltungsgerichte bisweilen leider zu Querulantenforen verkommen läßt. Dies hängt auch mit der bereits angesprochenen zunehmenden Verrechtlichung und der entsprechend abnehmenden Bereitschaft zu außerrechtlichen Konfliktlösungen zusammen. In einer Zeit der Ungewißheit über den Bestand und die Verbindlichkeit von Grundwerten wächst die positive Rechtsordnung immer mehr in die Rolle eines Grundwertesurrogates hinein, wobei die Richter zunehmend die Rolle als Grundkonsenswahrer und -deuter übernehmen. Der Richter — ausgestattet mit der Magie der Robe — ist heute so etwas wie ein Priester weltlicher Ideale. Der sinkende Einfluß der Kirchen verstärkt diese neue Funktion der Rechtsprechung. Es ist gewiß auch mehr als bloße Spekulation, daß die Bevölkerung und die Medien keiner Staatsgewalt mehr vertrauen als der Rechtsprechung. Sie wird — gemessen an der Exekutive und Legislative — als vergleichsweise unpolitisch, sachverständig, nicht egoistisch und objektiv eingeschätzt. Ob dieses Vertrauen — bis hin zum historisch gewachsenen Zutrauen in einen richterlichen Ausgleich politischer Fehlsteuerungen — allerdings immer begründet ist, erscheint zweifelhaft. Alle Verhaltenserwartungen an die Justiz steigern sich noch beim Bundesverfassungsgericht, das wahrscheinlich heute das angesehenste aller Verfassungsorgane darstellt.

II. Die Justiz als unpolitische Gewalt?

1. Eine wesentliche Basis für diesen Nimbus der Rechtsprechung dürfte in ihrer (tatsächlichen oder scheinbaren) Unabhängigkeit gegenüber mächtigen organisierten Interessen, vor allem aber gegenüber der Politik liegen. Die Bevölkerung sieht (möglicherweise nicht immer zutreffend) in der Rechtsprechung ein Reservat des Unpolitischen, in dem die eben nicht immer blütenweißen Vorgehensformen und Motivationen des politischen Geschäfts nicht bekannt sind (oder doch nicht sein sollten). Die Attraktivität einer so verstandenen Rechtsprechung wächst hiernach in dem Maße, wie der Kernbereich des Politischen als unattraktiv und problematisch (z. B. wegen der Vermengung mit finanziellen Interessen und wegen der nicht selten anzutreffenden Dominanz des Unsachlichen) gilt. Merkwürdigerweise wird — wie erwähnt — diese Sicht der Justiz als unpolitischer Gewalt auch von manchen Politikern geteilt, was diese freilich nicht davon abhält, ihren Einfluß auf die Richterbestellung ständig zu intensivieren und Richterstellen zu politischen Tauschobjekten zu machen.

2. Die Sicht der Justiz als quasi-unpolitischer Gewalt entspricht der rechtsstaatlichen Konzeption der Justiz und dem klassischen Selbstverständnis des Richters mit seiner — teilweise auch räumlichen — Distanz

von den politischen Entscheidungszentren. Dabei werden weder der (zugleich) politische Gehalt dieser Konzeption noch das Phänomen richterlicher Macht negiert.

Mit dem Aufkommen totalitärer Herrschaftsformen in Deutschland — sei es im Dritten Reich oder in der DDR — wird die Abhängigkeit des Richters von der politischen Führung — sei es vom „Führer" oder von der SED — zur politischen Doktrin. Obwohl der geifernde Freisler im Prozeß gegen die Widerstandskämpfer vor dem Volksgerichtshof oder die unbarmherzige Benjamin zu abstoßenden Symbolen des Irrwegs des politischen Richters geworden sind, erscheint die Zielprojektion des Richters als Organwalter zur Durchsetzung politischer Überzeugungen noch heute manchem als recht attraktiv.

Insbesondere mit dem Aufkommen der Studentenbewegung in den sechziger Jahren, bei der sich hinter der Forderung nach mehr Demokratie immer wohl auch eine unbewußte Sehnsucht nach Totalitarismus verbarg, wird die Kritik am bisherigen Leitbild des unpolitischen Richters laut. Diesem wird vorgeworfen, er sei Träger des politischen Systems bzw. der herrschenden Klasse; seine unpolitische Haltung sei deshalb nur eine scheinbare, vorgegaukelte, bestenfalls unerkannte. Richtig daran ist, daß die Rechtsprechung objektiv durch die reproduzierende Anwendung und konkrete Durchsetzung früher getroffener abstrakter und genereller politischer Entscheidungen des Gesetzgebers objektiv wie eine konservierende Staatsfunktion zur Erhaltung des politischen Systems wirkt. Einen Vorwurf wird hierin freilich nur derjenige sehen, der das politische System des demokratischen Rechtsstaates bekämpft.

3. Grundsätzlich gewährleisten die richterliche Unabhängigkeit und das Instrument der Gesetzesbindung der Rechtsprechung in Form der konkretisierenden Subsumtion regelmäßig genügend rechtsstaatliche Distanz in sachlicher, zeitlicher und personeller Art, um Richter nicht zu willfährigen Erfüllungsgehilfen der politischen Führung zu machen. Anders wird dies erst bei einer Distanzverringerung durch Einwirkungen der Exekutive auf die Rechtsprechung oder aber durch die Aufgabe von Distanz durch die Richter selbst bei Ausübung ihrer Ämter, sei es aufgrund ihrer Partei- oder Gewerkschaftsloyalität oder aufgrund ihrer individuellen Karriereerwartungen (bei Bundesverfassungsrichtern bisweilen auch aufgrund der Angst vor dem „Danach").

Im demokratischen Rechtsstaat ist jede Staatsgewalt, also nicht nur die Legislative oder die Exekutive, sondern auch die Judikative demokratisch legitimiert. Allerdings ist diese Legitimation nur mittelbarer Natur und außerhalb der Richterwahl sehr weit gestaffelt, jedenfalls i. V. m. der richterlichen Unabhängigkeit gebrochen genug, um in der

Formel „im Namen des Volkes“ kein Auftrags-, sondern ein Verantwortungsverhältnis zu erblicken.

4. Bedenkenswert ist prinzipiell auch die Kritik, daß die klassische unpolitische Rolle der Richter eine nur scheinbare sei. Richtig ist, daß unsere Rechtsprechung von dieser Welt und folglich Menschenwerk ist. Richter haben wie alle Menschen aufgrund ihres Elternhauses, ihrer Erziehung, ihrer Lebenserfahrungen und ihrer sozialen Stellung etc. eine Fülle politischer und sozialer Meinungen, Urteile und Vorurteile. Diese können durch Vergabe eines Richteramtes nicht beseitigt werden. Was aber verlangt werden kann, ist, daß der Richter sich seine Vorurteile etc. ständig zu vergegenwärtigen sucht und dagegen ankämpft, sich also insgesamt um Distanz zwischen seiner persönlichen Ansicht und seiner dienstlichen Tätigkeit bemüht.

Die in den sechziger Jahren formulierte Kritik an dem klassischen, unpolitischen Richter sieht dies wohl anders. Sie hat sich u. a. mit der magischen Vorstellung des Marsches durch Institutionen der Sache nach zum politischen Richter bekannt, der im extremen Fall sein Amt dazu nutzen kann oder nutzen soll, um (auch) politische Ziele durchzusetzen. Gemäßigtere Stimmen weisen darauf hin, daß der politische Richter schon deshalb notwendig sei, weil er insbes. bei der Ausfüllung unbestimmter Rechtsbegriffe und vor allem bei der Rechtsfortbildung der Sache nach eine politische Tätigkeit ausübe. Teile der modernen Rechtswissenschaft haben diese Entwicklung beschrieben, legitimiert, gefordert und den Jura-Studenten — im Rahmen einer hierfür günstigen Zeitströmung — eingetrichtert. Dies ist nicht ohne Wirkung geblieben. Das Beispiel von Richtern (insbes. der Arbeitsgerichtsbarkeit) des Landes Hessen zeigt, wohin diese Erziehung zum politischen Richter führen kann.

Diese Selbst-Politisierung der Justiz wird zudem getragen von einem zunehmenden Selbstbewußtsein der Richter, das vielleicht auch von ihrer besoldungsrechtlichen Privilegierung gefördert wird. Diese Besoldungsordnung mag in Verbindung mit der allgemeinen Stellenknappheit im übrigen ein Grund dafür sein, daß die fachliche Qualität der jungen Richter in der Bundesrepublik heute regelmäßig erheblich höher ist als in früheren Jahrzehnten (was manche kammer- und senatsinterne Generationskonflikte nicht eben leichter lösbar macht).

5. Das Selbstverständnis vieler jüngerer Richter als politische Sozialgestalter ist nicht ohne Gegenreaktion der politischen Parteien als wichtigste Machtträger im politischen System der Bundesrepublik Deutschland geblieben. Diese haben den zunehmenden politischen Einfluß der Richter und die Justiz als Machtfaktor erkannt. Sie sind deshalb willens

und dabei, auch diesen Bereich ihrer Herrschaft zu unterwerfen. Vorzügliches Mittel ist dabei die Personalpolitik, welche die Parteien schon seit Jahren als Mittel der Systemveränderung ebenso erfolgreich wie teilweise auch skrupellos angewandt haben. Fordert nicht das Gebot richterlicher Unabhängigkeit auch Distanz gegenüber Parteienmacht? Mit welcher Chuzpe unterdessen etwa Posten bei den obersten Gerichtshöfen des Bundes für die einzelnen Parteien reklamiert werden, ist schlechterdings skandalös. Mit einer solchen Beute-Mentalität kann man das Vertrauen in diesen Staat untergraben.

Verräterisch ist das jüngste Vorkommnis im Rahmen der Bestellung neuer Richter für vier oberste Gerichtshöfe der Bundesrepublik Deutschland. In der Sitzung des Richterwahlausschusses vom 30. Januar 1986 sind 12 neue Richter ohne die Stimmen der SPD-Mitglieder des Ausschusses gewählt worden. Diese zogen kurzerhand aus der Sitzung aus. Als Erklärung für dieses Verhalten ist u. a. die Unzufriedenheit der SPD über die mangelnde Berücksichtigung ihrer Personalvorschläge angesehen worden, wobei auch innerparteiliche Querelen in der SPD mitursächlich gewesen sein sollen. Wie üblich hatten vorher Verständigungsversuche über die Berücksichtigung der verschiedenen politischen Richtungen stattgefunden, waren aber gescheitert. Kennzeichnend an diesem Vorgang ist, daß die öffentliche Kritik hieran am Durchstimmen, d. h. am behaupteten (legalen, nicht notwendigerweise: legitimen) Übergehen der SPD ansetzt, während der eigentliche Skandal oder jedenfalls doch der Basisskandal der ist, daß die Richterposten zwischen den Parteien wie Pfründe aufgeteilt werden. Der Vorgang ist gewiß nicht auf den Bund beschränkt, sondern taucht auch auf der Länderebene auf, und zwar sowohl in A- wie B-Ländern.

Jedenfalls in den Besoldungsgruppen R 4 und aufwärts nimmt der Anteil der Parteimitglieder oder doch zuverlässiger Sympathisanten kontinuierlich zu, die Qualität der hohen Richter dagegen nicht. Es ist längst makabre Wirklichkeit, daß bei der Richterauswahl Mängel der juristischen Begabung bei höheren Richtern durch Parteimitgliedschaften kompensiert werden können. Lang ist die Zeit wohl nicht mehr, daß die Parteimitgliedschaft oder feste Zugehörigkeit zu politischen Lagern zur faktischen Einstellungsvoraussetzung für Richter gehört. Legitimiert wird dieser politische Einfluß häufig mit dem Argument, man müsse so vorgehen, weil auch die jeweils andere Seite (= andere Partei) dies ebenso mache. Diese Argumentation ist eine aus Illegitimität erwachsende spiralförmige Legitimationsautomatik und gleicht Tritten in einen Sumpf: mit jedem weiteren Tritt sinkt das Gemeinwesen tiefer in den Parteiensumpf ein.

Bei dieser Entwicklung besteht die große Gefahr, daß Richter, die ihre Ernennung politischen Parteien zu verdanken haben, auch parteipolitisch orientiert urteilen. Dabei droht in verfassungsrechtlich wenig greifbarer und deswegen um so gefährlicherer Weise die unabhängige Rechtsprechung durch die nicht oder kaum sichtbaren Fäden politischer Kumpanei und Rücksichtnahme gefesselt zu werden.

Neben der Dankbarkeit der protegierten Justizangehörigen gegenüber ihrer Partei für geleistete Dienste spielt in diesem Zusammenhang sicherlich auch das Selbstverständnis der Richter als Exponenten politischer Richtungen eine Rolle. Solche einseitig argumentierenden Richter werden auch bei pluralistischer Bestimmung von Richtern verschiedener politischer Lager dem Anspruch der richterlichen Unabhängigkeit nicht gerecht. Diese beschriebene Gefahr wird oft nicht oder doch verharmlost gesehen. Gewiß gibt es ein spezifisches richterliches Rollenverständnis und die prägende Kraft des Richteramtes. Allerdings wird der Richter ja nicht nur von hehren Prinzipien geleitet, sondern wird z. B. auch an seine berufliche Zukunft denken. Hier setzen die politischen Parteien an. Zur Erweiterung ihres Einflusses mißbrauchen sie ihre Macht z. B. in Richterwahlausschüssen, um den Karriereerwartungen ihrer juristischen Mitglieder auch gerecht zu werden. Dies kann auf die Wahrnehmung des richterlichen Amtes in unakzeptabler Form zurückschlagen.

Wie kann dies nun bekämpft werden? Da das Verbot der Parteimitgliedschaft von Richtern aus verfassungsrechtlichen Gründen ausscheidet (und außerdem leicht umgehbar wäre), bleibt alleine der Versuch einer verstärkten Sensibilisierung der Bevölkerung, aber auch der Richterschaft gegen diesen Mißbrauch von Parteienmacht. Ob organisatorische Maßnahmen Abhilfe bieten können, ist zweifelhaft. Rechtsstaatlich geordnete Bestellungsverfahren von Richtern außerhalb rein interner exekutiver Personalhoheit können zwar insoweit distanzermöglichend wirken. Ein weiterer Ausbau parlamentarischer Mitentscheidungsrechte bei der Richterbestellung auf Kosten der Landesjustizverwaltungen würde den parteipolitischen Einfluß aber voraussichtlich noch vergrößern, wenn vielleicht auch breitflächige parteipolitische Einseitigkeiten bei der Personalpolitik verhindern. Aber auch eine so gewissermaßen zwangspluralistische Richterschaft ist fern vom rechtsstaatlichen Ideal.

III. Überlange Gerichtsverfahren

1. Die Funktion der Rechtsprechung zur rechtlichen Streitentscheidung bedingt die Aufgabe, Rechtsentscheidungen innerhalb einer angemessenen Frist zu fällen. Zu spät kommender Rechtsschutz ist regelmäßig nicht der nach der Verfassung (insbes. Art. 19 Abs. 4 GG) vom Staat geschuldete effektive Rechtsschutz. Überlange Gerichtsverfahren erweisen sich somit als eine Fehlfunktion der Rechtsprechung. Diese Verzöge-

rungen mögen u. a. auf das Parteiverhalten sowie auf unzureichende personelle und sachliche Ressourcen zurückzuführen sein. Es gehört aber nicht selten auch zur sog. Arroganz staatlicher Macht, mit welcher Gleichgültigkeit oder gar Geringschätzung die staatliche bürokratisierte Entscheidungsmaschine (wozu auch die Rechtsprechung gehört) über eines der kostbarsten Güter der Bürger — die Zeit — verfügt. Diese staatliche Herrschaft über die Zeit der Bürger wird insgesamt noch viel zu wenig problematisiert. Schonender Umgang mit der Zeit seiner Bürger ist das Zeichen eines humanen Staates. Jahrelange Prozesse — gar solche des Strafrechts — sind für den Bürger und für die Rechtsidee insgesamt eine (auch rechtsstaatswidrige) Zumutung.

2. Nicht von ungefähr ist insoweit der rechtsstaatlich so (über?)perfektionierten Bundesrepublik Deutschland vom Europäischen Menschenrechtsgerichtshof bereits wiederholt die Verletzung von Art. 6 Abs. 1 EMRK bescheinigt worden. Insoweit erweist sich die internationalrechtliche Vorschrift des Art. 6 Abs. 1 EMRK (wonach jedermann einen Anspruch darauf hat, daß seine Sache in einer angemessenen Zeit gehört und entschieden wird) als eine wichtige rechtliche Waffe im Kampf gegen überlange Verfahren. Wegen des Unterverfassungsrangs der EMRK scheidet freilich eine hierauf gestützte Verfassungsbeschwerde aus.

Zweifellos ist es häufig recht schwierig, die konventionswidrige Überlänge eines Gerichtsverfahrens konkret festzustellen. Die Angemessenheit der Dauer eines Verfahrens nach Art. 6 Abs. 1 der Konvention muß jeweils nach den Umständen des Einzelfalles, insbes. nach seinem Umfang und seiner Schwierigkeit beurteilt werden. Weiter spielen das Parteiverhalten, der Organisationsablauf und vor allem das Vorgehen der mit dem Verfahren betrauten Gerichte und Behörden wesentliche Rollen. Entscheidend für die Feststellung einer Verletzung von Art. 6 Abs. 1 EMRK ist nach der Rechtsprechung des Europäischen Menschenrechtsgerichtshofs etwa, daß die Ermittlungen in der Sache nicht mit der erforderlichen Zügigkeit durchgeführt wurden und so die angemessene Frist überschritten wurde. Im Ergebnis wird Art. 6 Abs. 1 EMRK regelmäßig allerdings nur bei krassen Verzögerungen greifen.

Gewiß dürfen die Fülle festgestellter Verletzungen von Art. 6 Abs. 1 EMRK in der Bundesrepublik Deutschland nicht vorschnell verallgemeinert werden, umgekehrt sind sie jedoch keineswegs einzelne Ausreißer.

3. Daß ein Großteil der Prozesse in der Bundesrepublik Deutschland zu lange dauert, läßt sich schwerlich bestreiten. Damit ist allerdings über prozeßrechtswidrige Verzögerungen nichts gesagt. Das Grundproblem ist doch vielmehr dies, daß das geltende Prozeßrecht derartige Verzögerungen faktisch nicht verhindert.

Wenig effektiv sind wegen des Verschuldenskriteriums die Instrumente der Dienstaufsicht nach § 26 Abs. 2 DRiG und evtl. Schadensersatzansprüche nach § 839 Abs. 2 S. 2 BGB. Die prozeßrechtlichen Abwehrmöglichkeiten verursachter Verzögerungen sind sehr begrenzt. Die einschlägigen Beschleunigungsgebote sind insoweit nur schwer durchzusetzen. Am effektivsten dürfte (oder könnte) das unterverfassungsrechtliche Prozeßrecht noch in Abwehr von Verzögerungen durch die Verfahrensbeteiligten sein. Allerdings sind die Möglichkeiten zur wirksamen Abwehr von Verfahrenssabotagen durch die Beteiligten noch unterentwickelt. So bleibt es vor allem eine rechtspolitische Aufgabe, Abwehrinstrumente gegen Verhaltensformen zu finden, bei denen das Prozeßrecht zur Verhinderung des materiellen Rechts mißbraucht wird.

4. Angesichts der geringen Effektivität des geltenden Prozeßrechts zur Abwehr überlanger Verfahren stellt sich die Frage, ob und inwieweit verfassungsrechtliche Grenzen der Dauer von Gerichtsverfahren existieren.

a) Ungeachtet einfachgesetzlicher Regelungen könnte ein verfassungsrechtliches Beschleunigungsgebot auch der Idee und dem Zweck der Rechtsprechung als Verfassungsinstitution selbst entnommen werden. Der Zweck der Rechtsprechung besteht in dem Finden des richtigen Rechts und seiner Durchsetzung. Dem Rechtsprechungsauftrag der Durchsetzung der Rechtsordnung wird jedoch nur dann Rechnung getragen, wenn sie rechtzeitig durchgesetzt wird. Eine zu spät kommende Rechtsdurchsetzung verhilft der Rechtsordnung oftmals nur noch zur theoretischen, nicht aber mehr zur — verfassungsgeforderten — praktischen Geltung.

Andererseits verlangt das Rechtsstaatsprinzip jedoch auch eine möglichst „richtige“ Entscheidung der Richter. Die Gewähr für eine solche „richtige“ Entscheidung ist um so größer, je sorgfältiger ermittelt, beraten und verhandelt werden und ggfls. eine Überprüfung durch Obergerichte stattfinden kann. Dieses Ideal einer rechtsstaatlichen Rechtsprechung, gleichermaßen möglichst schnelle und richtige Entscheidungen zu treffen, bezeichnet demnach eine prinzipielle Spannung der Rechtsprechung im Rechtsstaat. Die Auflösung dieser Spannung darf nun freilich nicht einseitig lauten: Entweder eine schnelle und vermutliche (angenähert) richtige Entscheidung oder eine langsame und sicherlich „richtigere“ Entscheidung. Bei schwierigen Rechtsanwendungs- und Auslegungsfragen ist die Vorstellung von Richtigkeit im wesentlichen ohnehin eine Fiktion, auf der freilich das gesamte Rechtsschutzsystem baut.

Als realistisches Ziel für die Rechtsprechung und den Prozeßrechtsgeber sollte in etwa ein goldener Schnitt, ein schonender, optimierender

Ausgleich zwischen größtmöglicher Schnelligkeit und maximaler Richtigkeit (insbes. intensivster Sachverhaltsermittlung) gefunden werden. Zusammenfassend läßt sich aus der Rechtsprechungsidee ein prinzipielles verfassungsrechtliches Beschleunigungsgebot bei Gerichtsverfahren herleiten. Allerdings wird dies wohl im allgemeinen nur gegenüber extremen Fällen der gewissermaßen verweigerungsgleichen Rechtsschutzverzögerung wirksam, bei denen die Rechtsprechung unwirksam und sinnlos wird.

b) Neben der Idee und dem Zweck der Rechtsprechung bieten auch das Rechtsstaatsprinzip (Aspekt der Gerechtigkeitsrealisierung) und der Sozialstaatsgedanke (Justiz als Daseinsvorsorge) gewisse Anknüpfungspunkte für ein verfassungsstarkes Beschleunigungsgebot. Aus dem Grundsatz der Rechtsstaatlichkeit bzw. dem Gebot der Gerechtigkeit läßt sich insgesamt die Pflicht zu einer funktionstüchtigen und damit auch zeitgerechten Rechtspflege ableiten.

c) Neben diesen — sicherlich konkretisierungsbedürftigen — Herleitungsmöglichkeiten eines solchen Gebotes aus den Staatszielbestimmungen geben auch die Grundrechte selbst einen Ansatzpunkt für derartige Interpretationen. Hierbei ist vor allem auf die Rechtsweggarantie und auf die Justizgrundrechte einzugehen.

aa) Art. 19 Abs. 4 GG eröffnet den Rechtsweg im Falle der Verletzung subjektiver öffentlicher Rechte durch die vollziehende Gewalt und fordert einen effektiven und d. h. auch rechtzeitigen Rechtsschutz. Rechtzeitigkeit steht dabei für die simple Erkenntnis, daß sich der Rechtsschutz auch noch faktisch auswirken kann. Der Gedanke des effektiven Rechtsschutzes beinhaltet auch die Forderung nach ausreichenden Sach- und Personalmitteln im Sinne der Bereitstellung der für die Rechtsprechung notwendigen Kompetenzvoraussetzungen. Die Entfaltung dieser Effektivitätsgedanken kann jedoch grundsätzlich im Rahmen der geltenden Prozeßgesetze erfolgen und sich nur ausnahmsweise gegen diese selbst richten. Einschränkend muß schließlich auch festgehalten werden, daß diese Folgerungen aus Art. 19 Abs. 4 GG nur für den gerichtlichen Schutz gegen die vollziehende Gewalt gelten.

bb) Aus dem Gebot des gesetzlichen Richters in Art. 101 Abs. 1 S. 2 GG kann mittelbar, über den individualrechtlichen Anspruch auf einen gesetzlichen Richter hinaus, ein Anspruch auf Beachtung der rechtlichen und sachlichen Voraussetzungen für eine richtige Entscheidung der Gerichte abgeleitet werden. Dazu zählt auch die Entscheidung in nicht völlig unangemessener Zeit. Art. 101 Abs. 1 S. 2 GG wirkt sich jedoch grundsätzlich nur bei bestehenden Verfahrensgesetzen aus, denn sie bestimmen den gesetzlichen Richter. Damit läßt sich im Ergebnis aus Art. 101 Abs. 1 S. 2 GG nur ein Anspruch auf Prozeßrechtmäßigkeit

(u. a. auch auf fehlerfreie Terminierung) im Rahmen der allgemeinen Verfahrensgesetze (vor allem bezüglich der Gerichtsorganisation) ableiten. Bei Nicht-Beachtung dieses Prozeßrechts läge dann allerdings ein Verstoß gegen das Grundrecht aus Art. 101 Abs. 1 S. 2 GG vor. Verzögerungen werden allerdings nur dann gegen Art. 101 Abs. 1 S. 2 GG verstoßen, wenn sie nahezu verweigerungsgleich wirken.

cc) Neben Art. 101 Abs. 1 S. 2 GG ist im Hinblick auf ein verfassungsrechtliches Beschleunigungsgebot vor allem auch auf Art. 103 Abs. 1 GG — den Anspruch auf rechtliches Gehör — einzugehen. Bei Berücksichtigung des Zweckes dieser Norm — vor allem der Sachaufklärung — wird deutlich, daß nur ein rechtzeitiges Gehör zur Sachverhaltsaufklärung in entscheidendem Maße beitragen kann. Deshalb wird zumindest hinsichtlich der Gewährung rechtlichen Gehörs bei zeitlich völlig unangemessenem Verfahren Art. 103 Abs. 1 GG verletzt. Allerdings wird ein Verstoß gegen Art. 103 Abs. 1 GG auch bei langjährigen Verfahren nicht anzunehmen sein, wenn die Anhörung in angemessener Zeit vor der — wenn vielleicht auch insgesamt recht späten Entscheidung — erfolgt.

dd) Neben den Prozeßgrundrechten werden bei überlangen Gerichtsverfahren aber auch andere Grundrechte tangiert. Dies geschieht einerseits durch prozeßbegleitende Eingriffe (z. B. Haft, Beschlagnahme, vorläufige Berufsverbote). Als betroffene Grundrechte kommen Art. 2 Abs. 2, 12 und 14 GG in Betracht. Da die Legitimierung dieser Maßnahmen letztlich erst im Abschluß des Prozesses erfolgen kann, müssen sie dem Verfassungsgebot der Verhältnismäßigkeit in besonders sensibler Form entsprechen.

Daneben kann das gerichtliche Verfahren selbst als Eingriff zu werten sein, wenn sich die durch das Verfahren verursachten psychischen Belastungen auf das persönliche Wohlbefinden bzw. wenn sich die ökonomischen Effekte auf die beruflichen Umstände auswirken. Dies gilt insbes. für Strafverfahren und davorgelagerte öffentliche Ermittlungsverfahren, aber auch allgemein für belastende Gerichtsverfahren, z. B. bei der Überprüfung von Gewerbeuntersagungen etc. Allerdings ist bei der Konzeption des Verfahrens als Eingriff stets limitierend zu bedenken, daß es zum allgemeinen Rechtsstaatsrisiko gehört, bei Verdacht mit entsprechenden Ermittlungen überzogen zu werden. Vor einer übersteigerten Grundrechtssensibilität ist hier zu warnen.

Die Zulässigkeit (prozeßbegleitender Eingriffe sowie) des Verfahrens als Eingriff richtet sich vor allem auch nach dem Übermaßverbot. Dabei wird besonders die zeitliche Dimension von derartigen Eingriffen wichtig. Insoweit gibt das Übermaßverbot zugleich auch eine verfassungsrechtliche Antwort auf die Frage der zulässigen Dauer von Gerichtsverfahren. Überlange Verfahren verbietet einmal das Prinzip der Erforderlichkeit i. S. zeitlicher Erforderlichkeit (als kürzestnötigster Eingriff). Dies begründet eine Pflicht zur Verhinderung vermeidbarer Verzögerungen bei eingriffsgleichen Verfahren. Ergänzend bestimmt das Verhältnismäßigkeitsprinzip i. e. S., d. h. die Proportionalität, daß die Dauer des Verfahrens nicht außer Verhältnis zum Verfahrensgegenstand, insbes. zur verfolgten Tat, stehen darf. Allerdings ist dieser Gedanke nur für eingriffsgleiche Verfahren fruchtbar zu machen.

ee) Allerdings kann der Aspekt der Grundrechtsverwirklichung durch das Gerichtsverfahren diese Fessel (der Sicht des Verfahrens als Eingriff) abstreifen. Danach ist ein subjektives Recht auf gerichtlichen Schutz denkbar, d. h. gewissermaßen ein leistungsgrundrechtlicher Anspruch zur prozessualen Grundrechtsverwirklichung durch den rechtsprechenden Staat. Eine unsachliche und krasse Verzögerung wäre in diesem Fall als Verletzung des Anspruchs auf Grundrechtsverwirklichung durch Gerichtsverfahren zu bewerten. Die Verankerung dieses Anspruchs findet sich in diesen Fällen letztlich in den jeweils (im Zivilrecht vor allem durch Dritteingriff) bedrohten und durch Gerichtsverfahren verteidigten Grundrechten, also beispielsweise in Art. 14 oder 2 Abs. 1 GG.

5. Trotz der relativ reichhaltigen verfassungsrechtlichen Ansätze wäre es verfehlt, vom Verfassungsrecht einen entscheidenden Durchbruch im Kampf gegen überlange Verfahren zu erwarten. Auch eine straffere Handhabung des geltenden Prozeßrechts insbesondere gegenüber Prozeßverzögerungen und -sabotagen der Verfahrensbeteiligten kann manches, aber wohl nichts Entscheidendes bringen.

Die intensivere Nutzung der Rechtsprechungskapazitäten durch straffere Prozeßführung und bessere Prozeßleitung sowie verstärkte Kapazitätsnutzungen, d. h. mehr und effektivere Arbeit der Richter — die Urteile sind heute vielfach zu lang — kann Linderung, aber nicht Heilung bringen. Gleiches gilt für einen weiteren Ausbau der personellen und sachlichen Ressourcen der Rechtsprechung, soll diese noch finanzierbar bleiben.

Veränderungen des geltenden Rechts dürften zur Bekämpfung überlanger Verfahren unerläßlich sein. Dies gilt insbesondere für einen weiteren Ausbau der prozeßrechtlichen Beschleunigungsgebote. Sollte es gelingen, hinreichende gesetzliche Mittel den Verfahrenssabotagen wirksam entgegenzustellen, wäre auch daran zu denken, daß der Gesetzgeber absolute zeitliche Grenzen der Dauer von Gerichtsverfahren einführt. Die Erhöhung der Gerichtskosten (sowie das Zurückdrängen der Rechtsschutzversicherungen) können wichtige, allerdings vor allem sozialstaatlich limitierte Steuerungsmittel zum Abbau überzogener

Rechtsschutznachfrage sein. Ein Instanzenabbau mit Augenmaß könnte eine rechtsstaatlich nicht nur unbedenkliche, sondern eventuell auch rechtsstaatlich erwünschte Rechtsschutzkonzentration bedeuten. Insbesondere im Verwaltungsprozeßrecht kann eine verfassungskonforme Begrenzung der Klagebefugnis eine Rechtschutzhypertrophie abbauen. Schließlich ist auch an — noch zu erörternde — gesetzliche Rechtsschutzlimitierungen zu denken.

Wesentliche Reduktionen der Rechtsschutzlawine könnte schließlich durch eine entschlossene Entfeinerung des materiellen Rechts und — allgemein gesprochen — durch Abbau der inneren und äußeren Übernormierung erfolgen. Ein solcher Abbau der Übernormierung könnte eine Reduktion übermäßiger Justizialisierung zur Folge haben. Allerdings ist bei der Entfeinerung des materiellen Rechts mit Vorsicht ans Werk zu gehen, soll diese nicht kontra-produktiv wirken. Ein Abbau der inneren Übernormierung durch immer mehr Generalklauseln und unbestimmte Rechtsbegriffe kann leicht zur weiteren Überlastung der Gerichte durch zunehmende Konkretisierungsaufgaben führen. Sinnvolle Lösungen können eventuell durch Generalklauseln mit normativen, nicht abschließenden Beispielsgruppen erfolgen. Eine totale gesetzgeberische Inaktivität wäre jedenfalls falsch. Es geht um eine Bekämpfung der *Über*normierung, nicht der Normierung überhaupt.

IV. Richter als Ersatzgesetzgeber (im Arbeitskampfrecht)

1. Wie stark gesetzgeberische Enthaltsamkeit arbeitsbelastend für die (allerdings hier oft nur zu bereite) Rechtsprechung wirken kann, zeigt die derzeitige Situation im Arbeitskampfrecht. Hier sind weiteste Bereiche gesetzlich nicht geregelt worden, wodurch sich die Rechtsprechung (insbes. des Bundesarbeitsgerichts) als Ersatzgesetzgeber in Pflicht genommen fühlte und ein richterliches Arbeitskampfrecht entwickelt hat. Dabei ist im Ergebnis wohl ein insgesamt brauchbares Surrogat i. S. einer richterlichen Ersatzgesetzgebung herausgekommen.

Ob dies freilich eine politisch sinnvolle Entwicklung ist, erscheint zweifelhaft. Ein solches zentrales Rechtsgebiet sollte unmittelbar durch den Gesetzgeber geregelt werden, denn unmittelbare demokratische Legitimation würde ihn hierzu politisch in ganz anderem Maße befähigen als den Richter, der eben nur recht mittelbar demokratisch legitimiert ist. Es geht bei der parlamentarischen Gesetzgebung ja nicht nur um die Erarbeitung eines sachangemessenen und konsensfähigen Resultats, sondern um das Durchlaufen eines konsensstiftenden, interessenausgleichenden und integrierenden Verfahrens. Ein Urteil kann eine Mehrheitsentscheidung politisch grundsätzlich nicht ersetzen, und zwar auch dann nicht, wenn — wie in der Arbeitsgerichtsbarkeit — in prägender Weise organisierte kollektive Interessen in den richterlichen Entscheidungsvorgang eingebracht werden. Richterliche Ersatzgesetzgebung bleibt immer Demokratiesurrogat.

Allerdings fehlt dem (derzeitigen wie dem früheren) Gesetzgeber in der Bundesrepublik Deutschland der politische Mut und vielleicht auch die politische (Parteiflügel einigende) Kraft, ein Arbeitskampfgesetzbuch zu verabschieden. Insoweit mag die richterliche Ersatzgesetzgebung bisweilen auch als Mut-Surrogat dienen. Die Richter brauchen für ihre Entscheidungen diesen politischen Mut nicht, weil sie nicht auf Wiederwahl angewiesen sind (wobei jedenfalls bei Richtern des Bundesarbeitsgerichts die erwähnten entscheidungsbeeinflussenden richterlichen Karriereerwartungen keine nennenswerte Rolle mehr spielen dürften). Richter sind so möglicherweise geborene politische Quasi-Nothelfer in einem demokratischen Verbändestaat, dem die innere Souveränität an die Gewerkschaften und Arbeitgeberverbände abhanden gekommen ist.

Kennzeichnend ist, daß die Begründung (und Kritik) der richterlichen Ersatzgesetzgebung in erster Linie am vorhandenen Richterrecht im Bereich des Arbeitsrechts ansetzt. Die traditionellen Instrumente der eher punktuellen Lückenfüllung und der Rechtsfortbildung werden als nicht mehr ausreichend angesehen, die Inaktivität des Gesetzgebers seitens der Gerichte aufzufangen. Daraus leitet die Rechtsprechung ihre Funktion, Kompetenz und Legitimation zur flächendeckenden Ersatzgesetzgebung im Arbeitsrecht ab.

2. Fraglich ist allerdings, ob das richterliche Arbeitskampfrecht als Ersatzgesetzgebung in Übereinstimmung mit dem geltenden Verfassungsrecht ergangen ist.

a) Einen wichtigen Ausgangspunkt der sich hier stellenden allgemeinen verfassungsrechtlichen Frage um die Grenzen des Richterrechts und der richterlichen Ersatzgesetzgebung bildet stets die Unausweichlichkeit der richterlichen Entscheidung. Die garantierte Entscheidbarkeit aller Rechtsfragen durch Gerichte, d. h. das richterliche Entscheidungsverweigerungsverbot, gewährleistet jedoch nicht zugleich die materiellrechtliche Determination aller Entscheidungen. Dies hat zur Konsequenz, daß dem Rechtssuchenden zwar im Rahmen der Prozeßgrundrechte und des Prozeßrechts ein Urteil nicht verweigert werden darf, er aber bei einer gesetzgeberischen Inaktivität in wesentlichen Fragen ggfls. ein sachlich abweisendes Urteil erhalten muß, weil der Anspruch gesetzlich nicht begründet werden kann. Richterliche Entscheidungspflichten sind eben keine Verrechtlichungsgebote.

Solche Verrechtlichungsgebote bzw. Gesetzgebungspflichten können sich nur aus der Verfassung (insbes. aus den Staatsstrukturprinzipien oder aus den Grundrechten) ergeben. Für den Beispielsfall des Arbeitskampfrechts ist also verfassungsrechtlich zu prüfen, ob und inwieweit eine Vergesetzlichung der vom Gesetzgeber insoweit noch nicht erfaßten Teile des Arbeitsrechts verfassungsrechtlich geboten ist.

b) Eine solche Pflicht könnte sich möglicherweise aus Art. 9 Abs. 3 GG ergeben. Danach hat der Staat die Aufgabe, die Funktionsfähigkeit des Grundrechts aus Art. 9 Abs. 3 GG sicherzustellen. Da aber auch mit der derzeitigen richterlichen Ersatzgesetzgebung die Effektivität der Koalitionsfreiheit gesichert erscheint, dürfte ein direkter Anspruch auf entsprechendes gesetzliches Tätigwerden schwerlich (allein) aus Art. 9 Abs. 3 GG ableitbar sein.

Einen weiteren Anknüpfungspunkt für eine Gesetzgebungspflicht im Arbeitskampfrecht könnte zusätzlich das Sozialstaatsprinzip bieten. Sicherlich läßt sich das Arbeitsrecht und speziell das Arbeitskampfrecht als Sozialstaatskonkretisierung verstehen. Solche Sozialstaatskonkretisierung mag verfassungsgeboten sein, wenn sie zur (verfassungsgebotenen) Sozialstaatsrealisierung unerläßlich ist. Aber auch aus dem damit angesprochenen Gedanken der Sozialstaatseffektivität (allein) ist gegen eine richterliche Ersatzgesetzgebung nichts einzuwenden, wenn und weil sie den Sozialstaatsgedanken durch Konkretisierung anwendbar macht.

c) Die entscheidende Frage, ob der Richter statt des Gesetzgebers im Arbeitskampfrecht handeln darf, mündet in das verfassungsrechtliche Problem, welche Bereiche staatlichen Handelns dem Gesetzgeber vorbehalten sind.

aa) Darauf gibt herkömmlicherweise vor allem die Lehre vom Vorbehalt des Gesetzes eine Antwort. In ihrer traditionellen Sicht wird sie aber für den hier interessierenden Problembereich nur dann weiter helfen, wenn und weil das Arbeitskampfrecht grundrechtseingreifend wirkt.

bb) Das Typische der Regelung des Arbeitskampfes ist jedoch nicht der Eingriff, sondern die ausübungsermöglichende und ordnende Grundrechtsorganisation. Hier kann indessen möglicherweise die Fortbildung der Vorbehaltslehre durch die sog. Wesentlichkeitstheorie weiterhelfen. Danach sind alle wesentlichen (d. h. auch nicht eingreifende) Entscheidungen dem parlamentarischen Gesetzgeber vorbehalten. Wesentlich soll eine staatliche Maßnahme vor allem dann sein, wenn sie „wesentlich für die Verwirklichung der Grundrechte sei“.

Trotz der fehlenden Genauigkeit dieser Formel und ihrer Zirkelschlußgeneigtheit kann nicht bestritten werden, daß die allgemeine Ordnung der Arbeitsbeziehungen für das Gemeinwesen, insbesondere für die Verfassungs- und Rechtsordnung, fundamentale Bedeutung hat, also wesentlich i. S. dieser verfassungsgerichtlichen Rechtsprechung ist. Nach der Wesentlichkeitstheorie könnte es somit kraft Verfassungsrechts eines Handelns des parlamentarischen Gesetzgebers zur grundsätzlichen rechtlichen Ordnung der Arbeitsbeziehungen bedürfen.

cc) Gegen die Anwendung der Wesentlichkeitstheorie auf das Problem des Arbeitskampfrechts sind freilich grundsätzliche Bedenken vorstellbar. Gegen eine Anwendbarkeit könnte zunächst der Standort der Wesentlichkeitstheorie im Rahmen der Gesetzmäßigkeit der Verwaltung sprechen. Dieses Argument zielt auf den Wirkbereich des klassischen Gesetzesvorbehalts, der die Macht der Exekutive limitieren sollte. Die Problematik richterlicher Ersatzgesetzgebung im Arbeitsrecht betrifft jedoch die Macht der Judikative (in ihrem Verhältnis zur Gesetzgebung). Verfassungsrechtlich ist jedoch unter dem Gesichtspunkt der Gesetzesgebundenheit eine Vergleichbarkeit von Exekutive und Judikative gegeben. Dagegen erweist sich die Kontroll- und Begrenzungsfunktion des Gesetzesvorbehalts gegenüber der Exekutive nicht ohne weiteres als übernehmbar auch für die Judikative. Der Rechtsprechung wird von der Verfassung grundsätzlich ein größeres Vertrauen entgegengebracht (Art. 19 Abs. 4, 104 Abs. 2 GG, Verfassungsgerichtsbarkeit) als der Exekutive. Da aber auch von der Judikative Gefährdungen der grundrechtsgeschützten Individualsphäre ausgehen können und die Unterwerfung der Rechtsprechung unter das Gesetz verfassungsgeboten ist (Art. 20 Abs. 3, 97 Abs. 1 GG), kann die — jedenfalls entsprechende — Geltung des Vorbehalts des Gesetzes für die Rechtsprechung nicht von vornherein ausgeschlossen werden. Insgesamt ist deshalb festzuhalten, daß der Vorbehalt des Gesetzes in der Gestaltung durch die Wesentlichkeitstheorie nicht nur die Macht der Exekutive, sondern auch die der Judikative dadurch begrenzt, daß sie das Parlament allein verpflichtet (und berechtigt), die wesentlichen Fragen mit hinreichender Normierungsdichte selbst zu regeln. Dies mag punktuelle Lückenfüllungs- und Rechtsfortbildungskompetenzen der Judikative nicht ausschließen, wohl aber breitflächige Formen der richterlichen Ersatzgesetzgebung. Die prinzipiellen abstrakt-generellen arbeitsrechtlichen Problemlösungen sind nach der Konzeption der Wesentlichkeitsrechtsprechung grundsätzlich vom Gesetzgeber und nicht von der Rechtsprechung zu erstellen.

Der Umstand, daß das Arbeitsrecht vornehmlich privatrechtliche Beziehungen regelt, steht der Anwendung der Wesentlichkeitstheorie ebenfalls nicht entgegen, da sie auch sonst auf die gesetzliche Gestaltung privatgerichteter Problemlagen angewendet wird (z. B. Einführung des Privatrundfunks).

dd) Als besonders gewichtiges Hemmnis gegen die Anwendbarkeit der Wesentlichkeitstheorie im Bereich des Arbeitskampfrechts und damit gegen die Pflicht des Gesetzgebers zur Arbeitskampfgesetzgebung kann sich möglicherweise die Koalitionsfreiheit des Art. 9 Abs. 3 GG erweisen. Nach wohl überwiegender Auffassung ist Art. 9 Abs. 3 GG als Garantie grundsätzlich staatsfreier Festlegung von Arbeits- und Wirtschaftsbedingungen zu verstehen. Wäre aber der Staat hierdurch generell aus diesem Handlungsfeld ausgeschlossen, würde die Wesentlichkeitstheorie unanwendbar sein. Die Gewaltenteilungsproblematik, die letztlich das zentrale Thema der Wesentlichkeitstheorie ist, kann aber erst dort zum Tragen kommen, wo überhaupt eine staatliche Entfaltung erlaubt ist. Die Wesentlichkeitstheorie verteilt also nur innerhalb grundrechtlich gewährleisteter Handlungsmöglichkeit des Staates konkrete Entscheidungsmacht an die einzelnen staatlichen Gewalten.

Richtig an diesem Einwand ist zunächst, daß Art. 9 Abs. 3 GG die Festsetzung von Arbeits- und Wirtschaftsbedingungen durch staatsfreie private Organisationen, insbesondere durch Koalitionen gewährleistet. Allerdings schließt dies nicht jede gesetzliche Regelung im Bereich von Art. 9 Abs. 3 GG aus. Erforderlich sind vielmehr typisierende Differenzierungen nach spezifischen Gesetzgebungsfunktionen. Gesetzliche Regelungen im Hinblick auf Grundrechte können u. a. grundrechtseinschränkend oder grundrechtsausfüllend wirken. Für jede dieser Gesetzgebungsfunktionen ist deshalb im folgenden die Frage der Anwendbarkeit der Wesentlichkeitstheorie getrennt zu beantworten:

Jedenfalls breite Beschränkungen dieses Grundrechts (die nach h. M. unter den Voraussetzungen des Art. 9 Abs. 2 GG zulässig sein sollen) dürften stets als wesentlich zu qualifizieren sein und bedürfen damit einer formellgesetzlichen Regelung. Dies würde z. B. auch für das Verbot von bestimmten Arbeitskampfmitteln gelten. Bei der organisierenden Grundrechtsermöglichung, der Grundrechtsorganisation, wird jedenfalls bei grundsätzlichen Entscheidungen (wie etwa regelmäßig bei den Regelungen eines Arbeitskampfgesetzbuches) deren „Wesentlichkeit" ebenfalls zu bejahen sein. Dies bedeutet, daß nur der parlamentarische Gesetzgeber verfassungsgemäß den formalen Rahmen und das Verfahren der privaten und koalitionsmäßigen Festlegung der Arbeits- und Wirtschaftsbedingungen bestimmen kann. Für den Bereich der Grundrechtsausfüllung dagegen kann der parlamentarische Gesetzgeber aufgrund der Wesentlichkeitstheorie von vornherein keine entsprechend intensive Geltung beanspruchen, weil gerade diese Ausfüllung des Art. 9 Abs. 3 GG im Sinne der Festlegung von Arbeits- und Wirtschaftsbedingungen gesellschaftlichen Regelungen durch Koalitionen überlassen werden soll. Allerdings kann sich jede koalitionsmäßige Vereinbarung nur im Rahmen der Grenzen der Tarifautonomie bewegen. Außerhalb dieser Grenzen kann der Gesetzgeber handeln.

ee) Im Ergebnis bedeutet dies, daß der Gesetzgeber von der Koalitionsfreiheit regelmäßig bezüglich der Setzung zwingenden Rechts nur im Kernbereich der koalitionsmäßigen Betätigung verdrängt wird. Möglich bleibt hier allenfalls die Bereitstellung eines dispositiven grundrechtsorganisierenden Reserverechts durch die (parlamentarischen) Gesetzgeber. Bei dispositivem Reserverecht insbes. im Bereich der Grundrechtsausfüllung ist regelmäßig ein Handeln des parlamentarischen Gesetzgebers nicht zwingend erforderlich. Etwas anderes gilt für die zulässige Grundrechtsbeschränkung. Hier ist der parlamentarische Gesetzgeber zur Gesetzgebung verpflichtet.

Zusammenfassend ergibt sich also, daß nach der Wesentlichkeitstheorie in wichtigen Bereichen des Arbeitskampfrechts nur der parlamentarische Gesetzgeber zur allgemeinen Regelung berechtigt und teilweise auch verpflichtet ist. Allerdings darf über die derzeit mangelnde politische Durchsetzbarkeit dieser rechtlichen Forderung kein Zweifel bestehen.

Gleichwohl bleibt insgesamt festzuhalten, daß die bisherige Ersatzgesetzgeberfunktion der Rechtsprechung im Arbeitskampfrecht grundsätzlich nicht mit der Wesentlichkeitstheorie zu vereinbaren ist. Ob sich in Ausnahmefällen aus einer notrechtlichen Kompetenz zur punktuellen Abhilfe etwas anderes ergibt, mag hier dahinstehen. Jedenfalls ist die Macht der Rechtsprechung keineswegs grenzenlos. Sie ist verfassungsrechtlich nicht nur grundrechtsgebunden, sondern muß auch den anderen Staatsgewalten ihr Recht lassen. Dies spricht grundsätzlich gegen eine breite richterliche Ersatzgesetzgebung. Sie ist grundsätzlich weder verfassungsmäßig noch verfassungslegitim.

V. Reduzierungen der richterlichen Kontrolle (in der Verwaltungsgerichtsbarkeit)

1. Die soeben angesprochenen verfassungsrechtlichen Grenzen der Rechtsprechung spielen für die laufende rechtspolitische Diskussion um Reduzierungen der richterlichen Kontrolle vornehmlich in der Verwaltungsgerichtsbarkeit nur eine sekundäre Rolle. Vielmehr geht es dabei primär um justiz- und verfassungspolitische Fragen. Justizpolitisch ist dabei das Streben nach einem Abbau der — bereits angesprochenen — Überlastung der Gerichte und allgemeiner nach einer sinnvollen Nutzung der knappen Ressource Rechtsschutz.

2. Verfassungspolitisch geht es um die Frage nach dem optimalen (nicht maximalen) Zuschnitt richterlicher Entscheidungsmacht und grundsätzlich nach der richtigen Zuordnung der Rechtsprechung vor allem zur Exekutive.

a) Kennzeichnend für die derzeitige einschlägige verfassungspolitische Problematik ist die allgemein diagnostizierte „Verschiebung" der Verwaltungsgerichtsbarkeit von der (klassischen) kassatorischen zu einer immer stärker reformatorischen Funktion. Diese Haltung äußert sich beispielsweise darin, daß bei der Überprüfung unbestimmter Rechtsbegriffe manche Verwaltungsgerichte die eigene fachliche Wertung von Umweltschutzmaßnahmen letztlich an die Stelle der Einschätzung der Verwaltung setzen. Die Verwaltungsgerichte haben in unserem Verfassungssystem aber weder ein administratives noch ein politisches Mandat. Es steht im Grundsatz außer Frage, daß die Gerichte Entscheidungen der Verwaltung nicht schlechthin durch eigene Entscheidungen ersetzen dürfen. Umstritten ist nur, ob dies als bloßer Appell an den „judicial self restraint" zu werten ist oder ob darüber hinaus — was bisher zweifelhaft ist — verläßliche rechtliche Kriterien für eine Begrenzung der gerichtlichen Nachprüfung angegeben werden können.

b) Die Dringlichkeit einer solchen Fragestellung wird insbes. (aber nicht nur) im Umweltrecht deutlich. Der richterliche Zugriff auf materielle Verwaltungsaufgaben ist u. a. vor der im Umweltrecht bestehenden Diskrepanz zwischen den vagen Gesetzesformulierungen einerseits und den vom Gesetz zu regelnden hochkomplizierten, komplexen technischen Sachverhalten andererseits zu sehen. Hinzu kommt die ungeklärte Position der sog. technischen Normen und ihre strittige Inkorporation in die staatliche Rechtsordnung (ein Zustand, den der Gesetzgeber durch gesetzliche Vermutungsklauseln beseitigen sollte). Zehntägige Beweisaufnahmen mit über hundert Beweisthemen und fünfzig Sachverständigen, wahre Professoren-Stechen sowie detaillierte Auseinandersetzungen mit technischen Einzelfragen im Rahmen von Urteilsbegründungen, deren Umfang zwischen Dissertations- und Habilitationsstärke schwankt, sind als sog. Wyhl-Syndrom berüchtigt geworden. Richter sind Experten für Gerechtigkeit, nicht aber für Berstschutz. Im Endeffekt erweist sich hier das Ausgreifen der Justiz für diese als ein Pyrrhussieg. In Wahrheit entscheiden materiell nur zu oft die Sachverständigen. Ihre Auswahl ist häufig entscheidungspräjudizierend. Angesichts der allgemeinen Krise des Sachverstands (mit den zum großen Teil „lagerfesten" und berechenbaren Sachverständigen) ist dies keine ermutigende Tendenz.

c) Unter diesen Gesichtspunkten gewinnen die Befürworter einer rechtlich relevanten Einschätzungsprärogative der Verwaltung an Boden. Das Bundesverwaltungsgericht dagegen hielt bislang an seinem Grundsatz fest, daß (auch gerade im Umweltrecht) eine volle Nachprüfbarkeit der unbestimmten Rechtsbegriffe durch die Verwaltungsgerichte gegeben sei. Mit seinem Wyhl-Urteil dürfte aber möglicherweise eine breite Rechtsänderung durch das Bundesverwaltungsgericht eingeleitet worden sein.

Die Meinung des Bundesverfassungsgerichts scheint dahin zu gehen, daß bei grundsätzlich notwendiger gerichtlicher Letztentscheidungsmöglichkeit (nur) der Gesetzgeber selbst die gerichtliche Kontrolldichte verringern kann.

d) Damit wird ein verfassungsrechtlich und verfassungspolitisch befriedigender Weg zur Reduzierung der richterlichen Kontrollweite und -dichte erkennbar. Zu denken ist an ausdrückliche gesetzliche Rechtsschutzlimitierungsentscheidungen (wie insbes. § 70 Abs. 4 GWB), wodurch bestimmte sachverständige Entscheidungsteile der Exekutive der gerichtlichen Entscheidung entzogen werden könnten. Es geht also rechtspolitisch um eine gesetzliche Anerkennung und Ausgestaltung einer quasi-political-, economical- oder technical-question-Doktrin. Maßvolle Begrenzungen der richterlichen Kontrollweite und -dichte widersprechen dabei grundsätzlich nicht dem Art. 19 Abs. 4 GG, wenn nur die (äußeren und inneren) Grenzen solcher gerichtsfrei gestellten Entscheidungsteile gerichtlich überprüfbar bleiben. Im Effekt liefe dies dann wohl auf eine partielle Einräumung von Tatbestandsermessen hinaus, dessen Ausübung gerichtlich nur noch auf Mißbrauch und Überschreitung überprüft werden könnte.

3. Insgesamt ist die historisch bedingte (in Abkehr vom Dritten Reich entstandene) antithetische Rechtsschutzperfektionierung in der Bundesrepublik Deutschland synthetisch zu reduzieren. Denn das bisherige Rechtsschutzmaximum ist gewiß kein rechtsstaatliches Optimum. Es wirkt längst kontraproduktiv für die Gerechtigkeit und wohl auch für die Realisierung des materiellen Rechts. Deshalb gilt auch für den Rechtsschutz: Statt notwendiger Unvollständigkeit des Vollkommenen ist in der Realität häufig die Vollkommenheit des Unvollständigen vorzuziehen.

3. Politisierung der Verwaltung: Instrument der Steuerung oder Fehlsteuerung?

Von Wilfried Berg

I. Konkretisierung des Themas

Das mir gestellte Thema gleicht einer Rechnung mit (wenigstens) drei Unbekannten: Zwar kann sich jeder etwas unter „Politisierung", „Verwaltung" und „Steuerungsinstrumenten" vorstellen; aber die Bandbreite der jeweils denkbaren Begriffsinhalte ist so weit, daß ein gemeinsames Gespräch eine Konkretisierung voraussetzt.

1. Politisierung

Unter „Politisierung" kann man mindestens zwei unterschiedliche Erscheinungen verstehen. Zum einen kann darin eine Ausrüstung der Verwaltung mit Eigenschaften und Fähigkeiten gesehen werden, die sie in die Lage versetzen, wachsende Gestaltungsspielräume im Leistungs- und Planungsstaat möglichst gut auszufüllen. Zum anderen wird Politisierung aber auch nicht selten als „Parteipolitisierung" verstanden. Beide Erscheinungen dürfen nicht miteinander identifiziert werden[1]. Im folgenden soll vor allem von der Parteipolitisierung die Rede sein; denn dort liegt m. E. ein ernsthaftes und aktuelles Steuerungsproblem, das vordringlich behandelt werden muß.

2. Verwaltung

Weitaus vielfältiger sind die Möglichkeiten, den Verwaltungsbegriff zu verstehen. „Die" Verwaltung gibt es in der Tat nicht. So lassen sich die Funktionen der Bonner Ministerialverwaltung mit der Exekutivtätigkeit von Länderbehörden, mit der Tätigkeit eines Gemeinderats im Rahmen kommunaler Selbstverwaltung, mit der Arbeit der Deutschen Bundesbank in Frankfurt oder mit der Arbeit des Bundesamtes für Verfassungsschutz in Köln kaum vergleichen. Auch wenn alle diese Institutionen öffentlicher Gewalt parteipolitischen Einflüssen ausgesetzt

---

[1] Vgl. *Hans Herbert v. Arnim,* Staatslehre der Bundesrepublik Deutschland, 1984, S. 374 f.; *Helmuth Schulze-Fielitz,* Der informale Verfassungsstaat, 1984, S. 144 f.

sind, müssen die unterschiedlichen Organisations- und Kreationsformen und die sehr heterogenen Tätigkeitsfelder doch möglichst sauber auseinandergehalten werden. Angesichts der damit angedeuteten Vielfalt dessen, was wir sehr verkürzt als „Verwaltung" zu bezeichnen pflegen, empfiehlt es sich eher auf den gemeinsamen Nenner der personellen Ressourcen zu rekurrieren, also auf den öffentlichen Dienst. Hier findet Parteipolitisierung auch ihren Ansatz. Selbstverständlich darf die Betrachtung des öffentlichen Dienstes ihrerseits nicht eine Einheitlichkeit des in Wirklichkeit höchst differenzierten Verwaltungspersonals suggerieren[2]. Da aber dem größten Teil der Angehörigen des öffentlichen Dienstes durch „Regelungsüberlastung" wirkliche Gestaltungsmöglichkeiten genommen sind[3], gibt es in den unteren Rängen auch weniger Ansatzpunkte für spektakuläre Parteipolitisierung. Deshalb werden im weiteren Verlauf im wesentlichen die höheren Beamtenränge auf allen Stufen der Verwaltung angesprochen.

3. *Steuerung*

Unter Steuerung werden hingegen in einem weiten Sinne alle planmäßigen Einwirkungen auf den öffentlichen Dienst verstanden, die auf die aktive Verwirklichung übergeordneter Ziele gerichtet sind. Solche „planmäßigen Einwirkungen" brauchen dabei keineswegs rechtlich geformt zu sein; in den meisten Fällen wird es hier um „informale" Steuerungstechniken gehen[4]. — Vom verfassungsrechtlichen Ausgangspunkt her läßt sich dann von „positiver" Steuerung sprechen, wenn diese Einwirkungen die Ziel- und Verfahrensvorgaben des Grundgeset-

---

[2] Zu einer Reihe von Einteilungsaspekten *Günter Püttner*, Verwaltungslehre, 1982, S. 184 ff. Mit Recht wehrt sich *Frido Wagener*, DÖV 1978, 436 dagegen, die Bonner Ministerialbürokratie von Besoldungsgruppe A 16 aufwärts als „die" Verwaltung zu sehen. — Weitgehende Gleichsetzung von „Verwaltung" und „öffentlichem Dienst" — ohne Fixierung auf einzelne Gruppen des öffentlichen Dienstes — wie hier bei *Heinrich Siedentopf*, Verwaltungsinterne Reaktionen auf verwaltungspolitische Vorgaben, in: Böhret/Siedentopf (Hrsg.), Verwaltung und Verwaltungspolitik, 1983, S. 47.

[3] Auch die von *Frido Wagener*, Der öffentliche Dienst im Staat der Gegenwart, VVDStRL 37 (1979), S. 244 ff. so treffend beschriebene „Not der Selbstbestimmung durch Regelungsüberlastung" hat mit eigentlicher Gestaltung nichts mehr zu tun. — Allerdings sieht *Jürgen Becker*, Informales Verwaltungshandeln zur Steuerung wirtschaftlicher Prozesse im Zeichen der Deregulierung, DÖV 1985, 1003 ff. für bestimmte Bereiche inzwischen eine Tendenz zur „Deregulierung".

[4] Vgl. auch *Wolfgang Lipp*, Bürokratien und Kader, Parteien und Beteiligung — Grenzformen sozialer Steuerung, in: *A. Remer* (Hrsg.), Verwaltungsführung, 1982, S. 231 ff. — Ausführlich zur Steuerungswirkung „informaler" Regeln *Schulze-Fielitz*, FN 1, S. 16 ff. — Aktuelle Beispiele aus dem Universitätsbereich bei *Gerd Roellecke*, Rechtsaufsicht und informelle Steuerung am Beispiel der Universitäten, DÖV 1985, 854 ff. — Siehe zum Steuerungsbegriff eingehend *Axel Görlitz/Rüdiger Voigt*, Rechtspolitologie, 1985, S. 27 ff.

zes verwirklichen helfen. Um „Fehlsteuerung" handelt es sich hingegen, wenn die Verwirklichung von Verfassungszielen wie Menschenwürde, Freiheit oder Gleichheit verhindert oder behindert wird oder wenn verfassungsrechtlich vorgeschriebene Organisationsstrukturen oder Verfahrensweisen überspielt, umgangen oder ausgeschaltet werden.

4. *Konkretisiertes Thema*

Nach alledem läßt sich das Thema jetzt auf die konkrete Frage bringen: Werden die verfassungsrechtlichen Ziel- und Verfahrensvorgaben durch parteipolitische Einwirkungen auf den öffentlichen Dienst — rechtlich und faktisch — verwirklicht oder verfehlt? Damit ist im wesentlichen das Thema der parteipolitischen Ämterpatronage[5] angesprochen und zwar in all ihren Spielarten und Erscheinungsformen: Als „Herrschaftspatronage" zur Einflußgewinnung auf Entscheidungen von Trägern öffentlicher Gewalt und als „Versorgungspatronage" zur Belohnung von Parteigängern; eine besondere Erscheinungsform der Herrschaftspatronage ist dabei die sog. „negative" Patronage i. S. v. „Kaltstellungsstrategien" zur „Bestrafung" nicht parteifreundlichen Verhaltens[6].

II. Verfassungsrechtsfragen zu parteipolitischen Einwirkungen auf den öffentlichen Dienst

1. *Verfassungsrechtliche Vorgaben für Beamte*

Die verfassungsrechtlichen Vorgaben für den Zugang zu einem öffentlichen Amt sind indes recht eindeutig: Nach Art. 33 II GG hat jeder Deutsche gleichen Zugang zu jedem öffentlichen Amt. Als sachliche Differenzierungskriterien sind dort nur genannt: Eignung, Befähigung und fachliche Leistung. Daneben erwähnt das Grundgesetz für Bundesbeamte in Art. 36 I 1 — insoweit unter Einschränkung der Diskriminierungsverbote des Art. 3 III — noch die Herkunft des Beamten als Auswahlkriterium: „Bei den obersten Bundesbehörden sind Beamte aus allen Ländern in angemessenem Verhältnis zu verwenden." Weitere, in einfachen Bundesgesetzen formulierte Einschränkungen des Gleichheitssatzes zugunsten von Schwerbeschädigten, Spätheimkehrern und Wie-

---

[5] Ausführlich dazu *Hans Herbert v. Arnim*, Ämterpatronage durch politische Parteien, 1980; *Manfred Wichmann*, Parteipolitische Patronage, 1986.

[6] Zu den einzelnen Arten der Ämterpatronage im Anschluß an die Klassifizierung durch *Theodor Eschenburg*, Ämterpatronage, 1961, S. 11 ff. siehe z. B. außer *v. Arnim*, FN 5, *Klaus Stern*, Das Staatsrecht der Bundesrepublik Deutschland, Band I, 2. Aufl. 1984, S. 376; *Gert Hillmann*, Aspekte der Bürokratiediskussion, VerwArch 77 (1986), S. 26; *Ferdinand Matthey*, in: *v. Münch* (Hrsg.), Grundgesetz-Kommentar, 2. Aufl. 1983, Art. 33 Rn. 16.

dergutmachungsberechtigten lassen sich auf das Sozialstaatsgebot zurückführen[7]. Hingegen wäre es nach wohl allgemeiner Meinung verfassungswidrig, wenn die Zugehörigkeit zu einer Partei zur Voraussetzung einer Beamtenernennung gemacht würde. Eine solche Regelung ließe sich weder mit dem in Art. 33 II GG verankerten Leistungsprinzip noch mit den hergebrachten Grundsätzen des Berufsbeamtentums (Art. 33 V GG) noch mit dem demokratischen Gebot zeitlicher Machtbegrenzung vereinbaren; sie verstieße schließlich auch gegen das Rechtsstaatsprinzip[8].

Im Amt hat der Beamte dementsprechend „seine Aufgaben unparteiisch und gerecht zu erfüllen und bei seiner Amtsführung auf das Wohl der Allgemeinheit Bedacht zu nehmen"; denn der Beamte „dient dem ganzen Volk, nicht einer Partei" (§ 35 I 1, 2 BRRG)[9]. Aus diesem Gebot wird vielfach eine „Neutralitätspflicht" des Beamten abgeleitet, die Anlaß zu manchem Mißverständnis und daraus folgenden Kontroversen gegeben hat. Zumindest unterschwellig weit verbreitet ist nach wie vor die Annahme, das Beamtentum habe jedenfalls bis 1918 „neutral" an der Verwirklichung des Gemeinwohls gearbeitet und sei erst in der Weimarer Republik durch parteipolitische Einflußnahme fehlgesteuert worden[10]. In Wirklichkeit haben sich Beamte zu allen Zeiten politisch verhalten — was nicht mit parteiischer Amtsführung identifiziert werden darf. Im Kaiserreich fiel es lediglich leichter, Regierung und Staat und damit Regierungspolitik und Gemeinwohl gleichzusetzen: Nicht deshalb, weil beides miteinander tatsächlich übereingestimmt hätte, son-

---

[7] Die zuletzt genannten Kriterien werden als Durchbrechung des Leistungsgrundsatzes verstanden, vgl. *Matthey,* FN 6, Rn. 24; hingegen darf das Leistungsprinzip durch Art. 36 GG nicht beeinträchtigt werden, vgl. *Manfred Gubelt,* in: *v. Münch* (Hrsg.), FN 6, Art. 36 Rn. 10; *Maunz/Dürig/Herzog/Scholz,* GG, Art. 36, Rn. 7; *Rupert Stettner,* Personalwesen, in: *Knöpfle/Thieme* (Hrsg.), Verwaltungslehre — Einführung und Fälle, 1984, S. 65 und S. 73 ff. zu rechtlichen und außerrechtlichen Hemmnissen für das Leistungsprinzip. — Zum Leistungsgrundsatz siehe ferner BVerfGE 61, 43 (57, 61); DÖV 1985, 318 (319); § 1 BLV; *Walter Oechsler/Nikolaus Steinebach,* Leistung und Leistungsbegriff im höheren Dienst, 1983.

[8] Vgl. nur *v. Arnim,* FN 5, S. 18 ff.; *Werner Frotscher,* Die parteienstaatliche Demokratie — Krisenzeichen und Zukunftsperspektiven, DVBl. 1985, 920; *Ingo v. Münch,* FN 6, Art. 21 Rn. 35; *Stern,* FN 6, S. 376, 459, 466; *Michael Stolleis,* Parteienstaatlichkeit — Krisensymptome des demokratischen Verfassungsstaats?, VVDStRL 44 (1986), S. 25, 27.

[9] Vgl. Art. 130 I WRV: „Die Beamten sind Diener der Gesamtheit, nicht einer Partei"; Art. 96 S. 1 BayVerf.: „Die Beamten sind Diener des ganzen Volkes, nicht einer einzelnen Partei." Dazu zuletzt BayVerfGH BayVBl. 1985, 174 ff. — Übersicht über die Normen, die den öffentlich-rechtlichen Rundfunk zu Neutralität und Ausgewogenheit verpflichten bei *Franz Cromme,* Die Programmüberwachung des Rundfunkrats, NJW 1985, 351 ff., 354.

[10] Dies klingt z. B. bei *Stern,* FN 6, S. 367 an: Vor 1918 habe unparteiisches Verhalten für Beamte als „selbstverständlich" gegolten; in der WRV habe es dazu eines eigenen Verfassungsartikels bedurft.

dern deshalb, weil mit der Kontinuität des starken monarchischen Elements und mit dem — beispielsweise in Preußen — dem Könige zu leistenden „Eid der Treue und des Gehorsams“[11] weder eine Unterscheidung von Regierung und Staat noch die legale Möglichkeit eines grundlegenden Regierungswechsels bewußt werden konnten. In der Demokratie ist hingegen die politische Bedingtheit und Relativität aller Gemeinwohlbestimmungen schon äußerlich tagtäglich unübersehbar. Ein Minister ist eben nicht allein hierarchische Spitze eines kontinuierlich arbeitenden Verwaltungsapparates, sondern zugleich Mitglied einer auf Zeit bestellten Regierung. Die Entscheidungen des Bundesverfassungsgerichts zur Öffentlichkeitsarbeit der Bundesregierung haben das immanente Konfliktpotential dieser Situation besonders deutlich herausgestellt: Lediglich die Wahlwerbung ist staatlichen Organen verboten, und die Willensbildung des Volkes vor den Wahlen ist nach Möglichkeit von staatlicher Einflußnahme freizuhalten; im übrigen ist die Regierung jedoch durch den Wähler dazu legitimiert, „ihre“ Politik — auf Zeit — und damit auch die Politik „ihrer“ Partei durchzusetzen[12]. Parteipolitische Neutralität der Beamten kann demgemäß nicht „Neutralisierung“ des sich mit jedem Regierungswechsel ändernden politischen Willens bedeuten[13]. Im „Außenverhältnis“ — gegenüber dem Bürger und gegenüber den Untergebenen — ist lediglich Neutralität i. S. willkürfreier Sachlichkeit und Gleichbehandlung zu verlangen[14]. Im „Innenverhältnis“

---

[11] Vgl. Art. 108 I der Verfassungs-Urkunde für den Preußischen Staat vom 31. 1. 1850 (Gesetz-Sammlung für die Königlichen Preußischen Staaten 1850, S. 17 ff.). Zur Bedeutung des personalen Elements des Diensteides siehe *Wilfried Berg,* Eid und feierliches Gelöbnis nach dem Soldatengesetz, Wehrwissenschaftliche Rundschau 1970, S. 431 ff. (zur Geschichte). — Vgl. auch *Frank Rottmann,* Unantastbare Verfassungstreue?, ZRP 1984, 102 zur personalen und identifikatorischen Treuepflicht der Beamten gegenüber dem Monarchen.

[12] Vgl. BVerfGE 63, 230 (243 f.) im Anschluß an E 44, 125 (143); dazu *Peter Häberle,* JZ 1977, 361. Vgl. auch *Frotscher,* FN 8, S. 920, der aber mißverständlich eine (permanente?) strikte Trennung zwischen Regierung und Regierungsparteien fordert. — Da die Regierung wegen der natürlichen Personalunion mit der Parteiführung die Parteipolitik wesentlich bestimmt, kann sie auch faktisch nicht als „Exekutivausschuß der Mehrheitsparteien“ angesehen werden; vgl. demgegenüber die Befürchtungen von *Wilhelm Henke,* Die Parteien und der Ämterstaat, NVwZ 1985, 619.

[13] Zutreffend *Ernst Benda,* Der Stabilitätsauftrag des öffentlichen Dienstes — eine Überforderung im Parteienstaat?, in: *Baum/Benda/Isensee/Krause/Merritt,* Politische Parteien und öffentlicher Dienst, 1982, S. 36, der (S. 35, 38) mit Recht daran erinnert, daß der öffentliche Dienst auch in der Monarchie nie „politisch völlig neutral“ war.

[14] Vgl. *Dimitris Tsatos/Martin Morlok,* Parteienrecht — Eine verfassungsrechtliche Einführung 1982, S. 56, 218 f. Deshalb darf die parteipolitische Betätigung eines Beamten auch nie solche Formen annehmen, „daß der Eindruck entstehen könnte, der betreffende Beamte werde bei seiner Amtsführung nicht loyal gegenüber seinem Dienstherrn und nicht politisch neutral gegenüber jedermann sein“, vgl. BayVerfGH BayVBl. 1985, 174 (175); ebenso *Püttner,* FN 2, S. 194.

ist Loyalität gegenüber dem Dienstherrn zu fordern. Das bedeutet Unterordnung unter den Primat der (Regierungs-)Politik bei gleichzeitigem Engagement für die freiheitlich-demokratische Grundordnung. Die mit diesem zuletzt angesprochenen Engagement gemeinte politische Treuepflicht gegenüber dem Staat und seiner Verfassung fordert in der Sprache des Bundesverfassungsgerichts etwas ganz anderes als Neutralität i. S. einer „kühlen, innerlich distanzierten Haltung", sie fordert vielmehr, daß der Beamte diesen Staat und seine Verfassung als einen hohen positiven Wert erkennt und anerkennt und „*Partei* für ihn ergreift"[15].

Die rechtlichen Instrumente zur Durchsetzung des Primats der Politik, also die verfahrens- und organisationsrechtlich geordneten Steuerungsinstrumente, sind Gesetze im formellen und im materiellen Sinne, Verwaltungsvorschriften und Dienstanweisungen. Daß diese Instrumente in der Praxis der Verwaltungsführung, also im „Transmissionsprozeß zwischen Politik und Verwaltung" zur Herstellung „politikgemäßen Verwaltungshandelns"[16] nur eine untergeordnete Rolle spielen, ändert nichts daran, daß die Regierung ihre Politik nur auf diese Weise rechtlich verbindlich und disziplinarrechtlich sanktioniert durchsetzen kann. Die Rechtsordnung, die nur diese Instrumente zur Verfügung stellt, verbietet es, daß Parteipolitik „kurzgeschaltet" wirkt; erst nach einem langen, mühsamen Weg durch Institutionen und Kompromisse darf Parteipolitik über Kompetenzen und Verfahren zu verbindlichem Recht werden, das auf dem gleichen, mühsamen Weg nach neuen politischen Vorstellungen wieder geändert werden kann[17]. —

Die juristische Betrachtung zeigt nach alledem, daß weder der Zugang zum öffentlichen Dienst noch die dienstliche Tätigkeit des Beamten nach parteipolitischen Kriterien bestimmt werden darf. Damit wird das Phänomen der Ämterpatronage allerdings nicht aus der Welt geschafft; aber es wird eindeutig in die Ecke der Illegalität verwiesen.

---

[15] Vgl. BVerfGE 39, 334 (LS 2 [Hervorhebung nur hier]); siehe ferner BVerwGE 73, 263 (266); *Benda*, FN 13, S. 38 f.; *Burkhard Hirsch*, Parteipolitisierung des öffentlichen Dienstes — eine Gefährdung des demokratischen Systems?, in: *Baum et al.*, FN 13, S. 94, 98. — Zur Übertragung dieser Grundsätze auf Richter *Michael Göbel*, NJW 1985, 1059. — Siehe auch § 18 II BVerfGG: „Beteiligt ist nicht, wer auf Grund ... seiner Zugehörigkeit zu einer politischen Partei oder aus einem ähnlichen allgemeinen Gesichtspunkt am Ausgang des Verfahrens interessiert ist."

[16] Dazu *Andreas Remer*, Instrumente und instrumentelles Dilemma der Verwaltungsführung, in: *Remer* (Hrsg.), FN 4, S. 31 ff. — Zum Primat der Politik *Edda Möller*, Organisationsstruktur und Aufgabenerfüllung, DÖV 1986, 13.

[17] Vgl. *Josef Isensee*, Der Parteienzugriff auf den öffentlichen Dienst — Normalzustand oder Alarmzeichen?, in: *Baum et al.*, FN 13, S. 57; *Henke*, FN 12, S. 618. — Zur Gestaltung und Bestimmung der öffentlichen Aufgaben und zur Steuerung der Aufgabenwahrnehmung durch die Gesetzgebung *Heinrich Siedentopf*, Öffentlicher Dienst als Manövriermasse der Politik?, in: *Böhret/Siedentopf* (Hrsg.), Verwaltung und Verwaltungspolitik, 1983, S. 214.

2. *Besonderheiten für politische Beamte und kommunale Wahlbeamte?*

Von den verfassungsrechtlichen Vorgaben her gilt im übrigen das gleiche für die Gruppe der sogenannten politischen Beamten i. S. des § 31 BRRG — auch wenn dies auf den ersten Blick erstaunlich anmutet.

Art. 33 II und V GG sind für politische Beamte nicht außer kraft gesetzt. Das Eignungsmerkmal ist hier wie sonst auch konkret auf das betreffende Amt zu beziehen. Für Spitzenpositionen an der Nahtstelle zwischen parlamentarisch zu verantwortender Politik und gesetzlich gebundener Verwaltung ist nur derjenige geeignet, der das volle Vertrauen der verantwortlichen Politiker der Regierung besitzt[18]. Unter diesem Aspekt des politischen Vertrauens wird regelmäßig und insoweit auch legitimerweise die parteipolitische Orientierung des Beamten eine wichtige Rolle spielen — sie muß dies jedoch keineswegs; illegal wäre allerdings auch hier die Ersetzung des Eignungskriteriums durch das Kriterium der Parteimitgliedschaft. Nicht akzeptabel ist die Formulierung *Ernst Bendas*, angesichts der vorzugsweisen Besetzung dieser Stellen mit Mitgliedern der Regierungsparteien entstehe das „groteske Mißverständnis, als handele es sich bei diesen Stellen um den legalen Betätigungsbereich parteipolitischer Personalwünsche", während die leitenden Beamten in Wahrheit gerade besonders partei-unpolitisch sein sollten und sich äußerste Zurückhaltung auferlegen müßten; notfalls sei sogar daran zu denken, ihnen jede Parteizugehörigkeit zu verbieten[19].

---

[18] Einzelheiten und weitere Nachweise bei *v. Arnim*, FN 5, S. 28; dort auch zur Begründung aus Art. 33 V GG; *Wilfried Berg*, Politik, Beamtentum und politische Beamte, MDR 1973, 189; *Hirsch*, FN 15, S. 102; *Matthey*, FN 6, Rn. 17 zu Art. 33. — Entgegen *Isensee*, FN 17, S. 70 handelt es sich deshalb keineswegs um eine vom Grundgesetz lediglich tolerierte „beamtenrechtliche Anomalie" (sofern nur Spitzenbeamte einbezogen werden); ob die gegenwärtige Rechtslage rechtspolitisch empfehlenswert ist, ist eine andere Frage; dazu unten FN 61. — Es trifft auch nicht zu, daß es politische Beamte „eigentlich nur dann geben darf, wenn sich die jeweilige Regierung nicht auf die strikte parteipolitische Neutralität und damit auf die Loyalität der leitenden Beamten verlassen kann", wie *Benda*, FN 13, S. 40 meint. Vielmehr haben die politischen Beamten vornehmlich die Aufgabe, die politische Spitze des Ministeriums zu verstärken, um die (neue) politische Richtung in die Breite hinein wirksam werden zu lassen, vgl. auch *Stern*, FN 6, S. 374 f.; *Helmut Quaritsch*, Verwaltungspflege durch politische Führung, in: *Böhret/Siedentopf* (Hrsg.), FN 17, S. 86 f.; siehe ferner *Gerhard Banner*, Entfaltungschancen für Personalpolitik, ebda. S. 239: Auf politiknahen Arbeitsplätzen „gehört politisches Reaktionsvermögen zu den fachlichen Voraussetzungen".

[19] Vgl. *Benda*, FN 13, S. 45. *Hans Herbert v. Arnim*, Auswirkungen der Politisierung des öffentlichen Dienstes, in: *Böhret/Siedentopf* (Hrsg.), FN 17, S. 226 formuliert zutreffend, § 31 BRRG setze „politische Offenheit, politisches Verständnis und volle Loyalität mit der politischen Führung voraus, nicht aber das gleiche Parteibuch". Sicherlich ist Parteizugehörigkeit keine Ernennungsvoraussetzung für politische Beamte; die entscheidende Frage geht jedoch dahin, ob Parteizugehörigkeit überhaupt ein legitimes Auswahlkriterium ist — und diese Frage ist m. E. für politische Beamte zu bejahen.

Das von *Benda* vermeintlich aufgedeckte „groteske Mißverständnis" läßt sich nach geltendem Recht getrost als durchaus korrektes Verständnis der Institution des politischen Beamten erkennen. Mißverstanden ist hier offenbar erneut das Postulat der Neutralität des Beamten. Da die politische Vertrauenswürdigkeit von Spitzenbeamten Qualifikationsmerkmal i. S. des Art. 33 II GG ist, kann die Regierung die Indizwirkung der Parteizugehörigkeit — neben anderen Indizien — nutzen, um sich der politischen Loyalität zu versichern — so wie umgekehrt die Zugehörigkeit zu einer extremistischen Partei als Indiz für das Fehlen des Eignungsmerkmals „Verfassungstreue" verwertet wird[20]. Eine Verletzung des demokratischen Gebots zeitlich beschränkter Machtverteilung liegt in einer parteipolitisch mitbestimmten Ernennung eines politischen Beamten gerade nicht, weil jede Regierung — und erst recht eine von der bisherigen Opposition gestellte neue Regierung — den politischen Beamten jederzeit in den einstweiligen Ruhestand versetzen kann, wenn sie nur einen *Zweifel* daran hegt, daß der jeweilige Beamte sein Amt in Übereinstimmung mit den wesentlichen Regierungszielen ausüben wird. Eine objektive Belastung oder Zerstörung des Vertrauensverhältnisses braucht nicht festgestellt zu werden[21].

Entgegen einer weitverbreiteten Auffassung unterscheiden sich kommunale Wahlbeamte — etwa Erste Bürgermeister in Bayern, Bürgermeister in Baden-Württemberg oder Gemeindedirektoren in Nordrhein-Westfalen — ganz grundlegend von allen anderen Beamtengruppen. Ihr Amt kennt keine Laufbahnvoraussetzungen. Außer einer sehr allgemeinen „Eignung" für das Amt bedürfen sie nur des Vertrauens ihrer Wähler. Nach Ablauf ihrer Amtszeit, die wegen der immer häufiger vorgesehenen Möglichkeit der Abwahl zuweilen sehr kurz sein kann, erreichen sie oft nur eine Mindestversorgung und haben grundsätzlich keine rechtlich gesicherte Aussicht auf eine Wiederverwendung im öffentlichen Dienst. Anders als bei politischen Beamten im einstweiligen Ruhestand gibt es danach für kommunale Wahlbeamte keine Dienstleistungspflicht mehr, sondern allenfalls die Pflicht, sich einer Wiederwahl zu stellen. Angesichts all dieser Besonderheiten hat das Bundesverfassungsgericht schon in einer frühen Entscheidung festgestellt, daß die Stellung des Bürgermeisters (kommunalen Wahlbeamten) in der Gemeinde „der der

---

[20] Siehe die Nachweise bei *Berg,* FN 18, S. 188 in FN 21; *Erhard Denninger,* Verfassungstreue und Schutz der Verfassung, VVDStRL 37 (1979), S. 33 f., FN 97 ff.; *Hans-Ulrich Derlien,* Einstweiliger Ruhestand politischer Beamter des Bundes, DÖV 1984, 690. — Um Mißverständnissen vorzubeugen: In beiden Fällen hat die Parteizugehörigkeit bloße Indizwirkung i. S. eines prima-facie-Beweises, dazu *Wilfried Berg,* Die verwaltungsrechtliche Entscheidung bei ungewissem Sachverhalt, 1980, S. 97 ff., 107 ff.; keinesfalls handelt es sich um eine die freie Beweiswürdigung von Verwaltung und Gerichten bindende „Beweisregel".

[21] Vgl. *Berg,* FN 20, S. 135.

Regierung im parlamentarischen System" ähnelt; „wie sie bedarf er der Vertrauensgrundlage in der Volksvertretung"[22]. Von daher ist eine Politisierung der kommunalen Verfassungswirklichkeit geradezu systemimmanent[23]. Jedoch rechtfertigt die Sonderstellung der kommunalen Wahlbeamten keine parteipolitische Ämterpatronage hinsichtlich der übrigen kommunalen Bediensteten.

3. Andersartigkeit der Rechtsstellung der Abgeordneten, der Regierungsmitglieder und des Bundespräsidenten

Die besondere, politikbetonte Rechtsstellung der kommunalen Wahlbeamten wird zur Regel für die Position der Mitglieder der Verfassungsorgane Bundestag und Bundesregierung und für den Bundespräsidenten. Bei der Bestellung der Verfassungsorgane spielen parteipolitische Anschauungen und Parteizugehörigkeit eine wesentliche Rolle. Dies ist — ohne jedes Zögern — als legitim anzusehen; denn die politischen Ämter der Regierungsmitglieder, des Bundespräsidenten, aber auch der parlamentarischen Staatssekretäre sind keine „öffentlichen Ämter" i. S. des Art. 33 II und III GG[24]. Folglich sind entscheidende Kriterien für die Besetzung dieser Ämter nicht „Eignung, Befähigung und fachliche Leistung", sondern das politische Vertrauen, das die Wählenden und die zur Ernennung Berechtigten in die Person des jeweiligen Bewerbers setzen[25]. Soweit es um die Parlamentswahl geht, gehört die Vorbe-

---

[22] Vgl. BVerfGE 7, 155 (164 f.); siehe auch E 8, 332 (358); BVerwGE 56, 163 (170 — allerdings mit wenig überzeugender Parallele zu den politischen Beamten). — Zur Abgrenzung kommunaler Wahlbeamter von den politischen Beamten siehe *Rolf Stober,* Kommunale Ämterverfassung und Staatsverfassung am Beispiel kommunaler Wahlbeamter, 1982, S. 73 und S. 33 kritisch zur oben zuerst genannten Entscheidung des Bundesverfassungsgerichts.

[23] Siehe dazu *Willi Blümel* und *Rolf Grawert,* Gemeinden und Kreise vor den öffentlichen Aufgaben der Gegenwart, VVDStRL 36 (1978), S. 222 ff., 325 f., 332; *Michael Borchmann,* Kommunale Selbstverwaltung und parlamentarische Organisation, DÖV 1980, 863, 867; *Eckart Klein,* Zur Gleichgestimmtheit zwischen Gemeindevertretung und kommunalen Wahlbeamten, DÖV 1980, 853. Siehe auch *Maximilian Wallerath,* Strukturprobleme kommunaler Selbstverwaltung, DÖV 1986, 533 ff.

[24] Zutreffend *Karl-Heinz Seifert,* in: *Seifert/Hömig* (Hrsg.), Grundgesetz für die Bundesrepublik Deutschland, 2. Aufl. 1985, Rn. 2 zu Art. 33. — Nicht recht verständlich ist demgegenüber die Formulierung von *v. Arnim,* FN 5, S. 25: „Wenn man trotz Art. 33 Abs. 2 und 3 GG zögert, dies (ich ergänze: die wesentliche Bedeutung parteipolitischer Anschauungen bei der Bestellung von Verfassungsorganen) als illegitim anzusehen . . ." — Zur „Überlagerung" des Art. 33 II GG durch das „demokratische Prinzip" bei der Bestellung kommunaler Wahlbeamter *Stober,* FN 22, S. 56.

[25] So mit Recht *v. Arnim,* FN 5, S. 25: „Die Bestellung dieser Verfassungsorgane erfolgt nach anderen Regeln als die von öffentlichen Bediensteten: Das Volk (oder ein anderes vom Volk legitimiertes Organ) überträgt den Personen seines Vertrauens durch Mehrheitsentscheidung die politische Macht für die

reitung der politischen Willensbildung des Volkes zu den verfassungsrechtlichen Aufgaben der politischen Parteien, Art. 21 I 1 GG. Da aus den Wahlen das Parlament hervorgeht und aus diesem die Regierung, sind die Parteien unverzichtbare Faktoren bei der Willensbildung des Volkes und des Staates. Die politischen Parteien sind folglich „Kreationsorgane" i. S. *Georg Jellineks*[26]. Die offene und öffentliche Willensbildung der Wähler *und* das geordnete, nach den Grundsätzen der Gleichheit, Freiheit und periodischen Wiederkehr ablaufende Wahlverfahren legitimiert die Inhaber politischer Ämter verfassungsrechtlich ebenso einwandfrei, wie Eignung, Befähigung und fachliche Leistung *und* das gesetzmäßige Ernennungsverfahren den Beamten legitimieren. Während danach Parteipolitisierung der Beamtenbestellung verfassungswidrig ist, rechtfertigt die Verfassung die Einwirkung der politischen Parteien auf die Besetzung politischer Ämter und auf die Kreation der Verfassungsorgane.

III. Faktische und politische Wirkungen parteipolitischer Ämterpatronage und ihre Bewertung

Der kurze Abriß der Rechtslage und die Erkenntnis der Verfassungswidrigkeit parteipolitischer Ämterpatronage im Bereich der öffentlichen Verwaltung können nicht darüber hinwegtäuschen, daß es Ämterpatronage gibt. Ihre Erscheinung wird nahezu einhellig mit Abscheu konstatiert. Die Kommentare reichen vom „Skandalon" *(Klaus Schlaich)* bis zur resignierenden Feststellung, Ämterpatronage sei zwar verfassungswidrig, aber schwer nachweisbar „und (leider) praktisch kaum zu verhindern" *(Klaus Stern)*. Zugleich wird die Zunahme dieser Erscheinung und damit die Gefahr immer weitergehender Parteipolitisierung der Verwaltung nachdrücklich vor Augen geführt[27].

Dauer der Wahlperiode." Vgl. auch *Isensee*, FN 17, S. 61; *Stern*, FN 6, S. 956, 962 zur Bedeutung des Vertrauensaspekts und S. 992 ff. zur Vertrauensfrage nach Art. 68 GG und zum Mißtrauensvotum nach Art. 67 GG als Möglichkeit der vorzeitigen Beendigung des Amtes.

[26] Vgl. *Stern*, FN 6, S. 459, 463 und S. 964, 975 zur Unverzichtbarkeit der Parteien im Repräsentationsprozeß; ebenso *Wilhelm Mößle*, Regierungsfunktionen des Parlaments, 1986, S. 21. Zum Begriff der Kreationsorgane siehe *Georg Jellinek*, Allgemeine Staatslehre, 3. Aufl. 1928, S. 545 f. — Zur Bedeutung (konkurrierender) Parteien als Träger wichtiger sozialer Steuerungsfunktionen *Lipp*, FN 4, S. 242 ff.

[27] Ausführliche Nachweise zur Bewertung der Ämterpatronage bei *v. Arnim*, FN 5, S. 11 ff.; *demselben*, FN 19, S. 219 ff.; *demselben*, FN 1, S. 362 ff.; *demselben*, Politische Parteien, DÖV 1985, 601 ff.; *Frotscher*, FN 8, S. 920; *Henke*, FN 12, S. 619; *Klaus Seemann*, Gewaltenteilung und parteipolitische Ämterpatronage, DV 1981, 133 ff.; *Klaus Schlaich*, Diskussionsbeitrag, in: VVDStRL 37 (1979), S. 156 ff.; *Stern*, FN 6, S. 376. Das durchgängig negative Urteil wird allenfalls durch den Hinweis abgemildert, daß gegenüber parteipolitischer

1. *Empirische Grundlagen?*

Sucht man jedoch in dem inzwischen recht reichhaltigen Schrifttum nach empirischen Belegen, so werden die Auskünfte sehr unergiebig[28]. *Günter Püttner* „belegt" seine Aussage, daß in den politiknahen Verwaltungen aller Ebenen „zum erheblichen Teil parteigebundene Amtsträger" tätig seien mit dem Hinweis: „Genaue Übersichten darüber gibt es natürlich nicht"; und kurz darauf folgt der relativierende Satz: Wenn „so vehement über die Parteibuchwirtschaft geklagt wird, dann allem Anschein nach oft von solchen Beamten, die nicht reüssiert haben und auf diese Weise ihr mangelndes Fortkommen bewältigen"[29]. Die neuere Arbeit von *Hans-Ulrich Derlien,* Einstweiliger Ruhestand politischer Beamte des Bundes 1949—1983, kann dem selbstempfundenen Mangel an repräsentativen Daten nur sehr begrenzt abhelfen. Einmal beziehen sich die Übersichten naturgemäß ausschließlich auf die Bundesministerien, das Bundeskanzleramt, das Bundespresseamt und das Bundespräsidialamt. Wegen der bundesstaatlichen Kompetenzverteilung fehlt dem Bund aber weitestgehend ein eigener Verwaltungsunterbau[30]. Die Versetzung politischer Bundesbeamter in den einstweiligen Ruhestand hat danach kaum Aussagekraft für die Politisierung der Verwaltung, sondern allenfalls für die Politisierung der (Bundes-)Regierung — und darin kann nach allem bisher Gesagten weder nach Beamtenrecht noch nach Lage des Grundgesetzes etwas Illegitimes gesehen werden. — Zum

---

Ämterpatronage sonstige verwerfliche Cliquenwirtschaft oft übersehen werde, vgl. *Schulze-Fielitz,* FN 1, S. 142. Vgl. aber auch *Stolleis,* FN 8, S. 26: „Proporz und Patronage gehören — soweit Leistungsprinzip und Diskriminierungsverbot nicht verletzt werden — zur Normalität des Parteienstaats"; *René A. Rhinow,* Parteienstaatlichkeit — Krisensymptome des modernen Verfassungsstaats?, VVDStRL 44 (1986), S. 105: In der „Konkordanz-Demokratie" der Schweiz werde Ämterpatronage „gelitten und gebilligt". — *Christoph Berglar,* ZRP 1984, 9 geht von Ämterpatronage auch in der Einstellungs- und Beförderungspraxis der Gerichtsbarkeit aus.

[28] Vgl. *Derlien,* FN 20, S. 689 mit FN 4, 690 mit FN 10—13; *Schulze-Fielitz,* FN 1, S. 143: „Freilich fehlen gesicherte, d. h. empirisch-repräsentative Belege, die die verbreitete juristische Kritik über den Skandal des Einzelfalles hinaus ausreichend fundieren"; *Frotscher,* FN 8, S. 920 FN 39: „Gesicherte statistische Angaben sind kaum zu treffen"; *Karl Matthias Meessen,* Parteienstaatlichkeit — Krisensymptome des demokratischen Verfassungsstaats?, NJW 1985, 2293 unter Hinweis auf die Untersuchungen britischer Wissenschaftler zur parteipolitischen Durchdringung des deutschen Staatsapparates. Recht aufschlußreich ist in der Tat die Arbeit von *Kenneth Dyson,* Die westdeutsche „Parteibuch"-Verwaltung, DV 1979, 129—160. Eher als einseitig parteipolitisches „Stimmungsbild" denn als empirische Untersuchungen lassen sich die Aufsätze von *Seemann,* FN 27 und *ders.,* Die Politisierung der Ministerialbürokratien in der Parteiendemokratie, DV 1980, 137—156 verwerten.

[29] Vgl. *Günter Püttner,* Verwaltungslehre, 1982, S. 196 mit FN 38.

[30] Darauf weist im Zusammenhang der Politisierungsproblematik *Thomas Ellwein,* Ist die Bürokratisierung unser Schicksal? Die vielen Versäumnisse der Verwaltungspolitik, in: *Bull* (Hrsg.), Verwaltungspolitik, 1979, S. 48 f. zutreffend hin. Ebenso jetzt *Hillmann,* FN 6, S. 16.

anderen sind — wie *Derlien* selbst betont[31] — die „Motive eines Ministers, der die einstweilige Quieszierung beantragt, vielschichtig und empirisch ebenso schwer zu ermitteln wie die Parteizugehörigkeit des betroffenen Beamten". Allenfalls in den Fällen, die in unmittelbarem zeitlichem Zusammenhang mit einem Regierungswechsel stehen, mag ein Indiz für einen grundsätzlichen politischen Dissens und damit für eine (partei-)politische Motivation der Entscheidung sprechen. Ansonsten können zahllose Motive eine Rolle spielen, die mit Parteipolitisierung in keinerlei Zusammenhang stehen: Angefangen von öffentlich erwiesener Inkompetenz und Ungeschicklichkeit über politische Verantwortlichkeit für Pannen im Amt bis hin zu ganz persönlichen oder — indirekt wirkenden — wirtschaftlichen Gründen. Die Vielzahl der Wechsel der Regierungssprecher oder der Leiter der Nachrichtendienste zu allen Zeiten kann danach beispielsweise über Parteipolitisierung selbst im Regierungsbereich nichts aussagen.

2. *Wirkungen und Bewertung parteipolitischer Ämterpatronage*

Auch die weiterhin zu konstatierende Unergiebigkeit im empirischen Bereich ist für die Wirkungsweise und für die Bewertung parteipolitischer Ämterpatronage jedoch keineswegs bedeutungslos. Ämterpatronage verbleibt bislang offenbar im Dunstkreis der Gerüchte, der Halbwahrheiten und Verdächtigungen. Das bedeutet keineswegs, daß sie nicht oder nur möglicherweise existiere. Parteipolitische Ämterpatronage ist eine reale Erscheinung im öffentlichen Dienst der Gegenwart. Die empirischen Unsicherheiten betreffen nicht das Faktum als solches, sondern Häufigkeit und Verteilung auf Parteien und Verwaltungsstufen.

a) Wirkungen in der Öffentlichkeit

Gerade in jüngster Zeit ist die Öffentlichkeit mit einer Unzahl von Berichten über parteipolitische Einflußnahmen auf den öffentlichen Dienst konfrontiert worden. So wurde Anfang März d. J. der Protest des Redakteurausschusses des Senders Deutsche Welle verbreitet, der gegen die Berufung des führenden CDU-Parteisprechers *Wolter v. Tiesenhausen* zum neuen Leiter des Bonner Studios der Deutschen Welle gerichtet war: Es bestehe der Verdacht, „daß wieder einmal parteipolitischer Druck von außen eine Personalentscheidung entscheidend beeinflußt" habe. — In der Reportsendung der ARD vom 1. 4. 1986 wurde unter dem Titel: „Dem Recht verpflichtet oder dem Minister?" über Hintergründe der Einleitung eines Ermittlungsverfahrens der nordrhein-westfälischen Staatsanwaltschaft gegen Bundeskanzler *Kohl* berichtet; vorausgegangen war die Behauptung des niedersächsischen Ministerpräsidenten *Albrecht*,

---

[31] Vgl. *Derlien*, FN 20, S. 690 mit FN 10, 13.

es gebe in Nordrhein-Westfalen eine „willfährige Justiz". — Eine für den Flick-Untersuchungsausschuß zentrale Frage ging dahin, ob Parteispenden die Entscheidung des Bundesministers für Wirtschaft über eine Steuerbefreiung beeinflußt haben. — Die Aufdeckung des „roten Filzes" in Berlin führte dort schon vor Jahren zum Regierungswechsel; weitere Bestechungsaffären zogen vor einer Woche eine Senatsumbildung nach sich. Hier zeigt sich, daß nicht einzelne oder ganz bestimmte Parteien besonders anfällig für Bestechungen zum Zweck der Einflußnahme auf die Verwaltung sind; vielmehr suchen sich Ganoven Parteien als solche als gut getarnte Operationsbasis für kriminelle Aktionen heraus. — Mehrfach für Aufsehen sorgten dienstliche Anfragen des parlamentarischen Staatssekretärs im Bundesministerium des Innern, *Spranger*, beim Bundesamt für Verfassungsschutz, weil der Verdacht entstand, diese Anfragen dienten parteipolitischen Zwecken. — Ermittlungsverfahren und Strafprozesse in noch nie dagewesener Häufung gegen hochrangige Parteipolitiker und gegen Inhaber höchster Staatsämter lassen im Urteil der Öffentlichkeit die Begriffe „Parteipolitik" und „Kriminalität" eng zusammenrücken.

In der Tat haben die Auswüchse der Ämterpatronage zur „Filzokratie"[32] dem Ansehen der Parteien in der Öffentlichkeit schwer geschadet. Im Verein mit einer traditionsreichen „deutschen Kultur der Parteiverdrossenheit" (*Meessen*) schwindet das Vertrauen der Bevölkerung in die öffentliche Verwaltung, so daß fortschreitende Tendenzen zur „Staatsverdrossenheit" nicht wunder nehmen, zumal die oft betonte „Überrepräsentation" des öffentlichen Dienstes in den Parlamenten auch noch den Verdacht ungehemmter „Selbstbedienung" nährt[33].

b) Wirkung auf den öffentlichen Dienst

Besonders häufig und ausgiebig werden die Wirkungen parteipolitischer Ämterpatronage auf die Angehörigen des öffentlichen Dienstes beschrieben. Nach einhelliger Auffassung sind diese Wirkungen geradezu verheerend[34]. Hier sollen nicht erneut Begründungen für die Rechts-

[32] Vgl. *Dyson*, FN 28, S. 139; *Püttner*, FN 29, S. 195; *Lipp*, FN 4, S. 253 f. mit FN 49. — Zur Ansehensminderung der Parteien im kommunalen Bereich *Georg-Christoph v. Unruh*, Demokratie und kommunale Selbstverwaltung, DÖV 1986, 221.

[33] Vgl. *v. Arnim*, FN 5, S. 17; *Meessen*, FN 28, S. 2291; *Püttner*, FN 29, S. 195 f. Umfangreiche Nachweise zur Vertrauenskrise gegenüber den etablierten Parteien und zur Parteiverdrossenheit bei *Stolleis*, FN 8, S. 17 ff.

[34] Vgl. nur *v. Arnim*, FN 5, S. 14 ff.; *ders.*, FN 19, S. 220 ff.; *Banner*, FN 18, S. 239; *Frotscher*, FN 8, S. 920; *Christian v. Hammerstein*, Reform des öffentlichen Dienstrechts in der Krise?, in: *Bull* (Hrsg.), FN 30, S. 155; *Isensee*, FN 17, S. 62; *Wolfgang Pippke*, Beförderungskriterien in der öffentlichen Verwaltung, in: *Remer* (Hrsg.), FN 4, S. 395; *Henke*, FN 12, S. 619; *Hirsch*, FN 15, S. 102; *Püttner*, FN 29, S. 195; *Manfred Lepper*, Spielräume für Personalpolitik?, in:

widrigkeit parteipolitisch motivierter Auswahl bei Ernennungen, Beförderungen und Entlassungen gegeben werden; es geht an dieser Stelle allein um faktische und verwaltungspolitische Auswirkungen. Eine sachfremde, gemessen an den legitimen Auswahlkriterien also willkürliche Privilegierung oder Diskriminierung mindert die Leistungsfähigkeit der Beamten, weil ihre Leistungsbereitschaft nicht honoriert und gefördert wird. Aufstiegswillige richten ihr Leistungsverhalten nicht nach der Verwaltung, sondern nach der Partei aus. Ein erheblicher Anpassungsdruck ist zu vermuten. Unabhängigen Bewerbern wird der Zugang zu öffentlichen Ämtern versperrt. — Dies alles zusammengenommen führt dazu, daß Ämterpatronage angesichts der Leistungsgesetzlichkeit des öffentlichen Dienstes dessen Wirksamkeit zerstört.

c) Wirkungen auf Parlament, Regierung, Parteien

Nun sollte man annehmen, daß parteipolitische Ämterpatronage sich wenigstens für die politischen Akteure selbst auszahlt, also für die beteiligten Parteien, für das Parlament insgesamt oder zumindest für einige seiner Mitglieder und für die jeweilige Regierung. Erfolge sind an den anvisierten Zielen zu messen. So betreiben Parteien Ämterpatronage in den schon beschriebenen Formen der Herrschafts- und Versorgungspatronage wohl mit der Absicht, die politische Macht im Staat zu erringen, zu erhalten und möglichst weit auszudehnen[35]. Es läßt sich jedoch belegen, daß Ämterpatronage die Macht der etablierten und bisher auf die Verwaltung einwirkenden Parteien nicht gestärkt hat. Das zeigt sich schon daran, daß — wie gesehen — das Ansehen der etablierten politischen Parteien gegenwärtig den bislang tiefsten Stand in der Nachkriegszeit erreicht haben dürfte. In der Rechtswissenschaft scheint die Abkehr vom positiv aufgeladenen „Parteienstaat" *Leibholzscher* Prägung durchwegs vollzogen zu sein[36]. Gleichzeitig werden in jüngster Zeit Existenz und Erfolge der GRÜNEN unter verfassungspolitischen Aspekten nahezu einhellig begrüßt, und zwar auch von solchen Autoren, die sich mit Inhalten und Formen solch alternativer Politik sicher nicht identifizieren würden[37].

Böhret/Siedentopf (Hrsg.), FN 19, S. 237; *Meessen,* FN 28, S. 2293 f.; *Siedentopf,* FN 2, S. 52; *Stettner,* FN 7, S. 74; *Stolleis,* FN 8, S. 26. Ein besonders beredtes Selbstzeugnis ist der Aufsatz von *Klaus Seemann,* Die Politisierung der Ministerialbürokratie in der Parteiendemokratie, DV 1980, S. 137 ff., besonders S. 146 f., 148 ff.: Wer die Beförderung in der Hand hat, hat auch den Menschen „in der Hand" (S. 150).

[35] Vgl. *v. Arnim,* FN 5, S. 13. — Zu den einzelnen Formen der Patronage siehe oben zu FN 6 und die Nachweise dort.

[36] Ausführlich dazu *v. Arnim,* FN 27, S. 593; *Henke,* FN 12, S. 616 ff.; dort (S. 619 FN 24) auch Nachweise zum „Bruch" des Bundesverfassungsgerichts mit der Parteienstaatslehre.

Im übrigen sind der Ämterpatronage eine Reihe von Strukturschwächen immanent, die mindestens langfristig zu ihren Mißerfolgen und damit zur Schädigung ihrer Urheber führen müssen.

Evident ist dies für die Versorgungspatronage. Wenn ein fachlich unqualifizierter Bewerber wegen seiner parteipolitischen Verdienste dem qualifizierteren unabhängigen oder parteipolitisch anders orientierten Bewerber vorgezogen wird, dann muß die Partei für diese Art von Solidarität einen (zu) hohen Preis zahlen: Ansehensverlust in der Öffentlichkeit und innerhalb der Verwaltung und inffektive Verwaltungsarbeit, für die die Partei bei der nächsten Wahl zur Rechenschaft gezogen wird — um dem zu entgehen, sollte eine Partei eher auf den einen oder anderen Karrieristen in ihren Reihen verzichten[38].

Aber auch die Herrschaftspatronage hat ihre eigenen Risiken. Zunächst muß endlich mit dem durch „Alte-Kämpfer"-Versorgungspatronage assoziierten Vorurteil aufgeräumt werden, Parteimitgliedschaft sei grundsätzlich gleichbedeutend mit fachlicher Inkompetenz[39]. Es sei nur daran erinnert, daß alle bisherigen Präsidenten der Bundesrepublik Deutschland zur Zeit ihrer Wahl Mitglieder der etablierten Parteien waren und zuvor hohe Parteiämter — unter anderem als Fraktions- und Parteivorsitzende — bekleidet hatten. „Trotzdem" haben sie alle ihr Amt unparteiisch geführt und sich entsprechend ihrem Amtseid (Art. 56 GG) unzweifelhaft darum bemüht, „Gerechtigkeit gegen jedermann" zu üben. — Das hier angesprochene Risiko der Herrschaftspatronage für die einflußsuchende Partei liegt in dem häufig zitierten „Becket-Effekt", in der „prägenden Wirkung sachlicher Aufgabenerfüllung, die oft auch Parteileute ergreift" *(Henke)*. Die Institution des Berufsbeamtentums gibt der patronierenden Partei keinerlei Garantie, daß sich der „geförderte" Beamte in seinem Amt auch tatsächlich parteipolitisch engagiert. Von den Stellen politischer Beamter abgesehen führen die sonstigen Ernennungen in Einbahnstraßen, in die Parteipolitik zwar hineinleiten kann; den Rückweg, nämlich die Entlassung oder die Degradierung kann hingegen parteiwidriges Verhalten weder erzwingen noch auch nur möglich machen. Es sind nicht allein die hervorragenden Persönlich-

---

[37] Zum „Lob der GRÜNEN" siehe z. B. *v. Arnim*, FN 27, S. 600; *Frotscher*, FN 8, S. 922; *Hillmann*, FN 6, S. 18; *Meessen*, FN 28, S. 2291 f.; *Stolleis*, FN 8, S. 28. — Eher skeptisch zu den GRÜNEN *Schulze-Fielitz*, FN 1, S. 153 ff. Auf kommunaler Ebene sind „freie Wählergemeinschaften" und „Rathausparteien" „unschwer als Ausdruck bürgerlichen Unmuts" über die etablierten Parteien zu erkennen, vgl. *v. Unruh*, FN 32, S. 221.

[38] Sehr treffend zu den negativen Öffentlichkeits- und Verwaltungswirkungen kranker oder unfähiger Politiker *Quaritsch*, FN 18, S. 86.

[39] Vgl. *Püttner*, FN 2, S. 197: „Nicht alle Parteigänger sind unfähig oder leistungsschwach." Vgl. auch *Banner*, FN 18, S. 239. — Zu den Bemühungen der aus der Parteipolitik hervorgegangenen Inhaber höchster Staatsämter um Ausgewogenheit siehe *Schulze-Fielitz*, FN 1, S. 112 mit Nachweisen in FN 627 ff.

keiten der bisherigen Inhaber des Bundespräsidentenamtes, die etwaige parteipolitische Erwartungen (und Befürchtungen) später enttäuscht haben. — Interessanterweise versuchen die GRÜNEN, das mit dem (parteipolitisch gesehenen) „Risiko" der Unabhängigkeit des Beamten vergleichbare Risiko des freien Mandats ihrer Abgeordneten durch das rechtlich wie faktisch untaugliche Mittel der Rotation mehr verzweifelt als erfolgreich zu begrenzen[40].

In diesem Zusammenhang sei auf den aktuellen medienpolitischen Streit zwischen dem Südwestfunk und dem Bayerischen Rundfunk auf der einen und dem Land Baden-Württemberg und dem Freistaat Bayern auf der anderen Seite um die Einführung des ARD-Satellitenprogramms eins plus hingewiesen. Der Bayerische Staatsminister für Unterricht und Kultus hat in dieser Sache erstmals in der Geschichte des Bayerischen Rundfunks eine Maßnahme der Rechtsaufsicht ergriffen, die im Verwaltungsrechtsweg überprüft und zunächst einmal aufgehoben worden ist. Hier zeigt sich, daß die — nach dem Gesetz über die Errichtung und die Aufgaben des Bayerischen Rundfunks durchaus legalen — parteipolitischen Möglichkeiten bei der Personalauswahl keine Garantie dafür bieten, daß sich die parteipolitische Linie selbst in einer medienpolitischen Grundsatzfrage durchsetzt[40a]. —

Die neuere verwaltungswissenschaftliche Literatur hat im übrigen nachgewiesen, daß sich der öffentliche Dienst jedenfalls in der Ministerialverwaltung ganz unabhängig von Parteizugehörigkeiten darum bemüht, nicht nur explizite politische Vorgaben zu befolgen, sondern in der Regel sogar „die voraussichtliche Reaktion und Meinung der politischen Leitung zu antizipieren"[41]. Die Bereitschaft zu engagierter Loyalität gegenüber jeder Regierung ist offenbar vorhanden, vorausgesetzt, daß die Regierung bereit und in der Lage ist, die Verwaltung auch tatsächlich politisch zu führen[42]. Da die Mitglieder der Regierung und die

[40] Vgl. *Henke*, FN 12, S. 620. Daß der Abgeordnete in keinem Fall von politischen Bindungen frei ist, hat *Hans Meyer*, Zur Regierbarkeit der parlamentarischen Demokratie, in: Cappenberger Gespräch der Freiherr-vom-Stein-Gesellschaft, Band 14, 1979, S. 53 klar herausgestellt. — Zum „Becket-Effekt" als einem „Restrisiko" der Patronage siehe *v. Arnim*, FN 27, S. 601; *Isensee*, FN 17, S. 64.

[40a] Der Bay. Rundfunk hat sich mit Erfolg gegen die Aufsichtsmaßnahmen gewehrt, vgl. BayVGH BayVBl. 1986, 339 m. Anm. *Kuch*.

[41] Vgl. *Edda Müller*, FN 16, S. 13 m. w. N.; *Hillmann*, FN 6, S. 25 zum „antizipierten Gehorsam". Siehe auch schon *Hans D. Jarass*, Politik und Bürokratie als Elemente der Gewaltenteilung, 1975, S. 132. Treffend formuliert *Isensee*, FN 17, S. 63: Die Exekutive besitzt demokratische Legitimation nur, „soweit sie gefügiges und bewegliches Instrument der jeweiligen Regierung ist".

[42] Siehe dazu insbesondere *Quaritsch*, FN 18, S. 86. Mit Recht fordert *Carl Böhret*, Verwaltungspolitik als Reaktion auf gesellschaftliche Bindungen und politische Freiräume, in: *Böhret/Siedentopf* (Hrsg.), FN 17, S. 44 für eine erforderliche Steuerung der Verwaltung eine „Repolitisierung der politischen Führung"; siehe auch *Siedentopf*, FN 2, S. 52.

Fraktionsspitzen personell und sachlich weitestgehend ihre Parteien repräsentieren und dominieren, wäre der Ausbau der politischen Führung „von oben“ tatsächlich und rechtlich der beste Weg politischer Steuerung der Verwaltung[43]. Die Versuche der „Mitregierung“ von unten, durch politische Infiltration des öffentlichen Dienstes, werden in zunehmendem Maße als risikoreich für die politischen Parteien erkannt. Politische Führung wird dabei in ressortpolitischen Querelen aufgerieben; denn Ressort-Loyalität und Fachegoismus erfassen auch den Parteianhänger im öffentlichen Dienst. Die Verwaltung hat — im Unterschied zur Rechtsprechung — jeweils vitale und legitime „Eigeninteressen“ entsprechend den jeweiligen gesetzlichen Ausschnitten aus dem (von keiner Behörde umfassend zu vertretenden) Gemeinwohl. Verwaltungseffizienz setzt eben weitgehende Identifizierung mit den konkret zu verfolgenden Verwaltungszielen — z. B. der Wirtschaftsförderung oder des Denkmalschutzes — voraus, so daß wirkliche Unparteilichkeit oder gar die zweckneutrale Haltung des Richters nicht gleichzeitig erwartet werden können[44]. Politische Parteien, die sich in die Verwaltung hineinbegeben, um die Verwaltung zu steuern, geraten in große Gefahr, unversehens ihrerseits gesteuert zu werden, vornehmlich durch den Nachweis unverrückbarer „Sachzwänge“. Am Beispiel vieler Mitregierungsversuche der Parlamentsausschüsse hat sich erwiesen, daß letztlich nur eine Mit*verantwortung* entsteht, und zwar für Verwaltungsentscheidungen, über deren Voraussetzungen und Folgen die Parlamentarier nie ausreichend informiert sind. Alle Vorteile dieser politischen „Mitregierung“ liegen bei der Exekutive: Sie allein plant und entscheidet aufgrund ihrer umfassenden Sachkenntnis und befreit sich zugleich von den Unannehmlichkeiten einer späteren parlamentarischen Kontrolle[45].

---

[43] Zur weitgehenden Personalunion zwischen Parteiführung, Kabinett und führenden Fraktionsmitgliedern *Mößle,* FN 26, S. 22, 120; Jarass, FN 41, S. 126 f. und dort S. 136, 156 zur Notwendigkeit der rechtlichen Überordnung der Politik über die Verwaltung. — Siehe auch oben, zu FN 12.

[44] Ausführlich zur Problematik der „Objektivität“ der Verwaltung *Berg,* FN 20, S. 151 ff.; *Niklas Luhmann,* Legitimation durch Verfahren, 1969, S. 208; *Hans Ryffel,* Öffentliches Interesse und Gemeinwohl, 1968, S. 19 ff., 28, 31; *Eberhard Schmidt-Aßmann,* Der Verfahrensgedanke in der Dogmatik des öffentlichen Rechts, in: *Lerche/Schmitt Glaeser/Schmidt-Aßmann,* Verfahren als staats- und verwaltungsrechtliche Kategorie, 1984, S. 21: „Spezialbehörden verstehen sich nicht mehr notwendig als Repräsentanten einheitlicher organisierter Staatlichkeit, sondern wollen, gesellschaftlichen Gruppen vergleichbar, die ihnen zugewiesenen Aufgaben mit aller Kompromißlosigkeit durchgesetzt sehen.“ — Das Fehlen oder wenigstens das Hintanstellen eigener Interessen ist demgegenüber Kennzeichen richterlicher Tätigkeit, vgl. *Wilhelm Moll,* Wie unbefangen ist der „politische“ Richter?, ZRP 1985, 244; insoweit ist richterliche Gewalt unpolitisch, vgl. *Walter Schmitt Glaeser,* Rechtspolitik unter dem Grundgesetz, AöR 107 (1982), S. 345.

[45] Am Beispiel der Arbeit des Verteidigungsausschusses läßt sich dies besonders deutlich erkennen; ausführlich dazu mit zahlreichen Nachweisen aus der

Schließlich müßte auch die Weiterentwicklung der Informationstechnologien den Parteien einen Verzicht auf Herrschaftspatronage leichter machen. Verschiedentlich wird der — demnächst mögliche — Zugriff aller auf immer umfassendere Datenspeicher mit der durch den Buchdruck *Gutenbergs* ausgelösten ersten „informationstechnischen Revolution“ verglichen: Die „Neuverteilung von Herrschaftswissen“ kann Machtstrukturen verändern[46]. Politiker werden in immer geringerem Maße auf die — notwendig gefilterten — Informationen aus dem Exekutivbereich angewiesen sein. Und auch der Verwaltung wird es gut tun, wenn sie sich mit objektiv-extern informierten Politikern auseinandersetzen muß.

Wenn Politik tatsächlich i. S. v. *Max Weber* „Streben nach Machtanteil oder nach Beeinflussung der Machtverteilung“ ist, dann wirkt Ämterpatronage für die Parteien geradezu politikwidrig; denn sie verringert das Ansehen der Parteien in der Öffentlichkeit, vermindert die von ihnen zu verantwortenden Leistungen der Verwaltung und nimmt ihnen zudem noch vieles von ihren legalen Möglichkeiten politischer Führung und Kontrolle. Parteipolitische Ämterpatronage verhilft den Parteien also in der Tat nicht zur Vermehrung ihrer Macht: „Die ‚Parteibuchwirtschaft‘ stärkt den Parteienstaat nicht, sie diskreditiert und schwächt ihn vielmehr[47].“

d) Wirkungen auf die Arbeit der Verwaltung

Um dem Thema einigermaßen gerecht zu werden, ist aber auch danach zu fragen, ob und wie sich parteipolitische Ämterpatronage im output der Verwaltung zeigt. Steuerung oder Fehlsteuerung müßte man nicht nur an der „Richtung“ der Verwaltung erkennen, sondern vor allem an den dokumentierten Entscheidungen, an den rechtlichen und realen Auswirkungen der täglichen Exekutivarbeit in der Bundesrepublik Deutschland. Es käme also auf den Nachweis an, daß bestimmte, nicht durch Gesetz und Recht, sondern durch Parteieinfluß gesteuerte Maßnahmen der Verwaltung zu Ergebnissen geführt haben, die nach geltendem Recht und Gesetz so jedenfalls nicht zustande gekommen wären.

---

parlamentarischen Praxis *Wilfried Berg*, BK (1986), Art. 45 a Rn. 162, 166 ff., 177 ff., 187 ff., 204 ff.: Die Parteien sind auf diese Weise gegenüber der Exekutive nicht mehr „konfliktfähig“, vgl. *Stolleis*, FN 8, S. 26; *Hillmann*, FN 6, S. 10, 14. Zur „Vorbereitungsherrschaft der Verwaltung“ siehe *Böhret*, FN 42, S. 34; *Jarass*, FN 41, S. 152. Dies gilt naturgemäß in erster Linie für die Ministerialbürokratie des Bundes, vgl. *Mößle*, FN 26, S. 104.

[46] Vgl. *Jürgen Ostermann*, Bildschirmtext in der Kommunalverwaltung, DV 1985, 337, der über die Sorge von Kommunalverwaltungen berichtet, daß künftig Ratsmitglieder auf das Btx-Angebot der KGSt zurückgreifen können. Vgl. auch den Praxisbericht von *Wolfgang Ludemann*, Der Städtetag 1985, S. 779 f.

[47] *Frotscher*, FN 8, S. 921.

Diese Frage sei zunächst einmal genauso wertungsfrei gestellt wie die Frage des Themas, die ja neben der „Fehlsteuerung" auch die Möglichkeit einer (positiven) Steuerung der Verwaltung durch das Instrument der Parteipolitisierung in den Raum stellt.

Nun liegt es in der Eigenart juristischer Arbeit und juristischer Dokumentationen, daß das Pathologische, das Fehlerhafte ganz im Vordergrund steht. Etwaige positive parteipolitisch motivierte Zielverwirklichungen werden dem Juristen allenfalls dann bekannt, wenn sich ein Dritter dadurch in seinen Rechten verletzt fühlt und beispielsweise Konkurrentenklage wegen Verstoßes gegen den Gleichheitssatz erhebt[48]. Im kommunalpolitischen Bereich ist häufig der Vorwurf willkürlichen Verhaltens der Länderregierungen zu hören, sobald etwa staatliche Zuschüsse einer Gemeinde versagt werden, deren Verwaltung parteipolitisch anders zusammengesetzt ist als die jeweilige Landesregierung; aber Nachweise sind angesichts der weiten gesetzlichen Spielräume im gesamten Zuwendungswesen praktisch nicht zu führen. Nachweisbar sind hingegen die chronischen Vollzugsdefizite der Verwaltung, vor allem im Bau- und im Umweltschutzrecht, wenn die Verwaltung in ihrer — wie *Frido Wagener* dies genannt hat — „Not der Selbstbestimmung durch Regelungsüberlastung" in „pragmatischer Illegalität" Art und Umfang der öffentlichen Aufgabenerfüllung selbst festlegt[49]. Aber in diesem Bereich wird nicht einmal behauptet, daß diese Defizite parteipolitische Ursachen hätten. Und im Hinblick auf die vielfach angeprangerte „Selbstbedienung" des öffentlichen Dienstes im und am Staat wird die Ursachenkette sogar umgekehrt: Dafür gilt nicht mehr der öffentliche Dienst als parteipolitisiert, sondern jetzt sollen die politischen Parteien — zumindest auf Teilgebieten — „fest in der Hand" des öffentlichen Dienstes sein, so daß letztlich gar gesagt wird: „Der öffentliche Dienst ist fest in der Hand des öffentlichen Dienstes[50]." Demgegenüber ist mit Recht eingewandt worden, daß die hohe Anzahl der Angehörigen des öffentlichen Dienstes in keiner Weise als homogene Gruppe angesehen werden kann; diese Abgeordneten repräsentieren weder den öffentlichen Dienst noch gar die Verwaltung, und *Heinrich Siedentopf* hat sicherlich nicht ganz unrecht, wenn er formuliert, daß für die Zielsetzungen dieser

---

[48] Siehe die umfassende Zusammenstellung bei *Fritz Rittner/Klaus-Dieter Stephan,* Die Konkurrentenklage im Subventionsrecht, GewArch 1985, 177 ff.

[49] Vgl. *Frido Wagener,* FN 3, S. 244—252 mit zahlreichen Beispielen (das Zitat von der „pragmatischen Illegalität", S. 243, schließt den vorangehenden Abschnitt über die „Lust der Selbstbestimmung in vertikalen Fachbruderschaften" ab).

[50] Vgl. *Frido Wagener,* FN 3, S. 237 (an anderer Stelle, DÖV 1978, 436 fordert *Wagener* selbst aber mit Recht eine differenzierte Betrachtung der öffentlichen Verwaltung). Das Übergewicht „des" öffentlichen Dienstes in den Parlamenten beklagen unter diesem Aspekt z. B. auch *v. Arnim,* FN 1, S. 368 f.; *Püttner,* FN 2, S. 195/196.

Abgeordneten nicht der öffentliche Dienst als solcher, sondern lediglich als „soziale Hängematte" eine Rolle spielt[51]. Und so sind bei objektiver Betrachtungsweise die Änderungen im Besoldungs- und Dienstrecht — jedenfalls der letzten Jahre — keineswegs als Privilegierung des (in den Parlamenten besonders stark vertretenen) höheren Dienstes zu sehen: Absenkung der Eingangsbesoldung nur im gehobenen und höheren Dienst, dagegen Besoldungsverbesserungen für Beamte des einfachen und mittleren Dienstes durch das 4. Gesetz zur Änderung besoldungsrechtlicher Vorschriften vom 20. 12. 1985, Kürzung des Kindergeldes für besser Verdienende, Einstellungssperren und Aufhebung des ermäßigten Steuersatzes für Nebeneinkünfte aus wissenschaftlicher Tätigkeit[52]. Demgegenüber haben die als Gruppe parteipolitisch sicher unverdächtigen und in den Parlamenten nur unbedeutend repräsentierten Richter durch Einführung der R-Besoldung eine strukturelle Besoldungsverbesserung erreicht.

Auch die von *Carl Böhret* und *Werner Jann* sorgfältig dokumentierten „Verwaltungsskandale" lassen keineswegs erkennen, daß Normverletzungen in der Administration, die öffentliches Aufsehen erregen, etwa die Folgen mittelbarer oder unmittelbarer parteipolitischer Einflußnahmen gewesen wären. Als Fazit läßt sich allenfalls ziehen, daß die These von der „vollkommenen Unschuld" der politisch Verantwortlichen seltener zutrifft als allgemein vermutet wird. Und die feststellbare Häufung der Skandale in den Bereichen Gefängnisverwaltung, Verfassungsschutz und Bundeswehr ist mit Sicherheit nicht auf dort etwa vorherrschenden parteipolitischen Einfluß, sondern eher auf die Abschottung dieser Verwaltungszweige gegenüber parlamentarischer und öffentlicher Kontrolle zurückzuführen[53]. Für den kommunalen Sek-

---

[51] Vgl. *Siedentopf,* FN 2, S. 54. Für eine differenziertere Betrachtung auch schon *Jarass,* FN 41, S. 132 f.; ferner *Hirsch,* FN 15, S. 95; *Hans-Peter Bull,* Öffentliche Verwaltung und öffentlicher Dienst heute, in: *Bull* (Hrsg.), FN 30, S. 22.

[52] Vgl. 4. Gesetz zur Änderung besoldungsrechtlicher Vorschriften vom 20. 12. 1985 BGBl. I, S. 2466. Nach § 20 I Nr. 1 BRAO in der Fassung des Entwurfs zur Änderung des Berufsrechts der Rechtsanwälte etc. (BT-Drs. 10/3854) „soll" die Zulassung „in der Regel" versagt werden, „wenn der Bewerber in den letzten zehn Jahren in dem Bezirk des Oberlandesgerichts, in dem er zugelassen werden will, als Richter oder Beamter auf Lebenszeit oder auf Zeit angestellt war". — Zuvor: *Horst Clemens,* Der öffentliche Dienst in der Haushaltssanierung, ZBR 1984, 25, 29 („Nullrunde", Absenkung der Eingangsbesoldung etc.). — Zur Problematik der Wiederbesetzungssperren für freigewordene Richterstellen BayVerfGH DÖV 1986, 106 ff. Zur erneuten Feststellung der Verfassungswidrigkeit der Besoldung kinderreicher Beamter (nach BVerfGE 44, 249, 272 ff.) jetzt BVerwG DVBl. 1986, 468 ff. — Zu dem — vorerst allerdings gescheiterten — Versuch, die Anwaltszulassung vormaliger Beamter auf Zeit zu verhindern *Klaus Pohl,* ZRP 1986, 245 f.

[53] Vgl. *Carl Böhret,* Politik und Verwaltung, 1983, S. 124, 126, 128. Siehe auch *Helmut Roewer,* Trennung von Polizei und Verfassungsschutzbehörden, DVBl. 1986, 205 ff.

tor scheint jedoch *Gerhard Banner* einen kausalen Zusammenhang zwischen Parteipolitisierung und Verwaltungsfehlern geradezu quantifiziert nachgewiesen zu haben: Dort, wo nach der norddeutschen Ratsverfassung die Ämter des Ratsvorsitzenden und des Hauptverwaltungsbeamten auseinanderfallen und beide Amtsträger vom Gemeinderat gewählt werden, gebe es eine „krisenhafte Entwicklung kommunaler Haushalte", während in Ländern mit volksgewählten Bürgermeistern die kommunalen Haushalte ausgeglichen seien; damit verstärkte das „Steuerungsgefälle" der Gemeindeordnungen „in unerwünschter Weise das allgemeine Süd-Nord-Gefälle in der Bundesrepublik Deutschland"[54]. *Banner* differenziert bei seiner Analyse m. E. nicht hinreichend nach der Größe der Gemeinden. Gerade für Nordrhein-Westfalen muß aber beispielsweise immer wieder betont werden, daß die Parteipolitisierung in Großstädten eine ganz andere Qualität hat als in kleineren Gemeinden. In kleineren Gemeinden nähert sich die Position des Gemeindedirektors — was die Entscheidungsmacht angeht — durchaus der Position eines süddeutschen Bürgermeisters an, während die Machtverteilung in Großstädten wesentlich labiler ist[55]. Im übrigen sollte man die Ausgeglichenheit eines kommunalen Haushalts nicht als einziges Kriterium für die Güte einer Kommunalverwaltung ansehen. Die Möglichkeiten für einen süddeutschen Bürgermeister, fehlerhafte Sachentscheidungen erfolgreich durchzusetzen, stellen ein ernstzunehmendes systemimmanentes Risiko der Süddeutschen Kommunalverfassungen dar. Zwar wird dem volksgewählten Bürgermeister „Personalpolitik nach dem Parteibuch von den Wählern übel angekreidet" *(Banner)*; aber dafür hängt das Wohl der Gemeinde wesentlich von seinen ganz persönlichen Eigenschaften ab[56].

Schließlich wird einer parteipolitisierten Verwaltung vorgeworfen, daß sie wegen des Vorherrschens tagespolitischer Erwägungen längerfristige, über die Wahlperiode hinauswirkende Gemeinwohlziele nicht

---

[54] Vgl. *Gerhard Banner*, Kommunale Steuerung zwischen Gemeindeordnung und Parteipolitik, DÖV 1984, 364 ff. Selbstverständlich sieht *Banner* auch wirtschafts-strukturelle, „exogene" Einflußfaktoren. Im Anschluß an *Banner* auch *v. Arnim*, Begrenzung öffentlicher Aufgaben durch Verfassungsrecht, DVBl. 1985, 1294.

[55] Dazu *Wilfried Berg*, Die Direktorialverfassung in Nordrhein-Westfalen und Niedersachsen, in: *Püttner* (Hrsg.), Handbuch der kommunalen Wissenschaft und Praxis, Band 2, 1982, S. 222 ff., 226 f.; *ders.*, Begriff und Problematik der Direktorialverfassung in Nordrhein-Westfalen, in: Mitteilungen des Verbandes der Hauptgemeindebeamten und Beigeordneten für Nordrhein-Westfalen, Nr. 96, 1983, S. 1 ff.; zutr. auch *Hans-Georg Wehling/H.-Jörg Siewert*, Der Bürgermeister in Baden-Württemberg, 1984, S. 19.

[56] Hingewiesen sei auf BGH NJW 1986, 859 f. (bad.-württ. Bürgermeister unterschrieb die Baugenehmigung für ein materiell baurechtswidriges Vereinsheim, um seine Wähler zu bestechen): Selbstverständlich ein krasser Einzelfall. — Zum immanenten Risiko des „autokratischen Verhaltensstils" bei Bürgermeistern und einer gewissen „Verführung" durch die Größe der Macht nach der süddeutschen Ratsverfassung *Wehling/Siewert*, FN 55, S. 141, 145.

verwirklichen könne; allenfalls „Legislaturperiodenprobleme“ würden angepackt[57]. Selbstverständlich gibt es in diesem wie in jedem anderen Staat eine Unzahl ungelöster Probleme und kurzatmige Flickschusterei. Aber es darf doch nicht übersehen werden, daß Regierung und Verwaltung in der Bundesrepublik Deutschland von Anfang an Entscheidungen getroffen und durchgesetzt haben, die — wie in keiner Generation zuvor — Zukunftswirkungen allergrößten Ausmaßes haben: Erinnert sei an Entscheidungen für die Wiederbewaffnung, für den Ausbau des Autobahn- und Flughafennetzes, für die Änderung der Ostpolitik, für den Ausbau der Universitäten, des Rhein-Main-Donau-Kanals, der Kernenergie, der EG, für die kommunale Gebietsreform, für bleifreies Benzin und für maschinenlesbare Personalausweise. Man kann jede dieser Entscheidungen für falsch halten, man kann auch noch viel mehr Bereiche aufzählen, die noch immer der Entscheidung harren; aber man kann nicht sagen, daß das parteipolitisch geprägte Regierungssystem zur Zukunftsgestaltung nicht in der Lage wäre[58].

3. *Bewertung*

Ich komme damit zur Bewertung der Wirkungen parteipolitischer Ämterpatronage und damit zugleich auf die Ausgangsfrage zurück: Werden die verfassungsrechtlichen Ziel- und Verfahrensvorgaben durch parteipolitsche Einwirkungen auf den öffentlichen Dienst verwirklicht oder verfehlt?

Es konnte schon eingangs keinen Zweifel daran geben, daß Ämterpatronage die Verfassungsbestimmungen über den öffentlichen Dienst verletzt und deshalb rechtlich abgelehnt werden muß und politisch nicht angestrebt werden darf. Zugleich ist deutlich geworden, daß die verfassungsrechtlich anerkannten und unverzichtbaren Parteien im Ansehen der Öffentlichkeit und bei der Durchsetzung ihrer Politik durch ihre eigene Praxis der Einflußnahme auf den öffentlichen Dienst schwersten Schaden leiden. Ihre für politische Steuerung — durch Entscheidung und durch Kontrolle — unentbehrliche Unabhängigkeit geht ohne jeden positiven Ausgleich verloren.

Auf die Verwirklichung der verfassungsrechtlichen Sachziele hat jedenfalls die bisher betriebene parteipolitische Ämterpatronage keine nennenswerten negativen Auswirkungen. Fehler bei den Sachentschei-

---

[57] So z. B. *v. Arnim,* FN 54, S. 1290 für das Ziel Preisstabilität; *ders.,* FN 27, S. 596: „Kurzatmigkeit“; *Hillmann,* FN 6, S. 24.

[58] Deshalb ist dem Fazit *Hans Meyers,* FN 40, S. 68 zur Regierbarkeit der parlamentarischen Demokratie zuzustimmen: „Daß man über die Güte und die Richtung der in diesem System geleisteten Politik streiten kann, ist nur ein Zeichen für die Lebendigkeit unseres Systems.“

dungen wird es — so oder so — immer geben. Die traditionelle Einrichtung der Instanzenzüge in der Justiz zeigt, daß man mit solchen Fehlern auch schon rechnete, bevor die Politisierung ein Thema wurde.

Sollte sich die Exekutive zunehmend als „Staat im Staate", als undurchdringliche „Expertokratie" erweisen, die die politischen Entscheidungsträger zu reinen Vollzugsorganen degradiert, dann hilft kein parteipolitisches Eintauchen in diese Verwaltung, sondern allein politische Führung, die mehr ist als bloße Datenbeherrschung[59] und etwas ganz anderes als parteipolitische Kumpanei mit dem öffentlichen Dienst.

IV. Rechtliche Korrekturmöglichkeiten

Die Parteipolitisierung des öffentlichen Dienstes hat sich nach alledem als ein Instrument der Fehlsteuerung bei der Personalführung des öffentlichen Dienstes und als Indiz für eine Desorientierung der etablierten Parteien, nicht aber als Instrument der Fehlsteuerung der Verwaltungsleistungen herausgestellt. Es mag sein, daß Existenz und Erfolge der GRÜNEN, Parteiverdrossenheit in der Bevölkerung und erhöhte Sensibilität der Medien, der Wissenschaft, der Rechnungshöfe und der Justiz die Selbstheilungskräfte anregen und die etablierten Parteien zur Umkehr auf dem Weg der Parteipolitisierung des öffentlichen Dienstes bewegen. Da dies aber nicht sicher ist, seien zum Abschluß einige Möglichkeiten rechtlicher Korrekturen zusammengestellt.

1. Zur Einschränkung der Ämterpatronage

Bei der Einstellung in den öffentlichen Dienst und bei der Beförderung kann parteipolitische Ämterpatronage am ehesten durch Objektivierung der Leistungsanforderungen, Ausschreibung und Beteiligung unabhängiger Gremien und durch verfahrensrechtliche Einbeziehung der Konkurrenten erreicht werden. Hierzu gibt es zahlreiche positive Vorschläge[60]. Dadurch könnten insbesondere im öffentlichen Dienst selbst die dysfunktionalen Wirkungen der Ämterpatronage auf das Leistungsverhalten ausgeschaltet werden. — Zugleich mit Blick auf die Öffentlichkeit

[59] Siehe dazu *Klaus-Dieter Leister,* Schaffen wir uns die Sachzwänge selbst?, in: Politik im elektronischen Zeitalter, Bonn—Bad Godesberg 1985, S. 29 f. Siehe auch oben zu FN 42 ff. — Ein typisches Beispiel für moderne Sachzwänge bei *Hans Brinckmann,* Das Verkehrsinformationssystem ZEVIS als Beispiel technischer Determinierung von Recht und Verwaltung, DÖV 1985, 889—900.

[60] Vgl. nur *v. Arnim,* FN 27, S. 602; *Banner,* FN 18, S. 239; *Isensee,* FN 17, S. 74 ff.; *Matthey,* in: *v. Münch* (Hrsg.), FN 6, Art. 33 Rn. 23 und vor allem Rn. 25 a am Ende; *Rottmann,* FN 11, S. 104; *Stettner,* FN 7, S. 75 f. — Die Suche nach verbesserten Ausleseverfahren ist auch in der Schweizer Staatsrechtslehre ein Desiderat, vgl. *Rhinow,* FN 27, S. 106.

wäre die weitgehende Ersetzung der politischen Beamten durch Angestellte mit Zeitverträgen und durch parlamentarische Staatssekretäre zu empfehlen. Ein großer Teil der in § 36 BBG genannten Stellen könnte aus dem Kreis der politischen Beamten herausgenommen werden, weil hier keine politischen Leitungsfunktionen auszuüben sind. Politische Leitstellen müssen jedoch weiterhin politisch besetzt werden. Zu einer Schmälerung der politischen Spitze dürfte es unter keinen Umständen kommen[61].

Nicht ganz einfach ist die Beurteilung der kürzlich für Baden-Württemberg erarbeiteten neuen Konzeption von „Führungsfunktionen auf Zeit" unter diesem Aspekt; denn sogleich wurde von möglicherweise Betroffenen befürchtet, „die neue Führungsstruktur verfolge letztlich den Zweck, die Parteipolitisierung der Verwaltung zu verstärken und die Unabhängigkeit des Beamtentums weiter einzuschränken", obwohl sie explizit ein anderes Ziel verfolgt: „Die Vergabe von Führungsfunktionen auf Zeit soll nicht den Kreis der politischen Beamten erweitern, sondern der Parteipolitisierung der Personalsteuerung entgegenwirken. Nur mehr Wettbewerb, Mobilität und Professionalität innerhalb des öffentlichen Dienstes können seine parteipolitische Inanspruchnahme mindern[62]." Erfahrungsgemäß entfaltet Ämterpatronage ihre destruktiven Wirkungen auf den öffentlichen Dienst weniger durch ihre objektive Nachweisbarkeit als vielmehr durch Gerüchte und Verdächtigungen. Die Einführung von Führungsstrukturen auf Zeit kann parteipolitischer Ämterpatronage also nur dann effektiv entgegenwirken, wenn es gelingt, Kriterien und Verfahren in jedem Fall nicht nur transparent, sondern tatsächlich einsichtig zu machen.

2. Zur Einschränkung parteipolitischer Einflußnahme auf die konkrete Amtsführung

Die Abwehr parteipolitischer Einflußnahme auf die konkrete Amtsführung ist natürlich ebenfalls zum Schutz der Integrität des öffentlichen

[61] So schon *Berg*, MDR 1973, 189 f.; *Jarass*, FN 41, S. 135 f., 151; siehe auch die Begründung für die Einführung der „politischen Staatssekretäre" 1972 in Baden-Württemberg bei *Manfred Bulling/Gerhard Teufel/Joachim Kohler*, Regierungsreform in Baden-Württemberg, VerwArch 77 (1986), S. 51; siehe ferner *Lepper*, FN 34, S. 238. Positiv zur Einrichtung parlamentarischer Staatssekretäre bereits *Volkmar Hopf*, Beamteter und parlamentarischer Staatssekretär, in: Öffentlicher Dienst und politischer Bereich, 1968, S. 129 ff.; *Böckenförde* und *Partsch*, ebda., S. 142 ff. (Diskussionsbeiträge). — Neben der Sache liegt die Ansicht von *Görlitz/Voigt*, FN 4, S. 240, die — zu empfehlende — Ausweitung der Gruppe der politischen Beamten sei nur eine „Frage der Finanzierungsmöglichkeiten". Siehe auch oben zu FN 18.

[62] Siehe die Wiedergabe der Einwendungen bei *Bulling/Teufel/Kohler*, FN 61, S. 62; siehe auch *Benda*, FN 13, S. 47; *Rudolf Summer*, DÖV 1986, 713 ff. — Zur Konzeption siehe *Heinrich Siedentopf*, Führungsfunktionen auf Zeit in der staatlichen Verwaltung, DÖV 1985, 1033 ff., 1042.

Dienstes, aber auch im Interesse einer unverwässerten Durchsetzung der Regierungspolitik erforderlich[63]. Darüber hinaus gilt es jedoch, das Vertrauen der Öffentlichkeit in die willkürfreie Arbeit der Verwaltung zu bewahren (oder wieder herzustellen). Das Vertrauen der Öffentlichkeit ist vermutlich in diesem Zusammenhang das wichtigste Ziel; denn dem öffentlichen Dienst selbst steht ein ganzes Arsenal subtiler Abwehrtechniken zu gebote, und die Regierung hat — wenn sie nur will — genügend Machtmittel an der Hand, um unerwünschte Einwirkungen und Kontakte zu verhindern[64]. Im Hinblick auf das Vertrauen der Öffentlichkeit geht es — ähnlich wie bei der Frage der richterlichen Befangenheit[65] — nicht so sehr darum, ob eine politische Partei wirklich auf die Amtsführung Einfluß genommen hat; viel wichtiger ist auch hier die Vermeidung des „bösen Scheins". Hier sind naturgemäß zunächst einmal eine Reihe bürokratischer Tugenden hilfreich, insbesondere die Verfahrens-Regelgebundenheit des Entscheidens und die schriftliche Fixierung aller Vorgänge. Hinzukommen müßte jedoch eine verstärkte Aktenöffentlichkeit[66]. Wenn man bedenkt, daß die Abschottung von Verwaltungstätigkeit gegenüber der Öffentlichkeit ganz allgemein die „Skandalanfälligkeit" erhöht[67], dann dürfte eine Erweiterung der Publizität auch hier vor Irregulärem schützen. Rechtliche Schwierigkeiten in dem komplexen Geflecht von Amtsgeheimnis, Funktionsfähigkeit der

[63] So warnt *Isensee,* FN 17, S. 64 mit Recht davor, daß durch solche Einflußnahmen für den verantwortlichen Minister eine „Nebenregierung" der Partei entstehen kann.

[64] Siehe dazu *Wilfried Berg,* BK (1986), Art. 45 a, Rn. 167.

[65] Für einen weiten und weitgehend subjektiv bestimmten Befangenheitsbegriff im Interesse des Mißtrauensabbaus bereits *Dieter Overhoff,* Ausschluß und Ablehnung des Richters in den deutschen Verfahrensordnungen aus innerprozessualen Gründen, Diss. jur. Münster 1975, S. 42 ff.; *Ulrich Horn,* Der befangene Richter, 1977, besonders S. 124 ff. zum entscheidenden Faktor des Vertrauens; *Joachim Riedel,* Das Postulat der Unparteilichkeit des Richters — Befangenheit und Parteilichkeit — im deutschen Verfassungs- und Verfahrensrecht, 1980; zur aktuellen Diskussion um „politische Richter", Befangenheit und Vertrauen der Öffentlichkeit in die Rechtsprechung siehe nur *Berglar,* ZRP 1984, 4 ff., 8; *Göbel,* NJW 1985, 1057 ff.; *Moll,* ZRP 1985, 244 ff.; *ders.,* ZRP 1986, 31; *Strecker,* ZRP 1984, 122 ff. — Zum Zusammenhang zwischen Unabhängigkeit und Vertrauen der Öffentlichkeit in die Rechnungshöfe *Karl Wittrock,* Warum muß Finanzkontrolle unabhängig sein?, DVBl. 1984, 824 f.

[66] Vgl. *Hans-Peter Bull,* Ziele des Verwaltungshandelns im Hinblick auf den Umgang mit dem Bürger, in: *Bull* (Hrsg.), FN 30, S. 86. *Meessen,* FN 28, S. 2294 fordert „öffentliche Kontrolle durch Offenlegung" der Parteimitgliedschaft; vgl. auch *Isensee,* FN 17, S. 75. — Zu den Öffentlichkeitsforderungen, die sich aus der „öffentlichen Gemeinwohlfunktion" der Exekutive ergeben, *Peter Häberle,* Die Verfassung des Pluralismus, 1980, S. 134 ff. — Zu den Elementen bürokratischer Organisation näher *Lipp,* FN 4, S. 236 f. — Zu den Möglichkeiten einer Erweiterung der Konkurrentenklage *Helmut Lecheler,* DÖV 1983, 953 ff. — Zu den Grenzen der Kontrolle durch die Personalvertretung *ders.,* NJW 1986, 1079 ff.

[67] Vgl. *Böhret,* FN 53, S. 124, 128.

Verwaltung, Datenschutz und Kontrollbedürfnis sind nicht zu verkennen. Aber sie sind zu bewältigen. Vor nicht allzu langer Zeit galten auch Prüfungsakten noch als „ihrem Wesen nach" geheimhaltungsbedürftig i. S. d. § 99 I 2 VwGO; inzwischen weiß man, daß schon die potentielle Offenlegung aller Korrekturbemerkungen nicht die Unbefangenheit der Prüfer gefährdet, sondern Sachlichkeit, Genauigkeit und das Vertrauen der Öffentlichkeit in die Objektivität des Verfahrens fördert[68]. Nichts Besseres wäre im Hinblick auf jeden Verdacht unzulässiger, die Öffentlichkeit scheuender Einflußnahme auf die Amtstätigkeit zu wünschen.

3. Sonstige Möglichkeiten zur Verbesserung der Motivation des öffentlichen Dienstes

Mit der Beseitigung der Ämterpatronage und der Verbannung irregulärer Parteieinflüsse sind die Probleme des öffentlichen Dienstes, der Verwaltungsführung und der Steuerung der Verwaltung natürlich nicht gelöst. Eine Steuerung der Verwaltung durch Parteien darf es außerhalb, anstelle oder neben der Regierung nicht geben. Auf der anderen Seite ist eine reibungslose hierarchische Systemsteuerung durch Befehl und Gehorsam heute noch weniger möglich (oder auch nur zulässig oder gar wünschenswert) wie zur Zeit des *Freiherrn vom Stein,* der 1818 an *Ernst Moritz Arndt* schrieb: „Die wahren Widersacher der guten Sache sind das Beamtenheer. Diese wünschen, gut besoldet, mit Bequemlichkeit, durch pensions-pragmatiques für das Leben gesichert, ihr geheimnisvolles Schreiberwerk fortzutragen. Sie ahnen es, daß durch eine repräsentative Verfassung für sie eine wahre Verantwortlichkeit, nicht eine Scheinverantwortlichkeit wie jetzt gegen ihren 70 Meilen entfernten überladenen Oberen, vorhanden sein wird ...[69]."

In der Tat geht es auch heute darum, den Beamten wieder mehr Eigenverantwortung, mehr wirklichen Entscheidungsspielraum zu überlassen; denn gegenwärtig wird die Diskrepanz zwischen den *Ausbildungspostulaten* „Planungskunst und Gestaltungsvermögen" und der *Praxis,* die „zu Ängstlichkeit erziehende Regelkonformität" voraussetzt — diese Diskrepanz wird bereits als „tragikomisch" bezeichnet[70]. Im Sinne der Stärkung der Eigenverantwortlichkeit des öffentlichen Dienstes wird heute von einer breiten wissenschaftlichen Öffentlichkeit eine „Politisierung" der Beamten und eine „Repolitisierung der politischen

---

[68] Dazu *Berg,* FN 20, S. 65 ff.

[69] Zitiert nach *Botzenhart/Ipsen* (Hrsg.), Freiherr vom Stein — Ausgewählte politische Briefe und Denkschriften, 1955, S. 387. — *Christian v. Hammerstein,* FN 34, S. 147 sieht mit Recht im Begriff der Verantwortung den Ausgangspunkt einer Fortentwicklung des öffentlichen Dienstrechts; ähnlich *Ellwein,* FN 30, S. 48 f.

[70] Vgl. *Hillmann,* FN 6, S. 23.

Führung" gefordert[71]. Eine parteipolitische Fremdsteuerung der Verwaltung ist damit nicht zu vereinbaren.

V. Ergebnis

Im Rahmen der 35. Staatswissenschaftlichen Tagung der Hochschule für Verwaltungswissenschaften Speyer vor 19 Jahren hatte die Problematik parteipolitischer Ämterpatronage in Referaten und Diskussionen bereits eine große Rolle gespielt[72]. Daß es noch schlimmer werden könnte als damals beschrieben, hat wohl niemand erwartet. Im Laufe dieser langen Zeit dürften die Wirkungen parteipolitischer Einflußnahme auf den öffentlichen Dienst klarer erkennbar geworden sein: Ämterpatronage schadet auf Dauer nicht so sehr der Verwaltung und der Effektivität der Administration, sondern in erster Linie den etablierten Parteien selbst. Aber nichts wäre staatspolitisch verfehlter, als voller Schadenfreude über diesem Befund die Akten zu schließen. Denn funktionsfähige, angesehene, konfliktbereite, miteinander konkurrierende Parteien sind für das Leben unserer parlamentarischen Demokratie unverzichtbar, und zwar nicht nur als organisierte „Wahlvereine", sondern vor allem als Elemente freiheitssichernder Gewaltenteilung. In einer Zeit, in der die technischen Mittel staatlichen und gesellschaftlichen Machtmißbrauchs in niemals gekanntem Ausmaß möglich machen — in dieser Zeit darf Machtausübung und Machtkontrolle nicht ihrerseits unkontrollierbaren Kräften der Lobby und autonomer Bürokratie überlassen bleiben. Immer häufiger ist in den letzten Jahren zu beobachten, daß die Gesetze nicht mehr nur — wie seit jeher — von den Verbänden beeinflußt werden; vielmehr geschieht Rechtsetzung in zunehmendem Maße unmittelbar durch Verbände. Erwähnt seien hier nur die Regeln des Kerntechnischen Ausschusses (KTA-Regeln) oder die Leitsätze der Deutschen Lebensmittelbuch-Kommission (DLK). Hier besteht die Gefahr, daß eine geschlossene Gesellschaft von Interessenten ohne öffentliche Kontrolle und ohne fixierte Verantwortlichkeit Verfassungsgrundsätze des parlamentarischen demokratischen Rechtsstaates aushöhlt[73]. —

[71] Vgl. *Böhret*, FN 42, S. 40, 44; *Tsatsos/Morlock*, FN 14, S. 39. — Zu den Gefahren des Immobilismus als Folge einer fortschreitenden Entpolitisierung im kooperativen Föderalismus siehe *Manfred Miller*, Politikverflechtung als Organisationsprinzip, DÖV 1986, 142 f., 147; zur „Vollzugsverholzung" siehe *Helmut Klages*, Überlasteter Staat — verdrossene Bürger?, 1981, S. 149 ff.; zum Zustand der „Politik ohne Politiker" siehe *Lipp*, FN 4, S. 254 im Anschluß an *Schnabel*.

[72] Siehe insbesondere *Michael Fellner*, Staatsbehörden im politischen Spannungsfeld, in: Öffentlicher Dienst und politischer Bereich, 1968, S. 37—48; *Johann Schmidt*, Politische Betätigungsfreiheit und dienstrechtliche Loyalitätspflicht, ebda., S. 55—68 und die Diskussionsbeiträge S. 62 ff., 74 ff.

[73] Eine informative Übersicht über Bedeutung und einige Aspekte der Problematik der KTA-Regeln bei *Klaus Vieweg*, Atomrecht und technische Nor-

Parteien hingegen sind wegen ihrer verfassungsrechtlichen Mittlerrolle für alle Bürger offen, binnendemokratisch organisiert, in ihrer eigenen Willensbildung transparent und ihren Mitgliedern und ihren Wählern permanent oder spätestens bei den Wahlen verantwortlich. Die Gewaltenteilungsfunktionen, die konkurrierende Parteien erfüllen können und müssen, bleiben gegenwärtig unerfüllt; und unter einem „allumspannenden Parteiendach" muß jede Art der Gewaltenteilung leerlaufen[74]. Gelingt es jedoch den politischen Parteien, Ämterpatronage als Irrweg zu erkennen und diesen Irrweg zu verlassen, dann können Bürger, Verwaltung und Politiker wieder freier atmen.

---

mung, 1982; dazu *Wilfried Berg,* DV 1984, 107 ff. Siehe ferner *Gert Meier,* Rechtliche Bedenken gegen die Quasi-Normierung der Verkehrsfähigkeit von Lebensmitteln durch verfassungsrechtlich Unberufene, ZLR 1985, S. 354—368. — Allgemein zum Vordringen des Verbandseinflusses und zur Minderung staatlicher Verantwortung *Wilfried Berg,* Verbände in der parlamentarischen Demokratie, DV 1978, S. 71 f., 81 ff.; *Matthias Krusche,* Umweltpolitik im Spannungsfeld industrieller Interessen und gesetzgeberischer Notwendigkeiten, ZRP 1985, 303, 308.

[74] Überzeugend *Miller,* FN 71, S. 142; *v. Arnim,* FN 1, S. 501 ff. Zu den Funktionen der Parteien bei der Fortentwicklung der Gewaltenteilung *Schulze-Fielitz,* FN 1, S. 106 ff. — Noch bestehende u. z. T. schon beseitigte Öffentlichkeitsdefizite im Recht der politischen Parteien zeigt *Häberle,* FN 66, S. 144 ff. auf. — Zur Unverzichtbarkeit konkurrierender politischer Parteien siehe die Nachweise oben, FN 26.

4. Diskussion

Leitung: Prof. Dr. Joachim Jens Hesse

Bericht von Stefan Erlenbach und Hans-Peter Michler

Die Aussprache wurde eröffnet mit zwei Fragen zum Referat von *Kirsch*.

Stadträtin Dr. *Wanda von Baeyer-Katte*, Heidelberg, griff die Darstellung der Verteilungsfunktionen der politischen Parteien nach dem Nullsummenspiel auf und gab zu bedenken, daß es Güter gebe, die der Verteilung nach dem Nullsummenspiel nicht unterlägen, wie Bildung und Moral. Das Bildungsbewußtsein und das Bewußtsein einer gewissen Repräsentanz für bestimmte Berufsmoralen seien doch lange Zeit als Äquivalent für monetäre Gaben anerkannt worden. Auch die politischen Parteien verteilten bislang dieses Anerkennungsverhalten, wobei zur Zeit Änderungen durch die Partei der „Grünen" aufträten; in der Zeit des Nationalsozialismus sei ein Rassenbewußtsein als Äquivalent entstanden. Diese Überlegungen nahm *v. Baeyer-Katte* zum Anlaß, um eine Weiterführung des Ansatzes von *Kirsch* anzuregen.

Prof. Dr. *Manfred Groser*, Bamberg, warf die Frage auf, wie wirtschaftliche Rahmenbedingungen die Entwicklung zu Volksparteien oder Klassenparteien beeinflussen könnten und ob die Konturen dieser Parteien tatsächlich so scharf seien, wie sie in der vorgestellten Systematik erschienen: *Kirsch* habe die Volksparteien durch den Slogan: ‚niemand wird per Saldo verlieren', die Klassenparteien durch den Slogan: ‚unsere Klientel wird gewinnen auf Kosten anderer' gekennzeichnet und dann eine Zwischenkategorie eingeführt: die Mehrklassenpartei, wohl eine Koalition von Gruppen. Die Frage nun sei, ob nicht günstige wirtschaftliche Rahmenbedingungen die Optionen vor allem der Klassenparteien, aber auch der Mehrklassenparteien, verändern könnten: so sei es bei wirtschaftlichem Wachstum doch durchaus möglich, daß es eine Mehrklassenpartei gar nicht nötig habe, kurzfristig andere Gruppen zu belasten. Sie könne durchaus programmatisch dasselbe sagen wie die Volkspartei, nämlich: niemand werde per Saldo verlieren. Das treffe vor allem dann zu, wenn es möglich sei, Belastungen auf zukünftige Generationen oder auf Nichtwähler zu verschieben.

Gebe es daher nicht so etwas wie „Pseudo-Volksparteien“, die realiter Klassenparteien seien, aber aufgrund günstiger wirtschaftlicher Bedingungen darauf verzichten könnten, andere Gruppen direkt zu belasten? Wo befinde sich dann die Differenz in der politischen Praxis zur eigentlichen Volkspartei, die Ordnungspolitik betreibe?

Prof. Dr. *Guy Kirsch,* Fribourg, bestätigte in seiner Antwort auf die erste Frage die Aussage, daß es Politikbereiche gebe, die nicht dem Nullsummenspiel unterlägen. Typisch dafür sei eine Ordnungspolitik, die jedem die Möglichkeit gebe, sein Glück zu machen. Das sei eine Politik, die kein Nullsummenspiel darstelle. Bei den genannten Bereichen wie etwa der Bildung sei das schon schwieriger zu beantworten, denn das Geld, das für Bildung ausgegeben werde, sei für Subventionen z. B. an die Landwirtschaft nicht mehr da. So bekomme man sehr wohl wieder ein Nullsummenspiel: Gebe man Geld für BAföG, Universitäten etc. aus, so beklagten sich die Landwirte, dieses Geld fehle für Subventionen. Nun könne man zwar argumentieren, dafür lebe man in einem hochgebildeten Lande und jeder profitiere von diesem hohen Bildungsstand, nur komme — so die Ansicht *Kirschs* — dieses Argument wohl nicht an, und es sei auch ein bißchen zu ideologisch. Heute versuchten die Parteien ja gerade, Klassenpolitik zu betreiben: Man gehe davon aus, den einen nehmen zu müssen, um den anderen geben zu können, bzw. man meine, sparen zu müssen und tue dies bei einer ganz bestimmten Gruppe, von der man annehme, sie als Klientel nicht zu brauchen; anschließend rede man dieser Schicht ein, dies sei ordnungspolitisch richtig und sie würde sehr wohl davon profitieren, daß man ihr etwas nehme. D. h., Klassenparteien versuchten, Interventionismus zugunsten ihrer Klientel zu betreiben und sich gegenüber ihren Gegnern ordnungspolitisch herauszureden. Das könne man bei jeder Partei finden, die an der Regierung sei.

Eine Variante, aus dem Nullsummenspiel auszubrechen — und damit wandte sich *Kirsch* der Frage *Grosers* zu —, wäre, wenn äußere Faktoren wie das Wachstum, äußere Verschuldung oder das Abschieben von Lasten auf die zukünftigen Generationen es erlaubten, heute allen insgesamt mehr zu geben als man allen insgesamt nehme. In diesem Falle könne man durchaus eine interventionistische Politik betreiben, ohne durch den Interventionismus in den Klassenkampf getrieben zu werden. So habe die Entwicklung zu den Klassenparteien als Folge der interventionistischen Politik erst eingesetzt, als das Wachstum erlahmt sei. Insofern stelle der Einwand *Grosers* eine interessante Erweiterung seiner Theorie dar.

Im Anschluß daran bedauerte es *Kirsch,* aus Termingründen das Podium verlassen zu müssen. Er wurde vom Diskussionsleiter mit Dank und Verständnis entlassen.

Der nächste Diskussionsteilnehmer, Dr. *F. H. Kappes,* Landrat a. D. aus Dieburg, wandte sich an alle drei Referenten. Zu *Kirsch* führte er aus:

Klassenparteien seien aus seiner Sicht nicht mehrheitsfähig, auch die Koalition von zwei Parteien, die sich jeweils als Klassenparteien verständen, sei ebenfalls nicht mehrheitsfähig. Aus diesem Wissen heraus gingen die Bestrebungen der großen Parteien eindeutig in Richtung Volkspartei. Dieser Anspruch werde durch die wichtigsten Parteiexponenten ernsthaft nach außen hin untermauert. Auch der taktische Vorwurf der Parteien untereinander, daß die jeweils andere als Klassenpartei anzusehen sei, beeinflusse diese Einschätzung nicht.

Es sei daher auch kein Wettlauf der Parteien mit den Forderungen der Verbände ersichtlich, um die Klientel dieser Verbände an die eigene Partei zu binden. Vielmehr bemühten sich die Parteien, neben ihren Stammwählern sowohl die Wähler aus dem anderen Lager als auch, was seiner Erfahrung nach noch wichtiger sei, potentielle Nicht-Wähler zu erreichen.

Anschließend nahm *Kappes* Bezug auf das Referat von *Kloepfer* und merkte drei Punkte an:

(1) Aufgrund eigener Beobachtungen sehe er das Vertrauen der Eingeweihten und auch großer Teile der Gesellschaft in die parteipolitische Neutralität der ersten Instanz im Sinken begriffen. Der Vertrauensschwund beschränke sich jedoch nicht nur, wie in der Vergangenheit, auf die Arbeitsgerichte, sondern auch auf die Verwaltungsgerichte. Die Unabhängigkeit der Gerichte steige erst mit steigender Instanz.

(2) Die Dauer der Verfahren schätze er als skandalös ein, insbesondere was Eilverfahren, wie den Erlaß einstweiliger Verfügungen, betreffe.

(3) Seines Erachtens bestehe ein Handlungsbedarf des Staates gegenüber den Rechtsschutzgesellschaften, da infolge der Nichtbeteiligung des Rechtsschutzversicherten an den Gerichtskosten viele Rechtsstreitigkeiten zusätzlich vor Gericht ausgetragen würden. Er präferiere deshalb einen gewissen Eigenbeteiligungssatz auch im Falle des Rechtsschutzes.

Vorbehalte machte *Kappes* gegenüber *Berg* geltend: Er sehe in der Politisierung der Verwaltung kein wünschenswertes Steuerungsinstrument.

Den Streit politische Beamte versus kommunale Spitzenbeamte erörterte er am Beispiel der starken Politisierung innerhalb der hessischen Verwaltung. *Kappes* wies auf die hohe Fluktuationsrate und die dadurch bewirkte hohe Anzahl an Pensionsversorgungen innerhalb der hessischen Verwaltung hin. Anforderungen an die Verwaltung und ihre Beamten, wie z. B. Kontinuität, Qualität und Kooperationsbereitschaft, könnten deshalb eher durch die Nicht-Politisierung als durch die Politisierung der Verwaltung gewährleistet werden.

Ministerialdirigent Dr. *Gerd Pflaumer*, Bonn, sprach im Anschluß das Problem der Ämterpatronage in der Bundesministerialverwaltung an.

Es sei zwischenzeitlich immer häufiger zu beobachten, daß bei der Einstellung von Nachwuchsbeamten der parteipolitische Aspekt eine größere Rolle spiele, als es vor einigen Jahren noch der Fall gewesen sei. Gegen Ämterpatronage sei nichts einzuwenden, wenn bei der Einstellung die Kriterien Qualifikation, Eignung etc. beachtet würden. Bedenklich sei jedoch die Entwicklung, daß Nachwuchsjuristen mit der Examensnote „ausreichend" aufgrund von Empfehlungen von Parteizentralen und von Bundestagsabgeordneten eingestellt würden. Schlimm seien die Auswirkungen auf den öffentlichen Dienst, wenn das Element der Qualifikation auf diese Art und Weise mißbraucht werde. Nach seinen Erfahrungen stelle sich das Problem nicht nur bei der Rekrutierung, sondern auch bei Beförderungen, was wiederum erhebliche Auswirkungen auf die Motivation der übergangenen Mitbewerber habe.

Pflaumer schloß mit dem Hinweis zum einen auf ein Urteil des Verwaltungsgerichts Köln, in dem immerhin bereits ein Fall von Ämterpatronage nachgewiesen worden sei, und zum anderen auf Bestrebungen des Gesetzgebers, den § 36 BBG dahingehend zu ändern, daß auch die Ebene B 6 in die Kategorie der politischen Beamten einbezogen werden solle.

Ministerialdirektor a. D. *U. Pfeiffer* aus Bonn nahm zu Anfang seines Diskussionsbeitrags kurz Stellung zum Vortrag von *Kirsch*. Seines Erachtens basiere die Analyse des Referenten auf einer falschen Prämisse. Nicht Gewinnmaximierung, sondern Verlustminimierung bestimme die Zustimmung des Wählers zu einer bestimmten Partei. Zudem müsse bei der zu beobachtenden Reideologisierung der Parteien zwischen Rhetorik und Realität unterschieden werden. Gerade an den Beispielen USA (Budget-Defizit) und Großbritannien (Geldmengenexpansion) könne man den Unterschied zwischen ideologischer Schärfe in der Rhetorik und davon abweichendem Handeln in der Realität sehr gut erkennen.

Anschließend steuerte er eigene Erfahrungen zum Problemkreis „Ämterpatronage" (Referat *Berg*) bei.

Als bedeutendes Problem im Zusammenhang mit der Fehlsteuerung innerhalb der Verwaltung bezeichnete *Pfeiffer* die Unsicherheit und Unerfahrenheit neuer Minister im Umgang mit ihren neuen Ressorts. Da sie es nicht gewohnt seien, mit einem größeren Ressort umzugehen, brächten sie eine „Korona" von Mitarbeitern, die persönlich auf sie zugeschnitten seien, mit, um sich so ein Gefühl der „Stallwärme" zu verschaffen.

Für die Umbesetzung bzw. Neubesetzung von Stellen sei also nicht primär die gegensätzliche politische Meinung verantwortlich, sondern ausgelöst werde diese durch die „Neurose" (Unsicherheit in Verbindung mit Vorurteilen) des neuen Ministers. Insbesondere kleinere Ressorts würden auf diese Weise in ihrer Arbeitsfähigkeit in den ersten Jahren des Übergangs stark eingeschränkt. Erst im letzten Drittel der Wahlperiode werde aus Gründen des Selbsterhaltungstriebs und der Gewöhnung an das Amt die Arbeit wieder „vom leistungsfähigen Rest" unabhängig vom Parteibuch erbracht.

Seine eigene Erfahrung lehre, daß obstruktives Verhalten aufgrund des Parteibuches sehr selten sei. In sehr viel stärkerem Maße (bis zu 90 %) träten technisch-fachliche Gegensätze innerhalb eines Ressorts, und zwar unabhängig vom Parteibuch, auf.

Ministerialrat Dr. *Heinz-Ulrich Schmidt,* Bonn, wandte sich an *Kloepfer:* Betrachte man die Anzahl der Juristen, die sich noch in der Ausbildung befänden, und berücksichtige man ferner, wie sich die Berufsaussichten in den letzten Jahren entwickelt hätten, nachdem der öffentliche Dienst ja nicht mehr der Hauptabnehmer sei, so frage er sich, ob sich nicht ein Steuerungsproblem ergebe dergestellt, daß die Mehrzahl der Juristen nach dem Examen nur Rechtsanwälte werden könnten und so dazu beitrügen, die Bundesrepublik statistisch gesehen sozusagen zu einer „Prozeßhanselgesellschaft" werden zu lassen, weil sie jedem, der sie frage, ob sich ein Prozeß lohne, aus Eigeninteresse zuraten würden.

Der Beigeordnete Dr. *A. Oeckinghaus* aus Kaiserslautern stellte bezugnehmend auf das Referat von *Berg* fest, daß der kommunale Wahlbeamte für das Handeln seiner Amtsleiter, deren sämtliche Sachentscheidungen er nicht kontrollieren könne, geradestehen müsse. Deshalb sei es eine Überlebensfrage für die Parteien, fachlich qualifiziertes Personal für derartige Positionen zu rekrutieren. *Oeckinghaus* formulierte deshalb an *Berg* gerichtet die Frage, ob nicht heutzutage ein Trend dahingehend zu beobachten sei, daß die Parteien erstens die Notwendigkeit qualifizierten Personals erkannten und daß zweitens auch entsprechende Personen solche Positionen besetzten, da aufgrund der Bildungsreform genügend qualifiziertes Personal zur Verfügung stehe.

Anschließend wies *Oeckinghaus* noch auf die Problematik der objektiven Dienstbeurteilung hin, die sowohl in der Verwaltung als auch in der Privatwirtschaft nur schwer von persönlichen und dienstlichen Verknüpfungen zu trennen sei.

Universitätskanzler Dr. *Heribert Röken,* Dortmund, richtete eine Frage an *Berg:* Der Begriff „Mitbestimmung im öffentlichen Dienst" sei im Referat nicht erwähnt worden. Habe die Mitbestimmung nun mit dem Thema nichts zu tun, blieben die Personalräte also außen vor, wenn es um das Thema „Politisierung der Verwaltung" gehe, oder habe die Mitbestimmung nicht eher subtil, aber effektiv zu einer Intensivierung der Politisierung geführt?

Prof. Dr. *Michael Kloepfer,* Trier, leitete seine Antwort auf die gestellten Fragen mit einer Anmerkung zum Referat von *Kirsch* ein. Die Entwicklung weg von den Volksparteien habe auch gewisse Vorzüge: die demokratische Kontroverse werde in dem Maße ermöglicht, wie Parteien Profil zeigten.

Ein Grundsatzaspekt, der durch alle Referate gehe und der vertieft werden müsse, sei das Verhältnis von Demokratie und Sachverstand; hier bestünden gewisse Reibungen, und das Thema etwa der Parteipolitisierung der Justiz sei auch ein Problem dieser Reibung.

Daraufhin wandte sich *Kloepfer* dem Problem der Parteipolitisierung der unteren Instanz zu. Die zunehmende Kritik daran sei berechtigt. Seiner Ansicht nach habe der Marsch durch die Institutionen die 1. Instanz durchlaufen und habe die Mittelinstanz erreicht. D. h., man habe da jetzt „junge" Juristen, denen gesagt worden sei, ihr Auftrag sei entweder der eines Sozialingenieurs oder der eines Mannes, der am politischen Kampf mitzuwirken und dazu beizutragen habe, daß sich die Bundesrepublik in die oder jene Richtung entwickle. Es fehle bei manchem jungen Richter der Vorsatz, sich zu distanzieren von den eigenen politischen Erwartungen: man versuche, seine politischen Ziele durch die Art der richterlichen Amtsinhabe zu verwirklichen.

Die Dauer von Gerichtsverfahren hänge auch damit zusammen, daß von den einstweiligen Rechtsschutzmöglichkeiten in exzessiver Weise Gebrauch gemacht werde. Der heutige einstweilige Rechtsschutz sei ein Etikettenschwindel, da er häufig zum eigentlichen Rechtsschutz und damit zu einem klassischen Fall der Fehlsteuerung in der Justiz geworden sei.

Kritik übte *Kloepfer* auch an der Länge der Urteile: es werde viel zu viel geschrieben, was damit zusammenhängen könne, daß sich der Richter ungern von seinem vorbereiteten Konzept trenne; es hänge aber beim Bundesverfassungsgericht manchmal auch damit zusammen, daß hier durch Entscheidungslänge Kompromisse ermöglicht würden, indem etwa in das Urteil alles aufgenommen werde, was die Gegenseite hören wolle. Ob das englische Gegenbeispiel — verwerfen oder nicht verwerfen — richtig sei, halte er für zweifelhaft. Manchmal könne jedoch dadurch die Autorität des Richterspruches steigen; für die Fachöffentlichkeit sei jedoch die juristische Auseinandersetzung besser.

Zuletzt ging *Kloepfer* noch auf das Problem des „Juristenberges“ ein: Faktisch sei ein Rückgang der Studentenzahlen um 25—30 % aufgrund der Warnungen festzustellen. Man habe es nicht mit einem „Juristenberg“, sondern mit einem „Studentenberg“ zu tun, und wie man diesen „Studentenberg“ sinnvoll „abbauen“ solle, sei eine andere Frage. Diejenigen, die heute noch Juristerei studierten, träfen vergleichsweise immer noch die bessere Berufswahl als die ganzen „-ologen“, da sie noch das größere Berufswahlangebot hätten. Richtig sei, daß ein Großteil vorhersehbar in die Anwaltstätigkeit hineingehen werde, und diese Anwälte würden sehr bemüht sein, uns eine amerikanische Anwaltsgesellschaft zu servieren. Steuerungsmöglichkeiten beständen wohl, es fehle den Politikern jedoch die Härte, ein vorzügliches Steuerungsinstrument durchzuprobieren, nämlich das des sonst so hochgeschätzten Marktes. Die Einführung eines „numerus clausus“ für Juristen hielt *Kloepfer* als Instrument der Berufslenkung nicht für richtig.

Prof. Dr. *Wilfried Berg,* Bayreuth, ging zunächst auf den Diskussionsbeitrag von *Kappes* ein. Er sei wohl mißverstanden worden, wenn in seinem Referat ein Plädoyer für eine Parteipolitisierung gesehen worden sei. Er hoffe, deutlich gemacht zu haben, genau das Gegenteil erreichen zu wollen: nämlich eine Politisierung der politischen Führung. Vermeiden wolle er aber, daß die politische Führung paralysiert werde durch die eigenen Fußangeln, die sie sich durch das Eindringen in die unteren Etagen selber lege. Auch sei er Gegner einer Parallele zwischen politischen Beamten und kommunalen Wahlbeamten. Vielmehr sehe er eine genuine Andersartigkeit zwischen diesen beiden Gruppen.

Pflaumer habe zu Recht durch seine praktischen Erfahrungen in der Verwaltung belegt, daß Ämterpatronage heute gang und gäbe sei, und er habe sicher auch zu Recht die Auswirkungen auf den öffentlichen Dienst in den Vordergrund gestellt. Das korrumpierende Element dieses Verfahrens sei auch nach *Bergs* Ansicht das gravierendste. Er wolle jedoch den Blick auf die anderen Effekte richten: die Wirkungen auf die Parteien seien nicht minder verhehrend als die auf den öffentlichen Dienst selbst. Er habe versucht, diese Kultur der deutschen Parteiverdrossenheit wieder ein wenig zu relativieren oder auch als Unkultur zu entlarven. Es gehe nicht ohne Parteien, und es gebe genügend Beispiele, daß die Verbände gegenüber den Parteien versteckt viel stärkere Macht ausübten, so daß diese vielfach nurmehr als Papiertiger agierten, weil sie sich in einem vielgestaltigen Interessengeflecht selbst gebunden und keine Handlungsfreiheit mehr hätten.

Dem von *Pfeiffer* angesprochenen Problem, daß sich neue Minister durch eine Korona mitgebrachter persönlicher Mitarbeiter ein Gefühl von „Stallwärme“ zu vermitteln suchten, stimmte *Berg* zu. Auch in einer parlamentarischen Demokratie gehe es aber um die Vergabe von Macht, wenn auch Macht auf Zeit. Macht müsse aber durch eine Spitze gesichert werden. Wenn der Minister aber der einzige Mann seiner Richtung im Ministerium sei, dann könne er den Auftrag des Wählers nicht erfüllen. Ein Wechsel könnte dann eben nicht erfolgen, und insofern brauche der neue Minister eine politische Spitze.

Oeckinghaus sehe zu Recht, daß die Parteien in der Kommunalverwaltung fachlich qualifiziertes Personal benötigten, um bestehen zu können. Er sei jedoch kein Empiriker und könne daher den von *Oeckinghaus* angesprochenen Trend nicht beurteilen.

Zuletzt sprach *Berg* noch das von *Röken* aufgeworfene Mitbestimmungsproblem an. Er habe dieses ausgeklammert, einmal deshalb, weil er sich nur auf den höheren Dienst habe beschränken wollen; zum anderen habe er — vielleicht aus pragmatischer Unkenntnis heraus — in der Mitbestimmung auch ein Element der rechtlichen Steuerung und Kontrolle gesehen, so wie sie eigentlich auch gedacht sei. Daß das vielfach nicht funktioniere, wisse er, aber als rechtliches Steuerungsinstrument sei es generell nicht ungeeignet.

Die Diskussion endete mit einem Schlußwort des Diskussionsleiters.

DRITTER TEIL

Steuerungsprobleme im Bundesstaat

1. Steuerungsprobleme im Bund-Länder- und im Zwischen-Länder-Verhältnis

Von Gunter Kisker

I. Das Problem

Die bundesstaatliche Ordnung der Bundesrepublik Deutschland ist wieder ins Gerede gekommen. Freilich hat die Kritik nicht jenen unversöhnlich-prinzipiellen Charakter, den sie in den ersten Jahren nach dem 2. Weltkrieg hatte, als die Frage zu beantworten war, ob man den „Föderalismuszopf" nicht überhaupt abschneiden und konsequent den Weg zum Einheitsstaat hin beschreiten sollte[1]. Das steht heute nicht mehr zur Diskussion. Die bundesstaatliche Konzeption des Grundgesetzes hat sich im Prinzip bewährt. Sie wird im Ausland vielfach gelobt und bestaunt. Bestätigt wird diese Bewertung durch einen weltweit zu beobachtenden Trend, politisch-administrative Systeme durch Dezentralisierung lebendiger und flexibler zu machen. Man denke etwa an die darauf abzielenden Bemühungen in Frankreich und Italien[2], aber auch an den US-amerikanischen New Federalism[3].

Wenn somit also der Bundesstaat hierzulande prinzipiell akzeptiert ist, so gibt es doch vielerlei Anlaß, über seine Mängel nachzudenken: Es ist nicht zu verkennen, daß der „real existierende Föderalismus" in vielerlei Hinsicht nicht den hehren Idealen entspricht, die ihm in Festreden und auch in manchen Lehrbüchern zugeschrieben werden[4]. Dies gilt einmal für die Wechselbeziehung zwischen föderalistischer Struktur und Stil der politischen Willensbildung. Insofern ist eine durch Technik und Ausmaß innerbundesstaatlicher Kooperation verursachte

---

[1] Zur „Neubelebung föderativer Vorstellungen in Deutschland" nach 1945 vgl. *E. Deuerlein*, Föderalismus, 1972, S. 230 ff.

[2] Vgl. dazu *Wieser/Spotts*, Der Fall Italien, 1983, S. 145 ff.

[3] Die neue Konzeption ist freilich umstritten: vgl. z. B. *B. L. Weinstein*, New Federalism — Or New Feudalism?, Challenge, May-June 1982, S. 38 ff. sowie *Davis/Lucke*, The Rich-State-Poor-State Problem in a Federal System, National Tax Journal 1982, S. 337 (357 ff.). — Vgl. ferner *D. J. Elazar*, American Federalism. A View from the States, 3. Aufl. 1984.

[4] Vgl. dazu m. w. Hinw.: *G. Kisker*, Ideologische und theoretische Grundlagen der bundesstaatlichen Ordnung in der Bundesrepublik Deutschland. — Zur Rechtfertigung des Föderalismus, in: Probleme des Föderalismus, Tübingen 1985, S. 23 ff.

Hinwendung zum „Regierungsföderalismus“ zu beklagen[5]. Es gilt aber auch für die Effizienz der Aufgabenerfüllung[6], die hier zur Diskussion stehen soll. Unserem bundesstaatlichen System fehlt in vieler Hinsicht die den anstehenden Aufgaben angemessene Balance zwischen zentraler und dezentraler Steuerung. Die Hoffnungen, die man insoweit in den Ausbau der Mechanismen des kooperativen Föderalismus gesetzt hat, sind vielfach enttäuscht worden[7]. Steuerungsmängel und aus ihnen resultierende ineffektive Aufgabenerfüllung sind nicht zu übersehen.

Im folgenden möchte ich versuchen, die eine sachgerechte Aufgabenerfüllung behindernden Faktoren zu beschreiben und zu erklären, aber, soweit das möglich ist, auch Therapievorschläge zu machen. Dies setzt jedoch voraus, daß wir uns wenigstens kurz einige Eigentümlichkeiten unseres bundesstaatlichen Systems vergegenwärtigen.

Die US-amerikanische Bundesstaatslehre stellt einander gegenüber: „separative federalism“ und „cooperative federalism“. Wenn wir in der Bundesrepublik Deutschland nach Rezeption dieser Begriffe heute von „Kooperativem Föderalismus“ sprechen, so nicht selten in der Annahme, es würden damit Organisationsstrukturen angesprochen, die denen des US-amerikanischen cooperative federalism entsprechen. Dabei übersehen wir wesentliche Strukturunterschiede. Ich darf auf diese Unterschiede hier kurz eingehen, weil vor dem so gewonnenen Hintergrund die Spezifika unseres deutschen Systems sich besonders deutlich herausarbeiten lassen.

In der US-amerikanischen bundesstaatlichen Ordnung sind das zentralstaatliche und die gliedstaatlichen politisch-administrativen Systeme weitgehend gegeneinander abgeschottet. Insbesondere verfügt der Zen-

---

[5] Vgl. für viele: *G. Kisker,* Kooperation im Bundesstaat, 1971, S. 116 ff.; *G. Lehmbruch,* Parteienwettbewerb im Bundesstaat, 1976; *E. W. Böckenförde,* Sozialer Bundesstaat und parlamentarische Demokratie, in: Politik als gelebte Verfassung, Festschrift für F. Schäfer, 1980, S. 182 ff.; *H. Klatt,* Parlamentarisches System und bundesstaatliche Ordnung, Aus Politik und Zeitgeschichte, B. 31/1982, S. 2 ff.

[6] Unter Effizienzgesichtspunkten wird das Föderalismusproblem insbesondere von der ökonomischen Theorie des Föderalismus geprüft. Vgl. dazu etwa *R. L. Frey,* Zwischen Föderalismus und Zentralismus, 1977, *H. E. Wurst,* Föderalismus, 1980 und *H. C. Recktenwald,* Finanzföderalismus, in: Die Verwaltung, 1983, S. 1 ff. — Eine knappe Darstellung dieses Problemansatzes findet sich bei *A. Benz,* Föderalismus als dynamisches System, 1985, S. 16 ff. — Auch in den politikwissenschaftlichen Analysen des Problems der „Politikverflechtung“ steht die Frage nach effizienter Aufgabenerfüllung im Vordergrund. Vgl. dazu vor allem *Scharpf/Reissert/Schnabel,* Politikverflechtung. Theorie und Empirie des kooperativen Föderalismus in der Bundesrepublik Deutschland, 1976, sowie aus jüngster Zeit *F. W. Scharpf,* Die Politikverflechtungsfalle. Europäische Integration und deutscher Föderalismus im Vergleich, PVS 1985, S. 323 ff. m. w. Hinw.

[7] Zuletzt dazu *F. W. Scharpf,* FN 6, S. 323 (327 ff.).

tralstaat (Federal Government) über einen kompletten eigenen Verwaltungsunterbau: Bundesgesetze werden durch Bundesbehörden vollzogen. Einen Vollzug von Bundesgesetzen durch die Einzelstaaten (entsprechend Art. 83 ff. GG) kennt das US-amerikanische Bundesstaatsrecht nicht. Das Federal Government steht gleichsam auf „eigenen Füßen". — Zugleich verfügt es auch über einen allein auf das Gesamtinteresse ausgerichteten, wirklich „eigenen Kopf": Ein Mitwirken der Gliedstaaten an der Steuerung des Zentralstaates, wie es im Grundgesetz (Art. 50 GG) dem Bundesrat als Aufgabe zugewiesen ist, kennt das US-amerikanische Bundesstaatsrecht nicht. Der US-Senat ist keine Vertretung der Länder und schon gar nicht (wie der Bundesrat) eine Vertretung der Landesregierungen. Die Senatoren werden von den Bürgern der Einzelstaaten gewählt. Gewiß hat das zur Folge, daß sie die regional-spezifischen Interessen ihrer Wähler in die politische Willensbildung des Zentralstaates einbringen; dies aber nach ihrem eigenen lokalpolitischen und parteipolitischen Kalkül, nicht gesteuert von den Einzelstaaten oder von deren Regierungen.

Dieses relativ unverbundene Nebeneinander von Zentralstaat und Gliedstaaten wird mit dem Terminus „separative federalism" angesprochen; zugleich damit freilich auch die dahinterstehende, auf strikte Trennung bedachte Bundesstaatsideologie. Cooperative federalism zielt demgegenüber darauf ab, die Überbetonung des Trennenden abzubauen. Das aber geschieht im US-amerikanischen Bundesstaatsrecht nicht durch eine entsprechende Änderung der Verfassung, etwa durch Übergang vom Senatssystem zum Bundesratssystem, durch Betrauen der Einzelstaaten mit der Ausführung der federal statutes oder durch ein ausgeklügeltes System von Kooperationsmechanismen (entsprechend Art. 91 a, 91 b und Art. 104 a IV GG), sondern durch zwischen Federal Government und Einzelstaaten von Fall zu Fall sowie in der Regel bilateral ausgehandelte gemeinsame Steuerung und Finanzierung von Landesaufgaben; eine Praxis wie sie vor 1969, also in den Zeiten der „wilden" Fondsverwaltung auch hierzulande üblich war[8].

Vor diesem Hintergrund läßt sich das Besondere der deutschen bundesstaatlichen Ordnung wie folgt beschreiben: Für sie ist charakteristisch, daß sie von vornherein (seit 1871) auf intensive verfassungsrechtliche Verzahnung von Zentralstaat und Einzelstaaten angelegt war. Die starke Stellung des Bundesrates (horizontale Verzahnung) und die Ausführung der Bundesgesetze durch die Länder (vertikale Verzahnung) haben einen wirklich separativen Föderalismus auf deutschem Boden von Anfang an nicht aufkommen lassen. — Diese intensive horizontale und vertikale

[8] Zur geschichtlichen Entwicklung des Fondswesens vgl. *J. Müller-Volbehr*, Fonds- und Investitionshilfekompetenz des Bundes, 1975, S. 8 ff.

Verzahnung nötigte schon immer zu entsprechend intensiver Kooperation. — Die 1969 durch die Finanzreform hinzugekommenen Kooperationsmechanismen sind also nichts grundsätzlich Neues, sondern nur die Intensivierung eines in der Verfassung von vornherein angelegten Prinzips. Sie bedienen sich ja auch der überkommenen Techniken: Die auszuführenden Programme werden entweder vom Bundestag mit Zustimmung des Bundesrates[9] oder durch Planungsausschüsse[10] beschlossen, bei denen, ähnlich wie bei zustimmungsbedürftigen Bundesgesetzen, das Zusammenwirken des Bundes und der Mehrheit der Länderstimmen[11] erforderlich ist. Auch der Programmvollzug orientiert sich an den Regeln des Art. 30 GG, d. h. er bleibt Sache der Länder.

Steuerungsprobleme ergeben sich in einem derart intensiv auf gemeinsame Aufgabenerfüllung hin angelegten System vor allem aus dem außerordentlich hohen Konsensbedarf. Dieser ist, wie noch zu zeigen sein wird, häufig wesentlich höher als die formellen Entscheidungsregeln erwarten lassen: Nicht selten kann faktisch keine Entscheidung gegen den entschlossenen Widerstand der Vertreter auch nur eines Landes durchgesetzt werden. Die Folge sind mühsam auszuhandelnde und vielfach inhaltlich nicht überzeugende Kompromisse.

Geht man somit davon aus, daß die Steuerungsmängel in unserer bundesstaatlichen Ordnung sich überwiegend auf den allzuhohen, verzahnungsbedingten Konsensbedarf zurückführen lassen, so liegt die Frage nahe, ob man dem Problem nicht durch Entflechtung beikommen kann. Über diese Möglichkeit sollte man intensiver nachdenken als dies bisher geschieht. Zu denken wäre etwa an eine Korrektur der Rechtsprechung des Bundesverfassungsgerichts zu Art. 84 I GG, welche eine viel zu große Zahl von Bundesgesetzen der Zustimmung des Bundesrates unterworfen hat[12]. Zu überlegen wäre aber auch, ob man nicht auf einen Teil der Gemeinschaftseinrichtungen verzichten kann. Der Entflechtung könnte ferner auch eine Neugliederung des Bundesgebietes insoweit dienen, als sie eine Verflechtung entbehrlich macht.

Wir sollten freilich daran denken, daß einem Abbau der überkommenen und der seit 1969 hinzugetretenen Verzahnungen der Aufgaben-

---

[9] z. B. die Investitionshilfen nach Art. 104 a IV GG.

[10] z. B. durch die Planungsausschüsse, welche die Gemeinschaftsaufgaben nach Art. 91 a GG betreuen.

[11] Freilich ist das Stimmgewicht der einzelnen Länder bei der Abstimmung im Bundesrat ein anderes als z. B. bei der Abstimmung in den Planungsausschüssen, welche die Gemeinschaftsaufgaben nach Art. 91 a betreuen. Während im ersteren Fall die Stimmenzahl sich auch an der Zahl der Einwohner orientiert (Art. 51 II GG), gilt für die Planungsausschüsse das quasi-völkerrechtliche Prinzip „Ein Land, eine Stimme“. Das Stimmgewicht Nordrhein-Westfalens ist also nicht größer als das des Saarlandes.

[12] Dazu auch unten in und bei FN 28.

erfüllung insoweit Grenzen gesetzt sind, als die zu betreuenden Sachbereiche ineinandergreifen. Wenn man in diesen Fällen auf verfassungsgesetzliche Verzahnung verzichtet, so bedeutet das nur, daß man auf vertragliche Verzahnung angewiesen ist. Deren Konsensbedarf ist aber in der Regel noch größer als der von verfassungsrechtlich vorgegebenen Kooperationsverfahren. Die letzteren fordern jedenfalls rechtlich in der Regel keine einstimmigen Entscheidungen. — Beachtet werden sollte ferner, daß mancher theoretisch durchaus einleuchtende Entflechtungsvorschlag politisch kaum durchsetzbar ist. Das gilt insbesondere dann, wenn die Durchführung dieses Vorschlages eine Verfassungsänderung fordert. Es gilt aber wohl auch für die durch einfaches Bundesgesetz mögliche Neugliederung des Bundesgebietes nach Art. 29 GG.

Ein beträchtliches Ausmaß an Verflechtung ist danach also, wenn man die Alternative Einheitsstaat nicht will, als unvermeidlich hinzunehmen. Man sollte aber prüfen, ob und wie z. Z. nicht abbaubare Formen der Verflechtung so verändert oder ergänzt werden können, daß die Beeinträchtigung sachgerechter Aufgabenerfüllung wenigstens abgemildert wird.

Die Frage, inwieweit Entflechtung einerseits und Verbesserung der Koordinationstechnik andererseits sinnvoll ist, läßt sich pauschal nicht beantworten. Eine angemessene Beantwortung setzt voraus, daß zunächst einmal die von Fall zu Fall sehr unterschiedlichen Gründe für das Versagen des gegenwärtig angewandten Verfahrens herausgearbeitet werden. Erst danach läßt sich sagen, ob und gegebenenfalls wie abgeholfen werden kann. Im folgenden soll beides für eine Reihe von Fallgruppen versucht werden. Dabei empfiehlt es sich, die Fälle des Bund-Länder-Konflikts (II) von denen des Zwischen-Länder-Konflikts (III) zu unterscheiden und bei den letzteren danach zu differenzieren, ob der Bund als Koordinator eingeschaltet ist oder die Länder die Lösung in quasi völkerrechtlicher Manier suchen müssen.

II. Der Bund-Länder-Konflikt

Mit Bund-Länder-Konflikt wollen wir jene Fälle ansprechen, in denen Bund und Ländermehrheit einerseits durch das Grundgesetz zu gemeinsamem Handeln aufgerufen sind, sich andererseits aber (angesichts kaum überbrückbarer strukturell bedingter Interessenkonflikte) sehr schwer tun, mehr als einen dürftigen Kompromiß zu schließen. Hierher gehört der vertikale Finanzausgleich, also die nach Art. 106 III und IV GG vom Bundestag mit Zustimmung des Bundesrates zu treffende Entscheidung über die Verteilung der Umsatzsteuer zwischen Bund und Ländergesamtheit. In diese Fallgruppe sind aber auch jene Konflikte zu rechnen, welche zwischen Bundestag und Bundesrat regelmäßig dann ausbrechen, wenn die beiden Gremien von konkurrierenden parteipolitischen Gruppierungen beherrscht werden.

1. Beispiel: Vertikaler Finanzausgleich

Beim vertikalen Finanzausgleich stehen die von den Parteien vertretenen Interessen einander diametral gegenüber: Des einen Verlust ist des anderen Gewinn. Hinzukommt, daß es um vitale Interessen der konfrontierten politisch-administrativen Systeme geht, nämlich um deren Ausstattung mit dem Instrumentarium der Macht[13], hier mit finanziellen Ressourcen. Einbußen betreffend die Ausstattung mit diesem Instrumentarium werden erfahrungsgemäß ungleich schwerer hingenommen als Mißerfolge in anderen Bereichen. Es geht hier um die Erhaltung und den Ausbau der Potenz des Apparates als unentbehrliche Voraussetzung für erfolgreiches künftiges politisches Handeln. Damit hängt zusammen ein drittes die Verbissenheit der Auseinandersetzung förderndes Moment, nämlich die Tatsache, daß Interessenten und Entscheidende identisch sind[14]. Es fehlt die Distanz, welche der Abgeordnete, das Regierungsmitglied oder der Verwaltungsfunktionär in der Regel deswegen zu den von ihnen zu betreuenden Interessen haben, weil sie nur dessen Repräsentanten oder gar „neutraler“ Dritter sind.

Angesichts dieser Ausgangslage ist es nicht verwunderlich, daß eine an überwölbenden gesamtstaatlichen Interessen orientierte Verteilung der Umsatzsteuer schwer zu erreichen ist. Das wäre noch erträglich, wenn es nur auf ein Verzögern dieser Entscheidung hinauslaufen würde. Aber so ist es nicht: Derjenige, der auf eine Änderung des status quo (hier des § 1 FAG) zu drängen genötigt ist, kann nicht allzu lange warten. So gerät er in die Rolle eines Bittstellers, der sich schließlich, wenn auch zähneknirschend, mit ein paar Brosamen zufriedengeben muß; Brosamen, die man ihm möglicherweise auch nur im Tausch gegen ein Entgegenkommen an anderer Stelle, etwa bei der Kompetenzausübung konzediert. — So hat der Bund, insbesondere in der Schlußphase der sozialliberalen Koalition, seine Position im Ausgleichshandel interpretiert[15]. — Theoretisch ist es denkbar, daß die Situation sich einmal umkehrt, daß also die Länder in die Rolle des Bittstellers geraten, der um

---

[13] *F. W. Scharpf,* FN 6, S. 334 ff. spricht insoweit von „institutionellen Eigeninteressen“.

[14] Ebenso *F. W. Scharpf,* FN 6, S. 335.

[15] Freilich kam damals zu den erwähnten Schwierigkeiten noch hinzu, daß eine Neigung bei den den Bundesrat beherrschenden CDU- oder CSU-regierten Ländern bestand, den Bund auch aus parteipolitischen Gründen an einer kurzen Finanzleine zu führen.

eine Änderung des Verteilungsschlüssels nachsuchen muß. In der Praxis ist damit, angesichts der kaum abweisbaren finanziellen Ansprüche, die gerade auf den Bund zukommen (Landwirtschaftssubventionen, EWG-Beiträge etc.), freilich in absehbarer Zukunft kaum zu rechnen.

Es fragt sich, ob der auf Änderung drängende Partner, in der Regel der Bund, über irgendwelche Mittel verfügt, mit deren Hilfe er seine Verhandlungsposition verbessern kann. Zu denken wäre zum einen an den Versuch, an die Einsicht der Partner zu appellieren, also an den Versuch, diese davon zu überzeugen, daß aus gesamtstaatlicher Sicht eine Korrektur des Verteilungsschlüssels dringend geboten ist. Ich schätze die Erfolgschancen eines solchen Appells nicht ganz so gering ein, wie dies vielfach geschieht. Zumindest in den politischen Spitzenpositionen von Bund und Ländern (Bundeskanzler, Ministerpräsidenten) hat man bislang den Grundsatz der Bundestreue doch recht ernstgenommen, also in wirklich kritischen Situationen offenkundig notwendige Hilfeleistungen nicht verweigert. — Daß dies relativ selten der Fall ist, hat seinen Grund u. a. auch darin, daß es nur selten möglich ist, die Notwendigkeit zusätzlicher Ausgaben einer Seite und damit die Erforderlichkeit einer Veränderung des Verteilungsschlüssels zwingend zu begründen. In der Regel wird man die „Notwendigkeit" (Art. 106 III 4 Nr. 1 GG) zusätzlicher Ausgaben etwa auf seiten des Bundes und zu Lasten der Ländergesamtheit allenfalls plausibel machen können[16]; das reicht aber eben nicht aus, um die Gegenseite zum Einlenken zu bewegen. — Hilfreicher ist schon der Appell an die parteipolitische Solidarität. Er kann, solange die Opposition nicht die Gremien der Gegenseite (z. B. den Bundesrat) beherrscht, durchaus wirksam sein. Die vielfach vorgetragene Behauptung, parteipolitische Gesichtspunkte spielten bei innerbundesstaatlichen Verteilungskämpfen keine Rolle, ist, wenn verallgemeinert[17], ebenso falsch wie die früher vertretene These, im sogenannten „Parteienbundesstaat"[18] seien die von den Landesregierungen in den Bundesrat entsandten Mitglieder föderalistisch getarnte Repräsentanten der politischen Parteien des Zentralstaates. Richtig bleibt freilich, daß die Chancen,

---

[16] Auch in der *Sachverständigenkommission* zur Vorklärung finanzverfassungsrechtlicher Fragen für künftige Neufestlegungen der Umsatzsteueranteile (Schriftenreihe des BMF, 1981, Tz. 106 ff., S. 30 ff.) ist es nicht gelungen, den Begriff der „notwendigen Ausgaben" in griffiger Weise zu konkretisieren.

[17] Richtig bleibt, daß es den „Ressortkumpanen" (F. Wagener, System einer integrierten Entwicklungsplanung im Bund, in den Ländern und in den Gemeinden, in: Politikverflechtung zwischen Bund, Ländern und Gemeinden, Schriftenreihe der Hochschule Speyer, Bd. 55, 1975, S. 129 [134]) bei der Kooperation im Bereich der sektoralen Bund-Länder-Planung (vgl. dazu unten III 1 b) gelingt, sich wie gegen die politische Führung, so auch gegen parteipolitische Einflüsse abzuschotten.

[18] Vgl. die Hinweise bei *E. R. Huber*, Deutsche Verfassungsgeschichte seit 1789, Bd. 6, 1981, S. 59 m. Anm. 12.

durch einen Appell an parteipolitische Solidarität Unterstützung zu mobilisieren, da begrenzt sind, wo es (wie hier) um vitale institutionelle Interessen geht. — Theoretisch ist es ferner auch denkbar, das Wohlwollen dieses oder jenes Partners durch Kompensationsofferten zu gewinnen. Faktisch kommt dieser Möglichkeit für den Bund freilich deshalb keine große Bedeutung zu, weil es ihm schwer fällt, attraktive Angebote zu machen. So sind etwa die Möglichkeiten des Bundes, einzelnen Ländern Subsidien zuzustecken, insbesondere seit der Finanzreform von 1969 recht beschränkt: Finanzielle Zuwendungen an die Länder müssen heute in der Regel zwischen dem Bund und den Ländern ausgehandelt werden, weil sie gegen eine Mehrheit der Länderstimmen[19] nicht gewährt werden dürfen. Das gilt für die Ergänzungszuweisungen nach Art. 107 II 3 GG ebenso wie für Zuwendungen im Rahmen der Gemeinschaftsaufgaben (Art. 91 a, 91 b und 104 a IV GG). Da die Ländermehrheit, Versuche des Bundes, sich Unterstützung im Bundesrat durch Subsidien zu „erkaufen“, kaum fördern wird, bleibt hier für den Bund wenig Spielraum.

Insgesamt ist danach insbesondere die Chance des Bundes, im vertikalen Finanzausgleich angemessen bedient zu werden, nicht sehr groß. Aus gesamtstaatlicher Sicht ist dies m. E. ein Fall mangelhafter Steuerung.

Um dem abzuhelfen, könnte man de constitutione ferenda daran denken, das Erfordernis der Zustimmung des Bundesrates zum vertikalen Finanzausgleich aus der Verfassung zu streichen. Das würde gewiß zu einer wesentlich stärkeren Berücksichtigung gesamtstaatlicher Gesichtspunkte im vertikalen Finanzausgleich führen. Aber was würde aus unserer bundesstaatlichen Ordnung? Man sagt häufig, das Herzstück dieser bundesstaatlichen Ordnung sei Art. 30 GG. So formuliert ist die These unvollständig: Mindestens ebenso wichtig wie der Grundsatz, daß alle Kompetenzen im Zweifel den Ländern zustehen, ist, daß die Länder mitentscheiden über die Verteilung der finanziellen Ressourcen zwischen Zentralstaat und Gliedstaaten. Ohne ein solches Mitentscheidungsrecht sind sie politisch nicht ernstzunehmen, sind in Gefahr, zu Kostgängern des Bundes zu degenerieren. Wie wenig Kompetenzen ohne entsprechende Finanzausstattung bedeuten, belegt der bislang nicht sehr erfolgreiche Versuch, das zentralisierte Italien zu regionalisieren[20].

Eher diskutabel ist es, in den vertikalen Finanzausgleich an maßgeblicher Stelle ein Gremium einzuschalten, das für die Zentralstaat *und* Gliedstaaten überwölbenden, gesamtstaatlichen Interessen steht. Dies würde die beim Verfahren nach Art. 106 III GG fehlende Distanz der

[19] Insoweit ist das US-amerikanische Federal Government besser gestellt als der Bund in unserem föderalistischen System. Vgl. ob vor FN 8.

[20] *Wieser/Spotts*, FN 2, S. 149.

Entscheidenden zu den von ihnen zu bewertenden Interessen gewährleisten. Einer solchen Zielsetzung entsprächen nach der Art ihrer Bestellung der Bundespräsident und das Bundesverfassungsgericht. Man könnte daran denken, einem in ähnlicher Weise zu bestellenden Finanzrat im Vorfeld der Ressourcenverteilung an der Willensbildung zu beteiligen. Art. 106 GG hat etwas derartiges im Sinn, wenn er vorschreibt, daß der Umfang der (als „notwendig" anzuerkennenden) Ausgaben unter Berücksichtigung einer mehrjährigen Finanzplanung zu ermitteln ist[21]. Der in Vollzug dieser Vorschriften eingesetzte Finanzplanungsrat hat sich jedoch als zu schwach und in seiner Zusammensetzung noch zu interessenverstrickt erwiesen: Seine Beschlüsse können sanktionslos von den Partnern ignoriert werden, seine Mitglieder sind gegenüber den entsendenden Gebietskörperschaften weisungsgebunden[22]. Von einem solchen Gremium kann man weder gesamtstaatlich orientierte Beschlüsse erwarten, noch darf man hoffen, daß es über so viel Autorität verfügt, daß es ihm gelingen könnte, Bund und Länder aus der Fixierung auf jeweils ihre institutionellen Interessen zu lösen. Das würde sich aber möglicherweise ändern[23], wenn die Mitglieder des Finanzplanungsrates in ähnlicher Weise bestellt würden wie die Mitglieder des Bundesverfassungsgerichts und wenn die Entscheidungen des Finanzplanungsrates auch rechtlich so weit aufgewertet würden, daß Bund und Länder genötigt sind, sich mit ihnen öffentlich auseinanderzusetzen[24].

2. Beispiel: Der Bundesrat in der Hand der Opposition

Wenn es danach scheint, daß es durchaus Therapien gibt, mit deren Hilfe sich der fatale, durch Deckungsquotenberechnungen nur wenig kaschierte Machtkampf zwischen Bund und Ländergesamtheit um die Verteilung der finanziellen Ressourcen versachlichen läßt, so wird man derartiges für den Fall, daß der Bundesrat in die Hand der Opposition fällt, kaum sagen können. Versuche, der in diesem Fall eintretenden partiellen Lähmung der Handlungsfähigkeit des Bundes durch ein aus der Verfassung herausinterpretiertes Oppositionsverbot[25] für den Bun-

---

[21] Dazu ausführlich die *Sachverständigenkommission* Umsatzsteuerverteilung, FN 16, Tz. 34 ff., S. 15 ff.

[22] Vgl. dazu *O. E. Geske*, Zur Koordinierung der Haushalts- und Finanzplanung von Bund, Ländern und Gemeinden. Der Staat, 22 (1983), S. 83 (94 ff.) sowie *H. H. v. Arnim*, Gemeinwohl und Gruppeninteresse, 1977, S. 344.

[23] Ähnlich in der Tendenz wohl auch *H. H. v. Arnim*, FN 22, S. 352 ff.

[24] Darauf kam es auch der *Sachverständigenkommission* Umsatzsteuerverteilung, FN 16, Textziffer 48 f., S. 19 an. Freilich fehlt in ihren Darlegungen ein Hinweis darauf, daß sich dieses Ziel mit dem politisch schwachen Finanzplanungsrat des § 51 HGrG nicht erreichen läßt.

[25] So aber noch: *F. Klein*, in: Schmidt-Bleibtreu/Klein, Kommentar zum Grundgesetz, 6. Aufl. 1983, Art. 50, Rdnr. 8 und *K. Lange*, Die Legitimationskrise des Bundesrates, in: Festschrift für E. Stein, 1983, S. 181 (188).

desrat beizukommen, sind gescheitert. Sie können rechtlich nicht überzeugen[26] und sind nicht praktikabel.

Das ändert aber nichts daran, daß man die partielle Lähmung als einen Fall mangelhafter Systemsteuerung wird werten müssen. Das wäre anders, wenn sich sagen ließe, die Übernahme des Bundesrates durch die Opposition sei nur ein Ausnahmefall, legitimiert als Ankündigung einer umfassenden politischen „Wende". Aber das trifft nicht zu: Die Bonner sozial-liberale Regierungskoalition hat während der gesamten Zeit, in der sie den Bundestag kontrollierte (1969—1982), mit der politischen Gegnerschaft der Mehrheit des Bundesrates rechnen müssen, war also in dem oben erörterten Sinne partiell gelähmt. Das entspricht, von der hier im Vordergrund stehenden Problematik der Effizienzbeeinträchtigung ganz abgesehen, auch nicht der konkurrenzdemokratischen Vorstellung, daß ein „echter" Machtwechsel möglich sein muß[27]. Deshalb wäre eine Milderung des Leidens durchaus erwünscht. Erreichen ließe sich dies durch Aufgabe der nicht überzeugenden, aber in ständiger Rechtsprechung vom Bundesverfassungsgericht[28] vertretenen Ansicht, daß jedes Gesetz, das auch nur *eine* Vorschrift enthält, welche die „Einrichtung der Behörden" oder „das Verwaltungsverfahren" betrifft, der Zustimmung des Bundesrates bedarf. Es fragt sich freilich, ob eine Änderung dieser Auslegung noch möglich ist. Selbst deren Kritiker gehen heute davon aus, daß die Rechtsprechung des Bundesverfassungsgerichtes zu Art. 84 I 2. Halbs. GG sich inzwischen zu Gewohnheitsrecht (contra constitutionem) verfestigt hat[29].

III. Der Zwischen-Länder-Konflikt

Auf den ersten Blick scheint es, als wären die Chancen für eine gesamtstaatlichen Interessen entsprechende Regelung dann wesentlich größer, wenn Gegenstand der Regelung primär ein Interessenkonflikt zwischen Ländern ist. Zwar handelt es sich auch hier zumeist um Verteilungsstreitigkeiten (so z. B. im Fall des horizontalen Finanzausgleichs, Art. 107 GG), die in einer den gesamtstaatlichen Interessen entsprechenden Weise zu beenden, besonders schwer fällt. Man sollte aber annehmen, daß der Bund als nicht unmittelbar Interessierter sein politisches Gewicht sowie ihm etwa zustehende Mitwirkungsrechte bei den zu treffenden Entscheidungen einsetzen wird, um eine gesamtstaatlich wünschens-

[26] Dazu zutreffend und ausführlich *K. Stern,* Das Staatsrecht der Bundesrepublik Deutschland, Bd. 1, 2. Aufl. 1984, § 19 III k, S. 744 ff. m. w. Hinw.

[27] Dazu *Lehmbruch,* FN 5, S. 133 ff.

[28] BVerfGE 8, 274 (294 f.); 24, 184 (197); 37, 363 (381); 48, 127 (177 f.); 55, 274 (319 und 327).

[29] So etwa *Hans Schneider,* Gesetzgebung, 1982, Rn 140, S. 88 m. Erl. 31.

werte Lösung durchzusetzen. Insbesondere erwartet man, daß der Bund sich aufraffen wird, dafür zu sorgen, daß die Ländermehrheit sich nicht auf Kosten einer Länderminderheit bereichert. Dem Bund als „Oberstaat“[30] kommt in solchen Fällen eine Führungsrolle zu.

Die Erfahrungen der letzten Jahrzehnte haben solche Erwartungen enttäuscht. Der Bund begnügt sich zunehmend mit der Rolle des „ehrlichen Maklers“ (um nicht zu sagen des zurückhaltenden Beobachters). — Es ist nicht auszuschließen, daß dies seinen Grund manchmal in dem politischen Temperament der beteiligten Organwalter hat. Aber dieser persönliche Faktor kann nicht ausschlaggebend sein für das geschilderte Versagen. Auch Bundeskanzler, denen es (wie etwa *Helmut Schmidt*) nun wirklich nicht an „Biß“ gefehlt hat, glaubten resignieren zu müssen. Das deutet darauf hin, daß es auch hier strukturbedingte, nur schwer zu korrigierende Steuerungsschwierigkeiten gibt.

Das gilt vor allem für jene Fälle, in denen der Bund mangels eigener Mitwirkungsbefugnisse sich mit politischer Einflußnahme begnügen muß (dazu unten 2). Es gilt dies aber zur Überraschung mancher Beobachter nur wenig abgemildert häufig auch dort, wo Verfassung und/ oder einfaches Gesetz den Bund mit Koordinationsbefugnissen ausgestattet haben (unten 1).

1. *Der Bund als Koordinator*

a) Beispiel: Horizontaler Finanzausgleich[31]

Auch wo der Bund zur Mitwirkung bei der Lösung von Zwischenländerkonflikten eingeschaltet wird, geschieht dies in der Regel doch so, daß er zur Durchsetzung seines Lösungsvorschlages die Unterstützung der Mehrheit der Länderstimmen benötigt. So etwa beim horizontalen Finanzausgleich nach Art. 107 GG. — Voraussetzung für ein erfolgreiches Einwirken des Bundes im gesamtstaatlichen Interesse ist hier also, daß

[30] In BVerfGE 13, 54 (78) wird der Bund vom Bundesverfassungsgericht als den Ländern prinzipiell übergeordneter „Oberstaat“, als Hüter der „Gesamtverfassung“ bezeichnet. „Nur in den Bereichen, welche die Bundesverfassung nicht geordnet hat, besteht Gleichordnung“ (ebend.). — Dem wird man zustimmen können, wenngleich der Begriff „Oberstaat“ ein wenig „obrigkeitsstaatlich“ belastet ist und die Formel „Bereiche, welche die Bundesverfassung nicht geordnet hat“ angesichts des erheblichen Spielraums der Verfassungsauslegung nicht gerade präzis ist. Vgl. dazu: *Kisker*, FN 5, S. 163. — Daß dem Bund beim horizontalen Finanzausgleich eine „Initiativ-, Koordinations- und Vollzugsfunktion“ obliegt, betonen auch *H. Fischer-Menshausen*, in: v. Münch, Grundgesetzkommentar, Bd. 3, 2. Aufl., Art. 107 Rn. 17 sowie *M. Kops*, Länderfinanzausgleich. Die Rolle des Bundes beim Verfassungsstreit, Wirtschaftsdienst 1986/III, S. 135 (140).

[31] Zum horizontalen Finanzausgleich ist inzwischen die Entscheidung des Bundesverfassungsgerichts vom 24. 6. 1986 ergangen (NJW 1986, S. 2629 ff.).

ein solches Einwirken sich mit den Interessen der Ländermehrheit deckt. Dabei darf man nach den Erfahrungen der vergangenen Jahre nicht allzuviel Hoffnung darein setzen, daß die Landesregierungen einsehen werden, daß ein funktionsfähiges gesamtstaatliches System im wohlverstandenen Interesse aller liegt. Aber selbst wenn die Interessenkonstellation so sein sollte, daß die Interessen des Bundes der Ländermehrheit und das gesamtstaatliche Interesse übereinstimmen, so bleiben die Chancen für eine sachgerechte Koordination durch den Bund doch dann gering, wenn die Wünsche von Gesamtstaat, Zentralstaat und Ländermehrheit sich nicht auch mit den parteipolitischen Fronten decken. Hier ist noch einmal die Vorstellung zurückzuweisen, daß das Verhalten der Landesregierungen (und damit des Bundesrates) durch Appelle an Parteisolidarität nicht beeinflußt werden könnte. Das trifft zwar bei Kooperation im Bereich der Bund-Länder-Planung zu. Jedoch sind da Besonderheiten[32] im Spiel, die keinesfalls verallgemeinert werden können. Wo diese Besonderheiten nicht gelten, ist auch im Zwischen-Länder-Konflikt durchaus damit zu rechnen, daß auf parteipolitische Verbundenheit Rücksicht genommen wird. So läßt sich die Großzügigkeit, mit der Baden-Württemberg Ende 1982 in der Diskussion um die Novellierung des § 7 FAG dafür plädiert hat, dem Land Niedersachsen die Ausgleichsfreiheit der Förderabgabe wenigstens teilweise zu erhalten, sicher auch daraus erklären, daß Niedersachsen parteipolitisch in demselben Lager stand wie Baden-Württemberg[33]. — Nach der im Streit um den horizontalen Finanzausgleich[34] dem Bundesverfassungsgericht vorgetragenen Auffassung einiger Bundesländer erklärt sich deren Nichtberücksichtigung bei Ausstattung mit Bundesergänzungszuweisungen (Art. 107 II 3 GG ebenfalls daraus, daß sie im „falschen“ politischen Lager standen.

Speziell für den horizontalen Finanzausgleich muß man ferner berücksichtigen, daß dieser mit dem vertikalen Finanzausgleich intensiv verzahnt[35] ist. Deshalb kann man es dem Bund kaum verübeln, daß er auf ein energisches Eintreten für eine den gesamtstaatlichen Interessen entsprechende Regelung dann verzichtet, wenn er dadurch mögliche Bundesgenossen beim Kampf um den Bundesanteil am Aufkommen aus Umsatzsteuer (Art. 106 III und IV GG) vor den Kopf stoßen könnte.

---

[32] Dazu unten III 1 b.

[33] Zur Entstehungsgeschichte der Neufassung des § 7 FAG durch Art. 6 des Haushaltsbegleitgesetzes 1983 (BGBl. I 1982, S. 1857) vgl. die Darstellung bei *Lerche/Pestalozza,* Die bergrechtliche Förderabgabe im System des horizontalen Finanzausgleichs und der Bundesergänzungszuweisungen nach Art. 107 II GG, 1983, S. 23 ff.

[34] In der mündlichen Verhandlung vom 15. 1. 1986.

[35] Beides wird im Finanzausgleichsgesetz durch den Bundestag mit Zustimmung des Bundesrates geregelt.

Hinzu kommt schließlich auch hier[36] die Tatsache, daß es überzeugende Kriterien für die Beantwortung der Frage, welche Regelung den gesamtstaatlichen Interessen am ehesten entspricht (und in diesem Sinne „angemessen" ist), bislang nur in bescheidenem Umfang gibt[37].

In kritischer Auseinandersetzung mit der verfassungsrechtlichen Regelung drängt sich die Frage auf, ob der Verfassungsgeber nicht gut daran getan hätte, wenn er wenigstens für die Entscheidung über den Finanzausgleich zwischen den Ländern auf die Einschaltung des Bundesrates verzichtet hätte, um die allzu unmittelbare Verknüpfung von Interesse und Entscheidungsbefugnis zu vermeiden. Bei der Formulierung des Art. 29 GG ist der Verfassungsgeber so vorgegangen[38]: Obwohl — oder vielmehr gerade weil — eine Neugliederung des Bundesgebietes vitale institutionelle Interessen der Länder berührt, hat man 1949 darauf verzichtet, das Neugliederungsgesetz für zustimmungsbedürftig zu erklären. — Dem gegen die Übertragung dieses Modells auf den horizontalen Finanzausgleich zu erwartenden Einwand, der Bund werde versucht sein, den angemessenen Ausgleich in eine unangemessene Nivellierung einmünden zu lassen, könnte man durch ein möglichst konkret zu fassendes Nivellierungsverbot in einer Neufassung des Art. 107 GG entgegenwirken.

Ich beeile mich, zu konzedieren, daß es, was diese Vorschläge zu Art. 107 GG betrifft, naiv wäre zu hoffen, es könne mittelfristig gelingen, die für eine Verfassungsänderung erforderliche Mehrheit im Bundestag und (vor allem) im Bundesrat zu mobilisieren. Auch hier ist Sinn meiner Darlegungen vor allem, Ziele aufzuweisen, auf welche hin man sich in kleinen Schritten zu bewegen versuchen sollte. Ein beachtlicher kleiner Schritt wäre es, wenn es der Wissenschaft gelänge, griffige Kriterien zu erarbeiten, mit deren Hilfe sich einleuchtender als bislang entscheiden ließe, wann ein Finanzkraftausgleich i. S. des Art. 107 II „angemessen" ist. Die Aussichten, daß ein solches Unternehmen erfolgreich verlaufen könnte, sind besser als bei der entsprechenden Problematik des Art. 106 III 4 Nr. 1 GG („notwendige Ausgaben"). Immerhin ist eine gewisse

[36] Vgl. auch oben bei FN 16.

[37] Behindert wird das unbefangene Herausarbeiten solcher Kriterien dadurch, daß deren Auswahl erhebliche finanzpolitische Konsequenzen hat. Das ist der Grund dafür, daß der Streit um die „objektiven" Kriterien vielfach nicht mehr ist als die wissenschaftlich verbrämte Fortsetzung des finanzpolitischen Verteilungskampfes. — So zutreffend für die Verteilungskämpfe gelegentlich der Vergabe von Mitteln zur „Verbesserung der regionalen Wirtschaftsstruktur" (Art. 91 a I Nr. 2 GG) *Scharpf/Reissert/Schnabel,* FN 6, S. 89. — Zustimmend *W. Patzig,* Die Gemeinschaftsfinanzierung von Bund und Ländern, Institut für Finanzen und Steuern, 1981, S. 124.

[38] Zutreffend weist *K. Stern,* Das Staatsrecht der Bundesrepublik Deutschland, Bd. 2, 1980, § 27 IV 2 b α, S. 144, darauf hin, daß das Grundgesetz keineswegs für alle die Länderinteressen vital berührenden gesetzgeberischen Entscheidungen die Zustimmung des Bundesrates fordert.

Konkretisierung des Begriffes „angemessener“ Finanzausgleich ja schon in der Vergangenheit gelungen. — Verfassungspolitisch fragwürdig scheint mir hingegen der Versuch, das Ziel „Objektivierung des horizontalen Finanzausgleichs“ durch Ausklammern des Sonderlastenproblems erreichbar zu machen[39]. Das läuft auf eine bloße Problemverlagerung hinaus. Das Sonderlastenproblem muß dann mit Hilfe anderer Instrumente (etwa mit Hilfe des Art. 104 a IV GG oder des Art. 91 a GG) bewältigt werden, also mit Hilfe von Instrumenten, die für diese Zwecke kaum geeignet und zudem auch selbst als Steuerungsinstrumente von höchst zweifelhaftem Wert sind. Wer für die hier kritisierte Verschiebung des Sonderlastenproblems in die Art. 91 a und 104 a IV GG plädiert, sollte aufmerksam registrieren, daß jene Stimmen in Wissenschaft und Praxis, welche für den Abbau der Gemeinschaftsaufgaben plädieren, diese Forderung mit dem Vorschlag zu verknüpfen pflegen, das Problem der Sonderlasten im Rahmen des horizontalen Finanzausgleichs zu lösen. — Dadurch, daß wir den „Schwarzen Peter“ weiterhin in dieser Weise hin und her schieben, wird sich das Problem des Aussteuerns von Sonderlasten gewiß nicht lösen lassen.

Nachzutragen bleibt, daß auch für den horizontalen Finanzausgleich die Einschaltung eines politisch aufgewerteten Finanzplanungsrates hilfreich sein könnte. Die Chancen, daß seiner Auffassung Gewicht beigemessen würde, sind hier sogar größer als beim vertikalen Finanzausgleich: Für den „angemessenen“ horizontalen Finanzausgleich lassen sich, wie oben erwähnt, eher halbwegs griffige und „objektive“ Verteilungskriterien erarbeiten als für die Konkretisierung des Begriffs „notwendige Ausgaben“ in Art. 106 III 4 Nr. 1 GG.

b) Beispiel: Steuerung sektoraler Planung durch den Bund

Wenn in den vergangenen Jahren von „Politikverflechtung“ im Bundesstaat und von der daraus resultierenden Beeinträchtigung staatlicher Aufgabenerfüllung die Rede war, so bezog sich das zumeist[40] auf

[39] So insbesondere *P. Kirchhof*, der Verfassungsauftrag zum Länderfinanzausgleich als Ergänzung fehlender und als Garant vorhandener Finanzautonomie, Rechtsgutachten für das Land Baden-Württemberg, 1982, S. 37 f. Das Bundesverfassungsgericht ist in seiner Entscheidung vom 24. 6. 1986 *Kirchhof* insofern gefolgt, als es die Sonderlastenproblematik (mit Ausnahme des Stadtstaatenproblems) nicht dem Zwischenländerausgleich (Art. 107 II Satz 1 und 2 GG) zuordnet. Es will sie jedoch im Rahmen der Festsetzung von Ergänzungszuweisungen (Art. 107 II Satz 3 GG) behandelt wissen (NJW 1986, S. 2629 [2638]). Ob diese Problemverschiebung den Prozeß der Einigung über die Neufassung des 2. Abschnittes des Finanzausgleichsgesetzes erleichtern wird, bleibt abzuwarten.

[40] So vor allem *F. Wagener*, FN 17; *Scharpf/Reissert/Schnabel* (FN 6); *D. Garlichs*, Grenzen staatlicher Infrastrukturpolitik, 1980 und *F. W. Scharpf*, FN 6. Umfassender im Ansatz *J. J. Hesse*, Stadt und Staat — Veränderungen der Stellung der Gemeinden im Bundesstaat? Das Beispiel Bundesrepublik

die Bund-Länder-Kooperation im Bereich der Planung, z. B. auf Planung, Planvollzug und Planfinanzierung bei den Gemeinschaftsaufgaben nach Art. 91 a GG, bei Investitionshilfen nach Art. 104 a IV GG, aber auch bei der Fernstraßenplanung. Diese Schwerpunktbildung kann in die Irre führen. Zweifellos verdient Planung im Bundesstaat gerade unter dem Gesichtspunkt von Politikverflechtung und deren Folgen besondere Aufmerksamkeit. Man sollte sich aber davor hüten, den Eindruck zu erwecken, daß die Mechanismen, welche Bund-Länder-Kooperationen im Bereich der Planung kennzeichnen, für alle Bereiche der Kooperation im Bundesstaat typisch, daß sie schlechthin ein Grundelement dieser Kooperation wären.

Die Besonderheit der Steuerungsproblematik im Bereich der Planung resultiert zum einen daraus, daß der Planer, intensiver als der konventionelle Gesetzgeber auf Zuarbeit der Verwaltungen vor Ort angewiesen ist[41]: Planung muß, wenn sie „greifen" soll, auf höchst vielfältige lokale Faktoren Rücksicht nehmen. Das gilt auch für Rahmenplanung. Es ist zwar möglich und unter Umständen durchaus sinnvoll, daß den zentralstaatlichen Planern (etwa den Planungsausschüssen nach Art. 91 a GG) Beschränkungen hinsichtlich der Regelungsdichte auferlegt werden. Aber auch ein solches weitmaschiges Netz von Regelungen muß, wenn es einen angemessenen Steuerungseffekt haben soll, „von unten her" aufgebaut werden. — Die erforderlichen Zuarbeiten können von anderen als den zuständigen Verwaltungsbehörden der Länder nicht erbracht werden, und ihre Qualität und Tendenz hängt von deren gutem Willen ab. Mit Weisungen und Aufsichtsmaßnahmen läßt sich hier wenig erzwingen. Aus diesem Grunde scheint es im Bereich der Planung auf die formellen Entscheidungszuständigkeiten wenig anzukommen. Sogar da, wo dem Bund, wie in der Bundesfernstraßenverwaltung, formaliter das Instrumentarium der Bundesauftragsverwaltung zur Verfügung steht, bleibt er faktisch den Bediensteten der Landesverwaltungen ausgeliefert. Da diese sich jedoch eher am Interesse ihres über Einstellung und Beförderung entscheidenden Dienstherrn als an den gesamtstaatlich inspirierten Vorstellungen des zentralen Planers orientieren, läuft das Planungsverfahren in eine Sackgasse hinein. Aus ihr ist in der Praxis nur dadurch herauszukommen, daß man auf seiten des Bundes auf alle am gesamtstaatlichen Interesse orientierte Differenzierung verzichtet, also die vorhandenen Ressourcen unter den Ländern gleichmäßig (z. B. nach Einwohnerzahl) und unter Berücksichtigung des Prinzips der Besitzstandswahrung verteilt. Das ist die Erklärung dafür, daß die Ergebnisse der Bund-Länder-Kooperation im Bereich der Planung, was das Ziel

Deutschland, in: *Hesse/Ganzforth/Fürst/Ritter* (Hrsg.), Stadt und Gemeinden zwischen Konflikt und Kooperation, 1983, S. 11 ff.

[41] Besonders einleuchtende Darstellung bei *D. Garlichs,* FN 40, S. 108 ff.

der bedarfsorientierten Planung und Mittelzuweisung angeht, so enttäuschend ausfallen.

Hinzu kommt eine ebenfalls speziell für den Bereich der Planung zu beobachtende Fehlentwicklung, auf die *Frido Wagener*[42] immer wieder hingewiesen hat: Auseinandersetzungen über differenzierende, am gesamtstaatlichen Interesse orientierte Verteilung der zur Verfügung stehenden finanziellen Ressourcen sind nicht nur ein mühseliges, sondern zugleich auch ein für alle beteiligten Ressorts schädliches Unterfangen. Sie führen im Ergebnis dazu, daß finanzielle Ressourcen aus dem betroffenen, scheinbar „nicht recht aktionsfähigen" Sektor abgezogen werden zugunsten von Sektoren, in denen man sich geräuschlos zu arrangieren weiß. In dieser Lage spricht das institutionelle Eigeninteresse aller beteiligten Ressorts in Bund und Ländern dafür, daß die „Ressortkumpane" *(Wagener)*[43] sich einigen, und sei es auch unter Preisgabe der Idee von einer am gesamtstaatlichen Interesse orientierten Koordination der Aufgabenerfüllung.

Noch einmal sei betont: Diese Konzentration von effizienzbeeinträchtigenden Faktoren kennzeichnet den Bereich der Bund-Länder-Kooperation im Bereich der Planung und des Planvollzuges. Die hier gemachten Erfahrungen lassen sich nur teilweise auf andere Bereiche der Bund-Länder-Kooperation übertragen[44]. Schon da, wo es nicht um Planung und Planvollzug, sondern um konventionelles Gesetz und konventionellen Gesetzesvollzug — z. B. um Vollzug der Steuergesetze durch die Finanzämter der Länder — geht, ist die Problemkonstellation eine andere. Insbesondere kann man dort nicht oder doch nur in einem stark abgeschwächten Sinne, davon sprechen, daß gegen den Willen der Länderverwaltungen nichts durchgesetzt werden könne[45].

Gegen die beschriebene Effizienzschwäche vertikal verflochtener Bund-Länder-Planung freilich scheint in der Tat kein Kraut gewachsen

---

[42] So insbesondere oben FN 17 sowie „Der Öffentliche Dienst im Staat der Gegenwart", VVDStRL 37 (1979), S. 915 (238 ff.).

[43] FN 17.

[44] z. B. (mit umgekehrten Vorzeichen) auf das Verhältnis Bundesländer ./. Bund (Bundespost) im Bereich des Rundfunkwesens. Vgl. unten in und bei FN 60.

[45] Das heißt nicht, daß sich aus dem Prinzip des Art. 83 GG (Ausführung der Bundesgesetze im Zweifel durch die Länder) nicht auch Schwierigkeiten beim Vollzug von einem Land „unerwünschten" Bundesgesetzen ergeben könnten; etwa beim Vollzug des § 35 I 2 BRRG, des § 7 AtomG oder der Vorschriften der z. Z. umstrittenen „Sicherheitsgesetze". Jedoch ist die Position des Bundes und damit seine Chance, sich durchzusetzen, hier ungleich stärker als bei Planung und Planvollzug. Das dürfte seinen Grund darin haben, daß die Abhängigkeit der Bundesverwaltung vom Zuarbeiten der Landesverwaltungen beim Vollzug konventioneller Gesetzesvorschriften weniger ausgeprägt ist als bei Planung und Planvollzug.

zu sein. Denkbar wäre allenfalls, daß der Bund eines Tages nicht mehr zu erkennen vermag, welchen Sinn das Bereitstellen von Bundesmitteln für die Erfüllung von Länderaufgaben angesichts der geschilderten Praxis noch hat. Vor die Wahl gestellt, entweder auf Bundesmittel zu verzichen oder bei einer gesamtstaatlich orientierten Planung und Mittelvergabe mitzuarbeiten, wären die Länder möglicherweise bereit, ihre institutionellen Eigeninteressen stärker zurücktreten zu lassen. Es wäre jedoch allzu optimistisch, den Einsatz eines solchen Druckmittels von den zuständigen Bundesressorts zu erwarten. Diese wissen aus böser Erfahrung, daß eine solche die Planung und Mittelverteilung zumindest zeitweise blockierende Haltung ihnen den Vorwurf der Unfähigkeit und mangelnden Kooperationsbereitschaft einbringt und möglicherweise zu der erwähnten Mittelkürzung zugunsten „produktiverer" Konkurrenzressorts führt. Freilich könnten Bundeskanzler und Bundesregierung deutlich machen, daß sie das Spiel durchschaut haben. Sie könnten ihren Planern gesamtstaatliche Konsequenz und Standhaftigkeit abverlangen und diese vor allem auch politisch decken, wenn es dann zu der erwähnten vorläufigen Blockierung von Planung und Mittelvergabe kommen sollte. Das setzt freilich voraus, daß der Bundeskanzler sich bei einem solchen Neuansatz letztlich doch auf die Mehrheit seiner Kollegen in den Ländern stützen kann. Andernfalls müßte er fürchten, daß der Bund die Mittel für Mitplanung und Mitfinanzierung der Erfüllung von Landesaufgaben bei der nächsten Runde im vertikalen Finanzausgleich (Art. 106 III und IV GG) verliert. Auf eine solche Unterstützung zu hoffen, scheint nicht aussichtslos. Bei den Ministerpräsidenten (und Finanzministern) der Länder kann man wie beim Bundeskanzler (und beim Bundesfinanzminister) in der Regel doch damit rechnen, daß sie als „Generalisten" jedenfalls für Ressortkumpanei nicht anfällig sind.

Ein solches Hochziehen der Entscheidung ist freilich, weil es die Konfliktverarbeitungskapazität der politischen Spitzen übermäßig strapaziert, keine im großen Stil praktizierbare Lösung. Deshalb empfiehlt es sich auf jeden Fall, auf dem Wege fortzuschreiten, den man in den Jahren der Rezession notgedrungen hat beschreiten müssen. Das heißt: man sollte innerbundesstaatliche Kooperation im Bereich der Planung auf das unverzichtbare Minimum beschränken. Dies geschieht ja auch: Der Anteil der Aufwendungen des Bundes für Gemeinschaftsaufgaben und Finanzhilfen an seinen Gesamtausgaben ist von 11,2 % (1972) auf 7,4 % (1983) zurückgegangen[46]. In einer Reihe nicht unwichtiger Fälle wurde die Kooperation eingestellt (z. B. Krankenhausbau) oder soll eingestellt werden (z. B. Städtebauförderung). — Ruft man sich in Erinnerung, daß gemeinsame Aufgabenerfüllung durch gemeinsame Planung und gemeinsame Finanzierung in den Zeiten der Planungseuphorie

[46] BMF-Dokumentation 2/85, Tabellen 1 und 6.

als weiterzuführender Aufbruch in eine neue Epoche des Föderalismus verstanden wurde und daß noch die *Enquête-Kommission Verfassungsreform* im Jahre 1976 dafür eine verfassungsrechtliche Grundlage (Art. 28 a GG) bereitstellen wollte[47], so wird man die neue Bescheidenheit nicht als bloße „Frontbegradigung"[48] qualifizieren können. Allerdings dürfte *F. W. Scharpf* recht haben, wenn er meint, daß die Ressortkumpanen das Feld nur ungern räumen werden. Freilich sollte man auch kritisch sein bei der Bewertung mancher Alternativvorschläge. Das gilt insbesondere auch für den Vorschlag, die bislang für die Gemeinschaftsaufgaben verwendeten Mittel im Rahmen des vertikalen Finanzausgleichs an die Länder zurückfallen zu lassen und sie dann im horizontalen Finanzausgleich nach Bedarfskriterien zu verteilen. Das ist, angesichts der Schwierigkeit, überzeugende Kriterien für die Berücksichtigung von Sonderlasten im horizontalen Finanzausgleich zu finden, wenig sinnvoll[49].

2. Selbstkoordination der Länder; Beispiel: Reform der Rundfunkordnung

Die Steuerungsprobleme im Zwischen-Länder-Konflikt verstärken sich, wenn nicht einmal ein mit relevanten eigenen Kompetenzen und Einflußmöglichkeiten ausgestatteter Koordinator zur Verfügung steht. Dies ist bei den meisten Länderangelegenheiten der Fall. Die eben (1) erörterten Fälle, in denen der Bund als Koordinator in Länderangelegenheiten wirkt oder doch wirken sollte, sind ja von der Konzeption des Grundgesetzes her eine bloße Ausnahme.

Erfreulicherweise besteht keineswegs für den gesamten Restbestand an Länderzuständigkeiten ein so erheblicher Koordinationsbedarf, daß dadurch die Selbständigkeit der Aufgabenerfüllung durch die Länder bedroht wäre. Immerhin wird ein Bedürfnis nach rationaler Steuerung jedoch auch hier vielfach anerkannt und z. T. auch (recht oder schlecht) praktiziert. Zu erwähnen wäre hier etwa das Schulwesen und seine Koordination durch die Kultusministerkonferenz[50], aber auch die gerade gegenwärtig intensiv diskutierte Neuordnung des Rundfunks.

Lassen Sie mich das Problem am Streit um die Reform der Rundfunkordnung demonstrieren. Ich werde mich dabei auf die formale Frage nach dem zur Verfügung stehenden Steuerungspotential und seinen Chancen konzentrieren.

---

[47] BT-Drs. 7/5924, S. 148 ff. = Zur Sache 2/77, S. 97 ff.

[48] *F. W. Scharpf*, FN 6, S. 330.

[49] Siehe oben nach FN 39.

[50] Der Versuch, die Bildungsplanung unter Mitwirkung des Bundes, gestützt auf Art. 91 b GG, zu koordinieren, muß als gescheitert gelten. Vgl. dazu Hinweise bei *F. W. Scharpf*, FN 6, S. 327 f.

Zunächst zum Sachverhalt, soweit er hier interessiert: Es geht um die Einpassung der inzwischen grundsätzlich als verfassungsrechtlich möglich anerkannten privaten Rundfunkanstalten in ein System, das bislang ganz von der Vorstellung des öffentlich-rechtlichen Rundfunks geprägt ist. Es geht ferner (und zwar im Zusammenhang mit der erwähnten Einpassung) um die Anpassung der Rundfunkordnung an neue technische Möglichkeiten (Kabelfernsehen, Satellitenfernsehen etc.). — Das fatale ist: Eine Vielzahl der entstehenden Probleme ist sinnvoll nur zu lösen, wenn die Wahrnehmung der den Ländern belassenen rundfunkrechtlichen Kompetenzen regional oder sogar bundesweit koordiniert wird. Für manche der zur Lösung anstehenden Probleme ist eine Regelung durch die Länder je für sich überhaupt ausgeschlossen, weil es gar nicht möglich ist, die als Länderangelegenheiten anzusehenden Entscheidungen der Kompetenz eines einzelnen Landes zuzurechnen. Das gilt etwa für die Zuteilung der Nutzung von Satellitenkapazitäten[51]. Aber auch die Zulassung privater Rundfunkanstalten bedarf bundesweiter Koordination. Anders läßt sich eine den Anforderungen des Art. 5 I GG entsprechende Medienordnung kaum sicherstellen.

Die Notwendigkeit einer bundesweiten Koordination ist so offenkundig, daß man in Versuchung gerät, von einer Bundeskompetenz kraft Natur der Sache[52] zu sprechen. Dieser Ausweg ist freilich wohl verschlossen; zum einen, weil das Grundgesetz eine Bundesrundfunkhoheit erkennbar gerade nicht wollte: Nicht einmal eine Rahmengesetzgebungskompetenz, wie sie für das Pressewesen besteht (Art. 75 Nr. 2), hat der Verfassunggeber dem Bund zugestanden. Es fehlt also wohl schon an einer „Lücke“, die mit Hilfe des „Entdeckens“ stillschweigend mitgeschriebener Bundeszuständigkeit ausgefüllt werden könnte. — Zum anderen ist das Bundesverfassungsgericht wohl auch nicht bereit, eine Bundeskompetenz kraft Natur der Sache zu akzeptieren, wenn die Möglichkeit besteht, die anstehende Aufgabe durch Zwischen-Länder-Kooperation zu lösen[53].

Zu decken ist also der zur Diskussion stehende Koordinationsbedarf, wenn es mit verfassungsrechten Dingen zugehen soll, wohl nur durch Zwischen-Länder-Kooperation. Wie aber ist zu verfahren, wenn die Länder (wegen tiefgreifender Meinungsstreitigkeiten in Grundsatzfra-

[51] Vgl. dazu *J. Scherer*, Telekommunikationsrecht und Telekommunikationspolitik, 1985, S. 540 ff. sowie *M. Bullinger*, Satellitenrundfunk im Bundesstaat, AfP 1985, S. 1 ff.

[52] BVerfGE 11, 89 (96 ff.); 22, 180 (216 ff.); 26, 246 (257).

[53] BVerfGE 12, 205 (252); 26, 246 (257). — Freilich bleibt noch zu klären, welches Ausmaß an dann eventuell erforderlicher Institutionalisierung von Kooperation (bis hin zur Errichtung eines gemeinsamen Medienministeriums der Länder?) das Bundesstaatsrecht des Grundgesetzes akzeptiert. Die Schaffung einer Art von „Staatenbund im Bundesstaat“ wäre gewiß nicht mehr akzeptabel.

gen) zu einer solchen Kooperation nicht finden? Das ist ja die gegenwärtige Situation: Sogar der Versuch, sich über Detailfragen (Werbung, Verteilung von Satellitenkanälen) zu einigen, ist mißlungen[54]. Die Rundfunkordnung droht in verfeindete Lager zu zerfallen. Der Fortbestand der ARD ist in Frage gestellt[55]. — Angesichts dieser Schwierigkeit, für einen unbestreitbaren Steuerungsbedarf die erforderliche Steuerungskapazität bereitzustellen, kann man wohl von einem gravierenden Steuerungsproblem sprechen.

Auf der Suche nach Lösungsmöglichkeiten in solcher Lage wird der Verfassungsjurist entdecken, daß angesichts des unbestritten dringlichen Bedarfs an Koordination wohl eine aus dem Grundsatz der Bundestreue abzuleitende Pflicht zur Kooperation[56] besteht. Das könnte praktisch bedeutsam werden, wenn einzelne Partner sich in einer als „querulatorisch" zu qualifizierenden Weise gegen den Abschluß eines Staatsvertrages stellen würden. Es wäre vertretbar, in solchen Fällen eine Verpflichtung zum Vertragsabschluß anzunehmen und daraus, wie immer das auch rechtsdogmatisch zu begründen wäre, im Ergebnis eine Bindung an den zwischen den anderen Ländern abgeschlossenen Staatsvertrag abzuleiten[57]. Ferner wäre zu überlegen, ob ein sich querulatorisch verweigerndes Land nicht einen etwa anzuerkennenden Anspruch auf Mitentscheidung (betr. z. B. die Verteilung von Satellitenkanälen) verliert[58]. — Derartiges kann aber nur ultima ratio sein. Es setzt voraus, daß sich die Länder der Bundesrepublik Deutschland (von wenigen Ausnahmen abgesehen) geeinigt haben, und daß die Haltung des oder der widerstrebenden Länder wirklich als „querulatorisch" bewertet werden kann. Das letztere wäre keineswegs schon dann der Fall, wenn ein Land sich weigern sollte, angeblich „veraltete" rundfunkrechtliche Prinzipien über Bord zu werfen.

Da somit von der Rechtsprechung Koordinationsanstöße nur in sehr bescheidenem Umfange erwartet werden können, bleibt eigentlich nur die Hoffnung, daß sich bei den Ländern am Ende des großen „Poker-

[54] Der auf der Ministerkonferenz in Bremerhaven am 19. 10. 1984 grundsätzlich akzeptierte Referentenentwurf eines Zwischenländerstaatsvertrages (vgl. Media Perspektiven, 1984, S. 791 ff.) ist letztlich gescheitert. Alle Versuche, den Bruch zu überwinden, waren bislang erfolglos.

[55] Zur Lage vgl. die Rede von Ministerpräsident Börner v. 5. 2. 1986 vor dem Hessischen Landtag (Media Perspektiven, 1986, S. 113 ff.) einerseits und die Pressemitteilung des Staatsministeriums Baden-Württemberg v. 3. 3. 1986 (ebend. S. 120 f.) andererseits.

[56] Dazu m. w. Nachw. *G. Kisker*, Grundrechtsschutz gegen bundesstaatliche Vielfalt, Festschrift für Otto Bachof, 1984, S. 47 (57 ff.) sowie *M. Bullinger*, FN 51, S. 10 ff.

[57] BVerfGE 1, 299 (314—315) spricht vom „Zwang zur Verständigung".

[58] Mit der Konsequenz, daß Vereinbarungen möglich werden, an denen nur ein Teil der Bundesländer beteiligt ist. Vgl. *M. Bullinger*, FN 51, S. 10 ff.

spiels" schließlich doch die Einsicht durchsetzt, daß ein Versagen der kooperativen Steuerungsmechanismen vor den Augen der kritischen Öffentlichkeit nicht ohne Folgen bleiben dürfte. Was die politischen Konsequenzen für die Regierung und Parteien angeht, so würde man sich freilich mit jener Methode helfen können, die sich in auf einstimmige Entscheidungen angewiesenen Systemen als außerordentlich praktisch erwiesen hat: Man schiebt die Schuld der jeweiligen Gegenseite zu; dies mit der Konsequenz, daß sich angesichts der Vielzahl von möglichen Schuldigen letztlich keiner als derjenige ausmachen läßt, der politisch (etwa vom Wähler) zur Verantwortung gezogen werden könnte. — Größer als die Wahrscheinlichkeit eines „Strafzettels" bei der Wahl ist die Wahrscheinlichkeit, daß eine tiefgreifende öffentliche Verstimmung gegen chaotische Varianten des kooperativen Föderalismus einen Trend in Richtung auf die Ausstattung des Bundes mit rundfunkrechtlichen Zuständigkeiten auslöst. Dies mit der Folge, daß zunächst einmal die Rolle der Bundespost im Rundfunkbereich faktisch aufgewertet wird. Es ist, wie kürzlich *Joachim Scherer*[59] gezeigt hat, schon ohnehin seit geraumer Zeit so, daß die Bundespost — ausgestattet mit einem eindrucksvollen Apparat, der zudem einheitlich gesteuert werden kann — in das von den Ländern nicht besetzte rundfunkrechtliche Vakuum vorstößt und dort die Rolle des fehlenden Steuermannes übernimmt. Der politische und rechtliche Widerstand dagegen ist bislang nur schwach, weil man in den Ländern über keine sachliche und personelle Ausstattung verfügt, der die geballte Kompetenz der Bundespost ausbalancieren könnte. Zu Recht weist Scherer darauf hin, daß sich hier informelle Abhängigkeiten und damit auch Steuerungsmechanismen herausbilden, wie sie die Verwaltungswissenschaft bislang vor allem für die oben (III 1 b) erörterte Politikverflechtung im Bereich der Länder-Planung[60] aufgezeigt hat. Wenn die Länder der Bundespost nicht bald durch Selbstkoordination den Wind aus den Segeln nehmen, dann ist zu befürchten, daß dieser Trend schließlich (contra constitutionen) einmündet in eine großzügigere Deutung der fernmelderechtlichen Kompetenzen des Bundes und in eine eher einschränkende Deutung der rundfunkrechtlichen Kompetenzen der Länder. — Man darf darauf hoffen, daß die Länder die ihnen allen hier drohende Gefahr erkennen und ihr durch Selbstkoordination entgegenwirken.

Für den Fall, daß dies nicht gelingen sollte, zeichnet sich am fernen Horizont auch die Möglichkeit einer verfassungstextändernden Kompetenzverschiebung auf den Bund ab, etwa die Anerkennung einer Bun-

---

[59] FN 51, S. 486 ff. sowie „Fernmeldepolitik als Medienpolitik?", Media Perspektiven 1985, S. 165 ff.

[60] Freilich mit umgekehrter Rollenverteilung: Diesmal sind es die Länder, die angesichts der faktischen Übermacht des Bundes (der Bundespost) recht hilflos wirken.

desrahmengesetzgebungskompetenz entsprechend der Presserechtsrahmenkompetenz des Art. 75 Nr. 2 GG. Das wäre eine bedauerliche Entwicklung, denn, so fragwürdig aus herkömmlich bundesstaatsrechtlicher Sicht die rundfunkrechtliche Zuständigkeit der Länder zu werden beginnt, so geboten ist doch ihre Erhaltung im Interesse der Sicherung einer am Prinzip der Medienvielfalt orientierten Rundfunkordnung: Diese ist vermutlich unter dem Dach einer von den (politisch unterschiedlich orientierten) Ländern gesetzten Rundfunkordnung eher gesichert als unter einem Bundesdach.

IV. Zusammenfassung und Würdigung

Ich habe versucht, an Beispielen zu zeigen, wo es in unserem föderalistischen System effizienzbehindernde Steuerungsmängel gibt. Selbst wenn man (zu Recht) davon ausgeht, daß ein bißchen Anarchie dem Bundesstaat ebenso zusteht wie der Demokratie oder auch der Marktwirtschaft, so rechtfertigt das noch nicht ein tatenloses Hinnehmen von Ärgernissen, die gelegentlich geeignet sind, das Prinzip in Zweifel zu ziehen. Es genügt auch nicht, darauf zu hoffen, daß Politiker und Verwaltungsbeamte aufgeschlossener werden könnten für eine sachorientierte Kooperation und daß sie dann umschalten werden von harten Interessenhandel zu einem am gesamtstaatlichen Interesse orientierten gemeinsamen Problemlösen. Wir werden vielmehr im Rahmen des rechtlich und politisch Möglichen, gestützt auf ein wachsendes Unbehagen über die erörterten und andere Mängel unserer bundesstaatlichen Ordnung, auch aktiv werben müssen für sinnvolle Korrekturen des Systems. Das Bundesstaatsprinzip wird hierzulande zwar, wie einleitend ausgeführt, heute kaum noch prinzipiell in Frage gestellt. Aber wenn es dabei bleiben soll, darf man die zutage tretenden Mängel nicht resigniert hinnehmen.

2. Steuerungswirkungen der Gemeindeverfassungen auf die kommunalen Haushalte und Beteiligungsunternehmen

Von Gerhard Banner

Wir haben in den Flächenländern der Bundesrepublik acht Gemeindeordnungen, die in der Rechtslehre meist zu vier Gruppen zusammengefaßt werden:

1. die norddeutsche Ratsverfassung in Nordrhein-Westfalen und Niedersachsen,
2. die Magistratsverfassung in Hessen und in den Städten Schleswig-Holsteins,
3. die Bürgermeisterverfassung in Rheinland-Pfalz, im Saarland und in den Landgemeinden Schleswig-Holsteins sowie
4. die süddeutsche Ratsverfassung in Baden-Württemberg und Bayern.

Für die Wirkungsanalyse der Gemeindeordnungen sind die eingebürgerten rechtsdogmatischen Bezeichnungen eher irreführend; das spielt jedoch in unserem Zusammenhang keine Rolle.

Diskussionen über die Wirkungen der Gemeindeordnungen liegt meist das stillschweigende Einverständnis zugrunde, die verschieden ausgestalteten Gemeindeorgane und Organzuständigkeiten bewirkten zwar unterschiedliche Politik*abläufe*, jedoch durchaus gleichartige Politik*ergebnisse*. Dieser Meinung wird hier entgegengetreten. Die Gegenthese wird an den unterschiedlichen Steuerungswirkungen der Gemeindeordnungen auf die kommunalen Haushalte demonstriert. Dies geschieht anhand zweier Beispiele. Das erste Beispiel beleuchtet das direkte Einwirken gemeindeverfassungsrechtlicher Rahmenbedingungen auf Inhalt und Struktur kommunaler Etats[1]. Das zweite Beispiel handelt von den indirekten Etatwirkungen, die sich daraus ergeben, daß die Gemeindeordnungen unterschiedliche Rahmenbedingungen für die Steuerung — und damit für die Leistung — der kommunalen Beteiligungsunternehmen bereitstellen. Beide Beispiele werden im Spannungsfeld der Ge-

---

[1] Dazu eingehend *G. Banner*, Kommunale Steuerung zwischen Gemeindeordnung und Parteipolitik, DÖV 1984, S. 364—372.

meindeordnungen von Nordrhein-Westfalen und Baden-Württemberg entfaltet. Die Konzentration auf diese beiden steuerungspolitisch „polaren“ Gemeindeordnungen gestattet es, den Kern der These so klar wie möglich vorzutragen. Am Rande werden auch die „verwandten“ Gemeindeordnungen von Niedersachsen und Bayern gelegentlich erwähnt.

In sozialen Handlungsfeldern gibt es keinen Determinismus. Auf das Thema bezogen: weder führt eine „steuerungsschwache“ Gemeindeordnung unvermeidlich zu Haushaltsdefiziten, noch garantiert eine „steuerungsstarke“ Gemeindeordnung sicheren Haushaltsausgleich. Die Wirkung der führungsorganisatorischen Regelungen der einzelnen Gemeindeordnungen auf die Haushalte besteht vielmehr darin, daß sie Defizite aufgrund fehlgesteuerter Kernhaushalte oder unzureichender Unternehmensergebnisse unterschiedlich — und zwar deutlich unterschiedlich — wahrscheinlich machen. Anders ausgedrückt: die politischen Akteure sind weder zum Scheitern noch zum Erfolg „verurteilt“. Sie haben die Freiheit, im Rahmen der Möglichkeiten und Zwänge ihres gemeindeverfassungsrechtlichen „Spielfeldes“ diese oder jene Politik zu machen. Die Wahrscheinlichkeit, daß sie zu verantwortlichen Politikergebnissen gelangen, ist jedoch auf den einzelnen Spielfeldern unterschiedlich hoch.

Die beiden untersuchten Gemeindeordnungen werden nachfolgend an dem Grad ihrer Fähigkeit gemessen, eine Politik des Haushaltsausgleichs zu begünstigen. Ein ausgeglichener kommunaler Etat ist keineswegs Selbstzweck. Vielmehr macht er kommunale Politik und kommunale Selbstverwaltung erst möglich. Wird ein kommunaler Haushalt nachhaltig defizitär, führt dies dazu, daß die Zinsen und Tilgungen den Spielraum für Kommunalpolitik auffressen. Die örtlichen Akteure können die politischen Prioritäten nicht mehr autonom setzen. Die Inhalte der Kommunalpolitik geraten unter die Diktatur der leeren Kassen. Die betreffende Kommune weckt Zweifel an ihrer Fähigkeit, sich selbst zu verwalten und gerät in die Fremdbestimmung durch den Staat. Daher unterscheidet sich eine Politik defizitärer Haushalte von einer Politik des Etatausgleichs nicht nur graduell, sondern grundsätzlich. Nur ein ausgeglichener Haushalt hält jene politischen Aktionsreserven bereit, die jede Kommune zu jedem Zeitpunkt braucht, um Entwicklungschancen nutzen und Entwicklungsrisiken entgegenwirken zu können, oder mit anderen Worten: um in der Lage zu sein, ihr Recht auf Selbstverwaltung konkret einzulösen. Dies rechtfertigt den hohen normativen Stellenwert, der einer Politik des Haushaltsausgleichs im folgenden beigemessen wird. Nun zum ersten Beispiel.

I. Kernverwaltung: Von der Verselbständigung der Fachpolitik zur Plünderung des Haushalts

1. *Ausgangspunkt: Das Süd-Nord-Gefälle der Kommunalfinanzen*

Die folgende Tabelle zeigt ein Süd-Nord-Gefälle der Kommunalfinanzen, das es in dieser Schärfe in der Vergangenheit nicht gab:

Fehlbedarfe in den Verwaltungshaushalten von Städten über 50 000 Einwohnern 1983 und 1984[2]

	Zahl der Städte mit Fehlbedarfen	Von je 1000 Einwohnern der Städte über 50 000 Einwohner wohnen in Fehlbedarfs-Städten
Schleswig-Holstein	2	428
Niedersachsen	3	197
Nordrhein-Westfalen	19	402
Hessen	3	303
Rheinland-Pfalz	2	296
Saarland	1	789
Baden-Württemberg	0	0
Bayern	0	0

Die eigentliche Überraschung ist, daß in den bevölkerungsstarken Ländern Baden-Württemberg und Bayern keine einzige Stadt Fehlbedarfe ausweisen mußte. Wie ist dieses Süd-Nord-Gefälle zu erklären?

Jede Gemeinde, ob „arm" oder „reich" steht vor dem gleichen Problem wie jede Einzelperson und jede Familie, nämlich: mit ihren Einnahmen auszukommen. Wir müssen annehmen, daß strukturelle Haushaltsungleichgewichte in aller Regel zumindest *auch* auf örtliche Fehl-

[2] Entnommen aus *G. Banner*, FN 1, S. 364.

steuerung, d. h. auf überzogenes Ausgabeverhalten, zurückgehen. Zweifellos haben oder hatten daneben andere Faktoren, etwa wirtschafts- und sozialstrukturelle handicaps oder die Abschaffung der Lohnsummensteuer, ihr Gewicht. Hier wird also keine monokausale Erklärung des Süd-Nord-Gefälles der Kommunalfinanzen angeboten, sondern es wird darauf aufmerksam gemacht, daß ein bisher unbeachteter Faktor, das unterschiedliche Steuerungspotential der Gemeindeordnungen, als Mitverursacher struktureller Haushaltsdefizite offenbar eine Rolle spielt. Auf diesen Faktor konzentriert sich die nachfolgende Argumentation. Weil er leichter — nämlich durch einfaches Landesgesetz — beeinflußt werden kann als die regionalen Gefälle der Wirtschafts- und Sozialstruktur, ist er ordnungspolitisch hochinteressant.

2. *Das strukturelle Übergewicht der Fachpolitik in der Kommunalverwaltung*

Der Haushaltsplan ist das Herzstück der Kommunalpolitik. An ihm entscheidet sich alljährlich, was politisch möglich ist und was nicht, aber auch, wer sich durchsetzen konnte und wer nicht. In allen Gemeindeordnungen wird der Haushalt von der Verwaltung entworfen und anschließend im Rat beschlossen. Die wesentlichen Vorgänge um den Haushalt sind allerdings nicht administrativer, sondern politischer Natur, und die entscheidenden Konflikte finden nicht entlang der Grenzlinie Verwaltung — Rat statt, sondern querliegend zu dieser zwischen der Fachpolitik (Ressortpolitik) und der Steuerungspolitik (im wesentlichen: Finanzpolitik). Auch die am Haushaltsprozeß beteiligten leitenden Beamten verhalten sich weitgehend wie Politiker. Eine realistische Analyse des Haushaltsgeschehens unterscheidet daher zweckmäßigerweise nicht zwischen Beamten und Politikern, sondern zwischen zwei Gruppen von Politikern, den Fachpolitikern und den Steuerungspolitikern, die jeweils entweder vom Volk gewählt oder mit einer Beamtenurkunde ausgestattet sind.

Aus verschiedenen Gründen ist die Fachpolitik strukturell stärker. Eine Großstadtverwaltung hat etwa 50 Ämter, von denen drei oder vier als Steuerungsämter anzusprechen sind: die Kämmerei, das Organisationsamt, das Personalamt und das Rechnungsprüfungsamt. Diese „Querschnittsämter" und die für sie verantwortlichen Wahlbeamten (Dezernenten/Referenten) sowie der Chef der Verwaltung (Bürgermeister/Oberbürgermeister, Gemeindedirektor/Oberstadtdirektor) bilden die steuerungspolitischen Instanzen. Ihnen stehen die fachpolitischen Verwaltungsinstanzen gegenüber. Das sind die Ämter einschließlich ihres Führungspersonals, die in den verschiedenen Politikbereichen (Recht und Ordnung, Schule, Kultur, Soziales, Gesundheit, Bauwesen, öffentliche Einrichtungen usw.) tätig sind und die sich für das Wachstum und das Wohl ihres Fachbereichs engagieren. Gegenüber den Fachinstanzen bilden die Steuerungsinstanzen eine kleine Minderheit.

Ebenso sieht es auf der Ratsseite aus. Als Steuerungsinstanzen kommen Hauptausschuß, Finanzausschuß, Personalausschuß und Rechnungsprüfungsausschuß in Betracht. Diesen steht eine erheblich größere Zahl — in Großstädten nicht selten 30 — von Fachausschüssen gegenüber. Daraus ergibt sich, daß weitaus die meisten Ratsmitglieder in Fachausschüssen engagiert und als Fachpolitiker anzusprechen sind. Es kommt hinzu, daß in der Verwaltung wie im Rat die Minderheit der Steuerungspolitiker von der Mehrheit der Fachpolitiker wenig geschätzt wird. Die Beamten in den Fachämtern fühlen sich vom Hauptamt und der Kämmerei bevormundet. In den Fraktionen erinnern die Steuerungspolitiker ihre fachpolitischen Kollegen ständig daran, was die Gemeinde sich nicht leisten kann; so geraten sie leicht als Bremser in Verruf. Es verwundert daher nicht, daß dynamische Ratsmitglieder sich in Fachausschüssen, wo sie sich mit neuen Ideen und Vorhaben profilieren können, oft wohler fühlen. Die Fachpolitik dominiert also nicht nur quantitativ, sie ist auch attraktiver als die Steuerungspolitik.

Entscheidend ist, daß sich das Streben aller Fachpolitiker, ob beamtet oder gewählt, auf mehr Geld für ihren Fachbereich richtet.

3. *Die Steuerung der Fachpolitik in Nordrhein-Westfalen*

a) Dominanz der Fachausschüsse

In Nordrhein-Westfalen sind die Ratsausschüsse besonders einflußreich. Auffällig ist die große Zahl der Fachausschüsse. Sie scheint damit zusammenzuhängen, daß die Ausschüsse ehrenamtlich, d. h. von gewählten Politikern, geleitet werden. Über ihr Recht, die Tagesordnung aufzustellen, haben die Ausschußvorsitzenden wesentlichen Einfluß auf die politischen Themen und damit große Profilierungsmöglichkeiten. Häufig ist ein Ausschußvorsitz das Sprungbrett für eine weiterführende politische Karriere — Fraktionsvorstandsmitglied, Aufsichtsratsmitglied in städtischen Gesellschaften, Fraktionsvorsitzender, Ratsvorsitzender, Landtagsabgeordneter, Bundestagsabgeordneter. Die Funktion des Ausschußvorsitzenden ist daher begehrt. Wenn es darum geht, einen „schwierigen" Fraktionskollegen in die Fraktionsarbeit einzubinden, wird die Lösung häufig in der Bildung eines zusätzlichen Fachausschusses gesehen. Die vitalen Anreize, die Zahl der Ausschüsse zu vermehren, lassen Versuche der Verwaltungsspitze und der Fraktionsführungen, durch Straffung des Ausschußsystems zu einer besseren Steuerbarkeit zu kommen, häufig scheitern.

Eine Folge der großen Zahl der Fachausschüsse ist ihre enge Spezialisierung. In dem schmalen Bereich, auf den sie fixiert sind, möchten sie Erfolgserlebnisse haben und möchte ihr Vorsitzender sich profilieren. Man kann von einer direkten Beziehung zwischen der Zahl der Fachausschüsse und der Ausgabenneigung einer Kommune ausgehen: je größer die Zahl der Ausschüsse, desto höher die Zahl der „benötigten" Erfolgserlebnisse, die in aller Regel Geld kosten.

Die Aktivitäten der Fachausschüsse in Nordrhein-Westfalen haben, selbst wenn sie Ratsbeschlüsse nur vorberaten, häufig die politische Wirkung, vollendete Tatsachen und finanzielle Festlegungen zu schaffen. Die „Dominanz des Fachlichen" erzeugt auf diese Weise ein schwer lösbares Steuerungsproblem.

b) Fraktionen: Koalitions- und Konkurrenzlogik[3]

Auch den Regeln, denen die Tätigkeit der Fraktionen unterliegt, wohnt eine Tendenz zur Ausgabenbeschleunigung inne. Will ein gewählter Politiker ein Anliegen durchsetzen, das Geld kostet, braucht er dafür im Rat eine Mehrheit. Da ihm diese meist nicht in den Schoß fällt, muß er um sie kämpfen. Das gilt unabhängig davon, ob seine Fraktion im Rat die absolute Mehrheit hat oder ob Partner gesucht werden müssen. Im Grunde ist nämlich jede Mehrheit eine Koalitionsmehrheit: Auch bei absoluter Mehrheit seiner Fraktion im Rat muß der Befürworter eines Vorhabens zunächst in dieser Fraktion eine Mehrheit hinter sich bringen. Bei dem ständigen Bemühen um Mehrheiten hat auf Dauer nur der Erfolg, der seinerseits bereit ist, den finanziellen Anliegen anderer Strömungen in der Fraktion bzw. im Rat Rechnung zu tragen. Aufgrund dieser „Koalitionslogik" bildet sich leicht ein Mechanismus heraus, wonach tendenziell jedem Fachanliegen zugestimmt wird und die Ablehnung von Ausgabewünschen Seltenheitswert erhält. Am Ende steht das finanzielle Aus.

Ein weiterer Grund für die in das System eingebaute Tendenz zur Ausgabenvermehrung ist die „Konkurrenzlogik". Im System der Parteienkonkurrenz gilt es, die eigene Person, die eigene Fraktion, die eigene Partei zu profilieren, indem man dem politischen Gegner mit publikumswirksamen Ausgabeanträgen zuvorkommt. War der Gegner schneller, kann man mit eigenen Anträgen noch eins draufsatteln. Beispiele dafür lassen sich täglich in den Zeitungen finden.

[3] Vgl. *G. Banner,* Kommunale Aufgabenkritik zwischen Sparzwang und Parteienkonkurrenz, in: *H. U. Derlien* (Hrsg.), Programmforschung unter den Bedingungen einer Konsolidierungspolitik, Werkstattbericht 7 der Gesellschaft für Programmforschung in der öffentlichen Verwaltung e. V., München 1985 (Selbstverlag), S. 181—206.

In Nordrhein-Westfalen und in Niedersachen schlagen die Koalitions- und die Konkurrenzlogik besonders stark durch. Charakteristisch für die zweigleisigen Gemeindeordnungen ist nämlich, daß dort die Fraktionen starke politische Initiativen entwickeln und sich sehr autonom — häufig völlig losgelöst von der Vorbereitungstätigkeit der Verwaltung — bewegen. Gewählte Fachpolitiker fühlen sich aber für die nächste Wahl weit mehr verantwortlich als für einen ausgeglichenen Etat. Die ausgeprägte Koalitions- und Konkurrenzlogik verstärkt also das Steuerungsproblem, das in dem hypertrophen Fachausschußsystem angelegt ist.

Die Instanz, die jetzt noch zur Verfügung steht, die Steuerungsprobleme in den Griff zu bekommen, ist die Spitze der Verwaltung. Wie steht es mit deren Steuerungseinfluß?

c) Verflechtung von Verwaltung und Politik

Kommunalverfassungsrechtlich bereitet der Chef der Verwaltung die Ratsbeschlüsse vor. Das ist keine rein administrative Tätigkeit, denn in der Vorbereitung steckt bereits ein großer Teil der Politik. Daher streben die Fraktionen nach Einfluß auf die Vorbereitungstätigkeit der Verwaltung. Diese Vorbereitungstätigkeit findet im Schwergewicht in den Ämtern statt. Die meisten Ämter einer Kommunalverwaltung sind, wie gesagt, Fachämter, und sie sind auf einen Fachausschuß hin orientiert. Ein Fachamt kann nur Erfolg haben, wenn der Fachausschuß „mitzieht", andererseits ist der Ausschuß auf den Sachverstand „seines" Amtes angewiesen. Wenn, wie das häufig der Fall ist, zahlreiche Beamte politischen Parteien angehören, führt dies zu einem dichten Netz von Kontakten, Loyalitäten und Bündnissen zwischen Fachpolitik und Fachverwaltung, und zwar — das ist der entscheidende Punkt — nicht nur an der Spitze der Verwaltung und des Rats. Häufig kann man geradezu von einer durchgängigen Verflechtung zwischen Politik und Verwaltung von oben bis unten sprechen[4]. Diese Kontakte sind vorwiegend fach- und damit ausgabenorientiert. Damit zeichnet sich eine weitere Verschärfung des Steuerungsproblems ab.

Am besten läßt sich das am Beispiel der von den Fraktionen in den mittleren und großen Städten gebildeten Facharbeitskreisen verdeutlichen. Hier treffen sich die Sozial-, Kultur-, Sport- oder Verkehrsfachleute einer Fraktion mit den entsprechenden Verwaltungsleuten ihres politischen Vertrauens, um die nächste Ausschußsitzung vorzubereiten und gemeinsam interessierende Fragen zu besprechen. Fachleute unter sich versuchen stets, aus dem Haushaltskuchen ein möglichst großes

---

[4] Ausführlicher dazu *G. Banner*, Zur politisch-administrativen Steuerung in der Kommune, AfK 1982, S. 26—46.

Stück für ihren Bereich herauszuschneiden. Bedenklich werden diese Aktivitäten, wenn die Fraktionsarbeitskreise aufgrund ihrer großen Zahl nicht mehr von der Führung der Fraktionen und der Spitze der Verwaltung (Verwaltungschef, Dezernenten, Amtsleiter) betreut und gesteuert werden können, sondern sich in den Händen der politischen und administrativen „Basis" verselbständigen. Jede dieser „Basis-Fachkoalitionen" ist ein potentieller Sprengsatz im Haushalt.

Was ist nun mit der Steuerungsfunktion der Verwaltungsspitze? Natürlich werden die Verwaltungsvorlagen über den Chef der Verwaltung an die Ausschüsse und den Rat geleitet. Der Verwaltungschef merkt dann gelegentlich, daß eine Sache auf unterer Ebene — manchmal aber auch von einem Fachdezernenten — „vorgesteuert" worden ist, und zwar in einer Weise, die nicht immer seinen Intentionen oder den getroffenen Absprachen entspricht. Dabei werden häufig Fakten geschaffen, die auch der Chef nicht mehr rückgängig machen kann. Daher verwenden Verwaltungschefs in Nordrhein-Westfalen einen nicht geringen Teil ihrer Zeit und Energie darauf, möglichst schon im Vorfeld zu verhindern, daß politische Anliegen, die nicht finanzierbar, nicht realisierbar oder nicht wünschenswert sind, sich verselbständigen und auf die Tagesordnung politischer Gremien gelangen. Bei diesem Bemühen ist der Verwaltungschef zwangsläufig in der undankbaren Position des Bremsers. Nicht selten sitzt er am kürzeren Hebel und muß zusehen, wie im Rat Dinge beschlossen werden, die von der Sache oder von den Kosten her nicht vertretbar sind. Die Möglichkeit, Ratsbeschlüssen zu widersprechen, die für die Gemeinde von Nachteil sind, hat nicht er, sondern der ehrenamtliche Ratsvorsitzende.

Nach dieser Skizze ist hoffentlich deutlich geworden, weshalb kommunale Haushalte in Nordrhein-Westfalen, aber auch in Niedersachsen eine quasi natürliche Neigung haben, aus dem Ruder zu laufen. Der tiefere Grund ist die in den zweigleisigen Gemeindeordnungen angelegte hohe Autonomie des politischen Bereichs mit der daraus folgenden Tendenz zur Verselbständigung der Fachpolitik. Dieser politischen Dynamik wirken nur relativ schwache zentrale Steuerungsinstanzen entgegen. Das hat in den Jahren der kommunalen Finanzkrise in vielen Gemeinden zur Plünderung der Haushalte durch die Fachpolitik geführt.

4. Die Steuerung der Fachpolitik in Baden-Württemberg

Das „Kontrastprogramm" Baden-Württemberg läßt sich wesentlich kürzer beschreiben. Zunächst fällt auf, daß es in diesem Bundesland erheblich weniger Ausschüsse gibt. Das hängt damit zusammen, daß der Bürgermeister, zugleich Ratsvorsitzender und Verwaltungschef, nach der Gemeindeordnung Vorsitzender aller Ausschüsse ist[5]. Eine hohe

Zahl von Ausschüssen würde sein Zeitbudget überfordern und den Entscheidungsgang unübersichtlich machen, so daß er daran nicht interessiert ist. Die Ausschüsse haben folglich eine breite Zuständigkeit. Sie müssen zwischen den einzelnen Sachbereichen, die sie betreuen, abwägen und Prioritäten setzen — ein Zwang, der dem Haushalt gut bekommt.

Die Tagesordnung der Ausschüsse und des Rats wird vom Bürgermeister festgesetzt. Dieser wird nur Gegenstände aufnehmen, die nach allen Richtungen, besonders in bezug auf ihre Finanzierbarkeit, abgeklärt sind.

Die Tätigkeit der Fraktionen in Baden-Württemberg ist weniger als in Nordrhein-Westfalen von autonomen Initiativen geprägt. Feste Koalitionen mit ihrer meist ausgabenbeschleunigenden Wirkung gibt es praktisch nicht. Vielmehr beherrschen wechselnde Mehrheiten das Bild. Dies hat auch mit der im Kommunalwahlrecht vorgesehenen Möglichkeit des Kumulierens und Panaschierens zu tun, die zu einem parteiunabhängigeren Selbstverständnis der Ratsmitglieder führt.

Von großer Bedeutung ist ferner, daß das Vorbereitungsrecht nicht nur rechtlich, sondern auch faktisch beim Bürgermeister liegt und er die Vorbereitungstätigkeit seiner Verwaltung weitgehend von Fraktionseinflüssen abschirmen kann. Dies hat verschiedene Gründe. Einmal ist er selbst nicht vom Rat, sondern von den Wählern in sein Amt berufen worden und kann daher nicht abgewählt werden. Auch gibt die Volkswahl, da in Baden-Württemberg die freie Kandidatur gilt und die Parteien nicht das Recht haben, Bürgermeister zu präsentieren, dem Bürgermeister eine große parteipolitische Unabhängigkeit auch gegenüber seiner eigenen Partei. Schließlich hat er entscheidenden Einfluß auf die Karrieren im Rathaus, denn der Rat kann Personalentscheidungen nur im Einvernehmen mit dem Bürgermeister treffen[6]. Dieser ist daher in der Lage, den Einfluß des Parteibuchs auf Personalentscheidungen weitgehend zurückzudrängen. Daran ist er auch interessiert, denn Parteibuch-Personalpolitik würden ihm die Wähler übelnehmen[7]. In einem solchen Klima weitgehender parteipolitischer Enthaltsamkeit der Verwaltung kommt es auch nicht zur Bildung von Fraktionsarbeitskreisen und Basis-Fachkoalitionen mit ihrer Neigung, auf unterer Ebene politische und finanzielle Entscheidungen vorwegzunehmen.

---

[5] Die Stellung des Bürgermeisters in Baden-Württemberg wird umfassend auf empirisch-politikwissenschaftlicher Grundlage behandelt in der vorzüglichen Monographie von *H.-G. Wehling* und *H.-J. Siewert*, Der Bürgermeister in Baden-Württemberg, Stuttgart u. a., 1984.

[6] § 24 Abs. 2 GO BW. Ein ähnlich starker Einfluß des Verwaltungschefs auf die Personalentscheidungen ist in keiner anderen Gemeindeordnung vorgesehen.

[7] *Wehling/Siewert*, FN 5, S. 28.

Aus allen diesen Gründen ist es für einen baden-württembergischen Bürgermeister, vorausgesetzt er versteht sein Geschäft, normalerweise kein Problem, überzogene Ansprüche an den Haushalt abzuwehren und diesen auf Gleichgewichtskurs zu steuern.

Nun zum zweiten Beispiel:

II. Peripherie: Von der Entscheidungsabkopplung zur Selbstbedienung

1. Wirtschaftliches Gewicht der Peripherie

Kommunale Aufgaben werden in großem Umfang in verselbständigten Einrichtungen (Beteiligungsunternehmen, Peripherie) erbracht. Betrachtet man die Verwaltung und ihre verselbständigten Einrichtungen zusammen als „Konzern Stadt", so zeigt sich in den Städten über 100 000 Einwohner folgendes Zahlenbild[8]:

— Von den kommunalen Mitarbeitern sind 65 % in der Kernverwaltung und 35 % in verselbständigten Einrichtungen beschäftigt.

— 58 % der gesamten Ausgaben dieser Städte werden über den Haushaltsplan und 42 % über die Wirtschaftspläne verselbständigter Einrichtungen getätigt.

— 54 % der gesamten Investitionsausgaben werden über den Vermögenshaushalt der Kernverwaltung, 46 % über Wirtschaftspläne geleistet.

Für die klassischen Bereiche wirtschaftlicher Betätigung — insbesondere Versorgung und Verkehr — ist Verselbständigung der Regelfall. Bei einem derart hohen Anteil der Peripherie an der gesamten kommunalen „Produktion" kommt der Leistung der Peripherie größte wirtschaftliche Bedeutung zu, denn suboptimale Gewinne und unkontrolliert hohe Verluste schlagen sich unmittelbar im Haushaltsplan der Trägerkommune nieder.

---

[8] *KGSt*-Bericht Nr. 7/1986, Kommunale Beteiligungen III: Verselbständigung kommunaler Einrichtungen? (Entscheidungshilfen), S. 9. Zum Thema kommunale Beteiligungen hat die *KGSt* in jüngster Zeit außerdem folgende Berichte veröffentlicht: Nr. 8/1985, Kommunale Beteiligungen I: Steuerung und Kontrolle der Beteiligungen; Nr. 9/1985, Kommunale Beteiligungen II: Organisation der Beteiligungsverwaltung; Nr. 8/1986, Kommunale Beteiligungen IV: Verselbständigung kommunaler Einrichtungen? (Arbeitshilfen). Ein weiterer *KGSt*-Bericht wird sich mit der Prüfung der kommunalen Beteiligungen befassen.

2. Die wirtschaftliche Leistung der Peripherie ist so gut wie ihre Steuerung und Kontrolle durch die Trägerkommune

Die Peripherie erbringt ihre Dienstleistungen meist nicht unter Wettbewerbsbedingungen. Da im übrigen die Trägerkommune für Verluste geradesteht, gehen vom „Markt" keine Leistungszwänge aus. Die wirtschaftliche Leistungsfähigkeit der Peripherie stellt sich also nicht spontan ein. Dies mahnt zur Zurückhaltung gegenüber den Schlagworten, die regelmäßig zu hören sind, wenn der Verselbständigung kommunaler Einrichtungen das Wort geredet wird: „bewegliche und wirtschaftliche Betriebsführung", „kurzer Instanzenweg", „rasche und flexible Entscheidungen", „Befreiung von formalen Zwängen der städtischen Verwaltung und der kameralistischen Haushaltsrechnung", „größere Handlungsfreiheit einer eigenverantwortlichen Unternehmensleitung" usw. Diese stets unsubstantiierten Formeln werden gern von den Medien verstärkt. Viele Journalisten sind offensichtlich für den Glauben disponiert, eine Aktiengesellschaft müsse schon deswegen wirtschaftlicher arbeiten als die „Verwaltung", weil sie keine Beamten beschäftigt.

Vor allem besteht die große Gefahr, daß nach einer Verselbständigung die Personalausgaben steigen. Empirisch war dies immer wieder zu beobachten. Bei dem hohen Anteil der Personalkosten am Endprodukt kommt diesem Faktor für das wirtschaftliche Ergebnis der Peripherie entscheidendes Gewicht zu.

Mangels spontan wirkender Leistungszwänge hängt die wirtschaftliche Leistung der Peripherie ausschließlich von der Qualität ihrer Steuerung und Kontrolle durch den Eigentümer (die Trägerkommune) ab, und hier wieder, wie wir sehen werden, vom Einfluß der Verwaltungsspitze auf die Unternehmensentscheidungen. Die Rahmenbedingungen für das steuernde Einwirken der Trägerkommune auf die Unternehmensentscheidungen sind jedoch nach Unternehmens-Rechtsformen und nach Gemeindeordnungen unterschiedlich günstig. Bei ungünstigen Rahmenbedingungen und dementsprechend schwacher Steuerung und Kontrolle durch die Trägerkommune ist die Gefahr groß, daß die Unternehmen sich zu Selbstbedienungsläden der dort Beschäftigten entwickeln. Die damit einhergehende Verschlechterung ihres wirtschaftlichen Ergebnisses kann über die Jahre zu einer schleichenden Auszehrung des Mutteretats durch die Peripherie führen.

3. Das allgemeine Steuerungsproblem der Peripherie: Entscheidungsabkopplung

a) Unterschiedliches Entscheidungsklima in Kernverwaltung und Peripherie

Gemeinsam ist allen Verselbständigungen eine gewollte Verringerung des Einflusses der Kernverwaltung auf die Entscheidungen der Peripherie. Dabei wird das Entscheidungssystem der Peripherie in unterschiedlichem Grad vom Entscheidungssystem der Kernverwaltung gelöst, ein Vorgang, der bis zur nahezu vollständigen Abkoppelung gehen kann. Auf diese Weise kann in der Peripherie ein Entscheidungsklima entstehen, das von dem der Kernverwaltung radikal verschieden ist.

Typisch für die Entscheidungen der Kernverwaltung sind folgende Merkmale:

— Öffentliche Diskussion der wichtigen Entscheidungen im Rat unter kritischer Beobachtung durch Öffentlichkeit und Medien.

— Verhältnismäßig strenge Kontrolle des *Ressourcenverbrauchs,* vor allem der Personalausstattung und des Bezahlungsniveaus, durch die Steuerungsämter, die Prüfungsinstanzen und den Rat unter kritischer Anteilnahme der Medien und der Öffentlichkeit.

Das Entscheidungsklima im Ressourcenbereich der Kernverwaltung ist also stark geprägt durch die stets aktualisierbare öffentliche Kontrolle. Unter diesem Damoklesschwert hat die Kernverwaltung Steuerungsinstanzen ausgebildet, deren Stärke die Kontrolle des Ressourcenverbrauchs ist. Dagegen liegt die Kontrolle des *Investitions- und Dienstleistungsbereichs,* wie im ersten Beispiel gezeigt wurde, eher — und in den zweigleisigen Gemeindeordnungen überwiegend — bei den Fachinstanzen. Der Grund für die Stärke der Steuerungsinstanzen im einen und ihre relative Schwäche im anderen Bereich ist das unterschiedliche Verhalten der politischen Akteure, in dem unterschiedliche Anreize zum Ausdruck kommen. Während zusätzliche oder verbesserte Investitionen und Dienstleistungen, besonders wenn sie wirksam „verkauft" werden, oft populär sind, werden Ausweitungen des Personalkörpers oder überhöhte Bezahlung vom Publikum und von den Medien regelmäßig mißbilligt. So führt die öffentliche Kontrolle, der die Kernverwaltung unterliegt, dort zu einem hohen Durchsetzungsgrad des *Sparsamkeitsgrundsatzes,* während „höhere" Formen der Wirtschaftlichkeit, auf die vor allem im Investitions- und Dienstleistungsbereich geachtet werden muß, schwieriger durchzusetzen sind.

In der Peripherie ist die öffentliche Kontrolle drastisch schwächer ausgeprägt, wenn sie nicht völlig fehlt. Daher hat es der Sparsamkeitsgrundsatz dort schwer. Das gilt besonders für den Personalbereich. Das Tarifrecht wird großzügiger angewandt. Die höhere Bezahlung und die Sondervergünstigungen des Spitzenpersonals führen auch auf den nachgeordneten Unternehmensebenen in aller Regel zu einer Ausweitung der Personalausgaben, der Personalnebenkosten und der freiwilligen Sozialleistungen. Hinzu kommt, daß die gewerkschaftliche Aktivität in der Peripherie häufig breiter ansetzen und tiefer wirken kann, weil das dortige Personal homogener ist als das der Kernverwaltung. Für die großen Unternehmen im Versorgungs- und Verkehrsbereich gilt das besonders ausgeprägt. Diesem Druck ist die Unternehmensleitung unmittelbar und relativ schutzlos ausgesetzt. Das Ergebnis sind höhere und zum Teil erheblich höhere Personalausgaben als in vergleichbaren Tätigkeitsbereichen der Kernverwaltung. Das gilt verstärkt, wenn ein Haustarif vereinbart wurde.

Es ist die spezielle Kombination fehlenden Wettbewerbs, positiver Existenzgarantie (Verlustausgleich aus dem städtischen Haushalt) und fehlender oder schwacher öffentlicher Kontrolle, die in der Peripherie leicht ein Entscheidungsklima entstehen läßt, das dem Sparsamkeitsgrundsatz nur noch schwach verpflichtet ist.

b) Unterschiedlicher Grad der Entscheidungsabkopplung nach der Rechtsform

Peripherieunternehmen können in verschiedenen Rechtsformen betrieben werden. Am häufigsten sind der Eigenbetrieb, die GmbH und die Aktiengesellschaft. Auf sie konzentriert sich die nachfolgende Argumentation.

Am geringsten ist die Entscheidungsabkopplung beim *Eigenbetrieb* ausgeprägt. Er bleibt Teil der Kernverwaltung. Der Chef der Verwaltung bleibt Chef des Personals des Eigenbetriebs einschließlich der Werkleitung. Er kann der Werkleitung in den vom Eigenbetriebsrecht des jeweiligen Bundeslandes gezogenen Grenzen Weisungen erteilen. Auch hat er Einfluß auf die Personalwirtschaft des Eigenbetriebs. Das führt dazu, daß mit gewissen Einschränkungen die Grundsätze der einheitlichen Verwaltungsführung und der Gleichbehandlung des kommunalen Personals verwirklicht werden können und eine Einordnung des Eigenbetriebs in die Ziele der örtlichen Politik, wie sie vom Rat definiert werden, annähernd herstellbar ist.

Ein Ratsausschuß, der Werksausschuß, trifft alle das Unternehmen betreffende Entscheidungen, für die die Werkleitung nicht zuständig ist. Diese unternehmerischen Entscheidungen haben die Chance, bei den Haushaltsplan- bzw. Wirtschaftsplanberatungen öffentlich im Rat diskutiert zu werden. Da der Chef der Verwaltung die Entscheidungen des

Werksausschusses ebenso vorbereitet wie die aller übrigen Ratsausschüsse, müßte er im Prinzip den Steuerungseinfluß der Kernverwaltung voll zur Geltung bringen können. Allerdings setzt die Konzentration der wichtigen Unternehmensentscheidungen beim Werksausschuß und die damit verbundene Ausschaltung der kommunalen Steuerungsausschüsse — vor allem des Finanz- und des Personalausschusses — den Werksausschuß der Gefahr aus, sich einseitig und in einer auch vom Chef der Verwaltung nicht immer beeinflußbaren Weise für die Interessen des Eigenbetriebs und seines Personals in Anspruch nehmen zu lassen und die Interessen der Trägerkommune zu vernachlässigen.

Inzwischen haben einige Bundesländer im Werksausschuß eine Art unternehmerischer Mitbestimmung eingeführt, wie es sie zuvor nur bei der GmbH und der AG gab. Das geschah dadurch, daß den Bediensteten des Eigenbetriebs Sitze und Stimmrecht im Werksausschuß eingeräumt wurden. Diese Regelung hat das Risiko, daß die Sonderinteressen des Eigenbetriebspersonals sich gegenüber den Interessen des Eigentümers durchsetzen, weiter gesteigert. Die Chance, das kommunale Personal in bezug auf seine Bezahlung und seine Arbeitsbedingungen unabhängig vom Einsatzort nach gleichen Grundsätzen zu behandeln, ist damit praktisch beseitigt worden.

Immerhin ist der Einfluß der Trägerkommune auf die Entscheidungen des Eigenbetriebs noch relativ am größten. Deutlich geringer ist er bei den Eigengesellschaften, der GmbH und der Aktiengesellschaft. Einen Werksausschuß gibt es hier nicht. Die Aufsichtsräte sind im Prinzip nicht zu unternehmerischen Entscheidungen, sondern zur Überwachung der Geschäftsführung bzw. des Vorstands berufen. Daß Aufsichtsräte ihre Kontrollfunktion häufig nur unzureichend wahrnehmen, ist immer wieder beklagt worden[9]. Im Bereich der Kommunalwirtschaft versagen die Aufsichtsräte, wie gezeigt werden wird, nahezu zwangsläufig.

Im *GmbH*-Recht ist es immerhin möglich, über eine entsprechende Gestaltung des Gesellschaftsvertrags der völligen Abkopplung der Unternehmensentscheidungen vom Entscheidungssystem der Kernverwaltung einen Riegel vorzuschieben. Im Gesellschaftsvertrag kann beispielsweise vereinbart werden, daß Verwaltungsangehörige — etwa der Verwaltungschef, der Kämmerer oder ein Beigeordneter — geborenes Aufsichtsratsmitglied, Aufsichtsratsvorsitzender oder sogar Geschäftsführer der GmbH sind. Auch ist es möglich, die Geschäftsführerbefugnisse im Innenverhältnis zugunsten des Aufsichtsrats bzw. der Gesellschafterversammlung einzuschränken.

[9] Die wesentlichen Kritikpunkte sind zusammengefaßt in *Bertelsmann Stiftung* (Hrsg.), Zeitgemäße Gestaltung der Führungsspitze von Unternehmen, Gütersloh o. J. (1983).

Alle diese Möglichkeiten, den Eigentümereinfluß zu sichern, entfallen bei der *Aktiengesellschaft.* Ihr Vorstand leitet nach dem Gesetz die Gesellschaft unter eigener Verantwortung. Die Bestellung der Vorstandsmitglieder erfolgt ausschließlich durch den Aufsichtsrat. Die Leitungsbefugnis des Vorstands ist im Innenverhältnis nicht einschränkbar. Bei der AG ist also die Entscheidungsabkopplung am weitesten getrieben. Die Durchsetzung der Eigentümerinteressen ist nur über die Organe möglich, wobei dem Aufsichtsrat die Schlüsselrolle zukommt. Versagt dieser in seiner Kontrollfunktion, dann ist der Gesellschaft die Emanzipation vom Eigentümerwillen gelungen, und sie kann unbehelligt — und in aller Regel zu Lasten des Etats der Kernverwaltung — ihre eigenen Interessen verfolgen. Es lohnt daher, im folgenden der Frage nachzugehen, wie kommunale Aufsichtsräte ihre Aufgabe angehen, die Geschäftsführungen bzw. Vorstände zu überwachen.

Zunächst ist jedoch einem Mißverständnis vorzubeugen: Hier wird nicht *gegen* kommunale GmbH oder Aktiengesellschaften plädiert, sondern *für leistungsfähige* kommunale Unternehmen. Da, wie gesagt, die meisten kommunalen Unternehmen vom Markt her nicht unter Leistungszwang stehen und ihr Überleben vom städtischen Haushalt garantiert wird, hängt ihre wirtschaftliche Leistung allein von der Qualität ihrer Steuerung und Kontrolle durch den Eigentümer Kommune ab. Es müssen also Verhältnisse gefordert und geschaffen werden, die es dem Eigentümer ermöglichen, die erforderliche Steuerung und Kontrolle wirksam auszuüben.

4. *Der Einfluß der Gemeindeordnungen auf die Steuerbarkeit der Peripherie*

Nachfolgend werden die gemeindeordnungsspezifisch unterschiedlichen Möglichkeiten der Peripheriesteuerung untersucht, zunächst für den Eigenbetrieb, dann für die Eigengesellschaft.

a) Vorrang des Eigenbetriebs in Baden-Württemberg und Bayern

Die baden-württembergische und die bayerische Gemeindeordnung enthalten einen Vorrang des Eigenbetriebs vor der Eigengesellschaft. In beiden Ländern dürfen sich Gemeinden an einem rechtlich selbständigen Unternehmen nur beteiligen, wenn der öffentliche Zweck nicht ebenso gut durch einen Eigenbetrieb erfüllt wird oder erfüllt werden kann. In Bayern gilt der Eigenbetriebsvorrang darüber hinaus auch für die Gründung von Eigengesellschaften durch Kommunen. Diese Regelung schlägt sich in der Statistik nieder: In Bayern sind 87 % der Mitgliedsunternehmen des Verbands kommunaler Unternehmen (VkU) und

65 % der Mitglieder des Verbands öffentlicher Verkehrsbetriebe (VÖV) Eigenbetriebe. Die entsprechenden Zahlen in Baden-Württemberg lauten 65 % und 40 %. Damit liegt Bayern, was den Anteil der Eigenbetriebe betrifft, an der Spitze aller Flächenstaaten. Auch Baden-Württemberg liegt in der Spitzengruppe. Den geringsten Anteil an Eigenbetrieben — und damit den größten Anteil an Eigengesellschaften — haben sowohl im VkU- wie im VÖV-Bereich die Länder Niedersachsen und Nordrhein-Westfalen. Neben dem fehlenden Eigenbetriebsvorrang dürfte das daran liegen, daß der Druck der Umgründungsinteressenten — das sind diejenigen Ratsmitglieder, die für Aufsichtsratsmandate in Betracht kommen und bei mitbestimmten Aufsichtsräten zusätzlich die Gewerkschaften und die Arbeitnehmervertretungen — angesichts der rechtlich schwachen Position der Verwaltungsspitze nur geringem Widerstand begegnet. Dagegen können sich die volksgewählten Bürgermeister in Baden-Württemberg und Bayern, um eine von ihnen nicht gewünschte Umgründung abzuwehren, nicht nur auf den Eigenbetriebsvorrang, sondern auch auf ihre starke politische Stellung stützen.

b) Geringere Steuerungsprobleme beim Eigenbetrieb in Baden-Württemberg und Bayern

Zwar hat der Verwaltungschef (Gemeindedirektor/Oberstadtdirektor) auch nach der nordrhein-westfälischen Eigenbetriebsverordnung ein Mitwirkungs- und Entscheidungsrecht in wichtigen Angelegenheiten. In diesem Rahmen verfügt er auch über ein Weisungsrecht gegenüber der Werkleitung. Sein Einfluß auf die Unternehmensentscheidungen ist jedoch entscheidend geschwächt: Will die Werkleitung die Verantwortung für die Durchführung einer Weisung des Gemeindedirektors nicht übernehmen, so kann sie sich an den Werksausschuß wenden. Diese Regelung ist dem Recht der Beigeordneten nachgebildet, in Angelegenheiten ihres Geschäftsbereichs ihre von der Meinung des Verwaltungschefs abweichende Auffassung im Hauptausschuß darzulegen. Die systematische Schwächung der Verwaltungsspitze, die die nordrhein-westfälische Gemeindeordnung durchzieht, ist hier in das Eigenbetriebsrecht hinein fortgesetzt worden.

Anders die Situation in Baden-Württemberg und Bayern. Hier ist das Weisungsrecht des Bürgermeisters nicht mit solchen Einschränkungen versehen. Da der Bürgermeister außerdem Vorsitzender des Rats und aller Ausschüsse — also auch des Werksausschusses — ist, kann er den Verwaltungseinfluß unmittelbar und mit Nachdruck im Werksausschuß zur Geltung bringen. Hinzu kommt in Baden-Württemberg, daß der Rat Personalentscheidungen auch im Eigenbetrieb nur im Einvernehmen mit dem Bürgermeister treffen kann. Bedenkt man zusätzlich die große Parteiunabhängigkeit des baden-württembergischen Bürgermeisters, bedeutet das, daß dieser in den Eigenbetrieben genau wie in der Kernverwaltung für personelle Qualität sorgen und Patronageentscheidungen weitgehend vermeiden kann.

Es ist also festzustellen, daß in Baden-Württemberg und in Bayern der steuerungspolitisch weniger problematische Eigenbetrieb gegenüber Nordrhein-Westfalen und Niedersachsen nicht nur erheblich weiter verbreitet, sondern für die Trägerkommune auch deutlich besser steuerbar ist. Ob sich das in überdurchschnittlichen wirtschaftlichen Ergebnissen der Eigenbetriebe in den beiden südlichen Bundesländern niederschlägt, müßte durch Forschung geklärt werden. Die Vermutung liegt nahe.

c) GmbH und AG: Schwachstelle Aufsichtsrat

Die Steuerung und Kontrolle der Peripherie durch ausreichende Einflußnahme der Kernverwaltung auf die Unternehmensentscheidungen kann bei den Eigengesellschaften — besonders ausgeprägt bei der Aktiengesellschaft — nur über den Aufsichtsrat ausgeübt werden.

Klagen über das Versagen der Aufsichtsräte in ihrer Kontrollfunktion sind häufig. Aufsichtsräte in der freien Wirtschaft tagen höchstens viermal jährlich. Das Engagement ihrer Mitglieder für das Unternehmen ist folglich gering. Außerdem sind nicht alle Aufsichtsratsmitglieder für ihre Aufgabe ausreichend qualifiziert. Angesichts der notorischen Kontrollschwäche der meisten Aufsichtsräte nimmt es nicht wunder, daß besonders Publikumsgesellschaften gelegentlich den Charakter einer sich selbst verwaltenden Körperschaft unter der Leitung des Vorstands und des Betriebsrats annehmen[10].

Bei kommunalen Eigengesellschaften kommen einige zusätzliche Erschwernisse hinzu. Die Aufsichtsräte bestehen auf der Eigentümerseite vorwiegend aus Ratsmitgliedern. Deren Auswahl erfolgt primär nach politischen Gesichtspunkten und nicht nach der fachlichen Qualifikation. Die durchschnittliche Qualität kommunaler Aufsichtsratsmitglieder dürfte daher niedriger liegen als in der übrigen Wirtschaft.

Das in der Wirtschaft gelegentlich festzustellende Bündnis Vorstand bzw. Geschäftsführung/Betriebsrat wird unter den Bedingungen der Kommunalwirtschaft — kein Wettbewerb, kein Ausscheiden aus dem Markt, Verlustausgleichsgarantie aus dem Haushalt der Kernverwaltung — zum Regelfall, wobei hinter dem Betriebsrat, besonders bei großen Unternehmen, meist starker Gewerkschaftseinfluß steht. Verstärkt wird dieses Bündnis durch die den Gewerkschaften nahestehen-

---

[10] *H. Henzler*, Das Führungsmodell der deutschen Aktiengesellschaften im Vergleich mit Konstruktion und Praxis des anglo-amerikanischen Board-Systems, in: *Bertelsmann Stiftung*, FN 9, S. 15 (17).

den Politiker im Aufsichtsrat und die Arbeitnehmervertreter. Damit ist häufig eine Mehrheit zugunsten der Partikularinteressen des Unternehmens und seines Personals erreicht. Da die Aufsichtsratssitzungen nichtöffentlich sind, kann diese Allianz sich unkontrolliert auswirken. Leicht verbreitet sich dann die durchgängige Neigung, Anträge auf Erhöhung der Vorstands- bzw. Geschäftsführerbezüge, des Lohnniveaus der Arbeitnehmer und der Nebenleistungen unkritisch-positiv zu sehen. Ein solches Unternehmen steht in der Gefahr, zu einem Selbstbedienungsladen seiner Beschäftigten zu werden. Die vom Gesetz vorausgesetzte Kontrolle des Vorstands aus dem Interesse des Eigentümers, das wesentlich auf optimalen Gewinn bzw. auf minimale Verluste gerichtet ist, hat dann kaum noch eine Chance. Dabei liegt der Schwerpunkt der Unwirtschaftlichkeit und Verschwendung deutlich im Ressourcen- und hier wieder im Personalbereich.

Auf welchen Motiven und Mechanismen beruht das Zusammenspiel dieser stets auf Zurückdrängung des Steuerungseinflusses der Trägerkommune gerichteten „Abkopplungs-Koalition" im einzelnen?

Das Interesse des *Vorstands* bzw. der *Geschäftsführung* ist nicht so sehr auf die gründliche Diskussion wichtiger Geschäftsvorfälle und Entscheidungen mit dem Aufsichtsrat, sondern mehr auf fachliche Selbstdarstellung gerichtet. Das wirtschaftliche Ergebnis des Unternehmens wird, wenn es Anlaß zur Kritik geben könnte, als zwangsläufig und unvermeidlich hingestellt. Es wird alles getan, um ein „gutes Klima" und eine „sachliche Atmosphäre" im Aufsichtsrat zu schaffen und dessen ohnehin geringe Kontrollneigung einzuschläfern. Dieses Verhalten vieler Vorstände und Geschäftsführungen ist auch außerhalb der Kommunalwirtschaft Gegenstand von Kritik.

Der *Aufsichtsrat,* dessen vorherige Information durch schriftliche Unterlagen eher unzureichend ist, ist meist ebenfalls bemüht, Konflikte zu vermeiden. Die Arbeitnehmervertreter wissen, daß ihre Interessen auf diese Weise am besten zum Zuge kommen. Die Mitglieder aus dem politischen Bereich sind darauf bedacht, negatives öffentliches Aufsehen zu vermeiden und unbefriedigende Betriebsergebnisse möglichst ohne Diskussion im städtischen Haushalt unterzubringen.

Nicht zu vergessen ist die psychologische Seite: die „Belohnungen", die den Aufsichtsratsmitgliedern zukommen — erheblich höhere Sitzungsgelder, als sie für Rats- und Ausschußsitzungen zulässig sind, Einladungen, Reisen. In den Augen der Ratsmitglieder, die keinem Aufsichtsrat angehören, sind dies Privilegien, denen keine echte Gegenleistung gegenübersteht. Hier liegt eine Quelle von Spannungen in den Fraktionen.

Die Ratsmitglieder in Aufsichtsräten sind überwiegend nicht daran interessiert, das, was sie in den Unternehmen erfahren, in ihren Fraktionen zur Sprache zu bringen. Sie könnten sonst in die Situation kommen, Maßnahmen verteidigen zu müssen, die den Fraktionskollegen schwerlich einleuchten würden. Fremdkritik wäre aber mit der Gefahr verbunden, die Harmonie im Aufsichtsrat zu stören, Teile des Aufsichtsrats in Opposition zur Abkopplungskoalition zu bringen, das im System angelegte Selbstbedienungselement zu gefährden und die eigene privilegierte Situation als Aufsichtsratsmitglied aufs Spiel zu setzen. Daher funktioniert die Information der Fraktionen zum Verdruß der Nicht-Aufsichtsratsmitglieder fast nirgends. Alles in allem kein gutes Ambiente für wirksame Kontrolle! Die Bestimmung der Gemeindeordnungen, daß die wirtschaftlichen Unternehmen einen Ertrag für den Haushaltsplan abwerfen sollen, kann in einem solchen Klima schnell in Vergessenheit geraten.

Das einzig denkbare Korrektiv sind der oder die Vertreter der Verwaltung im Aufsichtsrat. Wie steht es um deren praktischen Einfluß?

d) Geringere Steuerungsprobleme in Baden-Württemberg und Bayern

In Nordrhein-Westfalen und Niedersachsen gibt es seit langem die Tendenz, die Vertreter der Verwaltung aus den Aufsichtsräten hinauszudrängen. Selbst dort, wo der Verwaltungschef und der Kämmerer Aufsichtsratsmitglieder sind, ist ihr Steuerungs- und Kontrolleinfluß oft gering. Ein bekannter Oberstadtdirektor hat vor kurzem seinen Einfluß auf die Entscheidungen der städtischen Unternehmen schlicht mit „Null" bezeichnet.

Anders die Situation in Baden-Württemberg und Bayern. Hier ist der volksgewählte Bürgermeister in den GmbH meist kraft Gesellschaftsvertrag geborener Vorsitzender des Aufsichtsrats. Auch in den Aktiengesellschaften ist es üblich, ihn problemlos zum Aufsichtsratsvorsitzenden zu wählen. Seine zentrale politische und administrative Stellung läßt Alternativen gar nicht erst ins Blickfeld kommen. Dieser Bürgermeister ist durchaus in der Lage, das Spiel der Abkopplungs-Koalition zu stören, und davon macht er auch begrenzt Gebrauch.

Sein Interesse ist dabei auf ein gutes Geschäftsergebnis der Unternehmen gerichtet. Das fördert nicht nur seinen fachlichen Ruf und damit seine Wiederwahlchancen; es eröffnet auch — über die Gewinnabführungen bzw. die vermiedenen Verluste der Gesellschaften — im Haushalt der Kernverwaltung zusätzliche Spielräume für Kommunalpolitik, an denen der Bürgermeister ebenso interessiert ist wie der gesamte Rat daran interessiert sein müßte. Seine Steuerungsaufgabe kann er wahrnehmen, weil er die notwendigen Informationen aus der Sphäre der Gesellschaften in der Regel ohne Schwierigkeiten erhält. Das liegt an seiner Position als zentraler Politiker am Ort, an dem niemand vorbeikommt. Damit kann die Verwaltungsvertretung im Aufsichtsrat ein echtes Gegengewicht zur Abkopplungs-Koalition sein und einer sich abzeichnenden Ausbeutung des Mutteretats durch die Peripherie wirksam entgegentreten. Gleichzeitig steigt die Chance, die Peripherie bei aller gewollten Selbständigkeit doch im notwendigen Umfang in das Ganze der örtlichen Politik einzubinden.

Auch bei den Eigengesellschaften gibt es also zwischen Baden-Württemberg und Bayern auf der einen und Niedersachsen und Nordrhein-Westfalen auf der anderen Seite einen erheblichen Unterschied in der Steuerbarkeit der Peripherie mit entsprechender potentiell unterschiedlicher Auswirkung auf den Haushalt der Trägerkommunen.

Als Ergebnis kann festgehalten werden, daß der Durchsetzung der Interessen der Trägerkommune gegenüber ihrer Peripherie Hürden im Weg stehen, die bei gemeindeordnungsspezifisch unterschiedlicher Ausprägung vom Eigenbetrieb über die GmbH zur Aktiengesellschaft immer höher werden und häufig nicht mehr überwindbar sind[11]. Die theoretischen Vorteile der Verselbständigung kommunaler Einrichtungen sind in einem Entscheidungsklima, das nur geringe oder gar keine öffentliche Kontrolle, keinen Wettbewerb und kein ernstliches Risiko des Ausscheidens aus dem Markt kennt, schwer und häufig gar nicht realisierbar. Das gilt besonders für den Bereich der zweigleisigen Gemeindeordnungen. An der Eignung von Eigengesellschaften, kommunale Aufgaben wahrzunehmen, sind geradezu grundsätzliche Zweifel erlaubt.

---

[11] Zu ganz ähnlichen Ergebnissen kommt *F. Vogt* in seiner entscheidungstheoretisch orientierten Mannheimer wirtschaftswissenschaftlichen Dissertation „Die Bedeutung der Rechtsform für die Einflußmöglichkeiten der Gemeinden auf die Zielbildung kommunaler Versorgungsbetriebe, dargestellt am Beispiel des Eigenbetriebs und der Eigengesellschaft“ (1970). Er verweist auf die verbreitete Unterschätzung der Risiken hinsichtlich der Einflußsicherung der Gemeinde bei der Umgründung von Eigenbetrieben in Eigengesellschaften (S. 217) und formuliert: „Berücksichtigt man jedoch die aufgezeigten Beschränkungen der Einflußmöglichkeiten im Entscheidungsprozeß, dann kann von einer Beherrschung der Eigengesellschaft durch die Gemeinde nicht mehr die Rede sein“ (S. 213). Auch die Auswirkungen der Gemeindeverfassung, besonders der Stellung des Verwaltungschefs, auf die Steuerung der Unternehmen werden von *Vogt* ähnlich wie hier eingeschätzt. Vgl. auch die bemerkenswert deutliche Argumentation gegen weitere Eigengesellschaften in der Begründung des Regierungsentwurfs eines Neunten Gesetzes zur Änderung der Niedersächsischen Gemeindeordnung und der Niedersächsischen Landkreisordnung, Niedersächsischer Landtag, 10. Wahlperiode, Drs. 10/5520.

III. Zusammenfassung und Vorschläge

1. *Zusammenfassung*

Wie gezeigt wurde, droht den kommunalen Haushalten von zwei Seiten Gefahr: aus der Kernverwaltung von einer zum Selbstzweck tendierenden und damit überteuerten Fachpolitik, aus der Peripherie von unzureichender wirtschaftlicher Leistung der Beteiligungsunternehmen. Dabei ist die Gefahrenquelle jeweils eine andere. In der Kernverwaltung liegt sie wegen der politischen Anreize und Belohnungen mehr im Dienstleistungs- und Investitionsbereich, während der kritischer öffentlicher Beobachtung unterliegende Ressourcenbereich sich meist als ausreichend steuerbar erweist. In der Peripherie hingegen entstehen die Gefahren für den kommunalen Haushalt überwiegend im Ressourcen- und hier besonders im Personalkostenbereich.

Nur funktionierende Kontrollen können den kommunalen Haushalt vor dieser im System angelegten, sozusagen konstruktionsbedingten Zangenbewegung schützen. Es sei daran erinnert, daß ein nachhaltig ausgeglichener Haushalt kein Selbstzweck, sondern die politische conditio sine qua non einer lebensfähigen kommunalen Selbstverwaltung ist.

Woher könnten wirksamere Kontrollen kommen? Ordnungspolitisch bietet sich an, durch Überprüfung der steuerungsschwachen Gemeindeordnungen die allgemeinen Rahmenbedingungen für die Kontrolle der Fachpolitik und der Beteiligungsunternehmen zu verbessern. Was die spezielle Problematik der Peripheriesteuerung betrifft, so gibt es Möglichkeiten, auch ohne gesetzgeberische Maßnahmen mit örtlichen Mitteln Verbesserungen zu erzielen. Von ihnen soll zunächst die Rede sein.

2. *Beteiligungspolitik und Beteiligungsverwaltung*

Eine wirksame Steuerung und Kontrolle der Peripherie bedarf der Maßstäbe und Kriterien, die nicht von Fall zu Fall „gegriffen", sondern systematisch entwickelt und zu einer konsistenten *Beteiligungspolitik* der Kommune verdichtet werden. Zum unverzichtbaren Inhalt einer solchen Beteiligungspolitik gehören, differenziert auf die einzelnen Beteiligungsunternehmen zugeschnitten, die Festlegung von Unternehmensziel und Unternehmensgegenstand, die Konkretisierung des Unternehmensziels durch Leistungsprogramme und als Kernstück die Formulierung von Finanzvorgaben. Sind die Kriterien der Beteiligungspolitik formuliert, müssen die Unternehmen nach ihnen gesteuert werden. Beides, die Konzeption und die Durchsetzung der Beteiligungspolitik, setzt professionelle Zuarbeit für die Entscheider in Rat und Verwaltung voraus, an der es heute meist fehlt. Während sich in jedem größeren Privatunternehmen spezialisierte Organisationseinheiten ausschließlich der Steuerung der Beteiligungen auf der Grundlage einer ständig aktualisierten Beteiligungspolitik widmen, erschöpft sich Beteiligungsverwaltung im Kommunalbereich häufig im Führen der Beteiligungsakten — meist im Rahmen der Vermögens- und Schuldenbuchhaltung der Kämmerei — und in der Teilnahme ohnehin überlasteter leitender Beamter an Aufsichtsratssitzungen. Die Fortdauer dieses Zustands ist nicht mehr zu verantworten. Die KGSt hat kürzlich empfohlen, der Qualität der *Beteiligungsverwaltung* größere Aufmerksamkeit zu widmen[12].

Politisch wird die Tätigkeit der Unternehmen der Eigentümerkommune zugerechnet. Wie will eine Kommune jedoch die Aktivitäten ihrer Unternehmen dem Bürger gegenüber verantworten, wenn Rat und Verwaltung darauf verzichten, diese Unternehmen zu steuern? Genau das läßt sich in der Praxis oft beobachten. Besonders bei der Übertragung kommunaler Aufgaben auf Eigengesellschaften schrumpft de facto der Bereich der Selbstverwaltung. Selbstverwaltungstypisch ist die öffentliche Diskussion der wichtigen Entscheidungen, insbesondere auch der Einnahmen und Ausgaben der Kommune. Die mit öffentlicher Diskussion einhergehende öffentliche Kontrolle fördert in der Regel den ökonomischen Ressourceneinsatz, besonders im Personalbereich. Die oben geschilderten Interessenlagen führen jedoch dazu, daß die Chance, die Entwürfe der Wirtschaftspläne der Eigengesellschaften im Rat — etwa bei den Haushaltsplanberatungen — zu diskutieren und falls tunlich die Aufsichtsratsmitglieder mit Weisungen zu versehen, nur ganz selten genutzt wird. Dieser Schwächung der Selbstverwaltung und damit der bürgerschaftlichen Mitverantwortung kann nur durch bewußte Förderung der beteiligungspolitischen Diskussion im Ratsbereich entgegengewirkt werden. Es bietet sich an, einen einflußreichen Steuerungsausschuß speziell für die Angelegenheiten der Beteiligungsunternehmen zuständig zu machen. Da die Kontrolle der Peripherie möglichst an den wirtschaftlichen Ergebnissen ansetzen sollte, kommt dafür in erster Linie der Finanzausschuß in Betracht. Die qualifizierte Vorbereitung der Diskussionen im Beteiligungsausschuß wäre wiederum Sache der Beteiligungsverwaltung.

3. *Steuerungstüchtige Gemeindeordnungen*

Obwohl die beschriebenen Fehlsteuerungsmechanismen in allen Gemeindeverfassungen angelegt sind, werden sie doch in den zweigleisigen Gemeindeordnungen am stärksten virulent. Das hat im Fall der Kernverwaltung wie im Fall der Peripherie denselben Grund: das in

[12] *KGSt*-Bericht Nr. 9/1985.

den zweigleisigen Systemen gestörte Gleichgewicht zwischen den beiden Gemeindeorganen Rat und Gemeindevorstand. Macht man ein Organ — den Gemeindevorstand — vom anderen — dem Rat — abhängig, ist das System gegenseitiger checks and balances außer Kraft gesetzt, und Kontrollen wirken nur noch in eine Richtung. Damit entfällt die Verwaltungsspitze als vollwertiges Korrektiv, und die geschilderten in ihren Regeln und Abläufen unterschiedlichen, in ihrer nachteiligen Wirkung auf den Haushalt jedoch konvergierenden Mechanismen kommen unbehindert zu Wirkung.

Wie die Gemeindeordnungen der Bundesrepublik zeigen, gibt es eine ganze Palette von Konstruktionen, lokale Demokratie im Einklang mit dem Grundgesetz zu verwirklichen. Nicht alle diese Konstruktionen gewährleisten allerdings eine voll funktionsfähige Kommunalverwaltung. Die Kommunalverwaltung kann als Selbstverwaltung jedoch auf Dauer nur überleben, wenn es ihr erlaubt wird, unter Normalbedingungen und nicht nur bei schönem Wetter zu funktionieren. Es ist an der Zeit, die steuerungsschwachen Gemeindeordnungen zu überprüfen. Vorbilder im eigenen Land gibt es.

3. Diskussion

Leitung: Prof. Dr. Siegfried Magiera

Bericht von Reinhard Peters und Alfons Schnabel

In seinem einleitenden Beitrag bekräftigte Stadtkämmerer Dr. *Elmar Schulze*, Wuppertal, die Richtigkeit der von *Banner* für Nordrhein-Westfalen vorgetragenen Analyse: Als „Steuerungsausschuß" für eine sachgerechte Steuerungspolitik des Gemeindehaushalts käme allein der in der Gemeindeordnung Nordrhein-Westfalen vorgesehene Finanzausschuß in Frage. Es habe allerdings Großstädte gegeben, die über viele Jahre keinen Finanzausschuß gehabt hätten; seine Aufgaben seien infolgedessen vom Hauptausschuß wahrgenommen worden. Diesen habe man regelmäßig nicht mit den sog. „Steuerungspolitikern", sondern — den allgemeinen Gepflogenheiten entsprechend — mit den Vorsitzenden bzw. Sprechern der Fachausschüsse besetzt. Statt verantwortlicher Steuerungspolitik sei eine weitere Kumulierung von Kompromissen die Folge gewesen in der von *Banner* geschilderten Art, daß man sämtlichen Wünschen der einzelnen Fachausschüsse entsprochen habe in dem Bestreben, auch für die eigenen Anliegen die erforderliche Mehrheit zu finden. Inzwischen habe allerdings — jedenfalls in der Stadt Wuppertal — ein Umdenkungsprozeß stattgefunden, verursacht durch die Manipulation der Landesregierung am Gemeindefinanzierungsgesetz, die sozusagen „über Nacht" zum Ausfall von rd. 30 Mio. DM im Gemeindehaushalt geführt habe. In Verbindung mit einem Bilanz-Minus von rd. 35 Mio. DM aus dem Bereich der Aktiengesellschaft Verkehr und Versorgung, nach dem Verkehrsverbund-Vertrag abzutragen von den zugehörigen Gemeinden, sei ein heilsamer Zwang zum Sparen ausgeübt worden. Hier habe sich die große Chance für diejenigen ergeben, die Steuerungspolitik zu betreiben hätten. Wuppertal habe nun wieder einen Finanzausschuß, wenn auch nur in der Form der Finanzkommission. Die Erfolge seien beachtlich: Mit einer sehr methodisch geführten, differenzierenden Aufgabenkritik sei es gelungen, den Abbau von Personal, Aufgaben und Einrichtungen durchzusetzen und so das angesprochene Steuerungsversagen abzufangen, welches allerdings zumindest teilweise auch dem Land zugerechnet werden müsse.

Hierzu erklärte Prof. *Gerhard Banner,* Köln, die erfreulichen Erfolge Wuppertals bei der Haushaltskonsolidierung seien ihm bekannt, Aufgabenkritik und die Schaffung einer Finanzkommission seien sicherlich ein Schritt auf dem richtigen Weg. Am Beispiel Wuppertals zeige sich, daß das Fehlen von Geld auch durchaus positive Effekte haben könne: In dieser Situation werde nach Ideen gefragt und schon das könne etwas bewirken.

Dr. *Heribert Röken,* Dortmund, nahm Bezug auf die Aussage des Kölner Oberstadtdirektors, er könne bei der vielfachen, unkontrollierbaren Präsenz seiner Beamten in Ausschüssen und anderen kommunalen Gremien seine Verwaltung nicht mehr verantwortlich leiten, und fragte nach Möglichkeiten, derartigen Entwicklungen wirkungsvoll gegenzusteuern. Als Kanzler der Universität Dortmund befinde er sich selbst in einer ähnlichen Lage und habe bislang noch keine Lösung gefunden. Zwar gebe es deutliche und von ihm auch in Rechnung gestellte Unterschiede zwischen Kommune und Universität, doch entstehe dieses Steuerungsproblem in vergleichbarer Weise in der Gruppenuniversität, die in einem — dem Bürger in seinen Ausmaßen überhaupt nicht bewußten — starken Maße politisiert sei.

Banner bedauerte, eine Lösung für dieses Problem nicht anbieten zu können. Zwar könne man Überlegungen anstellen dazu, wann und in welcher Weise ein derart in den politischen Gremien engagierter Beamter überhaupt seinen dienstlichen Verpflichtungen nachkomme, und daraus dienstrechtliche Konsequenzen ziehen. Dies stelle aber keine Lösung dar, denn im Kern handele es sich um einen Strukturfehler des Systems, der politisch nicht in den Griff zu bekommen sei. Instruktiv sei hier das Beispiel eines weiteren nordrhein-westfälischen Oberstadtdirektors: In dem Bemühen, wieder Herr seiner Verwaltung zu werden, habe er sich an den Vorstand der Mehrheitsfraktion gewandt und unter ausdrücklicher Anerkennung des Informationsbedürfnisses der Fraktionen und Facharbeitskreise darauf gedrungen, die beratenden Beamten selbst auszuwählen. Der Fraktionsvorstand habe dies zugesagt, allein schon deshalb, weil seine eigene Machtposition durch die gängige Praxis gefährdet werde; von ihm unkontrollierbar würden in den Facharbeitskreisen Dinge in die Wege geleitet, die er selbst nicht wolle. Im Fraktionsplenum habe sich der Vorstand jedoch nicht durchsetzen können; die übrigen Mitglieder der Fraktion hätten energisch darauf bestanden, ausschließlich von Leuten ihres Vertrauens beraten zu werden. Die Initiative von Oberstadtdirektor und Fraktionsvorstand habe daher nichts bewirkt.

Ministerialdirigent a. D. Dr. *Hartmut Bebermeyer,* Bonn, machte darauf aufmerksam, daß keinesfalls allein das durch die Gemeindeordnungen der nördlichen Bundesländer verursachte Steuerungsversagen der Gemeinden zu ihrer signifikant größeren Verschuldung geführt habe. Einen ständig steigenden — und in Zukunft wohl entscheidenden — Anteil habe auch die Belastung der Gemeinden mit Sozialhilfeleistungen an die Dauerarbeitslosen, für die die Bundesanstalt für Arbeit in Nürnberg nicht mehr aufkomme. Es beruhe daher gewiß nicht auf Zufall, daß die Länder Baden-Württemberg und Bayern mit ihrem vergleichsweise geringen Anteil an Dauerarbeitslosen bei dem Verschuldungsvergleich besser abschnitten als Nordrhein-Westfalen und Niedersachsen mit ihrer — gerade in den großen Städten — doch sehr hohen Dauerarbeitslosenquote. Von daher sei auch zu fragen, wie lange noch den Gemeinden derartige Lasten zugemutet werden könnten.

Banner stimmte ihm zu mit dem Hinweis, er habe mit seinem Referat keine monokausale Begründung geben, sondern auf eine Kausalität aufmerksam machen wollen, die in der öffentlichen Diskussion über die Gründe der Gemeindeverschuldung bislang zu wenig Beachtung gefunden habe. Unabhängig von den dargestellten Steuerungsdefiziten sei sicherlich die Forderung berechtigt, die städtischen Etats nicht mit sozialhilfeberechtigten Arbeitslosen zu belasten.

Schwerpunkte der Diskussion des Vortrags von *Kisker* waren einmal die vom Referenten vorgeschlagenen Änderungen in bezug auf den Finanzplanungsrat, zum anderen die erheblich verschärften Steuerungsprobleme, die durch die Europäische Gemeinschaft als vierte Ebene, neben Bund, Ländern und Gemeinden, nach Ansicht der Diskussionsteilnehmer entstanden sind und noch weiter entstehen.

Ministerialdirigent *Rudolf Schmitt* vom Bayerischen Staatsministerium der Finanzen, München, stimmte dem Referenten in der Analyse und der Gewichtung der Probleme im Bund-Länder-Verhältnis weitgehend zu. Er war der Meinung und glaubte sich auch darin mit dem Referenten einig, daß wir in der Bundesrepublik Deutschland im wesentlichen einen Regierungsföderalismus hätten und vertrat in diesem Zusammenhang die These, Bürokratie könne nur mit Bürokratie bekämpft werden. Ebenso wie *Kisker* hielt er eine Diskussion über die Neugliederung des Bundesgebietes für notwendig, er verwies auf das beim Bundesverfassungsgericht anhängige Verfahren über den Länderfinanzausgleich, ein Einstieg in diese Diskussion sei aber politisch nicht denkbar.

Sodann sprach *Schmitt* das Problem der Umsatzsteuerverteilung im Bundesstaat an. Die Verteilung sei deshalb besonders umstritten, weil es das einzig bewegliche Element im Bund-Länder-Staatsverhältnis sei. Zudem machte er darauf aufmerksam, daß den Ländern im Gegensatz zu den Gemeinden kein Steuerfindungsrecht, nicht einmal ein Hebesatzrecht zustehe. Auch aus diesem Grunde seien die Probleme der Umsatzsteuerverteilung um so gewichtiger. Richtig sei die Feststellung des Referenten von der fehlenden Distanz der Beteiligten bei der Verteilung der Umsatzsteuer, von der Identität der Interessenten mit den Entscheidenden. Aber eine Lösung der Probleme könne auch der von *Kisker* vorgeschlagene Finanzplanungsrat nicht bringen, der zudem ebenso wie die Neugliederung des Bundesgebietes politisch nicht durchsetzbar sei. Die Streitfragen schon bei der Feststellung des Finanzbedarfs zeigten, daß auch ein neutrales Gremium die Verteilungsaufgabe kaum lösen könne. So teile beispielsweise die Ländergesamtheit nicht die Ansicht, der Bund sei Anfang der achtziger Jahre bei der Verteilung der Umsatzsteuer benachteiligt gewesen. *Schmitt* bezweifelte, daß ein Finanzplanungsrat hier Abhilfe schaffen könne, er bezweifelte sogar, daß hier überhaupt die allgemeine Überzeugung einer Fehlsteuerung bestehe.

Sodann sprach *Schmitt* das vor dem Bundesverfassungsgericht anhängige Verfahren über den Länderfinanzausgleich an und meinte, daß das Gericht tunlichst diese „Büchse der Pandora" nicht öffnen solle, was sich auch gut mit dem von *Kloepfer* erwähnten Grundsatz der richterlichen Selbstbeschränkung vertrage.

Nach Ansicht *Schmitts* verschärfen sich die Steuerungsprobleme in letzter Zeit noch erheblich durch die vierte Ebene, die Europäische Gemeinschaft.

Diese vierte Ebene wurde auch von Ministerialdirektor a. D. *Ulrich Pfeiffer*, Bonn, angesprochen. Die Verantwortung für die Einnahmen und Ausgaben falle infolge der über die vier Ebenen hinweglaufenden Geldtransfers und der übereinandergetürmten Haushalte immer weiter auseinander. Die EG verfüge nicht über eine „demokratische Mehrheit", ihre Ausgabenpolitik laufe aber immer weiter. In diesem Bereich sei es notwendig, „die Stimmzettel aufzuwerten, um zu vermeiden, daß wir weiterhin von Minderheiten ausgeplündert werden".

Der Verschwendungsmechanismus auf der kommunalen Ebene heiße Zweckzuweisungen, und die „Superverschwendung" passiere dort, wo sich drei Ebenen übereinandertürmten. Das Ergebnis sei unübersehbar; die Bundesrepublik sei das Land mit der höchsten Tiefgaragen- und Fußgängerzonendichte, doch nirgendwo habe der Bürger die Investitionen gezahlt, die ihm von Nutzen seien.

Auch die Frage von Verwaltungsdirektor Dr. *Hans-Michael von Heinz*, St. Augustin, beschäftigte sich mit der vierten Ebene. Er fragte *Kisker* danach, ob dessen „Herzschlag für den Föderalismus" so weit gehe, daß alle elf Bundesländer in Brüssel Vertretungen mit allem Aufwand bis zum Fahrer installieren müßten.

Prof. Dr. *Gunter Kisker,* Gießen, griff in seiner Stellungnahme das Wort vom Regierungsföderalismus auf, das nicht Gegenstand seines Referates gewesen sei, das er aber für ebenso wichtig halte wie den bisher diskutierten Effizienzverlust. Er unterstrich, daß man die Probleme nicht allein unter Effizienzgesichtspunkten sehen dürfe. Nicht ganz akzeptierte *Kisker* die These, Bürokratien könnten nur mit Bürokratien bekämpft werden. Nach seiner Meinung sollten die Verflechungen reduziert werden, damit der Aufbau von Gegenbürokratien nicht notwendig sei. Einig zeigte er sich mit *Schmitt,* daß beim vertikalen Finanzausgleich legitime Länder-Interessen im Spiel seien. Auch *Schmitt* sei ja, so jedenfalls habe er seinen diesbezüglichen Diskussionsbeitrag verstanden, in der Frage der Umsatzsteuerverteilung etwas hin- und hergerissen. Er habe auf der einen Seite die Identität zwischen Interessenten und Entscheidungen für fatal gehalten, auf der anderen Seite aber eine Fehlsteuerung bei der Umsatzsteuerverteilung geleugnet. *Kisker* dagegen glaubte, eine Fehlsteuerung bei der Verteilung der Umsatzsteuer feststellen zu können, und verwies auf die ständig weitere Beanspruchung des Bundes im Bereich der EG. Wichtig sei ihm, anders als das in der bisherigen Deckungsquotendebatte geschehen sei, daß die Probleme wirklich auf den Tisch gelegt würden. Art. 106 GG tue so, „als sei da ein großer Computer, in den man nur ein paar Daten einfüttere, und dann komme im Ergebnis eine faire Lösung heraus". So sei es aber eben nicht, es sei vielmehr „ein ganz großer Kuhhandel", der durch die Deckungsquotenberechnung nur kaschiert werde. Seiner Meinung nach komme es darauf an, eine gewisse versachlichte öffentliche Debatte vorzuschalten. Daran habe er gedacht, als er vom Finanzplanungsrat gesprochen habe. Ein solches Gremium bekäme auch Gewicht, wenn man den Finanzplanungsrat genauso bestellte wie etwa die Richter des Bundesverfassungsgerichtes, mit dem Ergebnis, daß die Mitglieder genauso „neutral" wären. Er sei zwar nicht der Meinung, daß ein Finanzplanungsrat der vorgeschlagenen Art die Verteilung selbst vornehmen könnte; er könnte aber eine Debatte erzwingen, mit seiner Auffassung müßte man sich auseinandersetzen, was vielleicht zu etwas rationaleren Ergebnissen führte.

Abschließend ging *Kisker* auf die angesprochenen Probleme im Zusammenhang mit der EG ein. In der noch zur Verfügung stehenden kurzen Zeit könne er sich aber mit diesem Thema nicht eingehend beschäftigen. Nur, um die direkte Frage danach zu beantworten, er sei nicht der Meinung, daß sich die Länder mit „eigenen Gesandtschaften" in Brüssel etablieren sollten. Das sei ja fast die Umkehrung des Weimarer Zustandes, als z. B. Frankreich einen eigenen Botschafter in München gehabt habe. Ob die von *Pfeiffer* angedeutete These stimme, ein Aufeinanderschalten von zu vielen Ebenen führe dazu, daß irgendwann

„überhaupt nichts mehr laufe“, müsse die politische Organisationslehre untersuchen. Träfe sie zu, hätte dies zur Konsequenz, daß Ebenen von unten abgebaut werden müßten. Er halte diese These aber nicht für richtig. Es solle schon versucht werden, die Selbständigkeit auch über eine Vielzahl von Ebenen durchzuhalten; es müßten nur geeignete Koordinationsmechanismen gefunden werden.

VIERTER TEIL

Arbeitslosigkeit als Steuerungsproblem

1. Arbeitslosigkeit als Steuerungsproblem[1]

Von Norbert Walter

Die zentralen Begriffe in der gegenwärtigen Arbeitsmarktanalyse sind „Arbeitsplatzdefizit“ und „Verkrustung“. Mit „Arbeitsplatzdefizit“ wird das Faktum beschrieben, daß es zu den herrschenden Ertrags-Kosten-Relationen zu wenig Arbeitsplätze gibt, um alle arbeitswilligen Arbeitnehmer rentabel zu beschäftigen. Mit dem Begriff „Verkrustung“ wird das Phänomen beschrieben, daß Anpassungsvorgänge an veränderte Marktlagen nur schleppend oder gar nicht vorankommen. Beide Sachverhalte sind kausal miteinander verknüpft und von großer Bedeutung für die Lage des Arbeitsmarktes in der Bundesrepublik Deutschland.

I. Keine Erklärung für Arbeitslosigkeit?

Wie in den meisten Industrieländern, so ist auch in der Bundesrepublik seit den frühen siebziger Jahren die Arbeitslosigkeit im Trend stark gestiegen. Die Zahl der Arbeitslosen stieg von weniger als 200 000 zu Beginn der 70er Jahre auf mehr als 2 Millionen zu Beginn der 80er Jahre. Die Beschäftigungsprobleme verringerten sich auch in Phasen stark beschleunigter Inflation kaum. Dieses Phänomen war nicht mit keynesianischen Denkmodellen zu erklären, die darauf bauten, daß bei einer höheren Inflationsrate ein höherer Beschäftigungsstand und damit ein niedrigeres Niveau der Arbeitslosigkeit realisiert werden kann als bei einer vergleichsweise geringen Inflationsrate. Auch der monetaristische Ansatz konnte auf die Frage nach den Ursachen einer im Trend steigenden, dauerhaft hohen Arbeitslosigkeit keine zufriedenstellende Antwort geben.

In der wissenschaftlichen und politischen Diskussion verstärkt sich die Vermutung, daß man den Widerständen nachspüren müsse, die es verhinderten, daß der große Arbeitsangebotsüberschuß, der im Zuge einer starken Ausweitung des Arbeitskräftepotentials entstand (seinerseits Folge des hohen Geburtenüberschusses aus den späten 50er und den 60er Jahren sowie des Anstiegs der spezifischen Erwerbsquote der

[1] Dieses Papier ist eine überarbeitete und erweiterte Version eines Teils des Gutachtens von Rüdiger Soltwedel und Norbert Walter, Arbeitsmarkt und Zeitarbeit, Bonn 1984.

Frauen Ende der 60er Jahre/Anfang der 70er Jahre), zu einer Verbilligung des Produktionsfaktors Arbeit führte. Man wurde sich zusehends bewußt, daß das ausgeprägte und hartnäckige „drinnen-draußen-Problem“ am Arbeitsmarkt damit zusammenhing, daß auf diesem Markt der Wettbewerb nahezu ausgeschlossen worden ist. Denn in der nationalökonomischen Literatur herrscht weitgehend Einigkeit darüber, daß sich keine dauerhaften Ungleichgewichte entwickeln würden, wenn — wie es bei Wettbewerb, d. h. freiem Marktzutritt und freier Preisbildung der Fall wäre — das Preissystem flexibel auf veränderte Marktlagen reagieren würde. Nun ist jedoch kaum zu vermuten, daß das Kartell der Arbeitgeberverbände und Gewerkschaften in einem offenen marktwirtschaftlichen System dauerhaft Außenseiterkonkurrenz abwehren könnte. Das Ausmaß und die Dauerhaftigkeit der Störung hängen ab von Art und Intensität der Machtbildung und vom Grad staatlicher Intervention. Letztlich ist hier also nach der Rolle des Staates gefragt, denn letztlich ist es staatliche Macht, die den kybernetischen Regelkreis des marktwirtschaftlichen Systems stört und staatliche Wettbewerbspolitik, die es gegen private Machtbildung sichert.

In den folgenden Abschnitten wird den institutionellen und rechtlichen Reglementierungen nachgegangen, die es verhindern, daß marktmäßige Ausgleichsprozesse stattfinden. Zu fragen ist, welche Konsequenzen für den Arbeitsmarkt daraus resultieren. Hier wäre in erster Linie die Einschränkung der Vertragsfreiheit zu nennen, die für den Arbeitsmarkt typisch ist; Preise und Arbeitsbedingungen dürfen auf dem Arbeitsmarkt nicht frei zwischen den Einzelvertragspartnern, Arbeitnehmern und Arbeitgebern ausgehandelt werden. Der Hypothese der Machtungleichheit zwischen diesen beiden Parteien folgend hat der Gesetzgeber den Kollektivparteien der Arbeitgeberverbände und der Gewerkschaften Gestaltungsmacht übertragen. Diese Gestaltungsmacht wird in Form von Lohn- und Gehaltstarifverträgen sowie Manteltarifverträgen ausgefüllt. Darüber hinaus hat der Gesetzgeber die Beendigung von Arbeitsverhältnissen in zunehmendem Maße restriktiv geregelt (Kündigungsschutz, Sozialplanpflicht nach dem Betriebsverfassungsgesetz); für bestimmte Personengruppen wurden Beschäftigungseinschränkungen verfügt (Mutterschutz, Jugendschutz, Schwerbehindertenschutz). All diese Reglementierungen haben, wie im einzelnen noch zu zeigen sein wird, Rückwirkungen auf die Beschäftigungskosten — vor allem auf die fixen Beschäftigungskosten — und damit auf die Höhe der in der offiziellen Wirtschaft rentablen Beschäftigungsmöglichkeiten, d. h. letztlich auf die (Selbst-)Steuerung am Arbeitsmarkt.

Des weiteren hat der Staat die Bundesanstalt für Arbeit mit einem Vermittlungsmonopol ausgestattet; Private dürfen Vermittlungstätigkeit nur ausüben, wenn sie von der Bundesanstalt dazu lizensiert wurden, jegliche andere Interaktion von Maklern ist illegal. Inwieweit die Gründe für ein staatliches Monopol stichhaltig sind, bedarf einer eingehenderen Betrachtung. So ist es eine offene Frage, ob die sozialen Ziele, die der Staat mit der Monopolisierung anstrebt, erreicht worden sind, und ob Effizienzunterschiede zwischen öffentlicher und privater Arbeitsvermittlung bestehen.

Das Ausmaß der Regulierungen auf dem Arbeitsmarkt läßt es berechtigt erscheinen, von einer „gefesselten Marktwirtschaft"[2] zu sprechen, die auf externe Schocks nicht elastisch, sondern nur mit gravierenden Friktionen reagieren kann. Dies wiederum wird vielerseits als Marktversagen interpretiert und als Begründung vorgebracht, um weitergehende staatliche Eingriffe in den Arbeitsmarkt zu fordern. Diejenigen, die „mehr Staat" fordern, übersehen jedoch, daß dadurch marktwirtschaftliche Reaktionen um so stärker herausgefordert werden. Es ist eine Erfahrung, die sich in allen Wirtschaftssystemen beobachten läßt, daß die Individuen, je stärker sie in ihrer wirtschaftlichen Betätigung reglementiert werden, desto stärker nach den Möglichkeiten suchen, die dem eigenen Interesse noch offenstehen. Dazu gehören in unserem System die Schattenwirtschaft und die Zeitarbeit.

II. Arbeitsplatzmangel als Folge falscher Wirtschafts- und Lohnpolitik

Die marktwirtschaftliche Antwort auf den Vorwurf des Marktversagens läßt sich kurz wie folgt skizzieren: Freier Marktzugang und Preisflexibilität sind die essentiellen Voraussetzungen dafür, daß der kybernetische Rückkoppelungsprozeß funktionieren kann. Diese Voraussetzungen sind in der Bundesrepublik gegenwärtig nicht erfüllt, den Handelnden am Markt werden fortwährend falsche Preissignale gegeben. Die Folge ist dann anhaltende Arbeitslosigkeit. Dies soll im folgenden belegt werden, und zwar anhand der folgenden Hypothesen:

— Die Sachkapitalrendite ist von den frühen siebziger Jahren bis Anfang der achtziger Jahre gesunken, so daß Investitionen sich nicht mehr so lohnten wie früher. Es entstanden daher weniger Arbeitsplätze.

— Von der Lohnpolitik gingen keine Impulse aus, Arbeit billiger zu machen. Der Arbeitskräfteüberschuß blieb bestehen, ja er nahm mit wachsendem Arbeitskräfteangebot sogar zu.

---

[2] Giersch, Herbert, Die gefesselte Marktwirtschaft, Frankfurter Allgemeine Zeitung, 19. Februar 1983.

— Die Lohnunterschiede zwischen qualifizierter und unqualifizierter Arbeit entsprechen nicht den tatsächlichen Knappheitsrelationen; sie signalisieren vielmehr Facharbeiterfülle und Hilfsarbeitermangel. Es werden daher zu wenig unqualifizierte Arbeitskräfte beschäftigt. Eine analoge Argumentation gilt für Branchen und Regionen.

— Die Reglementierungen des Arbeitsmarktes behindern den Marktausgleich und erhöhen die Fixkosten der Beschäftigung. Das Niveau der Beschäftigung sinkt und der Arbeitsmarkt wird durch Segmentierungsprozesse in voneinander getrennte Teilarbeitsmärkte zergliedert.

1. *Es lohnt sich nicht zu investieren*

Die Hypothese von der Arbeitsplatzlücke oder dem Arbeitsplatzdefizit besagt, daß es, gemessen am Arbeitskräfteangebot, zu wenig Arbeitsplätze gibt[3]. Sie gründet sich auf die Beobachtung, daß zu wenig Investitionen in Sachkapital stattfinden. Eine solche Investitionsschwäche beruht darauf, daß Renditeerwartungen auf Sachkapital im Vergleich zu Investitionen in Finanzanlagen gering sind. In einer detaillierten Analyse der Bestimmungsfaktoren der Sachvermögensbildung westdeutscher Unternehmen haben Dicke und Trapp dargelegt, daß der Renditeunterschied zwischen diesen beiden Anlagealternativen sich lange Zeit zu Lasten der Sachkapitalbildung verschlechtert hat und daß auch in den letzten Jahren eine grundlegende Verbesserung der Investitionsbedingungen nicht eingetreten ist[4]. Die Unternehmen haben mit dem eigentlichen Betriebszweck immer weniger Gewinne erzielt. Die Erträge resultieren in der ersten Hälfte der 80er Jahre sogar hauptsächlich aus betriebsfremden Aktivitäten. Die Verschiebung der Ertragsstruktur war besonders kraß in der Mitte der 70er Jahre. Damals trat auch die Schwäche der Unternehmensinvestitionen auf. Ein Vergleich der Ertragsrate von Sachvermögen mit dem Zins macht deutlich, daß Investitionen in Sachanlagen in den 70er Jahren zunehmend an Attraktivität verloren haben. Zu Beginn der 80er Jahre war die Rendite auf Finanzanlagen sogar höher als die auf Investitionen in Produktionsanlagen. Die Ertragskraft von Sachvermögen hat sich in den letzten Jahren nicht durchgreifend gebessert, es lohnte sich noch immer nicht, vermehrt in Sachkapital zu investieren. Der steigende Kostendruck und eine zunehmend geringere Flexibilität im Produktionsbereich haben dazu geführt, daß immer mehr Projekte unrentabel wurden. Ohne eine deutliche

[3] Eine ausführliche Analyse dieses Sachverhalts findet sich beim Sachverständigenrat zur Begutachtung der gesamtwirtschaftlichen Entwicklung, Jahresgutachten 1977/78, Ziffern 326 bis 334.

[4] Dicke, Hugo/Trapp, Peter, Zinsen, Gewinne, Nettoinvestitionen. Zu den Bestimmungsfaktoren der Sachvermögensbildung westdeutscher Unternehmen. Kieler Diskussionsbeiträge Nr. 99, Kiel, Juni 1984.

Entlastung der Unternehmen, ohne einen Abbau von Regulierungen und ohne eine stärker an den betriebsbedingten Erträgen orientierte Lohnpolitik ist deshalb kaum mit einer anhaltenden Besserung der Investitionstätigkeit im Inland und einer Lösung der Arbeitsmarktprobleme zu rechnen.

2. *Mehr Beschäftigung lohnt sich nicht*

An der Entwicklung der gesamtwirtschaftlichen Verteilungsrelationen in den 70er Jahren wurde deutlich, daß die Preissignale auf dem Arbeitsmarkt nicht den veränderten Knappheitsbedingungen Rechnung trugen. Es gab keine beschäftigungsorientierte Lohnpolitik, die Anreize für ein höheres Beschäftigungsniveau gegeben hätte. Um die Frage zu beantworten, wie von der Lohnpolitik her Gefahren für die Beschäftigung in der Gesamtwirtschaft vermieden werden können, hat der Sachverständigenrat in den 60er Jahren das Konzept der kostenniveauneutralen Lohnpolitik entwickelt, in einer Zeit also, als Vollbeschäftigung herrschte. Die dort geforderte strikte Verteilungsneutralität kann jedoch immer nur dann die Norm für den Lohnabschluß angeben, wenn die Bedingung eines hohen Beschäftigungsstandes gegeben ist. In Zeiten eines nachhaltigen Arbeitsangebotsüberschusses, wie seit Mitte der 70er Jahre in der Bundesrepublik, hätte eine beschäftigungskonforme Lohnpolitik einen Lohnanstieg unterhalb eines beschäftigungsneutralen Produktivitätstrends erfordert. Gemessen an einer solchen Norm sind von der Lohnpolitik jedoch keine Impulse ausgegangen, die Lage am Arbeitsmarkt zu verbessern; dies gilt insbesondere für die Zeit seit 1975. „Daß sich unter solchen Bedingungen die Beschäftigungslage über Jahre hinweg verschlechtern mußte, ist aus neoklassischer Sicht nicht anders zu erwarten gewesen[5].“ Angesichts der hohen Arbeitslosigkeit sind die Einschätzungen der Gewerkschaften und Arbeitgeberverbände hinsichtlich des verteilbaren Produktivitätsfortschritts zu optimistisch gewesen. Um den Verteilungsspielraum quantitativ abzugreifen, orientierten sich die Tarifvertragspartner an dem Trend der tatsächlichen Produktivitätsentwicklung. Dabei übersahen sie jedoch, daß als Ergebnis der unternehmerischen Anpassungen an forcierte Lohnsteigerungen die Produktivität stärker gestiegen ist als es sonst der Fall gewesen wäre. Man orientierte sich also an einer Norm, die den beschäftigungsneutralen Verteilungsspielraum systematisch überschätzte[6]. Mit anderen Worten: Faktisch wurde eine Lohnpolitik für die (noch) Beschäftigten gemacht — ohne Rücksicht auf die Arbeitslosen.

---

[5] Roth, Jürgen, Kriterien für eine beschäftigungsgerechte Lohnpolitik. Die Weltwirtschaft, Heft 1/1983, S. 36—53.

[6] Giersch, Herbert, Arbeit, Lohn und Produktivität, Weltwirtschaftliches Archiv, Bd. 119 (1983), S. 2—17.

3. Die Beschäftigung von Randgruppen lohnt sich kaum noch

Mehr noch als von Veränderungen des durchschnittlichen Lohnniveaus in der Gesamtwirtschaft und den daraus resultierenden Verteilungswirkungen werden das Niveau und die Struktur der Beschäftigungsprobleme durch die Entwicklung der Lohnrelationen und die jeweils herrschenden Angebots- und Nachfragebedingungen auf den einzelnen (Teil-) Arbeitsmärkten bestimmt. Arbeitgeberverbände und Gewerkschaften fixierten oft Mindestlöhne, die für bestimmte Gruppen über dem Gleichgewichtslohn lagen. Dadurch wurden Beschäftigungsmöglichkeiten für wettbewerbsschwache Arbeitsgruppen, Branchen und Regionen vernichtet. Dies soll anhand einiger empirischer Beobachtungen demonstriert werden[7].

In der Bundesrepublik gibt es keinen einheitlichen Mindestlohn, sondern qualifikatorisch, branchenmäßig und regional unterschiedliche Mindestlöhne, die von den Tarifparteien festgesetzt werden. Die Entwicklung der Mindestlöhne zeigt eine deutliche Tendenz zur Nivellierung:

— Zwischen den Branchen haben sich die Tarifunterschiede deutlich abgeflacht: Betrug die Abweichung der tariflichen Facharbeiterstundenlöhne vom Durchschnitt von 22 Branchen z. B. in Nordrhein-Westfalen 1968 im Schnitt noch 13,5 v. H., so hatte sie sich 1982 auf 7,6 v. H. verringert.

— In der Metallverarbeitenden Industrie, dem größten einheitlichen Tarifgebiet — mit freilich sehr unterschiedlichen Branchen — sind die regionalen Unterschiede praktisch beseitigt worden: Es herrscht in diesem Bereich mit so heterogenen Branchen in der gesamten Bundesrepublik ein einheitliches Tarifgefüge. Die Facharbeitertariflöhne hatten 1968 noch eine Spannweite von rund 15 v. H. 1982 gab es kaum noch einen Unterschied. Die maximale Differenz zwischen den Tarifgebieten der Metallindustrie ist auf 0,5 v. H. geschrumpft. Diese Angaben unterzeichnen den regionalen Nivellierungsprozeß noch, weil gegen Ende der 60er Jahre die in den einzelnen Tarifgebieten bestehenden Ortsklassen (zumeist drei) bis zur Mitte der 70er Jahre beseitigt wurden.

— Der Mindestlohn für die untersten Leistungsgruppen hat sich seit den frühen 60er Jahren bis in die Mitte der 70er Jahre hinein zum Teil drastisch erhöht; seither hat sich die Dynamik des Nivellierungsprozesses bei den tariflichen Mindestlöhnen zwar verlangsamt, zu deutlichen Differenzierungsansätzen ist es jedoch nur in ganz wenigen Ausnahmen — so in der Bauindustrie — gekommen.

---

[7] Vgl. hierzu Soltwedel, Rüdiger, Mehr Markt am Arbeitsmarkt, München 1984, S. 79 ff.

Allerdings spiegelt die Entwicklung der Tariflöhne die Nivellierung der Beschäftigungskosten für die einzelnen Qualifikationsgruppen nur unvollkommen wider; so breiteten sich die Tarifverträge über Arbeitgeberleistungen zur vermögenswirksamen Anlage nach 1975 weiter aus. Zusätzlich nivellierend wirkte auch die gerade in den unteren Einkommens- und Altersgruppen überproportional starke Erhöhung des Jahresurlaubs; in vielen Tarifbereichen wurde 1983/84 der Einheitsurlaub mit 30 Arbeitstagen für alle Arbeitskräfte tarifvertraglich verankert (der durchschnittliche tarifliche Mindesturlaub lag 1975 bei 20, der durchschnittliche Endurlaub bei 26 Arbeitstagen). Soweit Urlaubsgeld in Form von Pauschalbeträgen vereinbart wurde — wie z. B. im öffentlichen Dienst —, stiegen dadurch die Beschäftigungskosten für die unteren Einkommensgruppen vergleichsweise stärker an.

— Die Ausbildungsvergütungen haben sich in der ersten Hälfte der siebziger Jahre im Vergleich zur Lohnsteigerung bei Facharbeitern drastisch erhöht; in der Metallindustrie von Nordrhein-Westfalen z. B. erhöhten sie sich mit 122 v. H. im Durchschnitt aller Ausbildungsjahre (1. Jahr: 151 v. H.; 4. Jahr: 100 v. H.) doppelt so schnell wie der Facharbeiterecklohn. Zum Vergleich: Von 1965 bis 1970 ist in diesem Tarifgebiet der Facharbeiterecklohn im Jahresdurchschnitt um 1,5 v. H. stärker angestiegen als die Ausbildungsvergütung. Zudem sind 1970/71 die Qualitätsanforderungen an Ausbilder und Ausbildungsstätten vom Gesetzgeber angehoben worden; auf die Ausbildungskosten für die Unternehmen dürfte dies ähnlich gewirkt haben wie die Erhöhung des Mindestlohns.

Trotz der starken Zunahme der ausbildungswilligen Jugendlichen sinken die Ausbildungsvergütungen relativ zu den Beschäftigungskosten insgesamt nur langsam: Von 1975 bis 1981 stiegen die Ausbildungsvergütungen je Auszubildenden um 6,2 v. H. gegenüber dem Anstieg der Beschäftigungskosten je Arbeitnehmer im Produzierenden Gewerbe um 7,5 v. H.[8]. Vereinbarungen zwischen Ausbildungsbetrieben und Lehrstellenbewerbern oder deren Eltern, durch geringere Ausbildungsvergütungen oder gar das Zahlen von Lehrgeld zusätzliche Ausbildungsplätze rentabel zu machen, sind wegen der Unabdingbarkeit der Tarifverträge ungesetzlich.

---

[8] Auch neuere Informationen bestätigen diese Trends. So etwa stiegen die Ausbildungsvergütungen in der hessischen Metallindustrie von 1970 bis 1985 um 212 Prozent, während der Ecklohn um 141 Prozent zunahm. Freilich sei eingeräumt, daß die Erhöhungen der Ausbildungsvergütung in den letzten Jahren in diesem Fall unter denen der Ecklöhne lagen.

Tabelle 1: Arbeitslosenquote nach Bundesländern 1974—1985 (v. H.[1])

	1974	1975	1980	1981	1982	1983	1984	1985[2]	1985 gegenüber 1974	Anstieg 1974—1985 (Prozentpunkte)
Schleswig-Holstein ...	3,2	5,2	4,2	6,4	9,1	10,5	10,7	10,3	3,2	7,1
Hamburg	1,7	3,7	3,4	5,0	7,4	10,2	11,2	12,1	7,1	10,4
Niedersachsen	3,2	5,5	4,7	6,8	9,5	11,3	11,9	11,4	3,6	8,2
Bremen	2,7	4,5	5,3	7,2	10,1	13,1	13,8	15,1	5,6	12,4
Nordrhein-Westfalen .	2,9	4,8	4,6	6,4	8,6	10,6	10,7	10,7	3,7	7,8
Hessen	2,4	4,5	2,8	4,3	6,2	7,6	7,4	6,8	2,8	4,4
Rheinland-Pfalz	2,8	5,1	3,8	5,4	7,1	8,5	8,3	7,8	2,8	5,0
Saarland	3,9	6,1	6,5	8,1	9,7	11,8	12,7	12,9	3,3	9,0
Baden-Württemberg .	1,4	3,5	2,3	3,3	4,8	5,9	5,6	5,1	3,6	3,7
Bayern	2,7	5,2	3,5	5,1	6,9	8,1	7,8	6,4	2,4	3,7
Berlin	2,0	3,7	4,3	5,8	8,7	10,4	10,2	9,3	4,7	7,3
Differenz zwischen der höchsten und niedrigsten Arbeitslosenquote	2,5	2,6	4,2	4,8	5,3	7,2	8,2	10,0	—	—

[1] Jahresdurchschnitt. — [2] September.

Quelle: Amtliche Nachrichten der Bundesanstalt für Arbeit, Arbeitsstatistik 1983 und 1984. Nürnberg.

Diese Nivellierungstendenzen in den Mindestlöhnen widersprechen jedoch den tatsächlichen Knappheitsverhältnissen und schlagen sich markant in der Struktur der Beschäftigungsprobleme nieder:

— Es gibt erhebliche Unterschiede in der regionalen und branchenmäßigen Verteilung der Arbeitslosigkeit (Tabelle 1):

— Gerade wettbewerbsschwache Arbeitskräftegruppen sind am stärksten von Arbeitslosigkeit betroffen: Frauen, insbesondere jene, die Teilzeitarbeit suchen, Ausländer, unqualifizierte Arbeitskräfte und auch Jugendliche.

— Jugendliche, die eine betriebliche Ausbildung nachfragen, haben — anders als in den 60er Jahren — kaum Wahlmöglichkeiten in bezug auf erwünschten Beruf, Ausbildungsort und ausbildendes Unternehmen. Die Bereitschaft von Ausbildungsbetrieben, über den unmittelbaren eigenen Bedarf hinaus auszubilden, dürfte zu einem großen Teil soziales Engagement der Unternehmer widerspiegeln. Die Beschäftigungsprobleme von Jugendlichen werden dadurch jedoch nur aufgeschoben, nicht aufgehoben.

Als Ergebnis bleibt festzuhalten: Bei der unterschiedlichen Marktsituation für qualifizierte und weniger qualifizierte Arbeitskräfte und angesichts der Zunahme des Arbeitskräfteangebots wäre eine deutliche Differenzierung der Entlohnung zwischen Qualifikationsgruppen geboten gewesen. Eine solche Entwicklung ist aber nicht eingetreten. Dies spricht für die Vermutung, daß Nivellierungsbestrebungen und tatsächliche „Nivellierungserfolge" zur Verschärfung der Beschäftigungsprobleme beigetragen haben, was sich deutlich in der unterschiedlichen gruppenspezifischen Entwicklung der Arbeitslosigkeit niedergeschlagen hat. Die tatsächlichen Knappheitsverhältnisse am Arbeitsmarkt werden in der Lohnstruktur nicht deutlich; den einzelwirtschaftlichen Entscheidungsträgern — Unternehmen und Arbeitskräften — werden falsche Signale gegeben. Die Lohnpolitik der Kartelle erschwert den Zugang zum Arbeitsmarkt, zieht einen tiefen Graben zwischen jenen, die „drinnen" und denen, die „draußen" sind. Dieses Verhalten ist Hinweis darauf, daß der Lenkungs- und Motivationsfunktion von Löhnen, insbesondere von Lohnunterschieden in der öffentlichen Debatte, zu wenig Aufmerksamkeit geschenkt wird. Auch die Einseitigkeit, mit der das Ziel, die Arbeitszeit flexibler zu gestalten, realisiert wurde, nämlich allein als deren Verkürzung, ist Hinweis darauf, daß die mikroökonomische Analyse des Problems „Arbeitslosigkeit" zugunsten der (weniger relevanten) makroökonomischen Analyse vernachlässigt wird. Allein aus mikroökonomischer Sicht ist jedoch verständlich, daß Mehranstrengungen und Mehrarbeit von Unternehmern, Ingenieuren und Verkäufern die Chancen derer, die weniger qualifiziert sind, erhöhen.

4. *Erschwertes Entlassen vermindert das Einstellen*

Die Marktzugangsbeschränkungen für Arbeitslose und Berufsanfänger werden mit der obigen Analyse noch nicht hinreichend erfaßt. Es gilt vielmehr, die ökonomischen Konsequenzen von Bestandssicherungsvorschriften (Kündigungsschutzvereinbarungen) und anderen Beschäftigungsanpassungskosten (Sozialplanpflicht) mit einzubeziehen[9].

a) Kündigungsschutz

Hierunter fallen solche Regeln, die den Unternehmern verbieten, ihren Arbeitskräftebestand bei Schwankungen der Nachfrage oder Veränderungen der Produktionstechnik elastisch anzupassen, oder solche, die diese Anpassungsvorgänge erheblich verteuern. Der Schutz des Arbeitskräftebestandes erhöht die Beschäftigungskosten dadurch, daß die Unternehmen ökonomisch ineffiziente Situationen für eine mehr oder weniger lange Übergangszeit aufrechterhalten müssen. Ist eine Überwälzung der Kosten für die nicht mehr benötigten Arbeitskräfte nicht möglich (sonst gäbe es keinen Anlaß für Kündigungsabsichten) und ist eine „Rückwälzung" durch Verringerung der Lohndrift ausgeschöpft, so ist eine Schmälerung des Gewinns bzw. eine Erhöhung des Verlustes unausweichlich.

Die Einführung oder Verschärfung der Kündigungsschutzvorschriften hat auf die Kostenrechnung eines Unternehmens eine ähnliche Wirkung wie Einstellungs- und Ausbildungskosten: Die Fixkosten der Beschäftigung steigen und müssen — auf die erwartete Beschäftigungsdauer gerechnet — erwirtschaftet werden. Die erwarteten Verluste durch die erzwungene Weiterbeschäftigung werden schon im Einstellungskalkül berücksichtigt und auf die einzelnen Perioden des Arbeitsverhältnisses verteilt. Diese höheren Kosten der Beschäftigung führen zu größerer Vorsicht der Unternehmen bei der Einstellung zusätzlicher Arbeitskräfte: Es bedarf einer höheren erwarteten Wertschöpfung pro Zeiteinheit oder einer längeren Dauer gesicherter Produktion, um zusätzliche Einstellungen rentabel erscheinen zu lassen. Die höheren Beschäftigungskosten bewirken — für sich betrachtet —, daß das durchschnittliche Beschäftigungsniveau im Konjunkturzyklus unter jenem Niveau liegt, das sich ergäbe, wenn der Bestandsschutz nicht wirksam ist oder seine kostenerhöhenden Folgen von den Unternehmen noch nicht antizipiert worden sind. Durch die Kündigungsschutzgesetze werden zwar die zyklischen Schwankungen in der Beschäftigtenzahl, aber auch das

[9] Vgl. hierzu Soltwedel, Rüdiger, a.a.O., S. 57 ff. und Schellhaaß, Horst-Manfred, Die Weiterbeschäftigung des gekündigten Arbeitnehmers während des Kündigungsschutzprozesses — Eine ökonomische Analyse. Der Betrieb, Jg. 32, 1979, S. 2189—2195.

durchschnittliche Beschäftigungsniveau vermindert, und letzteres ist in Zeiten hoher Arbeitslosigkeit der entscheidende Nachteil.

Das geringere Niveau der Beschäftigung verteilt sich nicht gleichmäßig auf alle Arbeitskräftegruppen, sondern verändert die Struktur der Beschäftigung. Die Unternehmen werden die höheren Beschäftigungskosten, die aus dem Kündigungsschutz resultieren, kalkulatorisch auf die Dauer der Beschäftigung verteilen. Die Entlassungskosten erhöhen ja — anders als Fixkosten in Form von Ausbildungsaufwendungen — nicht das Produktivitätspotential der Arbeitskräfte, sondern vermindern als unproduktive Kostenelemente den ökonomischen Schutzwall des Produktivitätspotentials; dies betrifft insbesondere wenig qualifizierte Arbeitskräfte, denn dieses Potential ist bei diesen sehr gering. Daraus folgt, daß der kalkulatorische Aufschlag auf die Löhne der Problemgruppen des Arbeitsmarktes wesentlich höher als bei den übrigen Gruppen ausfällt. Sie müßten also einen höheren Beitrag zum Grenzwertprodukt leisten, um für das Unternehmen trotz hoher Fixkosten rentabel zu sein.

Diese Überlegungen machen die Gefahren deutlich, denen gerade jene Beschäftigten durch weitgehende Bestandsschutzregeln ausgesetzt werden, die besonders von ihnen profitieren sollten. Vor allem ist hier zu bedenken, daß diese Vorschriften nicht auf die Ursachen der Beschäftigungsschwankungen wirken und sie beseitigen, sondern auf die Symptome gerichtet sind. Dem Vorteil für manche Arbeitnehmer, bei verschlechterter Marktlage nicht gleich entlassen zu werden, steht der Nachteil für Arbeitslose und Berufsanfänger gegenüber, gar nicht erst eingestellt zu werden. Dieser Nachteil kommt besonders stark zum Tragen, wenn Unsicherheit über die künftige Nachfrageentwicklung Unternehmen ohnehin zögern läßt, Arbeitskräfte einzustellen.

Aus ökonomischer Sicht besteht für Arbeitskräfte ein wirksamer Kündigungsschutz allein darin, daß es für die Unternehmen ertragreich ist, die angebotenen Arbeitsleistungen nachzufragen. Daher kann eine Rechtsnorm, die nicht die Ursache für die Kündigung beseitigt, nämlich, daß die Löhne auf den Absatzmärkten nicht erwirtschaftet werden können, beschäftigten Arbeitnehmern allenfalls zeitweilig Schutz gewähren; Arbeitslosen und Berufsanfängern aber wird eine Eingliederung in das Beschäftigungssystem durch den Kündigungsschutz erschwert.

b) Sozialpläne

Bei Betriebsänderungen wie Einschränkungen der Produktion, Stilllegung oder Verlegung des Betriebs oder wesentlicher Betriebsteile, Einführung neuer Technologien ist das Unternehmen nach dem Betriebsverfassungsgesetz von 1972 (§§ 111, 112) verpflichtet, mit dem Betriebsrat einen Interessenausgleich herbeizuführen oder einen Sozialplan aufzustellen, d. h. eine Einigung über den Ausgleich oder die Milderung der wirtschaftlichen Nachteile zu erreichen, die den Arbeitnehmern infolge der geplanten Betriebsänderung entstehen. Für den Sozialplan bzw. den Interessensausgleich gibt es ein wirksames Druckmittel, das die Kompromißbereitschaft der Unternehmen erhöht. Führt der Unternehmer keinen Interessenausgleich herbei, ist er zu Abfindungen oder Ausgleichszahlungen verpflichtet (bis zu 12 Monatsverdiensten, bei über 50 Jahre alten Arbeitnehmern u. U. bis zu 18 Monatsverdiensten). Wenn Arbeitnehmer zwar nicht entlassen werden, aber infolge der Betriebsänderung andere Nachteile erleiden, so muß der Unternehmer diese Nachteile bis zu einer Dauer von 12 Monaten ausgleichen. Der Betriebsrat hat unabhängig von diesem Individualrecht ein erzwingbares Mitbestimmungsrecht zur Aufstellung eines Sozialplans. Dieser Interessenausgleich und die Sozialpläne werden oft als Grundlage für eine „soziale Beherrschung des technischen Fortschritts" angesehen. Ökonomisch sind sie zunächst als Gebühren für die Modernisierung von Unternehmen zu interpretieren und setzen daher die Rentabilitätsschwelle von Erneuerungsinvestitionen herauf oder sie sind „Sterbegebühren" für eine Liquidation von Unternehmen oder Unternehmensteilen, die unter Umständen das „Sterben" als zu teuer erscheinen lassen. Auch besteht die Gefahr, daß der Zwang zu Sozialplänen es zum Regelfall macht, daß die Übernahme eines Unternehmens erst nach einem Konkurs erfolgt, der den Erwerber von den Sozialplankosten bei Entlassungen und organisatorischen Änderungen befreit. Die Kosten für diese „soziale Beherrschung des technischen Fortschritts" erhöhen die Fixkosten und damit die Durchschnittskosten von Unternehmen; sie führen dazu, daß die Beschäftigung niedriger ist, als sie ohne diese Maßnahmen wäre.

Gesellschaftliche Kosten in Form von Wachstumsverlusten entstehen darüber hinaus dadurch, daß Arbeitskräfte auf unproduktiven Arbeitsplätzen festgehalten und Lohnkorrekturen erschwert werden. Letztlich verläuft der Wachstumspfad wegen der impliziten Innovationsbremse dauerhaft flacher als ohne die „Gebühr auf Modernisierung oder Umstrukturierung".

Gegen diese Argumentation wird eingewendet, daß an den rechtlichen Grundlagen des Kündigungsschutzes seit den frühen 70er Jahren keine Verschärfung vorgenommen worden seien. Dabei werden jedoch zwei Dinge außer acht gelassen. Erstens sind in zahlreichen Tarifverträgen Kündigungsschutzregelungen für ältere Arbeitskräfte neu vereinbart worden. Insofern ist also der rechtliche Rahmen wohl doch spürbar verändert worden. Zweitens wirkten sich die stringenten Restriktionen, die das Gesetz der unternehmerischen Personalpolitik auferlegt, naturgemäß erst dann aus, als durch die Verschlechterung der Absatzaussichten und den Rückgang oder verlangsamten Anstieg der wirtschaftlichen Aktivität der beschäftigungspolitische Anpassungsbedarf drastisch anstieg. Verringerte Dynamik der wirtschaftlichen Aktivität, größere Ungewißheit hinsichtlich der zukünftigen Entwicklung und die gestiegene Bereitschaft der Arbeitnehmer, ihre Rechte gerichtlich durchzusetzen,

Tabelle 2: Kündigungsschutzklagen vor den Arbeitsgerichten 1967—1981

	Erledigte Verfahren wegen Kündigung	in v. H. der Entlassungen
1967	57 443	0,9
1968	41 287	0,7
1969	37 290	0,6
1970	44 718	0,7
1971	54 244	0,9
1972	61 541	0,9
1973	67 787	0,9
1974	99 329	1,4
1975	123 620	2,0
1976	116 876	1,9
1977	119 098	1,9
1978	111 043	1.8
1979	106 931	1,6
1980	114 931	1,7
1981	145 972	2,3

Quelle: Bundesminister für Arbeit und Sozialordnung, Bundesarbeitsblatt, lfd. Jg.; Bundesanstalt für Arbeit 1978 und unveröffentlichtes Datenmaterial der Bundesanstalt für Arbeit; eigene Berechnungen.

lassen die ökonomischen Konsequenzen des Kündigungsschutzes für die Unternehmen stärker hervortreten, als dies — selbst bei weitgehend gleichen Rechtsnormen — in einer überwiegend prosperierenden Wirtschaft der Fall war. Zudem ist das Prozeßrisiko angesichts der — im Vergleich zu anderen Gerichten — geringen Gebühren am Arbeitsgericht nicht sehr hoch[10]; diese besonders starke Subventionierung der Arbeitsgerichtsprozesse erhöht den Anreiz für die Arbeitnehmer, durch eine Klage das Unternehmen zumindest zu einem Kompromiß zu zwingen. In diesem Zusammenhang ist auch zu erwähnen, daß gerade auf dem Gebiet des Bestandsschutzes die Arbeitsgerichte bei ihrer Rechtsfortbildung im Verlauf der 70er Jahre die Interessenlage bereits beschäftigter Arbeitnehmer vergleichsweise stark berücksichtigt haben.

Seit den frühen 70er Jahren ist die Zahl von Kündigungsschutzklagen bei den Arbeitsgerichten drastisch gestiegen. Dies dokumentiert ein verschärftes Rechtsbewußtsein auf seiten der Arbeitnehmer und ein entsprechend verschärftes Kostenbewußtsein auf seiten der Unternehmer; waren es in den Jahren 1967—1970 im Jahresdurchschnitt noch rund 44 000 Klagen, stieg die Zahl auf rund 118 000 jährlich im Zeitraum 1974 bis 1981; auch in bezug auf die Gesamtzahl der Entlassungen hat sich der Teil der Beendigung von Arbeitsverhältnissen mit arbeitsgerichtlichem Nachspiel seit der Rezession 1974/75 mehr als verdoppelt (Tabelle 2). Die Dynamik dieser Entwicklung dürfte noch unterzeichnet sein: Zum einen werden all jene Kündigungen nicht erfaßt, die zwar gütlich, aber mit Abfindungen abgewickelt wurden, zum anderen — es werden nur erledigte Verfahren erfaßt — reflektieren die Zahlen eher die Kapazitätsgrenze der Arbeitsgerichte als das tatsächliche Ausmaß des Anstiegs der anhängigen Fälle.

Eine Vorstellung von der zunehmenden Belastung der Unternehmen durch Entlassungsentschädigungen vermittelt Tabelle 3. Der drastische Anstieg der Entlassungsentschädigungen von 1972 auf 1975 stützt die Vermutung, daß den Unternehmen das Kostenrisiko durch die Kündigungsschutzgesetze in der Rezession 1974/75 schlagartig bewußt geworden sein dürfte. Gegenüber 1975 haben sich die Aufwendungen für Entlassungsentschädigungen im Produzierenden Gewerbe bis 1981 verdoppelt (Spalten 2 und 3), berücksichtigt man die zwischenzeitlich eingetretenen Verdienststeigerungen (Spalte 4), zeigt sich, daß sich die Entlassungskosten um fast 50 v. H. stärker erhöht haben als die eigentlichen Lohnkosten. Das Entlassen von Arbeitskräften war 1981 relativ gesehen nahezu viermal so teuer wie 1972.

---

[10] Vgl. Kotzorek, Andreas, Eine ökonomische Analyse arbeitsgerichtlicher Prozesse in der Bundesrepublik. Unveröffentlichtes Manuskript, Kiel 1983.

Tabelle 3: Entlassungsentschädigungen im Produzierenden Gewerbe 1969—1981

	Entlassungsentschädigungen[a) Mill. DM	1972 = 100	Entlassungsentschädigungen je entlassenem Arbeitnehmer[b)] 1972 = 100	1972 = 100
	1	2	3	4[c)]
1969	67,8	43,0	44,0	61,5
1972	157,7	100,0	100,0	100,0
1975	544,9	345,5	370,8	277,2
1978	657,3	416,8	439,1	273,1
1981	1 174,5	744,8	755,3	398,3

a) Im Unternehmen mit 50 und mehr Arbeitnehmern.

b) Entlassungsentschädigungen dividiert durch die Gesamtzahl der Entlassungen in der Gesamtwirtschaft lt. Bundesanstalt für Arbeit.

c) Spalte 3 dividiert durch die Veränderung der Bruttolohn- und -gehaltsnummer je Beschäftigten, 1972 = 100.

Quelle: Statistisches Bundesamt, — Personalkosten- und Personalnebenkostenerhebungen; Bundesanstalt für Arbeit 1978, unveröff. Zahlen; eigene Berechnungen.

c) Fazit

Bestandsschutzgesetze erhöhen die Fixkosten der Beschäftigung, verhindern bzw. verteuern dadurch eine elastische Anpassung der Beschäftigtenzahl an einen Nachfragerückgang, an Veränderungen der Produktionstechnologie und einen Anstieg des Arbeitskräftepotentials. Dies antizipierend verhalten sich die Unternehmen bei einer Nachfrageausweitung vorsichtiger, als es sonst der Fall wäre. Überproportional stark erhöhen sich die Beschäftigungskosten der marginalen Arbeitskräfte wegen eines durch den Kündigungsschutz induzierten Risikoaufschlags, der bei ihnen auf eine besonders kurze (kalkulierte) Amortisationsperiode trifft. Dadurch verringert sich die Zahl der Arbeitsplätze, auf denen diese Arbeitskräfte noch rentabel beschäftigt werden können. Wenn Arbeitskräfte für ungewisse Zeit benötigt werden, suchen die Unternehmen nach Möglichkeiten, die Fixkosten zu vermeiden. Dieser Weg führt beispielsweise zur Zeitarbeit, zu Beschäftigungsverträgen auf Zeit, zu Werkverträgen o. ä.

III. Warum reagieren die Löhne nicht? — Der Sperrklinkeneffekt des Tarifvertragsrechts[11]

Die vorgetragene Argumentation läßt sich dahingehend zusammenfassen, daß sich Umfang und Struktur der Beschäftigungsprobleme plausibel und konsistent erklären lassen aus der Reaktion der Unternehmen auf die Signale, die von den relativen Preisen am Arbeitsmarkt ausgehen. Was bislang jedoch noch unbeantwortet blieb, ist die Frage, warum es zu dieser Entwicklung der relativen Preise gekommen ist und warum die evidenten Ungleichgewichte nicht kompensierende Preis- und Mengenveränderungen ausgelöst haben. Warum hat es keinen Marktausgleichsprozeß gegeben? Gab es Hemmnisse? Gab es keine Ventile? Ja, es gab Hemmnisse: Das Tarifvertragsrecht; dies soll zunächst behandelt werden. Es gab aber auch Ventile: Z. B. die Schattenwirtschaft und die Zeitarbeit; sie werden im Anschluß dargestellt.

Das herrschende Tarifvertragsrecht verhindert Außenseiterkonkurrenz, ist eine Wettbewerbseinschränkung par excellence. Es steht einer raschen Rettungsaktion für existentiell bedrohte Arbeitsplätze im Wege; eine schnelle und nachhaltige Verminderung der Beschäftigungskosten bei konkursbedrohten Unternehmen wird verhindert: Nicht die unmittelbar Betroffenen, also Unternehmensführung und Belegschaften, können eine Kostensenkung beschließen; über ein Ausscheren einzelner Unternehmen aus den kollektivvertraglichen Zwängen können nur die Gewerkschaften und Unternehmensverbände entscheiden. Dort aber herrscht der Wille vor, das Kartell zusammenzuhalten, und sei es um den Preis von Zusammenbrüchen einzelner Firmen oder um den Preis von Entlassungen.

Die Unabdingbarkeit, den Tarifvertrag anzuwenden, macht es einem tarifgebundenen Arbeitgeber unmöglich, einen Arbeitslosen zu einem niedrigeren Lohn als dem Tariflohn einzustellen, selbst wenn beide es wollten. Solche Arbeitsverträge sind unwirksam, da sie gegen zwingendes Tarifvertragsrecht verstoßen. Arbeitslose sitzen bei den Tariflohnverhandlungen aber nicht mit am Tisch, sie können auch nicht über die Ergebnisse abstimmen. Zudem können sie auch meistens nicht in Gewerkschaften eintreten. Als eine Form des Minderheitenschutzes müßte ihnen die Möglichkeit eröffnet werden, durch Lohnzugeständnisse ihre Marktchancen in der offiziellen Wirtschaft zu verbessern; gegenwärtig bleibt ihnen fast nur die Alternative, in der Schattenwirtschaft Arbeit zu suchen.

---

[11] Vgl. Soltwedel, Rüdiger, Reform der Arbeitslosenversicherung und Neuorientierung der Arbeitsmarktpolitik. In: Giersch, Herbert (Hrsg.), Wie es zu schaffen ist. Agenda für die deutsche Wirtschaftspolitik, Stuttgart 1983, S. 326—348.

Ein weiteres Instrument muß erwähnt werden, wenn der fehlende Preiswettbewerb am Arbeitsmarkt erklärt werden soll: Die Allgemeinverbindlicherklärung von Tarifverträgen. Dort, wo die Organisationsmacht von Gewerkschaft und Verbänden nicht ausreicht, „ermöglicht es das Institut der Allgemeinverbindlicherklärung dem Staate, den Tarifvertragsparteien unterstützend beizuspringen“[12]. Wenn es aber die Marktlage nicht erlaubt, Mindestnormen bezüglich der Löhne und Arbeitsbedingungen aufrechtzuerhalten, ist für viele Arbeitskräfte die vom Gesetzgeber intendierte Schutzwirkung nichts als ein unerfüllbarer Anspruch; daran ändert auch nichts, daß dieser Anspruch geltendes Recht ist. In diesem Fall ist das, was die Juristen seit der Einführung des Tarifvertragsrechts (1923) „Lohndrückerei“ und „Schmutzkonkurrenz“ nennen, oft die einzige Möglichkeit der betroffenen Arbeitnehmer, aus eigener Kraft wirtschaftlich zu überleben.

Zur Rechtfertigung der Unabdingbarkeit von Tarifverträgen könnte man noch ins Feld führen, daß Arbeitgeber ja freiwillig den Verbänden beitreten und dem Grundsatz „pacta sunt servanda“ folgen müssen. Solche Verträge stehen durchaus mit den Grundsätzen der Vertragsfreiheit und dem Koalitionsrecht in Einklang — vorausgesetzt, die Tarifverträge kommen ohne Zwang zustande[13]. Wenn aber durch das Zusammenwirken von Tarifvertragsparteien und Sozialminister der Geltungsbereich von Tarifverträgen auf ungebundene Arbeitnehmer und Arbeitgeber ausgedehnt wird, ist dies ein Akt hoheitlicher Gewaltanwendung, der die Eigentumsrechte der Betroffenen verletzt, über den Einsatz ihrer Produktionsfaktoren nach eigenen Vorstellungen entsprechend der Möglichkeiten des Marktes zu entscheiden. Dies wurde wieder einmal deutlich, als im Jahre 1983 Fragen der Allgemeinverbindlicherklärung von Tarifverträgen Gegenstand einer Anfrage an die Bundesregierung waren. In der Antwort hob Staatssekretär Vogt hervor, daß trotz einer Arbeitslosigkeit von weit mehr als 2 Millionen Arbeitskräften an der juristischen Reglementierung des Arbeitsmarktes festgehalten werden

[12] Vgl. Herschel, Wilhelm, Vom Wesen der Allgemeinverbindlicherklärung von Tarifverträgen. Recht der Arbeit, 36. Jgg. 1983, S. 162—164.

[13] Gerade diese notwendige Bedingung steht aber in Zweifel. Viele Ökonomen sahen Anlaß zu vermuten, daß das kollektive „strike-threat-system“ (Hutt) zu Verhandlungen „at the point of the gun“ (Mises) geführt hat. „Violent, coercive or fraudulent acts, in the theory of a free society, are as vicious and antisocial when performed by trade unions as they are when committed by the Klu-Klux-Klan“ (a). Es wäre ein lohnendes Unterfangen, die Auseinandersetzungen um Arbeitsbedingungen unter dem Aspekt der Gewaltfreiheit empirisch zu analysieren. Das Bundesarbeitsgericht hat einen „milden Druck“ in Form von Warnstreiks während der Friedenspflicht für rechtmäßig erklärt. Es erscheint jedoch durchaus fraglich, ob dies mit der notwendigen Bedingung der Gewaltfreiheit in Einklang steht.

a) Petro, Sylvester, The Labor Policy of the Free Society, New York 1957, S. 98.

müsse, Allgemeinverbindlicherklärungen seien gerade in Krisenzeiten besonders wichtig[14]. Das heißt mit anderen Worten: Gerade wenn sich erweist, daß Arbeitsleistungen zu teuer sind im Vergleich zur Marktbewertung, dürfen sie nicht billiger werden.

Zusammenfassung

Der Ausgangspunkt der Analyse war die Frage, warum denn seit einigen Jahren so wenig Arbeitsplätze entstehen. Im Ergebnis zeigte sich, daß Sachkapitalinvestitionen, die für mehr Arbeitsplätze unabdingbar sind, sich offenbar weniger lohnen als früher, daß die Preissignale am Arbeitsmarkt nicht den tatsächlichen Knappheiten entsprechen und daß der rechtliche Rahmen, den das Tarifvertragsrecht setzt, den Suchprozeß nach marktgerechten Preisen und damit das Entstehen und Auffinden von Arbeitsplätzen behindert.

IV. Entstehen tatsächlich so wenig Arbeitsplätze oder bietet die Marktwirtschaft Ventile?

Die Erfahrungen mit Reglementierungen in allen wirtschaftlichen Systemen zeigen, daß sich Individuen, die arbeiten wollen, Geld verdienen wollen und anpassungsbereit sind, nicht für längere Zeit aus dem Markt drängen lassen. Nachfrage nach Arbeit und die Nachfrage nach Arbeitskräften suchen sich ihren Weg an den Marktzugangsbarrieren vorbei. Eines dieser Ventile ist — wie Langfeldt aufgezeigt hat[15] — die Schattenwirtschaft. Ein anderes ist die Zeitarbeit sowie neue Formen der Arbeitsteilung in Form von Subunternehmertätigkeiten und Werkverträgen. Zunächst einige Bemerkungen zur Schattenwirtschaft, bevor auf die Rolle der Zeitarbeit in der gefesselten Marktwirtschaft eingegangen wird.

---

[14] „..., das Institut der Allgemeinverbindlicherklärung seit seiner Einführung durch die Tarifvertragsordnung vom 23. Dezember 1918 einhellig vor allem als ein Instrument angesehen wird, mit welchem in Zeiten nachlassender Konjunktur und steigender Arbeitslosigkeit nachteiligen Auswirkungen auf die organisierten Arbeitgeber und Arbeitnehmer und auf die tarifvertragliche Normsetzung ihrer Verbände entgegengewirkt werden soll. In wirtschaftlichen Krisenzeiten können nichtorganisierte Arbeitnehmer ... Gewerkschaftsmitglieder beim Wettbewerb um knapp gewordene Arbeitsplätze dadurch verdrängen, daß sie auf untertarifliche Arbeitsbedingungen eingehen: Arbeitgeber können sich durch bevorzugte Einstellung von Außenseitern zu untertariflichen Löhnen Konkurrenzvorteile schaffen." Das Ziel der Allgemeinverbindlicherklärung sei, „die Effektivität der tarifvertraglichen Normsetzung gegen die Folgen wirtschaftlicher Fehlentwicklungen zu sichern". Bundesministerium für Arbeit und Soziales, Sozialpolitische Information, Oktober 1983.

[15] Langfeldt, Enno, Die Schattenwirtschaft in der Bundesrepublik Deutschland. Kieler Studie Nr. 191, Tübingen 1984.

1. *Das Ventil Schattenwirtschaft*

Schattenwirtschaftliche Aktivitäten in Form einer Selbstversorgungswirtschaft und Untergrundwirtschaft hat es zu allen Zeiten gegeben. Die Selbstversorgungswirtschaft steht am Anfang des Wirtschaftsprozesses; seit es Steuern gibt, sind Menschen versucht, diese durch das Ausweichen in die Untergrundwirtschaft zu vermeiden. Seit einer Reihe von Jahren kann man beobachten, daß die Schattenwirtschaft schneller expandiert als die offizielle Wirtschaft. Den Individuen erscheint es offenbar aufgrund ihrer Rentabilitätsüberlegungen zunehmend sinnvoll, Produktionsfaktoren und Aktivitäten aus dem offiziellen Bereich der Wirtschaft (teilweise) abzuziehen und im Schattensektor einzusetzen; zum Teil stellt die Schattenwirtschaft für die vom offiziellen Arbeitsmarkt abgedrängten und ausgeschlossenen Arbeitskräfte ein Ventil dar, Arbeit und Einkommen durch eigene Anstrengung zu sichern.

Je höher die Einkommen in der offiziellen Wirtschaft mit Steuern und Sozialabgaben belastet werden, desto größer werden die Anreize, legal (Selbstversorgungswirtschaft) Steuern zu vermeiden oder illegal (Untergrundwirtschaft) Steuern zu hinterziehen. Mehrfache Erhöhungen der Steuer- und Abgabensätze haben die Differenz zwischen Brutto- und Nettoeinkommen immer weiter vergrößert und so Anreize geschaffen, in die Schattenwirtschaft auszuweichen. Insbesondere bei der Grenzbelastung der Einkommen dürfte inzwischen ein Schwellenwert erreicht worden sein: Von jeder zusätzlich verdienten Mark bleiben einem alleinstehenden Durchschnittsverdiener 1982 nach Abzug von Steuern und Sozialbeiträgen bereits weniger als 50 Pfennige[16].

Bei Empfängern solcher staatlichen Transferzahlungen, die zumindest teilweise Einkommensersatzcharakter haben oder nur bis zu bestimmten Einkommensgrenzen gewährt werden, führen Einkommen, die in der offiziellen Wirtschaft erzielt werden, zu Kürzungen bei den Transferzahlungen. Durch das Ausweichen in die Schattenwirtschaft können Zusatzeinkommen erzielt werden, die es erlauben, zusammen mit den Transferzahlungen bei einem niedrigen Arbeitsaufwand den Lebensstandard aufrechtzuerhalten oder gar zu verbessern.

Die Unternehmen in der offiziellen Wirtschaft müssen eine Vielzahl staatlicher Regulierungen beachten. Dies bindet Ressourcen und wirkt kostenerhöhend. Trotz prinzipieller Gewerbefreiheit bestehen immer noch Zugangsbeschränkungen zu bestimmten Berufen (z. B. durch die Handwerksordnung). Die Regulierungen erstrecken sich auch auf die administrative Vorgabe von Qualitätsstandards. Auch dies wirkt kostensteigernd. Zumindest für einen Teil der Konsumenten, der bei einem

[16] Vgl. Langfeldt, Enno, a.a.O., S. 79/80.

niedrigeren Preis mit einer minderen Qualität zufrieden wäre, bedeutet dies eine ganz erhebliche Einschränkung der Wahlfreiheit und damit eine Verschlechterung seiner ökonomischen Situation. Der steigende Bürokratieaufwand verringert insbesondere die Wettbewerbsfähigkeit kleinerer Unternehmen und verhindert somit, daß die Wirtschaftssubjekte, die bislang illegal in der Untergrundwirtschaft tätig waren, ihre Aktivitäten durch eine offizielle Unternehmensgründung legalisieren.

Zusammenfassend ist zu sagen, daß in der Schattenwirtschaft

— wegen der dort stärker leistungsbezogenen Entlohnung Anreize für Mehrarbeit vorhanden sind,

— wegen des nicht vorhandenen Bürokratieaufwandes Ressourcen vor allem der direkten Produktion von Gütern und Diensten zugeführt werden,

— wegen der verstärkten Bereitschaft, Risiken zu übernehmen, die Flexibilität und Anpassungsbereitschaft der Wirtschaftssubjekte bei wirtschaftlichen Schocks höher ist.

Die Schattenwirtschaft dürfte mithin in erheblichem Maße dazu beigetragen haben, den wirtschaftlichen und sozialen Schaden der starken Verkrustung des Arbeitsmarktes zu begrenzen. Anders gewendet: Eine stärkere Expansion der Schattenwirtschaft ist Teil der marktwirtschaftlichen Antwort der Bürger darauf, daß zuviel reglementiert und weggesteuert wurde, zu wenig Wettbewerb und Entfaltungsmöglichkeiten für Schaffensdrang, Einkommensorientierung und Anpassungsbereitschaft bestehen.

2. *Die Rolle der Zeitarbeit im verkrusteten Arbeitsmarkt*

Ähnlich wie die Schattenwirtschaft verdeutlicht auch die Entwicklung der Zeitarbeit den evolutorischen Charakter des marktwirtschaftlichen Systems; auch die Zeitarbeit ist eine marktwirtschaftliche Antwort auf die Reglementierungen des Arbeitsmarktes, die im Verlauf der 70er Jahre deutlich zugenommen haben. Da sich der Wandel des Arbeitsmarktes vom Anbietermarkt zum Nachfragermarkt nicht in entsprechenden Preisänderungen und in veränderten institutionellen Regelungen niedergeschlagen hat, wird das Beschäftigungssystem selbst an den erhöhten Flexibilitätsbedarf angepaßt. Es wurde immer schwieriger, die künftige wirtschaftliche Entwicklung zu prognostizieren, die Kosten der Anpassung des Beschäftigungsstandes an wechselnde Marktlagen wurden kräftig heraufgesetzt. All dies hat zu einer veränderten Personalstrategie geführt und die Chancen der Zeitarbeit im Sinne von überbetrieblichen Arbeitsplätzen erhöht, auf die die Unternehmen bei Bedarf zurückgreifen konnten. Zeitarbeitfirmen bieten sozusagen „Fristentransformation" an: Sie bieten den Unternehmen zeitlich angemessen proportioniertes Arbeitsangebot, den Arbeitnehmern bieten sie die Rechte und den Schutz einer Dauerstellung.

2. Diskussion

Leitung: Prof. Dr. Dieter Duwendag

Bericht von Sigrid Schenk-Dornbusch

Die Diskussion wurde eröffnet durch Ministerialrat Dr. *Heinz-Ulrich Schmidt,* Bonn, der an den Referenten die Frage stellte, worauf er, angesichts des pessimistischen Szenarios, das er gezeichnet habe, seine Hoffnung auf eine Verbesserung der wirtschaftlichen Situation gründe.

Prof. Dr. *Norbert Walter,* Kiel, wies in seiner Antwort zunächst darauf hin, daß er die Schwierigkeiten junger Leute, sich in das Erwerbsleben zu integrieren, als unerträglich empfinde. Im Unterschied zu seiner Rolle als Ökonom, wo er seine Aufgabe darin sehe, der Gesellschaft die wirtschaftlichen Optionen und ihre Folgen zu verdeutlichen, hätte er als Bürger klare Handlungspräferenzen. Seine Option als Bürger laute, alles zu tun, um die Arbeitslosigkeit entscheidend zu reduzieren. Seine Hoffnungen auf eine Verbesserung der wirtschaftlichen Situation basierten auf zwei Elementen: Auf der internen gesellschaftlichen Herausforderung und auf der externen gesellschaftlichen Herausforderung. Mit der internen Herausforderung meine er die „Turnschuhgeneration", die erhebliche Schwierigkeiten habe, sich in den Erwerbsprozeß zu integrieren. Diese junge Generation sei jedoch in hohem Maße artikulationsfähig und zeichne sich durch ein hohes Maß an Arbeitswilligkeit, Verantwortungsfähigkeit und Leistungsbereitschaft aus. Diese Herausforderung nehme an Zahl und Stärke zu. Extern komme die Herausforderung durch den internationalen Wettbewerb hinzu, der dazu beitrage, in der Bundesrepublik schrittweise wieder stärker marktwirtschaftliche Entscheidungsprozesse zu reetablieren. Beide Herausforderungen würden bereits angenommen, und zum Teil auch mit Erfolg. Auf der Basis der Konkurrenz durch das revitalisierte Amerika, durch Japan, Korea, Taiwan, Singapur und Brasilien und durch die interne Herausforderung der jungen Generation, die nur unternehmerisch tätig werden könne, weil weder der Staat noch die Wirtschaft in der Lage seien, entsprechende Arbeitsplätze anzubieten, gründe er seine optimistische Option. Wenn diese Chance bis zum Ende der 90er Jahre nicht wahrgenommen werde, befürchte er, daß die Bundesrepublik im Jahr 2000 ihren Status als führende Industrienation verliere. Diese Gefahr sei allerdings gegeben, falls die gegenwärtige Politik der Verwaltung des Mangels fortgesetzt werde.

Ministerialdirektor a. D. *Ulrich Pfeiffer,* Bonn, stimmte *Walter* grundsätzlich zu, daß man vor dem Hintergrund des zunehmenden internationalen Leistungswettbewerbs eine flexible und leistungsfähige Gesellschaft brauche. Diese würde er jedoch nicht nur auf den Marktsektor, sondern auch auf den Staatssektor, der nicht über Preise steuerbar sei, beziehen. Daraus ergebe sich, daß die Leistungsmotivation der gesamten Gesellschaft erhöht werden müsse, wobei Lohnanreize nur einen, wenn auch sicherlich nützlichen Teilbereich des Maßnahmenspektrums darstellen könnten. Für dieses Argument sprächen auch historische Belege wie beispielsweise das Gutachten der Royal Commission on the Depression of Trade and Industry über die Ursachen der Wirtschaftskrise von 1873 bis 1886. Obwohl zu dieser Zeit einerseits flexible Löhne, andererseits weder Regulierungen noch Krankenversicherungsbeiträge existiert hätten, habe es dennoch strukturelle Arbeitslosigkeit gegeben. Insofern hege er große Zweifel, ob flexible Löhne allein ausreichende Bedingungen darstellten, um Wohlfahrtsverluste einer überalterten Gesellschaft zu vermeiden. Darüber hinaus sehe er auch das Problem, daß die engen ökonomischen Modelle sozialpsychologisch kontraproduktiv wirkten da sie anstelle von Aufklärungsfortschritten vielfach politische Blockademechanismen in Gang setzten.

Auch Ministerialdirigent a. D. Dr. *Hartmut Bebermeyer,* Bonn, vertrat die Ansicht, daß *Walters* Ansatz zu eng auf ökonomische Variable ausgerichtet sei. Er ziehe aus dem Erbe Ludwig Erhards andere Schlußfolgerungen als der Referent. Eine zentrale Aussage von Erhard sei, daß die enge, rein marktwirtschaftliche Betrachtungsweise überwunden werden müsse, indem auch außerökonomische Faktoren in Rechnung gestellt würden. Zur Verdeutlichung seiner These nahm *Bebermeyer* auf die Länder Schweden und Schweiz Bezug. Obwohl Schweden die höchsten Sozialstandards in der Welt besitze, habe es dieses Land dennoch geschafft, hohe Investitionsraten beizubehalten. Einen anderen Weg zur Bewältigung des Arbeitslosenproblems sei die Schweiz gegangen, indem die Ausländerbeschäftigung reduziert wurde. Seiner Ansicht nach könne und solle dieser Weg von der Bundesrepublik nicht verfolgt werden. Darüber hinaus wies *Bebermeyer* noch auf eine Reihe anderer Probleme hin, die bei der Diskussion des Problems Arbeitslosigkeit in Betracht zu ziehen seien. Hinsichtlich der strukturellen Entwicklung der Arbeitslosigkeit in der Bundesrepublik sei auffällig, daß der Anteil arbeitsloser Frauen stetig zunehme. Seiner Überzeugung nach sei dies auch auf die in den letzten Jahren beträchtlich gestiegene Frauenerwerbsquote zurückzuführen. Diese Entwicklung sei im Hinblick auf ihre Arbeitsmarkteffekte bisher kaum thematisiert worden. Ein weiterer Faktor, der sich negativ auf die Arbeitsmarktentwicklung auswirke, seien die hohen Sozialleistungen zu Lasten der Unternehmen. Sie seien unter der sozialliberalen Koalition eingeführt und auch nach der „Wende“ nicht zurückgeschraubt worden. Als wesentlichen Hemmschuh für die Bewältigung der Arbeitsmarktprobleme nannte *Bebermeyer* schließlich das Bildungssystem, das für die Schere zwischen Qualifikationsangebot und -nachfrage auf dem Arbeitsmarkt verantwortlich zu machen sei. Als noch stark entwicklungsfähig bezeichnete er den Dienstleistungssektor, wobei er bemängelte, daß sowohl Politiker als auch Ökonomen noch zu wenig über entsprechende Stimulierungsmöglichkeiten nachdächten.

Geschäftsführender Direktor a. D. *Günther Dehe,* Bad Kreuznach, stellte an den Referenten zunächst die Frage, ob die gegenwärtige demographische Entwicklung, die einerseits durch den Eintritt geburtenstarker Jahrgänge in das Berufsleben und andererseits durch rückläufige Schülerzahlen gekennzeichnet sei, auch Handlungschancen biete. Zum anderen warf *Dehe* die Frage auf, ob man angesichts der hohen Arbeitslosigkeit eine gewisse Reduzierung der Ausländerbeschäftigung nicht in Betracht ziehen sollte.

Prof. *Gerhard Banner,* Köln, äußerte Zweifel, ob eine alternative Wirtschaftspolitik, wie sie von *Walter* vorgeschlagen worden sei, tatsächlich realisierbar sei. Mancur Olson beispielsweise vertrete die These, daß die Preise für Arbeit und Subventionen in einem Land mit „special interest“-Koalitionen grundsätzlich fixiert seien. Dies bedeute letztlich, daß bei nachlassender wirtschaftlicher Dynamik das Produktionsvolumen bei gleichbleibenden Preisen reduziert werde und folglich Arbeitslosigkeit eintrete. Dieser Theorie nach sei Arbeitslosigkeit ein nicht eliminierbares Strukturmerkmal aller Industriegesellschaften, die wesentlich durch organisierte „special interest“-Formationen geprägt sind.

Dr. *Gerhard Maier-Rigaud,* Speyer, wies darauf hin, daß sich das ökonomische System durch eine hohe Komplexität auszeichne. Zur Erfassung der Zusammenhänge sei eine ökonomische Theorie notwendig. Die postulierten Sachzwänge seien deshalb nur die Folge des vorgetragenen theoretischen Ansatzes. Seiner Ansicht nach müsse das Problem Arbeitslosigkeit mit einer makroökonomischen Theorie angegangen werden. Er habe den Eindruck, daß *Walters* Theorie diese Anforderungen nicht erfülle. Löhne hätten sowohl eine Kosten- wie auch eine Einkommensseite. Beide Seiten könnten letztlich nicht auseinanderlaufen, denn eine Lohnsenkung hätte gleichzeitig eine Kosten- und Preissenkung und eine Reduzierung der Nominaleinkommen zur Folge. Dieser Funktionsmechanismus stehe einem dynamischen Prozeß entgegen. *Maier-Rigauds* zweiter Kritikpunkt bezog sich auf den partialanalytischen Charakter von *Walters* Theorie. Sie basiere seiner Ansicht nach auf der Vorstellung von einem irgendwie vorgegebenen Lohnfonds, der auf möglichst viele Individuen verteilt werden müsse, was jedoch nur gelingen könne, wenn jeder etwas weniger verdiene. Hier sehe er Parallelen zu gewerkschaftlichen Vorstellungen, die anstelle des Lohnfonds das Arbeitsvolumen als gegeben betrachteten und deshalb die Verkürzung der individuellen Arbeitszeit forderten.

Michael Krause, Ludwigshafen, meinte, daß *Walters* Lösungsvorschläge zwar richtig, aber nicht neu seien. Die sehr hohen Lohnnebenkosten (die in der chemischen Industrie bei ca. 89 % lägen) seien sicherlich wesentlich durch die hohen Fehlzeiten an Montagen und Freitagen sowie nach Urlaubs- und Feiertagen bedingt. Dabei dürfe allerdings nicht übersehen werden, daß ein anderer wesentlicher Teil dieser Lohnnebenkosten durch freiwillige Arbeitgeberleistungen, wie z. B. betriebliche Altersversorgung und Belegschaftsdarlehen, bedingt sei. Er möchte davor warnen, diese freiwilligen Leistungen zu streichen, auch wenn dies prinzipiell möglich sei. Seiner Ansicht nach habe *Walter* den ökonomischen Wert des sozialen Konsenses völlig unterbewertet. Er sei auch dagegen, die Allgemeinverbindlichkeitserklärungen von Tarifverträgen anzutasten. Man schaffe damit zwei Klassen von Arbeitnehmern: eine Klasse, die nach Tarif entlohnt werde und eine andere, die nach Willkür bezahlt werde. Natürlich müsse man die Lohnnebenkosten auf ein vernünftiges Maß zurückführen, aber dies habe seine Grenzen. Dies zeige seiner Ansicht nach ganz deutlich die problematische Entwicklung der Arbeitsbeziehungen in Großbritannien.

Ministerialdiregent Dr. *Gerd Pflaumer*, Bonn, stellte an *Walter* die Frage, wie er zu der gängigen These stehe, daß Unternehmen es aufgrund des hohen Dollarkurses vorgezogen hätten, Kapital in US-Fonds anzulegen anstatt zu investieren und damit Arbeitsplätze zu schaffen. Des weiteren fragte *Pflaumer* den Referenten, welchen Stellenwert er dem Begriff Solidarität beimesse. Seit längerer Zeit werde sowohl von Wohlfahrtsverbänden wie auch vom Deutschen Roten Kreuz und den Kirchen verstärkt auf diese Problematik hingewiesen.

Wiss. Assistent *Henry Cordes*, Hamburg, bezog sich zunächst auf *Walters* Anspruch, keine monokausalen Erklärungen liefern zu wollen. Seiner Ansicht nach sei *Walters* neoklassischer Ansatz jedoch monokausal. Zum anderen kritisierte *Cordes*, daß der von *Walter* hergestellte Zusammenhang zwischen Flexibilität und Beschäftigung nur in theoretischer, jedoch nicht in praktischer Hinsicht richtig sei. Dies zeige sich beispielsweise darin, daß Leiharbeitsverhältnisse nur selten zu langfristigen Beschäftigungsverhältnissen führten. Zum Beschäftigungswunder in den USA merkte *Cordes* an, daß die größte Zunahme an Arbeitsplätzen sowohl unter Carter wie auch unter Reagan in einer Periode expansiver Nachfragepolitik gefallen sei. Schließlich fragte er den Referenten, wie er den Zusammenhang zwischen Qualifikation und Beschäftigung speziell unter dem Aspekt der Jugendarbeitslosigkeit sehe. Die Bundesrepublik schneide hinsichtlich der Jugendarbeitslosigkeit im internationalen Vergleich relativ gut ab, was seiner Einschätzung zufolge nicht zuletzt auch auf das reglementierte Berufsbildungssystem zurückzuführen sei. In diesem Kontext frage er sich auch, wie *Walter* sich die Fortführung des „Modells Deutschland", d. h. exportorientierte Modernisierung mit hochqualitativen Produkten, vorstelle. *Cordes* meinte, es sei zu bezweifeln, ob mit der von *Walter* vorgeschlagenen Flexibilisierungs- und Niedriglohnstrategie die Qualifikation für die kommenden Jahre gesichert werden könnte. Daß die Bundesrepublik kein Niedriglohnland sein könne und daher auf Qualifikation setzen müsse, sei sicherlich unstrittig.

Walter ging im folgenden auf die an ihn herangetragenen Fragen und Kommentare ein. Zunächst wies er dabei auf sein Kieler Arbeitspapier mit dem Titel „Zur moralischen Begründung der Marktwirtschaft" hin, das zumindest einen Teil der an ihn gestellten Fragen abhandele. Dem Hinweis von *Pfeiffer*, daß auch nichtmonetäre Anreize zu berücksichtigen seien, stimmte Walter im wesentlichen zu. Aus seiner Sicht sei jedoch zu betonen, daß für ca. 95 % der Bevölkerung materielle Anreize immer noch am wichtigsten seien.

Walter widersprach *Bebermeyer*, daß seine Vorstellungen über Marktwirtschaft im Widerspruch zu Ludwig Erhard stünden. Ludwig Erhard habe nachdrücklich betont, daß der wichtigste Teil der sozialen Marktwirtschaft ihre Ergebnisse seien: die Sicherung von Wohlstand für alle Bevölkerungsschichten bei gleichzeitiger Bewahrung der individuellen Freiheit. Sicherlich könne dabei nicht auf den Staat verzichtet werden, notwendig sei aber ein Staat, wie er von Eucken und der Freiburger Schule beschrieben worden sei.

Zu dem von *Krause* aufgeworfenen Thema „Sozialer Konsens" führte *Walter* aus, daß er als Wissenschaftler nicht die gesellschaftlichen Präferenzen bestimmen könne. Wenn über das Festhalten an alten Strukturen tatsächlich Konsens bestehe, müsse ganz einfach der Schluß gezogen werden, daß gegenwärtig keine Fehlsteuerung, sondern vielmehr ein Optimum vorliege. Er gehe jedoch davon aus, daß eine mehrheitliche Entscheidung noch nicht als Konsens zu bezeichnen sei. Konsens sei seiner Auffassung nach das Ergebnis einer außerordentlich qualifizierten

Mehrheit. Angesichts der hohen Jugendarbeitslosigkeit könne deshalb wohl kaum von einem Konsens gesprochen werden.

Auf *Dehes* Frage nach den Konsequenzen der gegenwärtigen demographischen Entwicklung erwiderte *Walter*, daß diese nicht als Schicksal betrachtet werden dürfe. Vielmehr seien die heute zutage tretenden Probleme bereits seit 10 Jahren bekannt. Zum anderen sollten der gegenwärtige Arbeitskräfteüberschuß und die (aufgrund der schrumpfenden Bevölkerung) rückläufige Nachfrage zum Anlaß genommen werden, Human- und Sachkapital zu akkumulieren. Mit dieser Strategie, die auf einen modernen Produktionsmittelbestand sowie auf hervorragend ausgebildete Unternehmer und Arbeitnehmer ziele, könne der in den 90er Jahren eintretenden Arbeitskräfteknappheit wirkungsvoll begegnet werden. Dazu müsse gegenwärtig auch ein Ausfuhrüberschuß erzielt werden, auch wenn dies international nicht honoriert und akzeptiert werde.

Zum Thema Ausländer äußerte sich *Walter* dahingehend, daß Solidarität für ihn nicht an der Landesgrenze aufhöre. Er vertrete diese Position aus moralischen Gründen, wolle aber auch darauf hinweisen, daß Arbeitskräfte nicht prinzipiell substitutiv, sondern vor allem komplementär seien.

Mancur Olsons Theorie, die von *Banner* in die Diskussion eingebracht worden war, konnte nach *Walters* Auffassung lediglich die Entwicklung der 70er Jahre erklären. Sie erkläre jedoch nicht den Beginn einer Umorientierung in allen Industriestaaten. Daß es sich hierbei tatsächlich um einen Umbruch handele und nicht nur um einen kurzen Pendelschlag von einer Wahlperiode zur nächsten, zeige sich daran, daß die Deregulierungspolitik nicht nur in jenen Ländern eine Rolle spiele, die einen Regierungswechsel zur konservativen Seite hinter sich hätten. Natürlich sei die Deregulierungspolitik nicht in allen Ländern durchschlagend erfolgreich gewesen, aber es existierten Programme, die in diese Richtung drängten. Subventionserhöhungen würden von der Öffentlichkeit zunehmend negativ aufgenommen. Er bewerte diese Entwicklung als den argumentativen Beginn einer Neuorientierung, von der er auch glaube, daß sie in reale Politik übergeführt werden könne. Nach seiner Einschätzung gehe die Verjüngung einer Gesellschaft im Rahmen einer natürlichen Ausweitung von Bedürfnissen durchaus auch mit Perioden von Wachstum und Gründeraktivitäten einher. Diese Entwicklung, die sich bereits in den USA abzeichne, sehe er als charakteristisches Merkmal der 90er Jahre an. Aufgrund der wohlfahrtsstaatlichen Verflechtungen werde sie in Kontinentaleuropa lediglich mit einiger Verzögerung einsetzen.

Walter widersprach *Maier-Rigauds* Vorwurf, daß sein Modell statisch und partialanalytisch sei. Allerdings habe er in seinem Referat den wichtigsten mikroökonomischen Teil vorgetragen, zumal die Mikroökonomie in der Bundesrepublik besonders unterentwickelt sei. Sein Ansatz berücksichtige natürlich die Einkommensseite, aber eben im Rahmen eines offenen Modells. Dies bedeute, daß die Bundesrepublik in einem internationalen Wettbewerb stehe. Lohnsteigerungen könnten deshalb zur Folge haben, daß in der Bundesrepublik zwar die Einkommen wachsen würden, Nachfrage und Beschäftigung jedoch in den Konkurrenzländern entstünden. Er widersprach auch *Maier-Rigauds* Behauptung, er vertrete eine Lohnfondstheorie. Vielmehr habe er eine Theorie der Lohnsätze. Auch er wünsche sich, daß die Realeinkommen der Arbeitnehmer möglichst rasch und kräftig stiegen. Er glaube allerdings nicht, daß dieser Prozeß mit einer hohen Lohnsatzforderung eingeleitet werden könne. Dies hätte lediglich eine Erschwerung der Absatzmöglichkeiten und damit eine Verringerung der Einkommenschancen zur Folge.

Zuletzt ging *Walter* noch auf *Krauses* Vorwurf ein, daß seine Strategie letztlich auf ein Zweiklassensystem von Arbeitnehmern hinausliefe. Seiner Meinung nach müsse hier in Alternativen gedacht werden. Die eine Alternative bedeute, daß es zwei Klassen von Arbeitnehmern in der Art gebe, daß die eine Arbeit habe und die andere keine. Die zweite Alternative laute, daß eine Klasse von Arbeitnehmern über alte Besitzstandsrechte verfüge, während die andere Klasse diese Rechte noch nicht in vollem Umfang habe. Er präferiere die zweite Alternative, da diese auch die Chance eröffne, daß junge Arbeitslose wieder mit Leuten in der Schattenwirtschaft konkurrieren könnten. Damit wolle er nicht einer Niedriglohnstrategie das Wort reden, aber gerade in einer durch einen temporären Arbeitskräfteüberschuß gekennzeichneten Periode sei er bereit, auch das Instrument der Lohndifferenzierung einzusetzen. Darüber hinaus habe eine Lohndifferenzierung den positiven Effekt, daß sie materielle Anreize für eine berufliche und regionale Mobilität biete.

FÜNFTER TEIL

Steuerungsprobleme in einzelnen Sektoren

1. Steuerung und Fehlsteuerung im Gesundheitsbereich

Von Philipp Herder-Dorneich

Ich spreche hier als Wirtschafts- und Sozialwissenschaftler vor einem in juristischen Kategorien denkenden Hörerkreis. Das erfordert ein paar Vorbemerkungen, um Mißverständnisse von vornherein auszuräumen. Die beiden Denkweisen sind ja grundverschieden. Viele Prämissen laufen unreflektiert mit und können auch gar nicht alle gegeneinander abgesetzt werden. Dieses wird am Thema, über das ich heute sprechen soll, besonders spürbar.

Wenn man nämlich von „Steuerung und Fehlsteuerung" spricht, so wird schon durch diese Themenformulierung ein ganz bestimmtes Modell suggeriert. Nämlich:

1. Steuerung und Fehlsteuerung seien voneinander unterscheidbar. Es gäbe also einen Maßstab, an dem man erkennen könne, dies führe zu positiven Ergebnissen (ist also positiv bewertete „Steuerung") und dies führe zu negativen Ergebnissen (ist also negativ bewertete „Fehlsteuerung").
2. Steuerung sei beeinflußbar, es lasse sich z. B. aus „Fehlsteuerung" durch Eingriffe „Steuerung" machen.

Ich glaube nicht fehlzugehen, wenn man dieses Modell, das ich aus der Themenstellung herausgelesen habe, als in hohem Maße juristischem Denken nahestehend bezeichne. Hier ist es ja möglich, Recht und Unrecht zu unterscheiden, und die Menschen durch Vorschriften vom Unrecht abzubringen und auf das Recht hin zu lenken.

Das ökonomische Denken ist von vornherein ganz anders angelegt. Der Ökonom weiß, daß ihm die Kategorien „Recht" und „Unrecht" nicht zugänglich sind. Ist etwa ein Beitragssatz von 11,44 % „recht" und eine Beitragssatzerhöhung von z. B. 0,2 %-Punkten „unrecht"? Oder ist ein Krankenhauspflegesatz von 236,— DM „recht" und der Versuch, eine Erhöhung durchzusetzen, „unrecht"? Hier geht es offensichtlich um andere Kategorien. Um sie wird aber als Steuerungsergebnis gerungen. Wir müssen zugeben, sie lassen sich von außen, also von einem allgemeinen Standpunkt aus, nicht entscheiden, nicht einmal beurteilen.

Aber sagen wir einmal statt „recht" und „unrecht" schlicht „richtig" und „unrichtig". Nehmen Sie hier ein Beispiel: Ist die Verabreichung dieses Medikamentes richtig? Es lindert zwar die Schmerzen, verkürzt aber unter Umständen die Lebenserwartung. Hier versagen die naturwissenschaftlichen Maßstäbe. Es geht um ganz persönliche Entscheidungen. Persönliche Entscheidungen, die unter Umständen die Betroffenen gar nicht selbst und persönlich treffen, sondern die für sie von anderen getroffen werden. Wo sind hier die Maßstäbe?

Der Ökonom muß grundsätzlich davon ausgehen, daß es in einer pluralistisch entwickelten Gesellschaft, solche Maßstäbe als verbindliche, von allen akzeptierte, als von außen vorgegebene Daten nicht gibt.

Und nun zum zweiten suggerierten Satz in dem Modell „Steuerung/ Fehlsteuerung"; Fehlsteuerung ließe sich zu Steuerung verändern. Es wird vielfach über Fälle berichtet, wo z. B. einzelne Apotheken und Ärzte Leistungen abgerechnet haben, die gar nicht erbracht worden sind. Dies sind sicher Fehlleistungen. Sie lassen sich durch klarere und nachprüfbarere Vorschriften beheben. Aus Fehlverhalten läßt sich hier richtiges Verhalten machen.

Aber nehmen wir das Phänomen des allgemeinen übermäßigen Medikamentenverbrauchs. Es wird immer wieder berichtet, daß die Menschen zu viele und nur teilweise geeignete Medikamente gebrauchten und daß die Ärzte in ihrer Vielgeschäftigkeit diese auch verschrieben. Könnten wir dagegen mit Vorschriften angehen? Die Fragestellung heißt sie verneinen.

Oder ein anderes Beispiel aus dem Krankenhauswesen. Es wird vielfach berichtet, daß 10 % oder sogar 20 % der Krankenhausbetten durch Pflegefälle fehlbelegt seien, also durch Patienten, die der teuren Krankenhausbehandlung gar nicht bedürften, sondern kostengünstiger und auch für sie richtiger in Pflegeheimen oder ambulant zu pflegen seien. Könnte man hier durch klarere Vorschriften einschreiten? Es käme nur einfach darauf an, den „Pflegefall" vom „Krankheitsfall" eindeutiger definitorisch abzugrenzen. Dennoch liegt *hier nicht* das Problem. Wenn nämlich die Krankenhäuser gezwungen werden könnten, die Pflegefälle abzugeben, stünden die Betten leer. Die Gesamtkosten des Krankenhauses würden aber nicht wesentlich geringer ausfallen. Die Gesamtkosten müßten vielmehr jetzt auf weniger Patienten umgelegt werden. Der durchschnittliche Pflegesatz pro Tag würde also steigen. Das brächte viele Krankenhäuser in Schwierigkeiten bei den Pflegesatzverhandlungen. Wenn die Krankenhäuser aber die Pflegesätze niedrig halten sollen, dann brauchen sie notwendig neben den schwerkranken und damit teuren Patienten auch eine ausreichende Zahl weniger teurer Fälle, um einen Ausgleich zu erzielen. Sie müssen also notwendig die Abgrenzung zwischen „Pflegefällen" und „Krankheitsfällen", wie immer diese definiert ist, großzügig auslegen, um die Pflegesätze tragbar zu gestalten.

Lassen Sie mich das Problem bis hierher zusammenfassen: Die Themenstellung darf den Ökonomen nicht dazu führen, daß er auf Wertmaßstäbe als feste Daten rekurriert, noch dazu, daß Fehlverhalten immer durch Vorschriften gesteuert werden könne. Diese beiden Problemlösungen, die für viele juristische und soziale Bereiche vielleicht durchaus in Frage kommen, scheiden für unseren Problembereich von vornherein aus. Was also dann?

Der Ökonom geht in seinem Denken davon aus, daß die Menschen von Interessen geleitet werden; daß diese Interessen in einer freiheitlichen Gesellschaft grundsätzlich gleichrangig sind und daß man deshalb in die Präferenzstrukturen der Individuen nicht mit Vorschriften eingreifen könne und dürfe. Man könne allerdings die Interessen in ihrer Richtung verändern, ohne die Präferenzstrukturen der Individuen zu berühren. Lassen Sie mich dies noch ein wenig ausführen.

Wir stehen vor der Frage, wie wird soziale Steuerung möglich, wenn die pluralistischen Interessen der Individuen in gleicher Weise zum Zuge kommen sollen? Wir müssen dabei damit rechnen, daß die Interessen in einer pluralistischen Gesellschaft nicht gleichlaufen, sondern unterschiedlich sind, ja sich sogar widersprechen können.

Diese Frage galt Jahrhunderte lang als nicht lösbar. Man glaubte, eine Gesellschaft könne nur überleben, wenn alle auf die gleichen Werte, auf die gleiche Weltanschauung, ja sogar auf die gleiche Theologie verpflichtet würden. Notfalls sei auch Gewalt zu akzeptieren, da anders das Überleben der Gesellschaft nicht gesichert werden könne. Interessenvielfalt führe notwendig zu Konflikten; Konflikte aber seien zerstörerisch.

Daß Konflikte zerstörerisch sind, stimmt natürlich noch heute; aber es stimmt nicht mehr *ausschließlich*. Man hat nämlich entdeckt — und das ist eine der umwälzendsten Erfindungen der Sozialtechnik —, daß Konflikte mit Konflikten kombiniert werden können, und daß sich aus elementaren Konflikten Konfliktstrukturen weben lassen. Eine der wichtigsten Konfliktstrukturen ist der Wettbewerb. In der Wettbewerbsordnung werden Konflike kanalisiert, in einer Weise, daß sie ihre negativ wirkende zerstörerische Energie verlieren und ins Positive wenden. Aus Lasten werden also Kräfte.

Lassen Sie mich die Konfliktstruktur „Wettbewerb" kurz darstellen. Die Anbieter stehen untereinander in Konflikt, ich bezeichne ihn als „Rivalitätskonflikt". Jeder der Anbieter möchte den anderen übertreffen und Gewinne auf sich ziehen. Auch die Nachfrager stehen in „Rivalitätskonflikten". Denn jeder Nachfrager möchte möglichst besser abschneiden als die anderen und seinen Konsumnutzen verbessern. Die beiden Gruppen untereinander stehen ebenfalls in Konflikt. Denn die Anbieter verfügen über Güter und Leistungen und sie wollen möglichst viel dafür gewinnen; und die Nachfrager haben diese Güter und Leistungen notwendig und sie wollen möglichst wenig dafür einsetzen. Ich nenne das den „Versorgungskonflikt".

Nun kombiniert Wettbewerbsordnung diese drei Konflikte (nämlich die beiden Rivalitätskonflikte und den Versorgungskonflikt) zu einer ganz bestimmten Struktur. Die Rivalen können in dieser Konfliktstruktur ihre Konflikte nur so untereinander austragen, daß sie die Versorgung der Partner verbessern. Die Anbieter können z. B. nur dann Gewinne machen, wenn sie die Nachfrager bedienen. Und die Nachfrager können ihren Nutzen nur mehren, wenn sie den Anbietern die Mittel zur Produktion der Versorgung in der Form von Preisen zur Verfügung stellen.

Interessenvielfalt führt zu Konflikten, und Konflikte zerstören. Das ist und bleibt richtig. Aber wir brauchen bei einem einfachen Konflikt nicht stehenzubleiben. Die Sozialtechnik hat Fortschritte gemacht. Die Erfindung heißt „Konfliktstruktur" und „Wettbewerbsordnung". In einer Wettbewerbsordnung treffen die unterschiedlichen Interessen aufeinander, die daraus sich entwickelnden Konflikte führen aber nicht zur Zerstörung der Gesellschaft, sondern mehren ihren Wohlstand.

Damit wird die Problemlösung des Überlebens in Konflikt sichtbar. Es kommt nicht darauf an, die unterschiedlichen, ja sogar gegensätzlichen Interessen gleichförmig zu machen, denn das würde notwendig bedeuten, in die Präferenzstrukturen der Individuen einzugreifen, diese aufzuheben und die freiheitlichen Voraussetzungen aufzuheben. Ein solches Bemühen würde den Grundprinzipien einer freiheitlichen Gesellschaft widersprechen. Dem also muß sogar entschieden entgegengewirkt werden.

Es kommt darauf an, die unterschiedlichen Interessen in eine Wettbewerbsstruktur so einzubinden, daß Wettbewerbsordnung entsteht, welche die Konflikte ins Positive zu kehren in der Lage ist und ihre Kräfte zur Wohlstandsmehrung einzusetzen vermag.

In der Ideengeschichte des Wettbewerbs lassen sich drei wichtige Entwicklungsstufen erkennen:

1. Die Grundidee, also die sozialtechnische Basisentdeckung, wurde bereits durch die frühen Klassiker vor rd. 200 Jahren gemacht. Die Idee war: Wettbewerb schafft Wohlstand. Der Irrtum der Klassiker lag darin, daß sie sich im Glauben wiegten, Wettbewerbsordnung käme von selbst zustande. Das ist aber nicht der Fall. Wettbewerb als

Konfliktstruktur ist ein äußerst anfälliges Gebilde, das nur allzu leicht wieder zerfällt.

2. Auf eine zweite Stufe wurde die Wettbewerbstheorie durch die Neoliberalen gehoben. Diese erkannten im Verlauf der 30er Jahre dieses Jahrhunderts, daß Wettbewerb eine künstliche Veranstaltung ist, die äußerst labil bleibt und durch sorgfältige Wettbewerbsordnungen geschützt und gestützt werden muß. Wettbewerbsgesetze zum Schutze des lauteren Wettbewerbs und zum Schutze gegen Monopole, Kartelle und Fusionen sind notwendig. Dies sind aber alles Vorschriften, die den Handlungsrahmen, innerhalb dessen Wettbewerb verläuft, abstecken und nicht die wettbewerblichen Aktionen selbst vorschreiben.

3. Eine dritte Stufe erreichte die Wettbewerbstheorie im Verlauf der 60er Jahre. Jetzt wurde sichtbar, daß die Grundfigur „Wettbewerb" nicht nur für den „wirtschaftlichen" Wettbewerb ausgenutzt werden kann, sondern auch für andere Konfliktbereiche. Es entstand die „Ökonomische Theorie der Politik", die Demokratie als Wettbewerb der Politiker um Wählerstimmen beschrieb; es wurde die „Ökonomische Theorie der Verbände" entwickelt, die den Wettbewerb der Verbände untersucht, die „Ökonomische Theorie der Bürokratie", die die Konflikte in bürokratischen Ordnungen analysiert usw. Wettbewerb erwies sich als ein Grundmodell, das sich in vielfältiger Form variieren läßt.

Damit kommen wir notwendig vor die Frage: Welches ist die richtige Wettbewerbsordnung? Wenn es nämlich viele Wettbewerbsordnungen gibt und unterschiedliche Wettbewerbsordnungen eingesetzt und gestaltet werden können, muß dann nicht entschieden werden, welche von ihnen im einzelnen Fall zum Zuge kommen soll? Diese Frage ist deshalb von außerordentlich großer Bedeutung, weil die Interessen selbst von der Wettbewerbsordnung abhängig sind. Interessen bestehen nicht an sich, sondern existieren immer „in Bezug auf". Sie sind zielbezogen, partnerbezogen und damit systembezogen. Interessen formen sich auch nicht an sich, sondern immer „in Reaktion auf". Sie sind erfahrungsbezogen, damit wiederum partnerbezogen und so auch systemabhängig.

Wir müssen also unseren ursprünglichen Ansatz korrigieren, bei dem wir von „Interessen" als von außen vorgegebene Daten ausgingen, und Wettbewerb als eine Veranstaltung zur Koordination dieser Interessen entdeckten. Indem Interessen in die Wettbewerbsstruktur hereingenommen werden, wird ihre Artikulation selbst betroffen. Sie sind nun nicht mehr „Datum" eines Prozesses, sondern selbst „Bestandteil" dieses Prozesses. Ein einfaches Beispiel: Ein Individuum steht vor der Wahl A) oder B). Es wählt A). Jetzt wird ihm auch C) als Option vorgestellt.

Es wählt B). Der Wahlakt führte also zu einem anderen Ergebnis — aber nicht, weil die Präferenzstruktur des Individuums sich geändert hätte, sondern weil der Prozeß ausgeweitet wurde. Die Option C), die vordem nicht in Reichweite war, ist mit einbezogen worden. Das bedeutet, daß eine Wettbewerbsordnung, die mehr oder andere Faktoren umfaßt, eben auch zu anderen Ergebnissen führt, also auch zu einer anderen Interessenkoordination, als ein Wettbewerb, der weniger oder wiederum andere Faktoren umfaßt. Die Individuen ändern dabei ihre Präferenzstrukturen nicht, wohl aber ihre Wahlakte.

Und hier ein Beispiel aus dem Gesundheitswesen: Ein Patient ist pflegebedürftig. Soll er ambulant versorgt werden oder in ein Krankenhaus eingewiesen werden? Der Arzt kommt zu der Entscheidung, daß stationäre Pflege notwendig sei. Durch neue soziale Ordnungspolitik werde jetzt das System verändert. Es werden Sozialstationen eingerichtet, die in der Lage sind, Pflegedienste anzubieten. Jetzt ist ambulante Pflege möglich, der Arzt weist nicht ein, sondern wählt die ambulante Option.

Und dasselbe Beispiel aus einer anderen Sicht: Das Krankenhaus bemüht sich um den Pflegefall, weil es unter den Bedingungen einer tagesgleichen Pauschale Vollbelegungspolitik betreiben muß. Jetzt wird die Abrechnungsmethode verändert, es werden nicht Pauschalen, sondern Einzelleistungen vergütet. Das Krankenhaus verändert entsprechend sein Verhalten, gibt die Pflegefälle an Sozialstationen ab und konzentriert sich auf die schweren Fälle, die viele Einzelleistungen notwendig machen. Der Ordnungsrahmen vermag die Interessenrichtung zu verändern.

Kehren wir nach diesen Überlegungen zum Ausgangspunkt zurück. Die Interpretation unseres Themas hat sich entscheidend verändert. „Steuerung", das ist jetzt deutlich geworden, heißt in unserem Bereich und in einer freiheitlichen Gesellschaft nichts anderes, als den Entscheidungen der Individuen einen Ordnungsrahmen, und zwar speziell einen Wettbewerbsrahmen, zur Verfügung zu stellen. Aber was bedeutet nun „Fehlsteuerung"? Es verweist auf Kritik am Ordnungsrahmen. Dieser sei nicht richtig, oder nicht der richtige. Zwei grundsätzliche Interpretationen sind möglich:

1. Der Ordnungsrahmen ist nicht *„richtig"*. Er ist nicht richtig organisiert. Er weist Fehler auf. Er ist nicht in der Lage, die zugrundeliegenden Konflikte in diejenige Kombination zu bringen, die sie zur Konfliktstruktur „Wettbewerb" mit ihren positiven Wirkungen werden läßt. Das ist eine Kritik an der Sozialtechnik. Es werden Systemdefekte, Steuerungsdefizite, eben „Fehlsteuerungen" aufgedeckt. Die Ordnungstheorie nennt eine lange Liste solcher Systemdefekte

und eine ebenso lange Liste, wie solche Systemdefekte behoben werden können.

2. Der Ordnungsrahmen ist nicht *„der richtige"*. Er weist zwar keine Defekte auf, ist also im einzelnen wohl organisiert und in dieser Hinsicht „in Ordnung". Aber er ist dennoch nicht geeignet, das anstehende Problem zu lösen, weil er z. B. entscheidende Faktoren oder entscheidende Gruppen nicht mit einbezieht und deshalb das Problem nicht wirklich abdeckt. Man spricht hier von „Systemversagen". Das System „versagt" in ähnlicher Weise, wie ein Sportwagen im Berggelände steckenbleibt, und ein Geländewagen, der hier gut durchkommt, auf der Autobahn gegenüber dem Sportwagen zurückbleibt. Die beiden Systeme sind jeweils „in Ordnung", aber sie sind zur jeweiligen Problemlösung „nicht richtig" eingesetzt.

Am Beispiel der beiden Autos ist „Systemversagen" allerdings leicht festzustellen, weil die Problemlage als Datum vorgegeben werden kann. Im sozialen Bereich und vor allem im Gesundheitswesen ist das nicht so leicht möglich, denn die Systeme sind nicht nur problemlösend, sondern auch problemschaffend. Sie produzieren gewissermaßen die Probleme selbst, die sie dann wiederum lösen. Die Beurteilung kann hier also nicht einfach an datenhaft vorgegebenen Aufgaben ausgerichtet werden, sondern muß in eine Wechselbeziehung einsteigen, die grundsätzlich von außen nicht aufgebrochen werden kann.

Das Schulbeispiel aus dem Gesundheitswesen bietet hierfür die gegenwärtig diskutierte sogenannte „Ärzteschwemme". Durch die Rede von der „Ärzteschwemme" wird folgendes suggeriert: Es würden mehr Ärzte von den Ausbildungssystemen produziert, als gebraucht würden. Damit entstehe Überfluß; dieser wird mit der Bezeichnung „Schwemme" negativ bewertet. Es liege also Überproduktion vor und damit Systemversagen. Die negative Beurteilung in diesem Modell ist deshalb möglich, weil man von dem Gedanken ausgeht, es gäbe einen irgendwie vorgegebenen „Bedarf" an Ärzten. Also eine Ziffer, an der sich „notwendige", „ausreichende", „übermäßige" Versorgung messen läßt. Im Gesundheitswesen gibt es das aber nicht. Denn der Bedarf an Ärzten ergibt sich aus der ärztlichen Tätigkeit selbst. Die Nachfrage nach ärztlichen Leistungen ist nicht irgendwie als Datum vorgegeben, sie geht auch nicht einseitig von den Patienten als Nachfragern aus, sondern sie ist Produkt der ärztlichen Tätigkeit selbst. Die Nachfrage ist „angebotsinduziert". Mehr Ärzte induzieren auch mehr Indikationen. Wenn aber das Angebot seine Nachfrage selbst hervorzubringen vermag, ist Angebot und Nachfrage immer ausgeglichen. Ein Übermaß von Angebot gegenüber der Nachfrage kann in diesem Falle nicht festgestellt werden. Ein nachfrageinduzierendes System kann deswegen in dieser Frage gar nicht „versagen". Jedenfalls kann „Versagen" in diesem System nicht festgestellt werden.

Versagen ergibt sich erst, wenn wir ein anderes, also ein anders konstruiertes System dazu schalten. Erst im Vergleich zwischen beiden Systemen ergibt sich, daß das eine zu Polypragmasie — also zu Vielgeschäftigkeit — führt, während das andere Zufriedenstellendes bereits auf niedrigerem Niveau zu erbringen vermag. Das „Versagen" des Systems spiegelt sich *im Metasystem.*

Lassen Sie mich den Gedanken von System und Metasystem an unserem Beispiel von der Ärzteschwemme ausführen.

Ärzteschwemme, also Überangebot, ist in unserem modellhaft angenommenen Gesundheitssystem mit angebotsinduzierter Nachfrage grundsätzlich nicht feststellbar. Nun kombinieren wir dieses Gesundheitssystem mit einem verbandlichen System. Die Kosten der ärztlichen Leistungen fallen jetzt auf die Kassen, die als Verbände organisiert sind. Sie haben in Selbstverwaltung, also autonom, die Beitragssätze festzulegen. Bei steigendem Leistungsvolumen steigen auch die finanziellen Anforderungen an die Kassen. Diese reagieren zunächst mit Beitragserhöhungen. Sie sehen sich indes allmählich an eine „Schallgrenze" gedrängt, jenseits deren Beitragserhöhungen nicht mehr möglich sind. Jetzt beginnen die Kassen vom „Versagen", von „Überangebot" und von „Schwemme" zu reden. Im reinen ärztlichen System erscheint die Leistungsausweitung als ärztliche „Leistung", also als positiver Steuerungseffekt. Im Verbandssystem der Kassenorganisation aber wird „übermäßige Leistung", also „Fehlsteuerung" angezeigt. Hier bildet sich eine negative Bewertung.

Und damit kommen wir zu unserem letzten Fragenkomplex: Wie kann Fehlsteuerung in Steuerung überführt werden?

In unserem Beispiel von der Ärzteschwemme wird bereits Fehlanzeige zu dieser Frage sichtbar. Denn handeln können nicht die Kassen, sondern nur die Politiker. Diese aber sind nicht disponiert, einzugreifen. Wir stehen dabei vor einem typischen ordnungspolitischen Dilemma:

— Das System A, nämlich das ärztliche System, zeigt optimale Steuerung an.

— Das System B, nämlich die Kassenorganisation, zeigt Fehlsteuerung an.

— Eingreifen muß das System C, nämlich die Politiker. Diese sind aber nicht eingeschaltet und sind auch nicht geneigt, aktiv zu werden; die Politiker müßten nämlich davon ablassen, die vergleichsweise immens teure Medizinerausbildung weiterhin kostenlos durch die Bildungspolitik bereitzustellen. Sie müßten diese aufwendige Ausbildungssubvention abbauen. Im Subventionsabbau aber „versagt" demokratische Politik aller bisheriger Erfahrung nach, so daß das politische Eingreifen nicht zustande kommt.

Wir haben hier eine Situation vor uns, die ich als „ordnungspolitisches Patt" bezeichne: es kommt nichts zustande, ja das System, das eingreifen müßte, zeigt nicht einmal „Fehlsteuerung" an.

Ich möchte Ihnen nun eine andere Situation vorstellen, bei der die Reform, die einerseits zwar versucht, Fehlsteuerung zu beheben, systemnotwendig doch nur dazu führt, Fehlsteuerung zu verstärken: Es ist die gegenwärtig viel diskutierte „Selbstbeteiligung".

Während man bei der Diskussion der „Ärzteschwemme" von einem übermäßigen *Angebot* ausgeht, nimmt die Diskussion um Selbstbeteiligung eine übermäßige *Nachfrage* nach Gesundheitsleistungen an.

Eine Erklärung für diese übermäßige Nachfrage nach Gesundheitsleistungen vermag der „Beitragsmechanismus" abzugeben. Im Beitragssystem der Gesetzlichen Krankenversicherung werden die Leistungen im sogenannten „Sachleistungsverfahren" unentgeltlich abgegeben. Die Kosten dafür werden am Ende der Periode auf die Versicherten nach einkommensabhängigen Schlüsseln umgelegt. Bei kostenloser Abgabe der Leistungen wird es für die Versicherten rational, den Verbrauch auszudehnen; das Bewußtsein, daß am Ende auch bei geringem Verbrauch dennoch Zwangsbeiträge gezahlt werden müssen, läßt es rational erscheinen, auf jeden Fall Leistungen in Anspruch zu nehmen, um die Beiträge wenigstens zu einem Teil wieder „hereinzuholen". Wenn alle so denken und ihre Inanspruchnahme ausdehnen, steigen die Kosten. Diese werden wiederum umgelegt. Jetzt ist es wiederum rational, die Nachfrage noch weiter auszudehnen, um die höheren Beiträge wieder hereinzuholen. Wenn viele sich so verhalten, steigt die Nachfrage, es steigen die Umlagen, usw. Es entsteht ein sich selbst antreibender, sogenannter „kumulativer" Expansionsprozeß.

Dem wollen die Selbstbeteiligungs-Reformer entgegenwirken. Sie möchten die Nachfrage mit Selbstbeteiligungszahlungen belasten und damit reduzieren. Das Finanzvolumen, das durch Selbstbeteiligung hereinkommt, soll außerdem dazu dienen, die Beiträge zu senken, um die expansive Beitragsmentalität zurückzudrängen. Der expansiven Wirkung des Beitragsmechanismus soll die kontraktive Wirkung der Selbstbeteiligung entgegengesetzt werden.

Der Gedanke ist bis hierher richtig. Allerdings darf man mit ihm hier nicht stehenbleiben, wie dies die Selbstbeteiligungs-Reformer gewöhnlich tun. Man muß den Gedanken zu Ende denken.

Die Selbstbeteiligung nämlich muß durch die Politiker eingeführt werden. Die Politiker werden dazu aber ihre politischen Kalküle anstellen und nach Stimmengewinnen und Stimmenverlusten fragen. Die Rücksteuerungswirkungen können ihnen Stimmengewinne einbringen, aber Selbstbeteiligung hat nicht nur kostendämpfende, sondern noch andere Wirkungen, nämlich Verteilungswirkungen. Durch Selbstbeteiligung werden die Viel-Nachfrager stärker belastet als die Wenig-Nachfrager. Viel-Nachfrager sind aber die Rentner, die Kinderreichen, die Langzeitkranken. Diese Gruppen zu belasten bringt Stimmenverluste. Die Politiker versuchen nun gemäß diesem Stimmenkalkül die Stimmenverluste möglichst gering zu halten. Sie sind deshalb nur bereit, eine relativ geringe Selbstbeteiligung einzuführen, die möglichst unter der Merklichkeitsgrenze verbleibt. So liegen z. B. 5,— DM Selbstbeteiligung pro Krankenhaustag unter der Merklichkeitsgrenze. Politisch kommen entsprechend also nur sehr geringe Selbstbeteiligungen zustande.

Diese geringen, unter der Merklichkeitsgrenze verbleibenden Selbstbeteiligungen aber haben keine Steuerungswirkungen. Kostendämpfung wird also nicht erzielt. Die Kassen können bei solch niedriger Selbstbeteiligung auch nicht dazu veranlaßt werden, die Beiträge zu senken. Am Ende findet Rücksteuerung nicht statt, Beitragssenkung erfolgt nicht; es bleibt also beim alten, nur sind die Selbstbeteiligungen jetzt noch zusätzlich zu bezahlen. Es tritt also zusätzliche Finanzexpansion ein. Selbstbeteiligung, die ursprünglich Kostenexpansion bekämpfen sollte, führt so schließlich zu weiterem Antreiben der Expansion. Fehlsteuerung also wird nicht abgebaut, sondern durch weitere Fehlsteuerung am Ende noch verstärkt.

Diese Überlegung zeigt, daß es nicht ausreicht, plausibel klingende Reformen auszudenken. Sie müssen auch zieladäquat und systemkonform sein. Das ist in einem so komplexen System, wie dem Gesundheitswesen, nicht leicht im einzelnen festzustellen. Einige Prinzipien lassen sich nennen:

1. Reformerisches Eingreifen heißt eingreifen in soziale Systeme. Die Eingriffe müssen die Interdependenz in diesen Systemen berücksichtigen. Sie müssen sich darauf beschränken, die fehlsteuernden Systeme zu ordnen. Ich spreche deshalb von „sozialer Ordnungspolitik“.

2. Die Eingriffe müssen die Interessen aller Beteiligten berücksichtigen. Sie dürfen nicht nur die Interessen der Anbieter im Auge haben, sondern auch die der Nachfrager, der Politiker, der Verbände und nicht zuletzt die der öffentlichen Meinung. Wohl gemeinte Konzepte, wie z. B. die Selbstbeteiligungs-Politik, die nicht die politischen Kalküle der Politiker und nicht die Interessen der Verbände berücksichtigen, führen am Ende zu nichts oder sogar ins Gegenteil.

3. Die Eingriffe sind zu minimieren. Es ist also in möglichst kleinen Schritten vorzugehen. Das hält die Widerstände gering, mindert die Risiken, daß Fehlsteuerungen auftreten, und macht Fehlschritte revidierbar. Rationale Ordnungspolitik muß davon ablassen, die große Reform durchführen zu wollen. So wird gerade gegenwärtig wieder eine große „Strukturreform der Gesetzlichen Krankenversicherung" angekündigt. So etwas bleibt im Dickicht der Interessen und im Grabenkrieg der Beteiligten hängen.

4. Es ist möglich, die Eigendynamik der Systeme auszunutzen; die Kräfte sozialer Bewegung sind bewußt einzusetzen, um so den Aufwand, Reformen durchzusetzen, zu minimieren.

Ich glaube, ich konnte Ihnen zeigen, daß das Thema „Steuerung und Fehlsteuerung im Gesundheitsbereich" ein Modell suggeriert, das nicht unbesehen übernommen werden darf. Wir müssen damit rechnen, daß Fehlsteuerung, die Außenstehende zu erkennen glauben, z. B. die Wissenschaft zu erkennen glaubt, nicht notwendig auch von den beteiligten sozialen Systemen so angezeigt wird. Wir müssen damit rechnen, daß angezeigte Fehlsteuerung sich gar nicht aufgreifen läßt, daß Reformen nicht zu den Zielen hinführen, auf die sie eigentlich ausgerichtet sind, und daß die sozialen Kräfte nicht ausreichend sind, die Gegenkräfte, die sich der Reform entgegenstellen, zu überwinden.

Diese Schwierigkeiten zu erkennen und Wege, mit ihnen fertigzuwerden, aufzufinden, ist Aufgabe an sozialpolitische Wissenschaft. Sie macht sorgfältige Analyse der sozialen Systeme notwendig. Politische Ökonomie vermag zu dieser Analyse verwertbare Modelle beizutragen. Ich habe Ihnen einige Modellüberlegungen vorgestellt, und ich konnte Ihnen anhand dieser Modelle auch zeigen, daß viele der gegenwärtig angepriesenen Lösungen unbrauchbar oder utopisch sind.

2. Steuerung und Fehlsteuerung in den Alterssicherungssystemen

Von Konrad Littmann

Die Fragen, zu denen ich mich äußern werde, scheinen in der einschlägigen Literatur, scheinen in den Medien bereits recht erschöpfend behandelt worden zu sein. Heißt es nicht Eulen nach Athen tragen, wenn in meinem Referat von den Nöten, von den Fehlsteuerungen in den Systemen der Alterssicherung berichtet werden soll? Hat nicht hierzulande jeder Bürger vernommen, daß die gesetzliche Rentenversicherung immer wieder in schwierigen finanziellen Situationen dümpelt, in finanziellen Nöten, die in absehbarer Zukunft sogar dramatische Dimensionen annehmen dürften? Und befürchten die sozialpolitischen Auguren nicht zu Recht einen massiven Anstieg der Beiträge zur gesetzlichen Rentenversicherung? Immerhin werden für das Jahr 2030 Beitragssätze bis zu 35 % prognostiziert, die erforderlich wären, damit die Sozialversicherung dann ihren Verpflichtungen gegenüber den Rentnern in dem einmal zugesagten Rahmen nachkommen kann. Oder sollten, um die kritische Masse der Alterssicherung zu neutralisieren, die Weichen der Sozialgesetzgebung neu gestellt, durch kühne Reformen die doch so offensichtlichen Fehlsteuerungen in der Entwicklung der Altersrenten korrigiert werden? Haben sich nicht in jüngerer Zeit hervorragende Repräsentanten der deutschen Politik — wie Biedenkopf und Bangemann — für eine grundlegende Remedur der Alterssicherung ausgesprochen? Und sind nicht von ihnen bereits Konzepte entwickelt worden, die ihrer Auffassung nach die Alterssicherung langfristig wieder funktionsfähig und kontrollierbar machen dürften? Genug der Fragen, die — auf einen gemeinsamen Nenner gebracht — auf jeden Fall ein verbreitetes Unbehagen gegenüber der Leistungsfähigkeit, gegenüber den Steuerungsmechanismen der Alterssicherung dokumentieren.

Zuweilen drängt sich dem Beobachter des politisch-sozialen Geschehens die Vermutung auf, daß sich eine herrschende Auffassung über die Ursachen der Fehlsteuerung in der Alterssicherung herauszubilden beginnt. Und insoweit konzentriert sich das Verdikt vor allem auf einen Punkt. Grob formuliert lautet er: Das Umlageverfahren, das der sozialen Alterssicherung eigen ist, läßt gerade jene Selbststeuerungsmechanismen vermissen, die das Kapitaldeckungsverfahren auszeichnen, das seinerseits wiederum ein notwendiges Element der privaten Altersversicherung bildet. Und so erklärt sich vielleicht auch der bemerkenswerte Umstand, daß sich das politische Interesse den Entwürfen neuer Konzeptionen zur Alterssicherung schon zuwendet, bevor die Möglichkeiten von sanierenden Reformen an den gegenwärtigen Systemen der Alterssicherung ernsthaft in Angriff genommen, geschweige denn ausgeschöpft worden sind.

Ich darf daher um Ihre Nachsicht bitten, wenn ich zögere, an dieser Stelle zum intellektuellen Sprung in eine bessere Zukunft der Alterssicherungssysteme anzusetzen. Ich bewundere zwar immer wieder den Scharfsinn von Kritikern, aber mitunter fällt es mir nicht leicht, allen Kritikern Scharfsinn zu attestieren. Und auf den hier entscheidenden Punkt bezogen, scheint es mir zuweilen, als ob ein gutes Stück Kritik an den Alterssicherungssystemen fehlläuft, häufig sogar schlicht in die Irre geht. Zur Vermeidung von Mißverständnissen: Die heutige Alterssicherung enthält ohne Zweifel eine Reihe schwerwiegender Mängel, die in der Folge soziale Fehlsteuerungen bewirken. Über sie wird zu sprechen sein. Aber die Alterssicherungssysteme, und namentlich die gesetzliche Rentenversicherung werden nach meiner festen Überzeugung nicht deswegen obsolet, weil — entsprechend den Hochrechnungen des Sozialbeirates und anderer Institutionen — zum Beispiel in den vor uns liegenden Jahrzehnten Beiträge in nahezu astronomischer Höhe zur Deckung der Rentenansprüche erforderlich werden könnten.

Täusche ich mich nicht, so beruhen die düsteren finanziellen Perspektiven der gesetzlichen Rentenversicherung vornehmlich weder auf dem Umlageverfahren noch auf irgendeinem anderen immanenten Bestandteil der sozialen Alterssicherungssysteme, sondern sie sind in erster Linie das Ergebnis tiefgreifender demographischer Änderungen. Zur Vereinfachung des Gedankens vernachlässige ich alle Wanderungsbewegungen, die ebenfalls auf die Bevölkerungsstruktur einwirken können. Unter dieser Voraussetzung gilt, daß in einer *stetig wachsenden Bevölkerung* der Anteil der Älteren an der Gesamtpopulation abnimmt. Dieser demographische Prozeß bewirkt also c. p. eine ständige Verbesserung in dem Verhältnis der Gruppe der Erwerbspersonen zwischen 15 und 60 Jahren einerseits zur Kohorte der über Sechzigjährigen andererseits. Mithin ändert sich aber auch tendenziell gleichgerichtet die Relation zwischen Beitragszahlern und Leistungsempfängern in der gesetzlichen Rentenversicherung, so daß sich die finanzielle Perspektive der kollektiven Alterssicherung selbstverständlich in Optimismus gefällt.

Umgekehrt ist die Situation kollektiver Alterssicherungssysteme einzuschätzen, wenn *die Bevölkerung stetig schrumpft.* Der Alterslastquotient nimmt zu: Weniger Beitragszahlern stehen — zumindest: relativ —

immer mehr Rentner gegenüber, mit der Folge, daß Scheren in der Entwicklung der Ausgaben und Einnahmen von kollektiven Alterssicherungssystemen zum politischen Tagesgeschehen degenerieren, also die Finanzen der kollektiven Alterssicherung nahezu ununterbrochen von Engpässen und Defiziten gebeutelt werden.

Die geschilderten Abhängigkeiten sind von trivialer Natur, sie benötigen keine weiteren Interpretationen. Unstrittig ist auch, daß nach allen verfügbaren Informationen die deutsche Bevölkerung während der kommenden vier Jahrzehnte schrumpfen wird. Diese Feststellung gilt selbst dann, wenn die Nettoreproduktionsrate, die zur Zeit für die deutsche Bevölkerung der Bundesrepublik einen Wert von annähernd 0,6 annimmt, bis zum Jahre 2000 auf den Wert 1 ansteigen sollte. Bei einer Nettoreproduktionsrate von 1 werden bekanntlich gerade soviel Mädchen geboren, um die Müttergeneration voll ersetzen zu können. Freilich, für eine derartig revolutionäre Änderung im generativen Verhalten wie sie sich in einer sprunghaften Erhöhung der Nettoreproduktionsrate von 0,6 auf 1 manifestieren würde, ist auch beim besten Willen kein Verdachtsmoment zu erkennen.

Das demographische Szenario könnte durch verschiedene andere Umstände, z. B. durch den Fortschritt der Medizin, stärker in diese oder jene Richtung gedrängt werden. Für das Räsonnement selbst dürften jedoch allein Wanderungen von entscheidender Bedeutung sein. Wanderungen, insbesondere solche innerhalb des Raumes der EG-Mitgliedstaaten sind nicht auszuschließen, sie können allerdings in keiner Trendextrapolation, in keiner wissenschaftlichen Prognose oder Projektion erfaßt werden. Ich räume die Möglichkeit von Wanderungen selbstverständlich ein und vermute dabei nicht nur einen Zustrom von Menschen aus Anatolien in die Bundesrepublik.

Sollten die in Verbindung mit den Wanderungen auftretenden Beschäftigungsprobleme in der Bundesrepublik zufriedenstellend gelöst werden, dürfte der Zustrom von ausländischen Erwerbstätigen, die weitgehend auch sozialversicherungspflichtig wären, wenigstens vorübergehend eine finanzielle Entspannung der Rentenversicherung bewirken. Da sich aber nach allen Erfahrungen die Gastarbeiterfamilien im generativen Verhalten außerordentlich schnell der deutschen Bevölkerung anpassen, werden durch Wanderungsbewegungen die Probleme der Rentenversicherung nicht definitiv beantwortet, sondern nur zeitlich verschoben. Ich meine daher, die Politik sei gut beraten, wenn sie nicht auf Wanderungen setzt, um die Finanzierung der Alterssicherung zu bewältigen, zumal Wanderungen in die Bundesrepublik neue soziale Aufgaben auf anderen Feldern schaffen werden, die im Zweifel mit beachtlichem finanziellem Aufwand der Gebietskörperschaften verbunden sein werden.

Wie die Dinge liegen, empfiehlt sich als demographischer Ausgangspunkt für die langfristige Analyse der Alterssicherung die Unterstellung eines anhaltenden Bevölkerungsrückgangs, der zugleich Verschiebungen in der Altersstruktur zu Lasten der Gruppe der Erwerbstätigen bewirkt.

An dieser Stelle möchte ich nachdrücklich auf eine Parallele zu den Auswirkungen demographischer Änderungen auf die Rentenversicherung verweisen. Auf dem gleichen Nexus beruhend, im Ablauf und im Ergebnis jedoch geschickt getarnt, unterliegt ebenfalls die Beamtenversorgung den finanziellen Konsequenzen, die aus der Bevölkerungsentwicklung resultieren. Ungeachtet aller rechtlichen Unterschiede ist aus ökonomischer Sicht eine wichtige Gemeinsamkeit von gesetzlicher Rentenversicherung und Beamtenversorgung zu konstatieren. Die Finanzierung beider Systeme erfolgt nämlich — gesamtwirtschaftlich betrachtet — im Umlageverfahren. Hier werden durch Beiträge, dort durch Steuern Mittel dem Wirtschaftskreislauf entzogen, die den Haushalten der Rentner und Pensionäre zufließen und von dort wiederum — entsprechend den Konsum- und Sparentscheidungen der Rentner und Pensionäre — in den Wirtschaftskreislauf erneut einmünden. Ich zögere nicht einen Augenblick festzustellen, daß bei schrumpfender Bevölkerung der Anteil der pensionierten Beamten an der Gesamtpopulation zunimmt, mit der Folge, daß c. p. im Laufe der Zeit zur Finanzierung der Beamtenversorgung absolut und relativ immer mehr Mittel eingesetzt werden müssen. Ein prinzipieller Unterschied gegenüber der Rentenversicherung besteht aus dieser Sicht nicht.

Um die Aufzählung abzuschließen, genügt der Hinweis, daß ähnliche Wirkungsketten auch bei der Zusatzversorgung des öffentlichen Dienstes und den meisten Formen der betrieblichen Alterssicherung effizient werden. Für diese Arten der Alterssicherung, die — in gesamtwirtschaftlicher Interpretation — das Umlageverfahren anwenden, um die Leistungen an ältere Bürger, um also die Renten und Pensionen zu finanzieren, gilt augenscheinlich uneingeschränkt der einfache und klare Satz von Mackenroth, daß aller Sozialaufwand immer aus dem Volkseinkommen der laufenden Periode gedeckt werden muß.

Welche Konsequenzen sind aus den Erwägungen zu ziehen? Ich fasse die Aussagen in zwei Punkten zusammen:

(1) Kollektive Alterssicherungssysteme — zu ihnen zählen neben der gesetzlichen Rentenversicherung und der Beamtenversorgung auch die Zusatzversorgung im öffentlichen Dienst und gewisse Formen der betrieblichen Alterssicherung — sind in ihrer Finanzlage abhängig von demographischen Faktoren; und

(2) liegen keine systemimmanenten Steuerungsfehler in der kollektiven Alterssicherung vor, wenn durch Änderungen der Altersstruktur

der Bevölkerung gravierende finanzielle Belastungen auf die Träger der Alterssicherung zukommen. Die causa movens dieser Probleme ist nicht in den Verfahren und Regeln der kollektiven Alterssicherung zu suchen, sondern sie ist außerhalb der Systeme der Alterssicherung lokalisiert; sie ist durch den Wandel im generativen Verhalten, sie ist durch Geburt und Tod determiniert.

Erlauben Sie mir, den zweiten Punkt mit einigen Folgerungen zu komplettieren. Die Politik hat prinzipiell die Freiheit der Wahl festzulegen, welches Versorgungsniveau für die älteren Bürger angestrebt und wie die Finanzierung der daraus resultierenden Renten- und Pensionsleistungen vorgenommen werden soll. Es existiert also kein geschlossener Satz von Daten, der einem Berechtigten unveränderliche Ansprüche gegenüber seiner Alterssicherung gewährt oder endgültig die Verpflichtungen eines Versicherten gegenüber den Trägern der Alterssicherung bestimmt. Das geltende Recht eröffnet dem Gesetzgeber allerdings nur beschränkte Möglichkeiten zur Änderung und Neugestaltung der Anspruchsgrundlagen in der Alterssicherung — u. a. begrenzt Art. 14 GG den Gestaltungsrahmen bei den Renten und Art. 33 Abs. 5 GG den Gestaltungsrahmen bei den Pensionen —, gleichwohl darf grundsätzlich davon ausgegangen werden, daß der Gesetzgeber gegenwärtig noch über hinreichende Mittel zur Intervention gebietet, die es ihm erlauben, die Entwicklung der Alterssicherung in solche Bahnen zu lenken, die langfristig zu dem angestrebten Ergebnis einer hinreichenden, einer politisch und sozial akzeptablen und wirtschaftlich gesicherten Versorgung im Alter führen.

Die beiden wichtigsten Alterssicherungssysteme, die gesetzliche Rentenversicherung und die Beamtenversorgung, weisen in ihren Steuerungsmechanismen einige Ähnlichkeiten auf. Beide Systeme werden durch die Festlegung der Anspruchsgrundlagen determiniert, demgegenüber ist die Finanzierung der Ausgaben, die sich aus den Anspruchsgrundlagen der Berechtigten ergeben, als abhängige Variable im System zu verstehen.

Dieses Verhältnis von bestimmender und abhängiger Variabler ist jedenfalls charakteristisch für die Beamtenversorgung. Offensichtlich veranlassen auch hohe Fehlbeträge in den öffentlichen Haushalten den Gesetzgeber nicht, die Versorgungsansprüche der Beamten zu beschneiden. Vielmehr standen und stehen bis heute für Pensionszahlungen aus öffentlichen Kassen stets ausreichend Mittel zur Verfügung, ohne daß im einzelnen Auskunft gegeben werden könnte, ob Steuermehreinnahmen oder ob Kürzungen anderer Ausgaben zur Finanzierung der steigenden Pensionsleistungen eingesetzt worden sind.

Nicht ganz so eindeutig wurden in der Vergangenheit die Weichen bei der gesetzlichen Rentenversicherung gestellt. In der Tendenz gilt zwar, daß die Ausgabenentwicklung den dominanten Faktor der Rentenfinanzen darstellt, an dem die Entwicklung des erforderlichen Beitragsaufkommens adjustiert werden muß. Aber dieser Nexus ist einige Male mehr oder minder stark durchbrochen worden. Unangetastet blieb allerdings im Prinzip die persönliche Bemessungsgrundlage des Rentenanspruchs, die aus der unverändert gebliebenen Rentenformel resultiert. Die Eingriffe des Gesetzgebers bezogen sich bislang vielmehr allein auf das Verfahren der Rentenanpassung, das bekanntlich die Dynamisierung des Systems bewirkt. Vor allem Änderungen des Anpassungszeitpunktes sowie die zeitweilige Abkopplung der für die Anpassung maßgebenden allgemeinen Bemessungsgrundlage von der Lohnentwicklung während der Jahre 1978 bis 1981 liefern Beispiele dafür, daß auch das Ausgabevolumen der Rentenversicherung unter Konsolidierungsaspekten — also: unter Finanzierungsgesichtspunkten — zuweilen den Ansatzpunkt der Politik ausmachte. Obschon diese Maßnahmen über die Zeit hinweg den Trägern der Rentenversicherung nicht unbeachtliche Minderausgaben bescherten, bleibt gleichwohl der Eindruck beherrschend, daß sich im allgemeinen die Einnahmen der Rentenversicherung nach den Ausgaben richten.

Der steile Anstieg, den die Beitragssätze in der Rentenversicherung seit 1957 genommen haben, vielleicht noch ausgeprägter, die beeindrukkende Zunahme der Sozialabgabenquote während der letzten Jahrzehnte belegen die These von der sachlichen Priorität der Alterssicherungsausgaben gegenüber den Einnahmen. Und schließlich ist es auch nicht schierer Zufall, wenn die zu erwartenden Anspannungen der Alterssicherung just mit jenem Beitragssatz von 35 % illustriert werden, der im Jahre 2030 ein Finanzierungsvolumen in der Rentenversicherung hervorbringen soll, das bei — wohlgemerkt: unveränderter — Rentenformel gerade das projizierte Ausgabenvolumen der Versicherung decken würde.

Zweifellos sind weder das Beamtenversorgungsrecht noch das Sozialversicherungsrecht unantastbar in ihren ausgabewirksamen Regelungen. Zumindest hypothetisch besteht für den Gesetzgeber vielmehr grundsätzlich die Alternative, die Entwicklung der Ausgaben zur Alterssicherung zu dämpfen oder die Entwicklung der Einnahmen für Zwecke der Alterssicherung zu forcieren, wenn — im historischen Kontext: aufgrund der Wandlungen in der Bevölkerungsstruktur — in den Alterssicherungssystemen Finanzierungslücken drohen.

Die Angelegenheit ist von politischer Brisanz. Entscheidet sich der Gesetzgeber für ausgabedämpfende Eingriffe, so nimmt er eine politisch riskante Absenkung des Versorgungsniveaus der Rentner und Pensionäre in Kauf, und zwar vermutlich unter dem Eindruck, daß eine weitere Expansion der Alterstransfers mit dem Wirtschaftswachstum kollidieren würde. Umgekehrt sind einnahmeerhöhende Maßnahmen das Mittel der Wahl, wenn die Erhaltung eines hohen Versorgungsniveaus als vorrangiges gesellschaftspolitisches Ziel Anerkennung findet. Aber die ökonomische Stabilität scheint gefährdet, sobald dem distributiven Aspekt grundsätzlich Priorität vor Zielen des Wirtschaftswachstums eingeräumt wird. Die beiden extremen Möglichkeiten lassen freilich eine unbeschränkte Zahl von Kombinationen zu, bei denen jeweils Maßnahmen zu treffen wären, die sowohl den Trend der Ausgabenentwicklung abflachen als auch die Einnahmesituation der Alterssicherungssysteme verbessern würden.

Die Entscheidung, welche Richtung die soziale Politik der Alterssicherung in Zukunft einschlagen soll, ist im politischen Raum heftig umstritten. Unglücklicherweise vermag die Wissenschaft auch kein fundiertes Urteil darüber zu fällen, welche der denkmöglichen sozialpolitischen Optionen in Anbetracht der historisch einmaligen demographischen Umstände gesamtwirtschaftlich am besten verträglich sowie politisch am einfachsten durchsetzbar ist. Ich zögere daher, in Verbindung mit der Festlegung sozialer Ziele von Fehlsteuerungen der Alterssicherung zu sprechen, obgleich ich nicht verhehlen möchte, daß m. E. die massiven Verschiebungen in der Altersstruktur der Bevölkerung einen Fakt darstellen, der eine sozialpolitische Neuorientierung verlangt. Ein Unterlassen von Reformen, die als unabweisbar erkannt worden sind, ja sogar nur ein Hinausschieben von Änderungen, die notwendig erscheinen, um die finanzielle Stabilität der Alterssicherungssysteme langfristig zu gewährleisten, könnte in gefährliche, unkontrollierbare Prozesse münden.

Wenn unter Unsicherheit und unter dem Druck nicht beeinflußbarer Strukturwandlungen tief einschneidende Entscheidungen auf einem wichtigen, nahezu alle Bürger unmittelbar berührenden Bereich wie der Alterssicherung gefällt werden müssen, dann ist nach allen Erfahrungen die Zeit reif, um sich konzeptionell von den Hypotheken der Vergangenheit zu lösen und neue, zuweilen radikale Ideen in die politische Diskussion einzubringen. So verwundert es nicht, daß in jüngster Zeit verschiedene Pläne unterbreitet worden sind, mit denen die Abkehr von den tradierten Systemen der Alterssicherung eingeläutet und die Schaffung neuer Ordnungen der Alterssicherung angestrebt wird.

Aufmerksamkeit verdienen nicht nur die Anregungen von Miegel und Wahl, die gemeinhin in der Öffentlichkeit als „Biedenkopf-Plan" apostrophiert werden, sondern auch die Vorschläge anderer politischer Provenienz, etwa die Ideen von Bangemann oder die — zwar unterschiedlich begründeten, sachlich jedoch in einigen Punkten verwandten — Projekte der Grünen und der Grauen Panther. Weitaus am besten ausformuliert ist der Biedenkopf-Plan; ich beziehe mich deshalb bei meinen Erörterungen auf dieses Konzept.

Nicht nur der Gesichtspunkt, daß die gegenwärtigen Systeme unfähig seien, die Alterslast der Zukunft zu bewältigen und deshalb Konflikte zwischen den beitragszahlenden Erwerbstätigen und den anspruchsberechtigten älteren Bürgern vorprogrammiert seien, hat Miegel und Wahl bei ihren Anregungen geleitet. Vielmehr werden von ihnen auch weitere Gründe genannt, so

— die Ungleichbehandlung vergleichbarer Sachverhalte, vor allem im Hinblick auf die Alterssicherung im privaten Bereich und im öffentlichen Dienst; oder

— die ordnungspolitisch verfehlte Verletzung des Subsidiaritätsprinzips: Viele Haushalte verfügten nämlich über hinreichend große Vermögen, die eine eigenständige Altersvorsorge erlauben, ohne auf staatliche Pflichtversicherungen angewiesen zu sein; oder

— Erwerbstätigkeit sei ein verfehlter Anknüpfungspunkt für Ansprüche auf Alterssicherung, da u. a. bei dieser Verknüpfung Arbeitslosigkeit im Erwerbsalter auch noch mit Minderung der Altersbezüge „bestraft" würde.

Wie im Titel ihrer programmatischen Schrift bereits angedeutet, wird von Miegel und Wahl der „Weg aus der Rentenkrise" durch zwei Elemente vornehmlich bestimmt: „Gesetzliche Grundsicherung und private Vorsorge". Die Umrisse des Vorschlages lassen sich — ohne auf Einzelheiten eingehen zu müssen — leicht skizzieren:

(1) Der Kern des Biedenkopf-Planes besteht in der Einführung einer Grundsicherung, d. h. einer Grundleistung zur Alters-, Invaliditäts- und Hinterbliebenenversorgung an jeden Bürger, der die Leistungsvoraussetzungen erfüllt. Beiträge zur Grundsicherung werden nicht erhoben; vielmehr soll die Finanzierung aus dem Steueraufkommen, genauer, durch Erhöhung der Einkommensteuer und namentlich der Umsatzsteuer erfolgen.

(2) Als Leistungsvoraussetzungen der Grundsicherung für das Alter sollen die Vollendung des 63. Lebensjahres sowie eine Zeitspanne von 25 Jahren Steuerpflichtigkeit nach Volljährigkeit gelten. Für die Fälle der Invalidität und der Hinterbliebenenversorgung werden adäquate Leistungsvoraussetzungen genannt.

(3) Die Grundsicherung soll — wiederum bezogen auf die Altersvorsorge — 40 v. H. des durchschnittlichen Netto-Arbeitsentgeltes betra-

gen, also zur Zeit rund 800 DM ausmachen. Eine Bedürftigkeitsprüfung ist nicht vorgesehen. Die Grundsicherung im Alter darf daher auch bei Erwerbstätigkeit in Anspruch genommen werden.

(4) Die Grundsicherung tritt an die Stelle der bestehenden gesetzlichen Alterssicherungssysteme einschließlich der Beamtenversorgung. Für den Übergang vom alten zum neuen System wird eine Periode von 25 Jahren veranschlagt, wobei nach dem Alter der heute Versicherten differenzierende Übergangsregelungen vorgesehen sind.

Während der Übergangsphase sollen aber generell die Renten und Pensionen deutlich langsamer zunehmen als in der Vergangenheit, obschon die Beiträge der Versicherten weiter steigen müssen.

Die wenigen Anmerkungen zum Konstrukt des Biedenkopf-Planes genügen, um die hier allein entscheidende Frage in den Mittelpunkt zu rücken: Bewirkt diese Klasse von Plänen zur Reform der Alterssicherungssysteme eigentlich eine funktionsfähige Neuordnung oder hat sie soziale und wirtschaftliche Fehllenkungen zur Folge?

Die Autoren der Vorschläge verkennen zwar nicht die erheblichen Schwierigkeiten, die während der Übergangsphase zu bewältigen sind, aber sie würdigen erwartungsgemäß die Neuordnung zumindest im Ergebnis, also im Endzustand höchst positiv.

Die Beschränkung der staatlichen Aktivität auf die Grundsicherung, so lautet der Tenor des Eigenurteils, eröffne für viele Bürger die Möglichkeit zur individuellen Gestaltung ihrer Lebensverhältnisse; sie könnten für sich entscheiden, ob und wie sie eine zusätzliche Sicherung für ihr Alter aufbauen wollen. Gewiß, der Fortfall der Beiträge zur gesetzlichen Rentenversicherung mag im Einzelfall durch die erhöhten Steuerzahllasten kompensiert werden, aber tendenziell dürften die Bürger nach erfolgtem definitiven Übergang zur Grundsicherung doch über einen größeren Anteil ihres Einkommens verfügen können.

Insbesondere würden aber die Unternehmen spürbar von Abgaben entlastet, denn bei ihnen dürfte die Zusatzbesteuerung zur Finanzierung der Grundsicherung in der Regel weit geringer ausfallen als die gegenwärtige Belastung durch Arbeitgeberbeiträge, so daß Incentives zur Investition zunehmen und die Kräfte des wirtschaftlichen Wachstums gestärkt werden.

Mit Ausnahme der Vorschläge der Grünen/der Grauen Panther intendieren die Anregungen zur Einführung einer Grundrente, daß die Aufstockung der Altersversorgung vor allem bei privaten Versicherungen vorgenommen wird. Daraus resultiert dann im Ergebnis eine höhere Sparquote, weil die privaten Lebensversicherungen — im Unterschied zur gesetzlichen Rentenversicherung — das Prinzip der Kapitaldeckung zu beachten haben. Auch diese Forcierung der Kapitalbildung könnte die wirtschaftliche Entwicklung in der Bundesrepublik vorantreiben und damit die ökonomische Bewältigung der Übergangsphase von dem alten zum neuen System der Alterssicherung erleichtern.

In einem höchst instruktiven Beitrag hat Leyendecker vor kurzem die Annahmen des Biedenkopf-Planes überprüft und nach kritischer Würdigung der Voraussetzungen den Gedanken einer allgemeinen Grundrente verworfen. In der Tat, das Projekt steht auf recht tönernen Füßen, die durch den übergetünchten Lack moderner Ideologien nicht stabiler werden.

Schon aus verfassungsrechtlicher Sicht sind schwere Bedenken kaum von der Hand zu weisen: Die Einbeziehung der Beamtenversorgung in das Grundrentenmodell harmoniert verzweifelt schlecht mit Art. 33 V GG; oder die während der Übergangsphase erforderlichen Beiträge der jüngeren Generation an die gesetzliche Rentenversicherung, mit denen freilich keine adäquaten Ansprüche auf Rentenleistungen mehr einhergehen, stoßen sich heftig an Art. 14 GG usw. Zudem demonstrieren Modellrechnungen die ungemein schweren Belastungen, die in den 25 Jahren des Überganges jene Bürger auf sich zu nehmen hätten, die einerseits mit ihren Beiträgen zur gesetzlichen Rentenversicherung die Renten der älteren Generation qua Umlageverfahren finanzieren müssen und andererseits mit ihren Beiträgen zu einer privaten Versicherung ihre eigene Altersversorgung qua Kapitaldeckungsverfahren aufbauen wollen. Wenn vielleicht auch überspitzt formuliert, so läßt sich doch nicht verdrängen, daß die düstere Vision von 35⁰/₀igen Beitragssätzen im Jahre 2030 bei Verwirklichung des Biedenkopf-Planes einen höchst aktuellen Zuschnitt erhielte.

Ich möchte dieser Kritik noch einen Punkt anfügen, der nicht nur im Hinblick auf den Biedenkopf-Plan, sondern auch in bezug auf einige andere Reformprojekte von vitalem Interesse ist. Diese Modelle der Grundsicherung implizieren die Möglichkeit einer zusätzlichen Altersversorgung, bei der im allgemeinen private Lebensversicherungen als wichtige Alternative gelten. Der Gedanke, daß ein Bürger während seiner Erwerbstätigkeit durch Beiträge an eine private Lebensversicherung einen Kapitalstock aufbaut, den er im Alter dann auflöst, um die freigesetzten Mittel zu seinem Lebensunterhalt zu verwenden, korrespondiert mit dem Anlageverhalten der Lebensversicherer, korrespondiert mit dem Kapitaldeckungsverfahren. Die Vermutung, mit Hilfe des Kapitaldeckungsverfahrens ließe sich die Ungunst der Demographie beherrschen, liegt selbstverständlich außerordentlich nah. Und der berühmte Satz von Mackenroth, daß „aller Sozialaufwand immer aus dem

Volkseinkommen der laufenden Periode gedeckt werden muß", gilt dann offensichtlich nur für jene Alterssicherungssysteme, die auf dem Umlageverfahren beruhen. So drängt sich geradezu der Verdacht auf: Das Umlageverfahren mache erst die Alterssicherung gegenüber Strukturwandlungen der Bevölkerung höchst sensibel, während das Kapitaldeckungsverfahren eine Altersvorsorge gewährleistet, die unabhängig von allen demographischen Einflüssen sei.

Diese Auffassung, die sich weiter Verbreitung erfreut, findet leider bei genauer Analyse keine Bestätigung. Fehlerhaft ist die zugrunde liegende Ideologie, die — wenn ich mir den Vergleich erlauben darf — das Verhalten von Hamstern mit dem Verhalten der Menschen verwechselt. Bekanntlich treibt der Hamster für seine spezifischen Bedürfnisse Vorsorge, indem er während des Herbstes einen Nahrungsmittelvorrat in seinem Bau zusammenträgt, um ihn während des Winters dann vertilgen zu können. Doch diese Geschichte hat, wie leicht einzusehen ist, nichts mit der Altersvorsorge der Menschen zu tun.

Gesetzt den Fall, private Lebensversicherungen auf Rentenbasis seien die einzige Form der Alterssicherung. Während der Erwerbsphase bilden die Versicherten mit ihren Beiträgen Geldvermögen bei der Versicherung, das zudem verzinst wird. Den Anspruchsberechtigten fließt im Alter das Vermögen zuzüglich der Verzinsung in Form von Renten zurück, wobei innerhalb der Versichertengemeinschaft ein Risikoausgleich stattfindet. Zu prüfen ist in diesem Zusammenhang namentlich eine Frage: Hat ein einzelner Anspruchsberechtigter, der seine Rente konsumiert, das Sozialprodukt der laufenden Periode in Anspruch genommen oder nicht? Die Logik liefert eine ebenso einfache wie klare Antwort: Welche Transaktionen die Lebensversicherung auch vornimmt, um die Rente erstmalig auszahlen zu können, so hat bei den gegebenen wirtschaftlichen Interdependenzen im Zweifel stets ein Wirtschaftssubjekt im Verlauf der Transaktionen auf Konsum verzichtet. Das Wirtschaftssubjekt mag zum Beispiel ein neugewonnener Versicherungsnehmer sein, dessen Beitragszahlungen als Sparvorgang — als Versicherungssparen — zu interpretieren ist — und Sparen bedeutet ex definitione immer Verzicht auf Konsum. Weiter: Solange der Vermögensbestand der Versicherung wächst, kann die Beitragszahlung des neugewonnenen Versicherungsnehmers unmittelbar dazu verwandt werden, die Rente des Neurentners zu finanzieren, so daß de facto ein Zustand eintritt, der genau jenem gleicht, der durch das Umlageverfahren hervorgebracht wird. Die Renten werden durch das Beitragsaufkommen finanziert. Hieraus folgt: Solange die Bevölkerung, und unter den angenommenen Bedingungen somit auch die Zahl der Versicherungsnehmer sowie die Vertragssummen wachsen, ist Mackenroths Satz getrost auch auf private Lebensversicherungen zu übertragen, also auf

Institutionen, die formal dem Kapitaldeckungsverfahren zu genügen haben.

Kritisch wird die Angelegenheit allerdings, wenn die Bevölkerung schrumpft, wenn die Zahl der Versicherten und mit ihr zugleich auch die Vertragssummen der Lebensversicherung zurückgehen. Eine private Lebensversicherung muß unter solchen Umständen ab einem bestimmten Zeitpunkt damit beginnen, ihre Vermögensbestände zu veräußern, um die erforderliche Liquidität für die Rentenauszahlungen zu gewinnen. Falls nicht nur eine einzelne Versicherungsgesellschaft, sondern — wie im Verlauf eines allgemeinen massiven Bevölkerungsrückganges anzunehmen — *alle* privaten Versicherer innerhalb einer relativ kurzen Frist Teile ihrer Vermögensanlagen auflösen müßten, ist ein Preisverfall — konkret: im Regelfall ein Kursrückgang — bei der Veräußerung der Anlagen nicht auszuschließen. Und daraus ergibt sich die nüchterne Konsequenz, daß auch die Kapitaldeckung bei starken demographischen Strukturwandlungen nicht mehr uneingeschränkt die Erfüllung der eingegangenen Verpflichtungen zu garantieren vermag. Das Problem ist nebenbei in anderem Zusammenhang — nämlich in Verbindung mit der Staatsschuldentilgung — ausführlich in der Finanzwissenschaft diskutiert worden.

Das Ergebnis der Erörterungen ist eindeutig. Der Glaube, Alterssicherungssysteme würden durch einen Übergang vom Umlageverfahren zum Kapitaldeckungsverfahren resistent gegenüber demographischen Umwälzungen, beruht auf Fehlern im Räsonnement. Zwar macht sich bei Kapitaldeckungsverfahren meist ein Puffereffekt bemerkbar, der kleinere Störungen auffängt und neutralisiert. Aber hinsichtlich der Bewältigung jener Probleme der Alterssicherung, die in den nächsten Jahrzehnten auf uns zukommen, leisten die Vorschläge nichts, die eine Grundsicherung anstelle der tradierten gesetzlichen Alterssicherungssysteme anstreben und ergänzend der privaten Sicherung breiten Raum einräumen wollen. Weil ein radikaler Umbruch in den Systemen der Alterssicherung sehr beachtliche Friktionsverluste verursacht und zudem politisch destabilisierend wirkt, müßte der Biedenkopf-Plan schon unstrittige Vorzüge gegenüber der heutigen Altersversorgung aufweisen, um als Wegweiser der Sozialpolitik genügen zu können. Wie die Dinge jedoch liegen, werden die Entscheidungen über die künftige Alterssicherung auf anderen Feldern getroffen.

Die aktuelle Diskussion über eine langfristige Reform der Alterssicherung knüpft an die demographischen Wandlungen an, sie läuft jedoch in zwei höchst unterschiedliche Richtungen. Geht die eine Auffassung von der Überzeugung aus, daß ungeachtet des Umbruchs in der Bevölkerungsstruktur das einmal erreichte Niveau der Alterssicherung möglichst unangetastet bleiben sollte und mithin Neuordnungen vornehmlich die Finanzierungsseite betreffen müßten, so ist für die Gegenmeinung charakteristisch, daß sie prinzipiell Fehlsteuerungen im gegenwärtigen System der Alterssicherung zu erkennen glaubt, die dann in erster Linie den Ansatzpunkt für ursachenbezogene Reformen des Systems abzugeben hätten.

Die erste Strategie, die sich an der Erhaltung des gegenwärtigen Versorgungsniveaus orientiert, kommt nicht umhin, die damit verbundene starke Zunahme der Belastung durch Sozialversicherungsbeiträge in den politischen Kalkül aufzunehmen. Die sozial und wirtschaftlich negativen Effekte einer kräftig wachsenden Abgabequote sollen nach diesem Konzept, das ausschließlich einen Träger der Alterssicherung, nämlich die gesetzliche Rentenversicherung betrifft, durch Änderungen in der Struktur der Rentenfinanzierung gemildert oder sogar neutralisiert werden. Insbesondere ist hierbei erstens an eine Erhöhung des Staatszuschusses und zweitens an die Umwandlung des lohnbezogenen Arbeitgeberbeitrages in einen sogenannten Maschinenbeitrag, korrekt, in einen wertschöpfungsbezogenen Beitrag zu denken.

Was eine — jüngst auch wieder vom Sozialbeirat empfohlene — Erhöhung des Bundeszuschusses an die Rentenversicherung betrifft, so kann die Angelegenheit nicht strittig sein, wenn neue, versicherungsfremde Leistungen finanziert werden müssen, also beispielsweise Anrechnung von Kindererziehungszeiten. Im übrigen ist jedoch schlicht zu bezweifeln, ob ein höherer Zuschuß eigentlich Probleme löst oder ob er sie nur institutionell verschiebt. Liegen die Verhältnisse nicht so, daß die finanziellen Hürden, die der Sozialgesetzgeber nicht mehr zu überwinden vermag, nunmehr vom personengleichen Steuergesetzgeber elegant übersprungen werden sollen?

Außerdem: Eine Erhöhung des Bundeszuschusses verdeckt zwar in eleganter Manier die leidige Tatsache, daß höhere Ausgaben für Renten im Prinzip stets höhere Opfer von breiten Kreisen der Bevölkerung fordern, aber mit diesem eher dubiosen Vorteil gehen erhebliche faktische Nachteile einher. Jeder Staatszuschuß lähmt tendenziell den Willen zur sparsamen Ausgabenpolitik. Mithin ist zu befürchten, daß erhöhte Staatszuschüsse die Sozialpolitik leicht zu angeblichen Verbesserungen verleiten, die ausnahmslos mehr Ausgaben nach sich ziehen und gerade nicht jene Initiativen fördern, die die finanzielle Konsolidierung der Alterssicherungssysteme als conditio sine qua non sozialpolitischer Aktivitäten begreifen.

In Anbetracht des beeindruckenden arbeitssparenden technischen Fortschritts erscheint der zweite Ansatz einer Reform, kapitalintensive Produktionen künftig stärker an der Bewältigung der sozialen Aufgabe der Alterssicherung zu beteiligen, auf jeden Fall interessanter. Ein neu definierter Arbeitgeberbeitrag soll nämlich außer den Löhnen zumindest auch jene Elemente der Wertschöpfung eines Unternehmens erfassen, die auf dem Einsatz des Produktionsfaktors Kapital beruhen. Ergänzend wird darüber hinaus zuweilen die Auffassung vertreten, der hälftige Anteil der Arbeitgeber an den Beiträgen zur Arbeiter- und Angestelltenversicherung müßte bei der Einführung des sogenannten Maschinenbeitrags angehoben werden, d. h. es sollte — wie heute schon in der Knappschaftsversicherung — die paritätische Beteiligung von Arbeitgebern und Arbeitnehmern an den Versicherungsbeiträgen aufgegeben werden.

In der Tat bewirkt ein wertschöpfungsbezogener Beitrag der Arbeitgeber, daß auf Unternehmensebene nahezu jedes Verhältnis zwischen den Anteilen der Arbeitgeber und der Arbeitnehmer eintreten kann. Aber auch gesamtwirtschaftlich ist die Relation zwischen Arbeitgeber- und Arbeitnehmerbeiträgen dann nur noch in grob umrissenen Bandbreiten zu steuern, unabhängig davon, ob eine Änderung des Arbeitgeberanteils beabsichtigt wird oder nicht.

Die Konzeption erscheint gleichwohl zunächst recht stringent, soweit allein die Umbasierung der Bemessungsgrundlage der Arbeitgeberbeiträge zur Diskussion steht. Bei eingehender Analyse ändert sich allerdings das Urteil. Würde eine Realisierung des Planes die weitere wirtschaftliche Entwicklung nicht nachhaltig hemmen? Ich befürchte, bereits dieser Einwand besitzt einige Berechtigung. Einige knappe Hinweise mögen genügen:

Unmittelbar dürfte die angestrebte stärkere Belastung kapitalintensiver Unternehmen kaum zu Rationalisierungen und damit zu Produktivitätsfortschritten Anlaß geben. Wachstumsverluste erschweren jedoch grundsätzlich die Sanierung der Rentenfinanzen. Beachtlicher ist der zweite Punkt: Sollten sich — wie nahezu ausnahmslos erwartet wird — mit der Einführung des Maschinenbeitrages auch gesamtwirtschaftlich die Beitragslasten stärker auf die Arbeitgeberseite verlagern, dann verliert der zur Zeit allein wirksame Mechanismus zur Begrenzung von Alterssicherungsausgaben, nämlich die kritische Höhe der Beitragssätze der Arbeitnehmer, an Effizienz. Mittelbar dürften überproportional wachsende Sozialetats wiederum die wirtschaftliche Entwicklung hemmen.

Von den wirtschaftlichen Aspekten abgesehen, bemerke ich drittens, daß auch unter sozialpolitischen Gesichtspunkten der Übergang zu einem Maschinenbeitrag ein höchst riskantes Unternehmen darstellt. Der Eigentumsgarantie des Art. 14 GG unterliegen im Zweifel die Renten nicht mehr, wenn und soweit Beiträge zur Rentenversicherung ohne Bezug zu dem Versicherten geleistet werden, soweit also der Beitrag kein

Lohnbestandteil mehr ist. Die Absicht, mit einem Maschinenbeitrag die gesetzliche Alterssicherung unangetastet durch die demographisch bedingten Engpässe zu lavieren, könnte während finanzieller Krisen geradezu den entgegengesetzten Effekt auslösen, d. h. den politischen Eingriff in die Alterssicherung erleichtern, weil die Eigentumsgarantie gegenüber den Renten nicht mehr geltend gemacht werden kann. Ich würde deshalb Entscheidungen zugunsten eines Maschinenbeitrages als verfehlte, als bedrohliche Weichenstellungen beurteilen.

Von ganz anderem Zuschnitt ist hingegen die zweite Strategie, die im Kern von Fehlsteuerungen in den gegenwärtigen Alterssicherungssystemen ausgeht. Gelänge es, solche Mängel zu beseitigen oder doch zumindestens einzudämmen, so steht nach Auffassung der Vertreter dieser Strategie eine finanzielle Manövriermasse zur Verfügung, die die Bewältigung der demographisch verursachten Probleme der Alterssicherung auf jeden Fall erleichtern würde.

Zentraler Ansatzpunkt der Reformerwägungen ist das Faktum, daß das Rentenzugangsalter — und ähnliches gilt, wenn auch abgeschwächt, für das Alter des Pensionseintritts — während der letzten Jahrzehnte beträchtlich abgesunken ist. Im Durchschnitt gingen zum Beispiel Männer 1970 mit 61,1 Jahren, heute hingegen mit 57,9 Jahren in Rente. Die mit diesen Zahlen zugleich zum Ausdruck kommende Verkürzung der Lebensarbeitszeit schlägt massiv auf die Finanzen der Rentenversicherung durch, denn einerseits verliert die Versicherung Beitragseinnahmen und andererseits hat sie vermehrt Ausgaben zu leisten, da auch die Frührentner ohne versicherungsmathematischen Abschlag ihre Rente beziehen. Um eine Vorstellung von den relevanten Größenordnungen zu vermitteln, erwähne ich nur, daß nach der Sterbetafel 1980/82 der Mann im Alter von 60 Jahren eine durchschnittliche Restlebenserwartung von 16,5 Jahren hat. Gelänge es, das Rentenzugangsalter um 3 Jahre nach oben zu verschieben, so würden der Rentenversicherung annähernd 8 % mehr Einnahmen und nahezu 20 % weniger Ausgaben zu Buch schlagen. Die ungemein schwierige Aufgabe besteht bei diesem Ansatz darin, Wege zu finden, die eine Verlängerung der Lebensarbeitszeit, also eine zeitliche Verschiebung des Renteneintritts zur Folge haben.

Welche Faktoren lösten die Absenkung des Rentenzugangsalters aus? Nun, zunächst ist festzustellen, daß nach wie vor die gesetzliche Regelaltersgrenze für den Bezug von Altersruhegeld für alle Versicherten die Vollendung des 65. Lebensjahres ist. Allerdings hat schon der Gesetzgeber mit der Einführung des flexiblen Altersruhegelds, dem vorgezogenen Altersruhegeld für Frauen und für Schwerbehinderte und der Vorruhestandsregelung diese Grenze nicht nur durchlöchert, sondern de facto aufgehoben. Hinzu kommt, daß durch die Rechtsprechung des Bundessozialgerichts die Sachverhalte der Berufs- und der Erwerbsunfähigkeit ungemein extensiv ausgelegt worden sind. Diese Rechtsprechung bewirkte, daß zunehmend die Versicherten zunächst BU- oder EU-Rente beziehen und dann in die Altersrente hineinwachsen.

Eine Neuordnung der Alterssicherung bliebe augenscheinlich ineffizient, wenn allein die gesetzliche Regelaltersgrenze heraufgesetzt würde. Weit wichtiger ist es, den Anreiz, vorgezogenes Altersruhegeld in Anspruch zu nehmen, nachhaltig zu dämpfen. Zum Beispiel wäre zu überlegen, ob bei vorgezogenem Rentenbezug ein versicherungsmathematischer Abschlag vorgenommen werden soll. Das Exempel der — zeitlich freilich befristeten — Vorruhestandsregelungen demonstriert allerdings, daß sich der politische Wille zur Sanierung der Alterssicherung mit anderen Zielen der Politik hart im Raume stoßen kann, etwa mit dem verständlichen Ziel, möglichst wenig Arbeitslose auszuweisen. Die Angelegenheit ist nicht nur von statistischem Belang. Vielmehr beruht diese Strategie zur Sanierung der Alterssicherung explizit auf der Voraussetzung, daß durch eine Verlängerung der Lebensarbeitszeit und damit einer Erhöhung der Beschäftigtenzahl der Rentenquotient — das Verhältnis von Rentnern zu Erwerbspersonen — effektiv gesenkt wird.

Wie stark sich die Politikgebiete überschneiden, läßt sich an dem höchst diffizilen Komplex der Berufs- und Erwerbsunfähigkeit zeigen. Der ältere, nicht mehr vermittlungsfähige Arbeitslose gilt nach der Rechtsprechung als erwerbsunfähig. Physisch mag dieser ältere Arbeitslose leistungsgemindert, aber dennoch durchaus fähig sein, an einem Leichtarbeitsplatz die ihm übertragenen Tätigkeiten gut auszuführen. Doch es fehlen Leichtarbeitsplätze im Gewerbe und in der Industrie. Und in dieser Situation macht sich dann eine unheilige Allianz bemerkbar. Die Arbeitgeber wissen allzu oft ihre leistungsgeminderten Arbeitnehmer im Schoße der sozialen Sicherung wohl aufgehoben — und der Arbeitnehmer verspürt — zuweilen schon die Sonnenstrahlen der Schattenwirtschaft ahnend — dann nicht selten den Hang zum Ruhestand.

Das ist natürlich nicht alles, was zum Thema Lenkung und Fehllenkung der Alterssicherung anzumerken ist. Ich erinnere im Vorbeigehen nur an die Parallele in der Beamtenversorgung, an die ungemein aufwendige Frühpensionierung von Offizieren. Und ich erwähne mit einem Satz die 1972 erfolgte Öffnung der gesetzlichen Rentenversicherung für Nichtversicherungspflichtige, die diesem Kreis von Begünstigten eine — von aller Versicherungsmathematik unbeleckte — höchst lukrative Altersversorgung schaffte.

Vielleicht sollte ich auch noch auf die kritische Situation aufmerksam machen, in die die betriebliche Alterssicherung bei weiterer Abschwächung des Wirtschaftswachstums abzurutschen droht. Die AEG ist in dieser Beziehung schon ein interessantes Beispiel. Aus diesem Fall läßt sich vor allem lernen, wie leichtsinnig es war, für betriebliche Pensionszusagen keine angemessenen Bilanzierungsregeln, ja, überhaupt keine Pflicht zur Passivierung vorzuschreiben. Die Fehler der Vergangenheit werden erst jetzt mit der Reform des Bilanzrechtes allmählich korrigiert, sie belasten aber noch während der nächsten Jahrzehnte die Unternehmen.

Bei einigen Sachverhalten zögere ich, ob die Sozialpolitik der richtige Adressat für Mängelrügen sei. Wie Ihnen bekannt, erhalten z. B. heute noch viele Arbeiter und Angestellte des öffentlichen Dienstes im Ruhestand höhere Nettobezüge als während ihrer aktiven Zeit. Diese Überversorgung wird zwar nach der Einigung der Tarifparteien über die Zusatzversorgung im öffentlichen Dienst seit 1985 schrittweise abgebaut, aber der Tatbestand der Überversorgung läßt erkennen, daß u. a. durch Unterschiede in der Besteuerung Brutto- und Nettoeinkommen bei den Erwerbstätigen weitaus stärker als bei den Rentnern und Pensionären differieren. Hieraus erklärt sich nebenbei auch, warum das Nettoversorgungsniveau in der gesetzlichen Rentenversicherung und in der Beamtenversorgung grundsätzlich höher als das Bruttoversorgungsniveau ist, und warum das Nettoversorgungsniveau bei den Renten langfristig in beeindruckender Weise zunimmt.

Zu den Aufgaben einer großen Reform der Alterssicherungssysteme gehört es, solche stark störenden Faktoren aus anderen Politikbereichen mit zu bereinigen. Aber zunächst und vor allem sollte sich das Interesse auf die Institutionen und auf die Regelungen der Alterssicherungssysteme selbst konzentrieren. Und hierzu habe ich nur noch eine letzte Anmerkung zu machen. Änderungen der Alterssicherung wollen von langer Hand vorbereitet und vorgenommen sein, damit sich die von Reformen betroffenen Menschen auf die neue Lage einstellen können. Deshalb erlauben die Probleme, die bewältigt werden müssen, der Politik kein Zaudern, kein Abwarten mehr. Die Zeit ist überfällig, um die Weichen der Alterssicherung für das nächste Jahrhundert zu stellen.

Literatur

Biedenkopf, K.: Die neue Sicht der Dinge, 2. Aufl. 1985. — Cronenberg, D.-J.: Gesetzliche Grundsicherung/Private Vorsorge — Der Weg aus der Rentenkrise, 1985. — Die Grünen: Grundrente statt Altersarmut, BT-Drucksache 10/3496. — Kössler, R.: Sozialversicherungsprinzip und Staatszuschüsse in der gesetzlichen Rentenversicherung, 1982. — Krelle, W. (Hrsg.): Der Maschinenbeitrag. Gesamtwirtschaftliche Auswirkungen alternativer Bemessungsgrundlagen für die Arbeitgeberbeiträge zur Sozialversicherung, 1985. — Leyendecker, W.: Grundrente — Rentenmodell für die Zukunft?, in: Deutsche Rentenversicherung, 1986. — Mackenroth, G.: Die Reform durch einen deutschen Sozialplan. In: Verhandlungen auf der Sondertagung des Vereins für Socialpolitik — Gesellschaft für Wirtschafts- und Sozialwissenschaften in Berlin, hrsg. von Gerhard Albrecht. (Schriften des Vereins für Socialpolitik, N. F., Bd. 4) Berlin 1952. — Meinhold, H.: Wie ist die gesetzliche Rentenversicherung zu reformieren?, in: Arbeit und Sozialpolitik, 1985. — Miegel, M./Wahl, St.: Gesetzliche Grundsicherung/Private Vorsorge — Der Weg aus der Rentenkrise, 1985. — Miegel, M./Wahl, St.: Wie reformbedürftig ist die gesetzliche Alterssicherung?, in: Die Sozialversicherung, 1986. — Opielka, M. (Hrsg.): Grundrente — Diskussion über den Sozialstaat im Jahre 2000, 1986. — Ruland, F.: Notwendigkeit und Grenzen einer Reform der Finanzierung der Sozialversicherung, in: Deutsche Rentenversicherung, 1985. — Schenke, K./Schmähl, W.: Alterssicherung als Aufgabe für Wissenschaft und Politik, 1980. — Schmähl, W./Henke, K.-D./Schellhaaß, H.-M.: Änderung der Beitragsfinanzierung in der Rentenversicherung? Ökonomische Auswirkungen des „Maschinenbeitrags", 1984. — Schmähl, W.: Perspektiven der Finanzierung der gesetzlichen Rentenversicherung — Ökonomische und politische Anmerkungen, in: Deutsche Rentenversicherung, 1985. — Sozialbeirat: Gutachten der Wissenschaftlergruppe zur längerfristigen Entwicklungsperspektive der Rentenversicherung, BT-Drucksache 9/632 vom 3. 7. 1981. — Wingen, M./Cornelius, I.: Zur Bevölkerungsentwicklung in der Bundesrepublik Deutschland — Ausgewählte Aspekte der künftigen demographischen Entwicklung, in: Zeitschrift für Sozialreform, 1986.

3. Diskussion

Leitung: Prof. Dr. Klaus Lüder

Bericht von Günter Merschbächer und Bernard Schumann

Diskussionsleiter Prof. Dr. *Klaus Lüder*, Speyer, wies einleitend auf die in den Referaten angesprochene unterschiedliche Problematik der sozialen Sicherungssysteme bei der Alterssicherung und im Gesundheitsbereich hin. Im Gesundheitsbereich seien die Schwierigkeiten systemimmanent, während die gesetzliche Rentenversicherung nach Meinung des Referenten *Littmann* eher mit Problemen, die von außen kämen, konfrontiert werde.

Ministerialdirigent *Rudolf Schmitt*, München, bat den Referenten *Herder-Dorneich*, einige konkrete Beispiele für das von ihm vorgestellte Konzept der kleinen Schritte sowie zur Eigendynamik von Reformen zu nennen.

Eine Strategie der kleinen Schritte, so Prof. Dr. *Philipp Herder-Dorneich*, Köln, habe den Vorteil, daß sie leichter revidierbar sei und ein geringeres Risiko für die politisch Verantwortlichen enthalte; auch ließen kleine Schritte in einem pluralistischen System geringeren Widerstand bei der Bevölkerung und den Medien erwarten, weil sie — eher als Strukturreformen — unter der Merklichkeitsschwelle blieben. Die Implementation von eigendynamischen Prozessen bzw. „Selbstläufern" sei eine Art Initialfunke, der Multiplikatoreffekte auslöse.

Als Beispiel für solche Prozesse führte *Herder-Dorneich* die Krankenhausfinanzierungsreform an. Diese sei keine große Reform, sondern biete kleine Schritte in Richtung einer Öffnung des Systems, z. B. durch die Möglichkeit der Einzelleistungsvergütung. Dadurch könne ein eigendynamischer Prozeß ausgelöst werden, der für die Politik nur mit einem minimalen Risiko verbunden sei, denn Fehlentwicklungen würden zuerst den Beteiligten angelastet werden.

Diesen Aspekt griff Ministerialrat Dr. *Heinz-Ulrich Schmidt*, Bonn, auf, der nach den Incentives fragte, welche die Krankenhäuser veranlassen sollten, sich bei einem solchen Selbstläufer zu beteiligen.

Nach Ansicht von *Herder-Dorneich* müßte zuerst auf die Krankenhäuser Druck ausgeübt werden, den Pflegesatz niedrig zu halten. Daneben sollten durch die Möglichkeit, teure Leistungen einzeln abzurechnen, Ausweichmöglichkeiten geschaffen werden. Darüber hinaus sei es notwendig, die weniger teuren und dadurch weniger attraktiven Pflegefälle auf andere Bereiche (z. B. Sozialstationen) zu verlagern.

Dr. *Hansrainer Bosbach,* Eisenberg/Pfalz, bezweifelte, ob eine Strategie der kleinen Schritte angesichts des auch im Gesundheitsbereich zu erwartenden Altersproblems ausreichend sei. Er hielt in diesem Zusammenhang eine Strukturreform für sinnvoll.

Die zukünftige Problematik im Gesundheitsbereich liegt nach Auffassung von *Herder-Dorneich* insbesondere in der Zunahme der Pflegefälle. Zur Vermeidung eines kostentreibenden Konkurrenzdenkens zwischen den politischen Parteien müsse eine Politisierung der Pflegeproblematik unbedingt vermieden werden. Eine volle Versorgung der Pflegebedürftigen im stationären Bereich sei langfristig nicht finanzierbar. Aus diesem Grunde befürwortete der Referent eine Verlagerung der Pflegefälle in den ambulanten Sektor und in die Familie.

Prof. *Konrad Walz,* Köln, befürchtete, daß die von *Herder-Dorneich* vorgeschlagene Steuerung durch Verbände mit einer staatlichen Nichtsteuerung gleichzusetzen sei, womit die Probleme nicht gelöst werden könnten. Er schlug statt dessen eine Verlagerung der Kompetenzen vom Bund auf die Länder im Wege der Verfassungsänderung vor.

Diesen Vorschlag hielt *Herder-Dorneich* für nicht erfolgversprechend. Notwendige Konsolidierungsmaßnahmen im Gesundheitsbereich seien auf der politischen Ebene nur schwer durchsetzbar, weil damit keine Stimmen zu gewinnen seien. Zusätzliche Kompetenzen im Gesundheitsbereich seien für die Länder deshalb politisch nicht erstrebenswert. Politiker würden dazu neigen, Zuständigkeiten und Verantwortung für solche Maßnahmen an Verbände abzugeben. Darüber hinaus zeige ein Blick in die Praxis, daß in den Bereichen, in denen die Länder Verantwortung trügen (Krankenhauswesen), die Ausgabenzuwächse — ein Indiz für Fehlsteuerung — am größten seien.

Verwaltungsdirektor Dr. *Hans-Michel von Heinz,* St. Augustin, wies darauf hin, daß die Diskussion im sozialen Bereich leicht in Glaubensfragen übergeht. Als Beispiel nannte er das Subsidiaritätsprinzip und fragte die beiden Referenten nach ihrer jeweiligen Ausdeutung dieses Prinzips.

Für *Herder-Dorneich* besteht die Auseinandersetzung im Sinne des Subsidiaritätsprinzips längst nicht mehr ausschließlich zwischen Individuum und Gemeinschaft, sondern auch zwischen den verschiedenen Ebenen der Gemeinschaft (Verbände, Länder, Bund). Ein Fortschritt sei schon dann erreicht, wenn Entscheidungskompetenzen von einer höheren auf eine niedrigere Ebene übertragen würde.

Prof. Dr. *Konrad Littmann,* Speyer, erkannte in der gesellschaftlich-ökonomischen Entwicklung seit dem letzten Jahrhundert die Tendenz einer zunehmenden Verlagerung von Aufgaben auf höhere Ebenen. Diese Entwicklung könne nicht mehr umgekehrt werden. Deshalb sei die persönliche Einstellung zum Subsidiaritätsprinzip nicht entscheidend.

Herr *Volker Daum,* Ludwigshafen, bemerkte zum Referat von *Littmann,* daß es zusätzliche Möglichkeiten der Erhöhung der Zahl der Erwerbstätigen gebe. Er nannte die Verkürzung der Ausbildungsdauer und die Aktivierung der stillen Reserve der Frauen. Er hielt es jedoch nicht für sinnvoll, nur auf die Zahl der Erwerbstätigen abzustellen. Maßgeblich sei die Bruttolohnsumme. Deshalb könne auch erhöhtes Wirtschaftswachstum zur Rentensicherung beitragen. Weiterhin müsse beachtet werden, daß gegenwärtig ein Zielkonflikt zwischen der Sicherung der Rentenfinanzierung durch die Erhöhung der Zahl der Erwerbstätigen und dem Abbau der Arbeitslosigkeit bestehe.

Littmann bestätigte das Bestehen eines Konfliktes mit dem Problem der Arbeitslosigkeit. Auch räumte er ein, nicht auf alle relevanten Faktoren eingegangen zu sein. Er wies auf in der Vergangenheit getroffene Fehlentscheidungen hin. So sei z. B. eine Verkürzung der Lebensarbeitszeit wegen der damit verbundenen negativen Konsequenzen für die Rentenfinanzen nicht sinnvoll. Den Hinweis von *Daum* auf die Bruttolohnsumme und das Wirtschaftswachstum hielt er in einer kurzfristigen Perspektive für richtig. Langfristig sei jedoch zu erwarten, daß die Wachstumsraten niedriger ausfallen und auf Grund höherer Umweltschutzausgaben und geringeren Wachstums im Bereich der Produktion von Konsumgütern eine andere Struktur haben werden. Deshalb werde die Finanzierung steigender Rentenausgaben in Zukunft große Schwierigkeiten bereiten.

Neben spektakulären Vorschlägen (Bangemann, Biedenkopf, Grüne, Graue Panther) sah Ministerialrat Dr. *Heinz-Ulrich Schmidt,* Bonn, eine Reformrichtung, welche die Struktur des jetzigen Systems der Alterssicherung beibehalten möchte, gleichwohl aber mit einer Mehrzahl von Maßnahmen (Beitragserhöhung, Rentenniveausenkung, Veränderung der Bundeszuschüsse usw.) der zukünftigen Finanzierungsprobleme Herr werden wolle. Er bat *Littmann* vor dem Hintergrund dieser systemkonformen Vorschläge um eine Bewertung des jüngsten Berichts des Sozialbeirats.

Der Vorschlag des Sozialbeirats, den Bundeszuschuß zu erhöhen, überzeugte *Littmann* nicht. Um die Staatsfinanzen sei es — auch langfristig — nicht so gut bestellt, daß von dieser Seite die Lösung des Finanzierungsproblems zu erwarten sei. Darüber hinaus müsse berücksichtigt werden, daß der Sozialbeirat nur die Aufgabe habe, Vorschläge für die gesetzliche Rentenversicherung zu unterbreiten. Es sei jedoch höchste Zeit, auch die Beamtenversorgung in die Reformüberlegungen einzubeziehen, was jedoch nach Ansicht der Beamtenverbände möglicherweise gegen Art. 33 V GG verstoße. Die Entwicklung eines Gesamtkonzeptes werde auch durch Unsicherheiten bezüglich anstehender Entscheidungen des Bundesverfassungsgerichts (Anrechnung von Kindererziehungszeiten, Hinterbliebenenversorgung) erschwert. Die Notwendigkeit zuverlässiger Rahmenbedingungen zeige sich in der Praxis auch darin, daß bei Investitionsentscheidungen von Unternehmen die zukünftigen sozialen Konsequenzen dieser Investitionen bedeutsam seien. Nach Ansicht *Littmanns* ist die nächste Legislaturperiode der späteste Zeitpunkt für eine Reform. Diese müsse über die Vorschläge des Sozialbeirats hinausgehen.

Ministerialdirigent Dr. *Gerd Pflaumer* sprach den Wertschöpfungsbeitrag als Möglichkeit der Bemessung des Arbeitgeberanteils für die Rentenversicherung an. Im Gegensatz zur Maschinensteuer sah er den Wertschöpfungsbeitrag nicht als Rationalisierungshemmnis an. Bedenken im Hinblick auf einen verfassungsrechtlich geschützten Anspruch des Arbeitnehmers (Art. 14 GG) hatte *Pflaumer* nicht, da die Arbeitnehmer auch weiterhin eigene Beiträge leisten würden.

Littmann führte aus, daß die Begriffe Maschinenbeitrag und wertschöpfungsbezogener Arbeitgeberbeitrag mehr oder weniger deckungsgleich seien; neben den Löhnen würden auch Zinsen, Gewinne und möglicherweise Abschreibungen in die Bemessungsgrundlage einbezogen. Ein nach Art. 14 GG geschützter Anspruch des Arbeitnehmers setze aber eine Beziehung zu den geleisteten Beiträgen voraus. Die Beziehung werde aufgehoben, wenn bei besonders kapitalintensiven Betrieben hohen Wertschöpfungsbeiträgen nur Beiträge weniger Arbeitnehmer gegenüberstünden.

Schlußwort

Von Hans Herbert von Arnim

Meine Damen und Herren, wir stehen am Ende der 54. Staatswissenschaftlichen Fortbildungstagung. Wir haben ein großes Programm bewältigt, das Sie in den Diskussionen aktiv mitgestaltet haben.

Die Probleme der staatlichen Steuerung und Fehlsteuerung in der Bundesrepublik Deutschland durchziehen alle Bereiche und sind außerordentlich heterogen. Es wäre deshalb vermessen, wenn ich versuchen wollte, die Ergebnisse der Tagung auf einen kurzen Nenner zu bringen. Allein richtige Patentlösungen gibt es ohnehin nicht. Aber es würde mich freuen, wenn Sie den Eindruck haben, daß wir in diesen Tagen über wichtige und zentrale Fragen von Staat und Gesellschaft in der Bundesrepublik diskutiert haben und in einzelnen Bereichen die Klärung etwas weiter getrieben worden ist.

Auch im Namen von Herrn Kollegen Klages zum Schluß ein herzliches Dankeschön an die Referenten, die durch das hohe Niveau ihrer tiefgehenden und außerordentlich anregenden Vorträge uns allen, wie ich glaube und hoffe, viel mit auf den Weg gegeben haben. Vieles von dem werden wir erst noch gründlich zu verarbeiten haben, wozu uns auch die schriftliche Fassung helfen wird.

Herr Klages und ich werden dabei auch die Anregung eines Diskussionsteilnehmers von gestern aufgreifen und den Tagungsband verstärkt Politikern zugänglich machen. Denn die Politik ist in der Tat zentraler Adressat vieler Äußerungen gewesen.

Ein Dank auch an die für das Protokoll und für das Tonband Verantwortlichen. Wir werden davon bei der Erstellung des Tagungsbandes profitieren.

Last but not least unser Dank besonders an Sie, meine Damen und Herren Tagungsteilnehmer, die Sie mit Ihren aus der Praxis kommenden, aber auch theoretischen Diskussionsbeiträgen sehr zum Gelingen dieser Veranstaltung beigetragen haben.

Vielen Dank und auf Wiedersehen!